本书得到国家自然科学基金（71072071）和
青年科学基金项目（71202051）的支持

COLLECTION OF SELECTED EXCELLENT PAPERS IN THE JOURNAL OF INTERNATIONAL BUSINESS STUDIES

《国际商务研究》优秀论文集萃：
国际化情境下的组织管理研究

阎海峰　徐淑英　主编

北京大学出版社
PEKING UNIVERSITY PRESS

图书在版编目(CIP)数据

《国际商务研究》优秀论文集萃:国际化情境下的组织管理研究/阎海峰,徐淑英主编.—北京:北京大学出版社,2014.6

(IACMR 组织与管理研究方法系列)

ISBN 978-7-301-24307-7

Ⅰ.①国… Ⅱ.①阎… ②徐… Ⅲ.①国际商务-文集 Ⅳ.①F740-53

中国版本图书馆 CIP 数据核字(2014)第 113375 号

书　　　　名:《国际商务研究》优秀论文集萃:国际化情境下的组织管理研究
著作责任者:阎海峰　徐淑英　主编
责 任 编 辑:周　莹
标 准 书 号:ISBN 978-7-301-24307-7/F·3954
出 版 发 行:北京大学出版社
地　　　　址:北京市海淀区成府路 205 号　100871
网　　　　址:http://www.pup.cn
电 子 信 箱:em@pup.cn　　　　QQ:552063295
新 浪 微 博:@北京大学出版社　@北京大学出版社经管图书
电　　　　话:邮购部 62752015　发行部 62750672　编辑部 62752926　出版部 62754962
印　刷　者:北京大学印刷厂
经　销　者:新华书店
787 毫米×1092 毫米　16 开本　24 印张　486 千字
2014 年 6 月第 1 版　2014 年 6 月第 1 次印刷
印　　　　数:0001—4000 册
定　　　　价:72.00 元

《国际商务研究》优秀论文集萃

编 委 会

序

中国企业正在成为全球市场上最具影响的力量之一，越来越多的中国企业以不同的国际化方式走到了世界经济舞台的中央，也吸引着不同学科领域研究者的目光，这其中当然包括众多国际商务(IB)领域的研究者。人们显然已经注意到，中国企业或跨国公司的国际化，为检验一般的国际化理论提供了极好的案例；同时，它们在国际化过程中所呈现出的某些独特特征，可能也潜在地隐含着拓展现有国际化理论甚至发展新理论的良好契机。伴随海外学者对中国企业国际化这一新兴现象的关注，作为置身其中的内部人，中国本土的学者自然责无旁贷，越来越多的研究人员也加入到对这一有趣现象的研究中。正是在这一背景下，中国管理研究国际学会(IACMR)决定编译出版《国际商务研究》(*Journal of International Business Studies*, JIBS)优秀论文集，为IB领域的国内教师和博士研究生提供一些有代表性的理论与实证研究范例，寄望为推动中国学者在IB领域的研究尽一点绵薄之力。

从事国际商务研究的学者一定知道，JIBS是国际商务学会(Academy of International Business, AIB)的官方学术期刊，也是国际学术界公认的国际商务研究领域的顶级期刊。2013年统计数据显示，在全球116本商学领域的学术期刊中，JIBS的5年影响因子为5.183，排名第七；同时，它是英国《金融时报》(*Financial Times*)评价商学院排名所认定的45种国际期刊之一，也是UT-Dallas评价100家顶级商学院排名时所认定的24种国际期刊之一。JIBS从创刊到现在已经连续出版到第45卷，目前每卷出版9期。从研究论文所涉及的学科来看，JIBS在研究范围上几乎涵盖了商学研究领域的所有学科，充分体现出多学科的特征。以2013年官方公布的过去5年所发表论文的分布情况为例：战略管理占到25%，经济学和政治环境占15%，会计和财务为13%，国际商务理论与方法、一般管理各占11%，跨文化管理、营销与供应链管理各占9%，人力资源管理为7%。其多学科特征由此可见一斑。同时，在研究内容和研究方法上，也体现出明显的跨学科特征，这一点读者从本论文集中就可以看得出来。

显然，从这样一本有着四十余年连续出版历史、研究议题涉及多个学科、研究内容和研究方法又如此多样化的顶级学术期刊中仅仅选择出10余篇论文结集翻译出版，其难度可想而知。须知，仅始于1970年的、旨在表彰每个10年前发表在该刊的最有影响力的论文——JIBS十年优秀论文奖(JIBS Decade Award)的得奖论文，目前就已经有34篇，而这还只是截止到

2004年的论文①。另外，JIBS官方网站上公布的引用率最高的论文也有25篇。

鉴于上述原因，根据IACMR的出版宗旨，我们首先决定将论文集的主题确定为"对开展中国企业国际化研究具有借鉴意义"。也就是说，假如这个论文对目前中国企业国际化研究的借鉴意义不是很大，可能就不会进入我们的筛选范围。例如，有关跨国公司战略联盟和联盟资本主义等议题的研究；再如，一些完全针对发达国家跨国公司展开的研究，如针对美国跨国公司在日本的外派经理的研究，以及针对日本跨国公司外派经理回派（Re-expatriate）问题的研究，也不会进入筛选范围。接下来，根据IACMR的学会特征，特别是作为"IACMR组织与管理研究方法系列"丛书之一，我们将论文的主要学科领域限定在组织与管理领域，尽管从广义上讲，这也已经是一个足够宽泛的领域。这样一来，我们就不会考虑选择上面所述及的经济学科、会计和财务、营销和供应链管理领域的相关论文。最后，经过讨论并咨询国际商务领域的学者，结合IACMR和《组织管理研究》（*Management and Organization Review*，MOR）宏观研究领域学者给出的建议，我们确定了如下论文选择标准：(1) 在IB领域开辟或代表了一个学术流派；(2) 涉及IB领域的重要方法论或研究方法；(3) 所研究的内容代表的是IB领域的经典议题；(4) 与新兴市场和（或）中国企业密切关联的新兴理论、观点或议题。在此基础上，我们又进一步明确了几项具体的操作细则：为了反映IB领域学术发展的新趋势，论文发表周期确定为1990—2012年，以JIBS公布的十年优秀获奖论文和25篇引用率最高的论文为主要蓝本，未能进入这两个名单的，以引用率100次为底线，然后参考年平均引用率进行排序。显然，考虑到JIBS已经有40余年的出版历史，这样划定的发表时间尽管可以将一些新的重要论文反映出来，却也必然会将之前的一些具有里程碑意义的经典理论名篇排除在外。例如，Dunning的折衷范式理论（发表于1980年）、Hofstede的文化维度理论（发表于1983年），以及Johanson和Vahlne的乌普萨拉模型（发表于1977年）。考虑到理论发展的继承性，也为了尽量弥补这一缺失，我们在不违背上述各项筛选标准的前提下，分别选择了Dunning在1998年发表的一篇论文（同时入选十年优秀论文和引用率最高论文榜），以及Johanson和Vahlne等2009年发表的论文（3年多的时间里引用率已达到119次）。Hofstede尽管没有新的论文入选，但文化作为IB领域研究中的一个重要理论视角和经典议题，我们在选择时也给予了充分重视。我们之所以这样做，还有一个潜在的意图，即通过对学术流派开创者较新文献的阅读，期待能引领读者由此上溯，达到帮助理解IB领域主要理论流派发展脉络的目的。

---

① JIBS十年优秀论文奖（JIBS Decade Award）每年年初从10年前的一年所发表的论文中评选出1篇优秀论文。例如，2014年的获奖论文就是从2004年所发表的所有论文中评选出来的。

依据上述标准和方法,我们最终选出了15篇论文。其中,代表IB领域主要研究流派的文章有5篇,涉及关键研究构念和研究方法的论文有3篇,与IB领域主要研究议题相关的有4篇,其余3篇聚焦于新兴市场(中国)企业的国际化问题。本书的篇章结构主要就是依照此逻辑进行编排的,辅之以文章发表的先后顺序。接下来我们将对这15篇文献分别进行简要的介绍。当然,需要说明的是,这种划分方式并非绝对的,例如,彭维刚(Mike W. Peng)教授等关于制度基础观与国际商务战略的理论文章,尽管针对的是新兴经济体企业的国际化问题,却并不妨碍研究者将制度理论应用于传统跨国公司的研究。

Dunning发表于1998年的论文"区位与跨国企业:被忽略的因素?"入选了最高引用率论文名单并获JIBS十年优秀论文奖。该文承袭其1980年论文中提出的OLI(所有权、区位和内部化)折衷范式,分析了过去20年全球经济变化在对外直接投资(FDI)和跨国企业活动的微观经济地理方面对研究者的影响,并对跨国企业所有价值增值活动的国际分布从宏观经济学角度进行了更加详细的解释。文章特别强调以智力资本为代表的、具有很强流动性的无形资产,在跨国经营活动中正发挥着日益重要的作用,而那些受到区位限制的低流动性资产的角色也正在发生变化。他指出,研究者应该给予区位要素更多的重视,因为它是影响企业全球竞争力的一个重要变量。而且,企业经营活动的区位分布本身可能就是一种所有权优势,并能放大或利用既有的所有权优势。Dunning的研究代表了IB领域重要流派——"里丁学派(Reading School)"的观点,从企业和国家专有优势角度,解释跨国企业为什么会存在。其主要理论基础来自宏观经济学,特别是国际经济学。2013年,针对区位与国际商务活动这一主题,JIBS出版了一期专刊,题目为"地理空间中的跨国公司(*The Multinational in Geographic Space*)",并从过往发表的文献中精选了8篇论文,在其官网上发布了一个以区位为主题的论文集,其中就包括Dunning的这篇论文。

Johanson和Vahlne在2009年发表的论文,题目是"乌普萨拉国际化过程模型修正:从外来者劣势到局外人劣势"。文章基于商务实践的新变化和理论的新发展,对1977年提出的乌普萨拉模型进行了修正。作者首先对1977年提出的理论模型进行了简要回顾,继而探讨了商业网络关系在企业国际化中所扮演的重要角色,并从商业网络的视角分别考察了国际化过程中知识与学习、信任与承诺建立,以及机会发展等问题;文章还对IB领域有关其理论模型解释力下降的批评进行了回应。在此基础上,作者提出了一个基于商业网络视角的、修正的乌普萨拉模型。作者表示,他们的核心观点都是基于商业网络:市场是一个关系网络,企业以复杂多样且某种程度上是无形的方式相互联系在一起,成为相关网络中的局内人是国际化成功的必要条件;网络关系为企业提供了潜在的学习和建立信任与承诺的机会,而这些是国际化的前提条件。读者会发现，作为渐进国际化过程学派的核心思想，新旧模型对经验知识与国际化关系的基本假定是一致的。

Kogut 和 Zander 的论文“企业知识与跨国公司演化理论”发表于 1993 年，入选了最高引用率论文名单并获 JIBS 十年优秀论文奖，也是一篇堪称经典的佳作。该文首先将跨国公司视为专业化创造知识并进行内部转移的社区；强调跨国公司的出现并非缘于知识交易的市场失灵，而是因其作为跨国知识转移的组织载体所具有的高效率。利用对瑞典跨国公司 35 项创新项目的问卷数据，作者对跨国公司如何将与新产品制造能力有关的知识转移给其全资子公司进行了实证分析，以检验跨国公司能够有效地将难以编码的默会知识进行内部转移的推论。研究结果显示，技术越难以编码和传授，企业越倾向于选择完全能够自我控制的经营活动。这意味着，究竟选择何种知识转移模式，取决于跨国公司知识转移的效率，而企业作为优于市场的专业化知识转移机制，构成了跨国公司演化理论的基础。

Oviatt 和 McDougall 的“论国际新创企业理论”发表于 1994 年，入选了最高引用率论文名单并获 JIBS 十年优秀论文奖。该文一反 IB 领域主要以大型成熟企业为研究对象的传统，对变化了的国际经营环境下新创企业的国际化问题进行了研究。作者通过整合国际商务理论、创业理论和战略管理理论，提出了一个解释国际新创企业的理论框架。这个框架描述了国际新创企业存在的四个充分必要条件，即通过部分交易的内部化来形成组织，通过可替代性的治理结构来获取资源，建立国外区位优势，以及对特定资源进行有效的控制。因其所做的开创性工作，两位学者也被公认为国际创业领域的重要代表人物。

文化既是国际商务研究的一个重要理论视角，也是一个持久的核心议题。Leung, Bhagat, Buchan, Erez 和 Gibson 的论文“文化与国际商务：近期发展与对未来研究的启示”发表于 2005 年，迄今已经获得了很高的引用率。文章首先对文化趋同和差异，以及文化变迁过程的相关问题进行了回顾。其次，在分别探讨了国际贸易、基于信息技术的沟通、多元文化和文化身份等的作用之后，作者刻画了一个多层次、跨层面的新的文化构念，并分析了如何通过确定何种情况下文化是重要的来增强文化模型的精准度。最后，作者还推荐了 IB 领域的研究者几乎从不使用的实验方法，并探讨了实验方法在文化研究的作用，以及这种突破性的研究方法对今后的文化与 IB 领域研究的启示。

接下来的 3 篇文献主要偏向于研究方法，这里一并予以简要介绍。

Sullivan 的文章发表于 1994 年，标题是“测量企业的国际化程度”，该文入选了最高引用率论文名单。作者指出，IB 领域的理论发展一直受制于缺乏具有可靠测量效度的研究工具，因此，学者们经常缺乏必要的统计证据来支持构念和假设的测量。在评析了 IB 领域的核心构念——国际化程度的测量现状后，作者收集了 74 家美国制造业跨国公司在 9 个属性上的数据。通过信度分析、因子分析和频率分析，开发出了包含 5 个变量的线性组合，用以测量企业的国际化程度，为后来学者测量国际化提供了重要的研究工具。

Mullen 的文章标题是“诊断跨国研究中的测量等价性”，该文发表于 1995 年，入选最高引用率论文名单。由于 IB 领域的研究通常会涉及多个国家的样本，这就必须要保证测量的等价性，尤其在跨国比较研究中。作者认为，要建立用于构念测量条目的跨国信度和效度，需要考虑测量等价性的三个方面，即翻译等价性、度量(metric)等价性和标度(calibration)等价性。该文讨论了这些问题并推荐了多组 LISREL 和优化测量分析两种实证方法，用以诊断跨国测量的等价性。作者的研究表明，文中推荐的方法是探索测量等价性的有效诊断工具。另外，文章还讨论了减少测量等价性问题的几条建议，以及处理那些缺少等价性的题项的方法。

Shenkar 探讨了国际商务研究中另外一个被广泛运用的重要研究构念——文化距离(cultural distance)，文章发表于 2001 年，题为“文化距离回顾：对文化差异更为严谨的概念化和测量”。该文入选最高引用率论文名单并获 JIBS 十年优秀论文奖。这一研究构念几乎被应用于多数企业管理领域，如管理、营销、财务和会计；而在管理领域，文化距离则常常被用作战略、管理、组织行为和人力资源管理中的关键变量，所涉及的研究问题从创新和组织变革到海外扩张和技术转移，从分支机构绩效到外派人员调适，凡此种种，不一而足。该文对文化距离构念进行了详细的批判性回顾，并指出了文化距离所隐含的假设，质疑了其理论和工具方法。文章提出了针对这一构念的综合性框架，并列出了旨在加强其测量严谨性的具体步骤。

第 9、10、11、12 这四篇文章，分别涉及国外市场进入模式、国际并购中的知识转移，以及人力资源管理等议题。下面依次予以介绍。

Agarwal 和 Ramaswami 的文章“国外市场进入模式选择：所有权、区位以及内部化因素的影响”，发表于 1992 年，入选最高引用率论文名单并获 JIBS 十年优秀论文奖。海外市场进入模式问题是企业国际化的一项关键性决策，也是 IB 领域重要的研究议题。作者将既往文献中的一些决定特定市场进入模式的影响因素归结为三类，即企业的所有权优势、市场区位优势，以及内部化优势。研究基于 97 家美国企业的 285 个有效观测样本(每家企业提供了三个海外国家的数据)，采用了多元逻辑回归模型，检验了上述三类因素对于进入模式选择的独立影响和联合影响。

Brouthers 的文章“制度、文化和交易成本对进入模式选择及其绩效的影响”发表于 2002 年，入选最高引用率论文名单并获 JIBS 十年优秀论文奖。文章以 1000 家最大的欧盟企业为调查对象，通过所收集到的 213 份问卷及其所提供的 178 个外国市场进入模式，实证检验了其海外进入模式选择与企业绩效问题。作者从财务绩效和非财务绩效两个方面考察了基于交易成本、制度环境和文化情境等因素选择进入模式的企业,其绩效是否优于其他进入模式的企业绩效。研究结果显示进入模式的选择确实会影响企业绩效。根据扩展后的交易成本理论模型来选择进入模式的企业,其财务和非财务绩效都显著优于没有根据该模型进行进入模式选择的企业。这项研究把企业对外直接投资中的制度环境和文化情境变量加入到了交易成本理论中,即作者所称的扩展的交易成本理论,加深了我们对于交易成本、制度环境和文化情境对国际市场进入模式选择及其绩效的影响的理解。

Bresman, Birkinshaw 和 Nobel 的论文发表于 1999 年,并获得 JIBS 十年优秀论文奖。该论文的题目是"跨国收购中的知识转移"。文章采用问卷调查和案例分析对跨国收购中的知识转移进行了研究。基于在 1992—1993 年采用问卷调研方式对 42 个涉及知识转移的跨国收购案例的数据,研究者发现沟通、访问与会议,以及收购后的时间长度都会促进技术性诀窍的转移,而专利的转移则与知识的可表达性、被收购公司的规模大小及收购发生的时间长短紧密相关。通过对发生于 1988 年和 1989 年的三个跨国收购案例进行的深度分析,作者检验了不同时间发展阶段下的知识转移模式,发现紧随收购后的一段时期内,知识转移是由收购方单方向地转移至被收购方;但随着时间推移,这种转移方式又会让位于高质量的双向知识传递。

Minbaeva, Pedersen, Björkman, Fey 和 Park 研究了"跨国公司知识转移、子公司吸收能力与人力资源管理"问题。这篇文章发表于 2003 年并获得了 JIBS 十年优秀论文奖。该文采用在美国、俄罗斯和芬兰运营的 169 个跨国公司子公司作为调查样本,研究了这些子公司的人力资源管理实践、吸收能力与知识转移之间的关系。文章从人力资源管理角度,将员工能力和员工动力作为组织吸收能力的重要方面,检验了吸收能力对跨国公司内部知识转移的影响,以及组织中不同的人力资源管理实践对吸收能力开发的影响。研究结果显示,子公司吸收能力(员工能力和员工动力)对于推动跨国公司内部的知识转移缺一不可。这篇文章不仅拓展了吸收能力的概念和测量问题,而且从人力资源管理实践的角度研究了组织吸收能力的开发问题。

最后的 3 篇论文都与新兴市场企业的国际化相关,虽然发表时间并不太久,但已经获得了非常高的引用率,现简要介绍如下。

Peng, Wang, Denis 和 Jiang 的论文发表于 2008 年,题目是"国际商务战略的制度基础观:聚焦新兴经济国家"。这是一篇理论观点性文章。作者通过整合对于新兴经济国家的相关研究,认为 IB 战略的制度基础观(institution-based view)已经崭露头角,并将制度基础观定位为与产业基础观和资源基础观并列的三个重要理论支柱之一。作者选择了四个领域展开其研究工作:(1) 作为进入壁垒的反倾销,(2) 在印度国内与国外的竞争,(3) 企业在中国的成长,以及(4) 新兴经济国家的公司治理。他们声称这种选择首先尽可能全面地覆盖到了新兴经济国家企业国际化(跨国经营)过程中可能遇到的问题(反倾销),并特别关注到与两个领先的新兴经济国家(印度和中国)相关的重要议题。公司治理问题作为与新兴经济国家相关的重要战略议题也列入其中。作者认为,这些领域代表了具有适度多样性又相对聚焦,适于用来阐明制度基础观,并指出了基于新兴经济国家相关研究发展起来的制度基础观将如何增进我们对 IB 战略的理解。

Luo 和 Tung 的文章"新兴市场企业的国际扩张:跳板视角",也体现了学者们对新兴市场企业国际化这一寻求新理论的一种努力。该文发表于 2007 年,其理论视角的核心是,新兴市场跨国企业将 FDI 作为获取战略资源的跳板,从而与其他跨国企业进行更为有效的竞争,并规避国内的制度与市场限制。跳板行为通常的表现是为了克服后来者劣势而采取的一系列激进的冒险策略,如积极获取或买入成熟跨国公司的关键资产以弥补自身竞争劣势。作者根据新兴市场跨国公司的所有权性质和国际多样化水平,将新兴跨国公司分为四类。在此基础上,作者通过一个分析框架,详细地阐述了来自新兴市场的跨国企业的国际化动机,鼓励和推动其实施跳板行为的因素,及其特有的国际化行为。最后,指出了新兴市场企业国际化所面临的独特挑战与应对措施。

Buckley, Clegg, Cross, Liu, Voss 和 Zheng 的文章"中国对外直接投资的影响因素"发表于 2007 年,可能是最早出现在国际高水平管理期刊上的、有关中国企业对外直接投资的实证性研究。作者试图验证用于解释发达国家对外直接投资的主流理论在多大程度上能够适用于新兴市场国家,以及是否需要在主流的 FDI 理论中嵌入专门的理论要素,以更加适用于新兴市场国家。文章在利用 1984—2001 年中国对外直接投资的官方数据,实证检验了相关假设后发现:中国的对外直接投资既有与传统发达国家对外直接投资一致的地方,也有特殊性的地方,如不完善的资本市场、特殊的所有权优势和制度性因素。文章的主要结论是,中国的对外直接投资和东道国的政治风险负相关,与东道国的文化相似性、东道国的市场规模、东道国与中国的地理临近程度,以及东道国的自然资源禀赋等因素正相关。

如前所述,上述 15 篇论文都是 IB 研究领域中的佳作,它们有的代表着 IB 的一个重要学术流派,如 Dunning(1998), Johanson 和 Vahlne(2009);有的是新方向或新领域的开创者,如 Oviatt 和 Mcdougall(1994);有的是为了更好地解释新生现象而进行的新尝试,如 Peng 等

(2008),Luo 和 Tung(2007);有的则解决了 IB 领域的核心构念和方法问题,如 Sullivan(1994),Mullen(1995)和 Shenkar(2001),更多的则是有关 IB 中某一议题的经典之作。这些论文绝大多数已经得到了时间的检验,并获得了学术同行的广泛认可,成为可以指引后来研究者努力方向的典范。

当然,从一本已经走过 45 个春秋的著名国际期刊上选编十几篇优秀论文,本身就是一桩见仁见智的事情;加之这本论文集主题本身以及我们人为设定的一些选择标准,再加上出版篇幅的限制,使得论文的选择难免有所偏颇。例如,1990 年之前的所有论文都没有进入到选择名单中,而这其中显然有大量的经典论文;再如,一些与发达国家跨国公司密切相关的经典议题也没有进入到选择名单中。好在编译者最重要的意图是希望借这个文集作为"接引",再经由它们引领对 IB 研究感兴趣的中国学者特别是正在学术研究道路上探索的博士研究生,进入到这个广袤而有趣的研究领域中,一窥其中的堂奥。如能起到这样一点作用,我们就已经心满意足了。倘使读者因此而对 IB 领域的理论、方法、议题,甚或未来的研究发展趋向有了一些新的体悟,那就更是编译者求之不得的事了。

最后需要特别说明的是,这本论文集的出版是很多人共同努力的结果。其中有超过 20 人直接参与到了论文的翻译和译文的校对,他们是来自多所大学的中青年教师,大多已具有副教授及以上职称,并拥有国外高校的博士学位或国外高校访学经历,研究领域大多数也以国际商务为主。例如,来自复旦大学的郑琴琴,就已经有与陆亚东教授在 JIBS 合作发表论文的研究经历,并有多篇研究论文在国际期刊发表。另外,尽管翻译的语言风格有所不同,所有译文都经过了认真的校对,以尽量保证译文质量。参加校对的教师中,有三名是主要从事相关教学和研究工作的商务英语教师。不仅如此,在翻译过程中,文集中中国学者的文章,还得到了作者本人的指导,如彭维刚教授就针对其论文的译文提出了许多具体细致的建议,令译者深切体会到其严谨的科学态度。尤其令本书编者感动的是,尽管平时的教学和研究工作已经非常繁重,但各位译校者在得知这是为 IACMR 所做的一项义务性工作,且无分文报酬时,还是欣然接受邀请,认真地投入到这一比较烦琐的工作中,充分体现出大家对 IACMR 的支持与爱护。我们真诚地感谢他们为此所作出的努力以及付出的辛劳,他们的名字将在文中逐一列明,这里就不再一一罗列了。

这个文集能够得以出版,需要感谢的机构和个人还有很多。感谢 Palgrave Macmillan 同意我们选译 JIBS 的论文并在中国大陆出版,感谢北京大学出版社以及林君秀女士和徐冰女士的付出。感谢新加坡国立大学的吕文珍教授(她现在是澳大利亚墨尔本大学商学院 The

James Riady Chair in Asian Business 讲座教授)等学界同仁在此过程中提供的各种支持与帮助。还要感谢中国国家自然科学基金的资助(71072071;71202051)。

能够流利地阅读英文论文和把英文论文用比较精确的中文翻译出来,这之间还是有很多的工作要做,远非看上去那么简单。因此,尽管译校者已经尽心尽力地投入到了各自的工作中,但译文中可能还会存在各种缺憾和不足,敬请广大读者谅解并给予指正。

阎海峰

中国管理研究国际学会(IACMR)创始会员

华东理工大学商学院教授

徐淑英

中国管理研究国际学会(IACMR)主席

美国亚利桑那州立大学 Carey 商学院管理学 Motorola 教席教授

2014 年 2 月 7 日,上海

目　　录

区位与跨国企业：被忽略的因素？*

John Dunning
University of Reading and Rutgers University
秦一琼　译　关　涛　校
（华东理工大学商学院）

近二十年来，国际商务所在的整个世界经济环境处于不断变化的过程中。本文首先追溯和分析了世界经济环境对对外直接投资和跨国企业经营活动的意义。由于企业专有资产越来越呈现出跨境流动的趋势，我们需要重新修正20世纪70年代和80年代早期提出的许多相关解释。本文最后阐述了分布在不同地区的跨国企业所开展的各项增值活动之间的动态关联。

引言

1986年，经济学家 Wilfred J. Ethier 试图总结跨国企业的现状时说："内部化似乎已经在国际生产折衷理论（OLI）中崭露头角，就如当年恺撒大帝在前三头执政（triumvirate）中脱颖而出。"①（Ethier，1986，p. 803）我过去和现在都不同意这样的说法。决定对外直接投资（FDI）和跨国企业经营活动的 OLI 三要素（所有权、区位和内部化，下文详述）可以被看做一个三脚板凳；三条腿互相制衡，只有当三条腿都平均受力时板凳才稳。现在把第三条腿看做平衡中最重要的因素，而实际上并没有理由证明这条腿在发挥着更为重要的作用。

在折衷理论中，如果具备了企业的所有权优势和东道国的区位优势，我可以认同内部化是关键的那条腿，这样是为了解释企业为什么基于这些优势要将跨越国境的市场内部化，而

---

* 原文刊于 *Journal of International Business Studies*，29（1）：45—66，1998。

Location and the Multinational Enterprise：A Neglected Factor?，John Dunning，*Journal of International Business Studies*，1998，volume 29，issue 1，经 Palgrave Macmillan 授权出版。

① 译者注：triumvirate，三头执政，三头政治，指古罗马共和国末期前后两次由三个有权势的人物联合执政。分别是公元前60年，庞培（Pompeye）、恺撒（Caesar）、克拉苏（Crassus）的前三头政治；以及公元前43年，安东尼（Antony）、屋大维（Octavian）、雷比达（Lepidus）的后三头政治。

不是把这些优势或者它们的所有权转售给独立的企业。但我要声明,一旦拥有了所有权优势,对一个从事多项经营活动的企业来说,其最重要的选择是它应该在母国还是在外国将它的中间产品市场内部化;这个选择的结果主要取决于在两个不同的区位为这些产品带来附加值而产生的成本和收益。我主要想说,国际商务活动的地理位置既离不开它的进入模式,实际上也离不开投资企业的竞争优势。当我们考察知识密集型企业的动态因素时,这种互依互存的关系表现得尤为明显。

20世纪60年代,很多学者都在研究FDI的决定因素,其中包括Vernon和他在哈佛大学的同事们(Vernon,1966,1974;Wells,1972)。他们都认为起决定性作用的是区位因素,特别是决定选择美国市场的多是希冀美国企业向发达工业国家进行对外直接投资(Bandera和White,1968; Scaperlanda和Mauer, 1969)。20世纪70年代中期,除了有些学者在研究企业的国际化过程(Johanson和Vahlne,1977),研究的焦点又从FDI本身转向了促成投资的制度。此时大家的关注点在于为什么企业选择自建或者收购那些国外的增值企业,而不是向外国企业直接出口那些支撑增值活动的无形资产(或无形资产的使用权)(Caves于1982年和1996年所引述的Peter Buckley,Mark Casson,J. C. McManus, Jean-François Hennart, Alan Rugman和Birgitta Swedenborg)。

这一方法能促进我们对跨国企业本身的理解,我也许是第一个承认其价值的。我认为内部化学派的贡献更多的在于解释企业出现和发展多项活动的原因,而不是解释跨国企业本身。这是因为,总体来说与异地中间产品市场有关的交易成本和协调成本,并不是境外市场或者跨越的地域所特有的。①

有一段时间,决定国际经济活动的企业专有优势要素备受学界重视,因此,商学院的学者在这一领域的研究成果日丰。FDI中的空间要素继而又成为研究兴趣的新宠,学者们对它们如何影响企业的竞争优势以及企业进入和扩张国外市场的模式颇感兴趣,这些探究丰富了跨国企业之前的研究。我认为形成这一趋势的两大原因是:第一,在过去二十年中,跨国企业活动的范围、特征和地域出现了很多变化,其本身就是一系列突破性技术、经济和政治事件的映射,同时也要求研究国际商务的学者对这些现象给出解释;第二,那些经济地理学家、贸易理论研究者和国际政治经济学家新的研究议题,不仅更加关注附加增值活动的空间要素,而且还将这些要素纳入企业竞争力提升、贸易和FDI的关系,以及地区和国家之间的动态比较优势等主流思想的范畴进行研究。

本文旨在回顾这些研究探索的成果,大多数成果都在Richard Caves先后出版《跨国企业

① 此类国际化特有的交易成本在近期伦敦商学院辑录的Klaus Meyer(Meyer,1998)的博士论文中有明确阐述。

及其经济分析》(*Multinational Enterprise and Economic Analysis*,1982,1996)的这十几年间聚沙成塔。值得称道的是,Caves 在他著作的第二版(1996)中肯定了这些研究。但他的很多分析是基于20世纪80年代学者的研究成果①,所以他在第二章中阐述经济活动的国际分布时未能完全囊括最近十年的重大事件和学术成果。这将是本文的贡献所在:第一,它将回望20世纪70年代中期以来跨国企业经营活动所处的一个不断变化的全球经济格局,并概括试图解释这些变化的各种学术思潮;第二,本文将进一步阐述国际生产的微观—区位决定因素是如何变化的,以及跨国企业的区位组合本身如何强化企业的动态竞争优势;第三,文章还将从宏观经济学的角度探讨,跨国企业作为跨境交易的领先载体,它们的出现如何影响了我们对贸易和其他非跨国企业间交易的决定因素的思考。

国际商务活动处在一个变化的世界格局中

过去二十年,世界经济的演变过程呈现三个重要特征。第一个特征是,在大多数工业国家中,智力资本日益成为主要的财富创造资产。20世纪90年代,工业企业的市值大约是它们有形资产的2.5—5倍,1982年该比值仅为1.5(Blair,1995;Handy,1989;Edvinsson,1997)。美国企业每年在信息技术上的资本开支现在已超过了生产技术的资本开支(Stewart,1997)。据估计,物品生产产出的技术构成从20世纪50年代的20%上升到了1995年的70%(Stewart,1997)。那些主要负责创造新知识或传播信息的工作者(专业人员或技术工人、经理人、销售和内勤文员等所谓的白领工作者),1960年时占美国总劳动力的42%,到1990年上升为58%,预计到2000年将继续上升超过60%。

非物质资产越来越成为财富的创造力和催生力的另一个指标是服务产业的发展,特别是企业本身就是知识和信息密集型企业。1995年,服务产业平均占全世界国民生产产值的63%,与之形成对比,1985年该比值为53%,1965年为45%(世界银行,1997)。迄今为止,知识密集型生产和以知识为依托的生产有其独特的空间需求,而且还有资源和能力的要求,而跨国企业恰恰能满足这些要求,所以我们有理由假设,这些特征会影响FDI和其他相关活动的地缘分布。

第二个更为明显的特征是,除了其他原因以外,交通运输、通信技术以及全世界范围内贸易投资壁垒的降低使经济活动全球化成为可能。近二十年来,全球贸易增长持续超过全球产

① 例如,在他书中引用的1 150多篇论文中,只有13%是1990年之后出版的专著或论文。

出增长，20 世纪 90 年代中期，跨国企业海外分支机构的销售额超过全球贸易价值近 27%（UNCTAD，1997）。此外，非农产品贸易的 1/3—1/2 以及资本和知识流动的 1/2—3/5 目前都是在跨国企业内部完成的。①

与此同时，跨国企业能跨境转移无形资产的自如性也受到了一定的制约，由于那些具有互补性的增值活动的非移动集群的存在，日益影响着创造和使用这些无形资产的区域分布。而这种情况在跨地域的交易成本高或者空间远近的交易优势显著②时，表现得尤为明显。所以，一方面全球化意味着生产的区域和所有权在地域上更为分散，而另一方面，无论在国家范围还是地区范围，其他经济力量却使这些活动的地理范围更为集中化③。在 Ann Markusen（1996）看来，这些变化使研究者和决策者陷入了“平滑空间的黏性地带（sticky places within slippery space）”的矛盾。

当前全球经济的第三个特征是所谓的“联盟”资本主义（又称关系资本主义、集体资本主义、利益相关者资本主义和合作资本主义）的出现（Dunning，1995）。联盟资本主义仍然保留着等级制资本主义的许多特点，另外它还具有一个显著的特征，就是主要的利益相关者为了实现各自的目标，在创造财富的过程中更为主动和有目的的合作需求大大加强。这些合作包括在各个职能部门之间，在劳工关系等方面缔结更为紧密、持续和轮廓清晰的企业内部关系；同供应商、消费者和竞争对手等达成一系列企业间合作协议④；以及让政府和企业认识到，只有双方建立伙伴关系，才能达到社会最优的经济目标。

再次重申，企业不断参与跨境联盟的增长趋势，对知识和其他无形资产跨境转移的方式以及增值活动特别是那些高附加值经济活动的区位选择都具有重要的意义。

造成上述跨国企业活动地理范围既分散又集中的另外两个因素也对跨国企业的宏观和微观地理产生了深刻的影响。第一个因素是，格林斯潘（1997 年 4 月对纽约银行家的演讲）

---

① 作者基于管理技术转让费用的数据，以及外国投资组合与外国直接投资的关系而作出的估测。

② 用交易成本解释经济活动空间分布的研究并不多。产业地理学家 Michael Storper 和 Allen Scott 曾有过尝试，见 Storper（1995），Storper 和 Scott（1995）及 Scott（1996）。他们的研究提供了强有力的分析工具，阐明了为什么那些需要进行诸如各种默会知识的偏好型投入的企业，和那些提供偏好性服务或未知市场的企业，会非常注重他们与供应商和客户的地理远近度。相关的活动形成一个空间集群，即集约化，从而最小化距离成本，得以利用相关企业择邻而居的外部经济性，伦敦市区的金融城（Square Mile）就是最好的证明。

③ Scott（1996）给了些例证，包括发达和发展中国家的大都市地区的生产和服务型活动的集中化和专业化趋势。Davis 和 Weinstein（1997）在他们那篇颇为有趣的论文中总结说，发生在国家内部的增值活动的集中化趋势很有可能比发生在国家之间的类似活动的集中化趋势更受制于经济地理规律的驱使。

④ 对这类企业的预测数字大相径庭。Booz，Allen 和 Hamilton（1997）把 1995—1996 年所形成的跨国联盟（包括并购）做了统计，多达 15 000 个。而 Hagedoorn（1996）估算 1980—1994 年新缔结的跨国企业间技术协议增长了 3 倍。最后，同时期国际并购的价值约占所有新 FDI 的 50%—60%。（UNCTAD，1997）

认为,20 世纪 80 年代萌发的新一代技术进步一直到 20 世纪 90 年代后期才完全开花结果①。第二个因素是市场经济复苏,很多国家的政府改变了它们的宏观经济政策和宏观组织(微观管理)策略。中国、中欧和东欧的发展状态是最好的证明,同样具有深远影响力的是印度、一些非洲和拉美国家也开始重新审视国家和市场在经济发展中的作用(世界银行,1997)。这两大因素都对跨国企业在对外直接投资时作经济和政治风险估测产生了重要影响。

跨国企业经营活动的地理变迁

上面提到的这些变化对跨国企业和对外直接投资的地理因素都有影响(Dunning,1998)。1991—1996 年,全球 FDI 的 64% 流向发达国家,33% 流向发展中国家,3% 流向中欧和东欧国家;1975—1980 年,与此相对应的百分比是,77%、23% 和不到 0.1%(UNCTAD,1997)。同样值得注意的是这些地区 FDI 流入的份额也发生了变化,西欧和美国等发达地区的 FDI 份额基本保持原状②,但发展中国家的 FDI 份额产生了明显的变化。例如,在 1975—1980 年和 1991—1996 年两个时期内,南亚、东亚和东南亚(包括中国和印度)向发展中国家的投资份额从 26% 上升到 62%,而拉美国家和加勒比海地区的投资额从 53% 下降到 34%。

所以值得我们关注的是,尽管 20 世纪 70 年代后五年和 90 年代前五年共十年的时间 FDI 的份额相对于输入国的毛固定资本构成大约翻了一番(UNCTAD,1988,1996a),但 FDI 的地域变化基本和所有的投资保持一致,与所有权没有太大的关系。例如,在 1975—1980 年和 1990—1995 年这两个时期,发达国家全世界 FDI 流入的比例从 78% 下降到 70%,全球毛固定资本形成(包括外国企业融资部分)的比例从 84% 下降到 73%。与之相对应,发展中国家是 21% 到 30% 以及 15% 到 26% 的上升;亚洲地区两者均是 7% 到 19% 的上升。因此 FDI 的地域分布呈现出一些差别,主要是由于东道国的政治和经济条件的差异③,大多数情况下,FDI 输入国的地域条件具有国别差异。数据显示,那些能够用来解释 FDI 区位选择的因素往往对输出国来说并不特别。④ 我们不在此赘述,但也许这一点值得注意。

---

① 技术进步新轨道的发展,详见 Lipsey(1997)及 Ruigrok 和 Van Tulder (1995)。

② 尽管在这些时间段内和时间段之间的股价有明显波动,除去其他因素,这反映了利率的变化,以及由于处在不同经济发展周期,国家在地位上的差异。例如,1975—1980 年,美国吸入来自发达地区 32% 的 FDI;1985—1990 年,该数值上升至 42%。但到 1991 年和 1992 年,该数值下跌至 18%,之后又逐渐恢复,1995—1996 年重回 35%。

③ 日本是个典型例证。1990—1994 年,它占据全球毛固定资本形成额的 29%,但只占 FDI 流入的 0.8%。

④ 举一个例子,1990—1994 年,美国 49% 的直接投资流向西欧,10% 流向亚洲,25% 流向拉丁美洲。与之相对应,日本 FDI 流向西欧 20%,流向亚洲 19%,流向拉丁美洲 10%。(UNCTAD,1997,Dunning,1998)

跨国企业经营活动区位的微观经济学分析

在做了上面一段特别说明之后，我们现在来回顾一下近二十年来学界对跨国企业区位的认识是如何演变的。顺便说一下，全世界的学者对这个问题并没有给予足够的关注，我们怀疑是不是因为学者们一直认为企业在国内考虑区位时的一些原则同样也能够适用于海外区位选择①；或者是因为经济学家总体来说比较满足于现有的解释，抑或是对这个问题根本不感兴趣。当然，直到20世纪90年代初期，除了俄林(1933)和他的继承者，研究国际贸易的经济学家和研究区位的经济学家在方法上毫无共性。前者关心的是每个国家特定的一般均衡模型或者是有严格限定条件的模型，而后者则侧重于研究限制条件较少的企业或者特定产业的局部均衡模型(Krugman, 1993)。

在本文开头处我们提到过，全球经济有三大重要发展对跨国企业或者是尚在雏形阶段的跨国企业的能力和战略具有影响作用，有些特定国家所具有的区位优势对流动的投资者也会产生吸引力。我们有三点需要特别强调：第一，在财富创造过程中企业特有的知识密集型资产以及一些定制资产，如熟练工人和公共基础设施等呈现出越来越重要的意义，如果要有效利用和调配这些专有资产，它们必须和定制资产配合使用②；第二，贸易之间自然和人为的阻碍大大减少，但和空间相关的交易成本有所上升；第三，企业在协调跨境经营活动以及和国外企业建立联盟的需求和自由度有了大幅度提高。

其中一些因素使得有些企业在有限的区位点投资并开展集中化的增值活动，而其他一些跨国企业会在多个区位分散经营它们的活动。有些偏好将它们的跨国经营活动向发达经济体靠拢，而有些则会选择新兴经济体。所有这些都表明了国际劳动分工所出现的变化，因为它们在世界经济中扮演着日益重要的角色，同时也需要这样互依互存的经济关系，跨国企业的存在和发展促成了这一趋势。

许多研究海外投资区位偏好的文献一直都认为这些偏好不是取决于投资者所要参与的经营活动的种类，而是基于投资的动机以及这是新投资还是追加投资。吸引跨国企业进入市场投资的动机可以各不相同，寻求自然资源、寻求市场或是寻求效率。以出口为导向的FDI

① 和企业理论不同，如果在Buckley, Casson和Hennart等学者著书立说之前已经形成了与企业多种活动有关的一个成熟的理论，我们不免会怀疑国际商务活动中对外投资这一部分内容是否还会引起如此广泛的注意。

② 我们有意使用“定制化”这一说法，同意Peck(1996)的观点，即东道国有时需要个性化或定制化地提升它们的物质和人文基础设施，以为了满足流动投资者的特定需求，并谋求其管辖范围内受到区位约束的资源的竞争优势。

相对于进口替代型的 FDI 来说，可能不太受制于本地的市场规模。投资研发设施相比于投资生产装配线或营销活动来说，其要求的人力和物力配套设施也完全各异。

近二十年来对外直接投资动因的最显著变化是战略资产寻求型直接投资的大幅增长，投资企业不再是为了利用现有的所有权优势，而是更多地为了维护或增强优势、收购新的资产或者和国外企业建立合作关系。从某种意义上说，这类 FDI 和早期的跨国企业寻求自然资源的海外投资很相似，但它们的区位需求会大不一样。一部分原因是现在的投资更多地受到战略考虑的驱动（特别是寡头垄断行业），另一部分原因是企业所寻求的这些资产，如技术知识、学习经历、管理技能和组织竞争力，常常集中在发达的工业国家，或者大的发展中国家。并购成为对外直接投资的主流方式，这是近几年来资源寻求型投资迅速增长的最好写照。根据 UNCTAD（1997）的报告，1985—1995 年 FDI 中 55%—60% 的资金流动都是通过企业并购完成的，大多数集中在北美、欧洲和日本的知识和信息密集型行业。

由于投资输入国对投资的态度出现了变化，那些出于传统动因投资的企业对区位的选择偏好也随之出现了变化。我们需要阐明两点，第一，外国企业的分支机构越来越深植于东道国，导致其产业链不断深化，呈现出参与高层次（创新）活动的趋势。研究 R&D 地区分布以及跨国企业专利申请地区的很多文献都提到过这一点，例如，Dalton 和 Serapio（1995），Almeida（1996），Dunning（1996），Kuemmerle（1996），Shan 和 Song（1997），John Cantwell 和 Harding（1997），Bob Pearce 和 Marina Papapanastassiou（1997）。除此之外，Cantewell 和 Harding 的研究还表明，1991—1995 年，全球最大企业在美国注册的 11% 的专利都归功于母公司所在国之外的研发中心，只有在日本，自 20 世纪 70 年代初以来，海外分支机构注册专利的比例没有增长（Wensson 在 1993 年的论文对资产增值型的 FDI 有详细的论述）。但迄今为止，这一不断参与高层次活动的趋势主要还是局限在发达国家，如 1994 年，美国跨国企业大约 91% 的海外研发都在发达国家，相比之下，它们的海外销售总额占 79%（Mataloni 和 Fahim-Nadar，1996）。

第二，跨国企业通过对外直接投资输出的竞争优势需要提供附加值，当它们的下游活动变得越来越知识密集化之后，它们所寻求的区位优势也和以前有所不同。许多调查表明，除了在那些发展中国家的劳动力或资源型投资以外，跨国企业日益瞄准那些能够提供最优经济和制度条件的区域作为投资的目的地。Fabrice Hatem（1997）的一份田野研究报告指出，除了市场进入和市场增长两个因素以外，经济和制度条件远比获取原材料、劳动力成本和对保护主义的担忧等传统标准更受青睐。而且 1996—2001 年的五年期间，这两大因素占据了显著的地位。另外还有一种观点，在一个国家中，当已经入驻的那些外来投资者变得越来越重要时，他们不是成为“投资主力军”（investment stalk），就是对尚不熟悉该国的外来投资者形成一定的示范效应(Srinivasan 和 Mody,1997;Liu,1998),同时又成为一个有凝聚力的巨大磁场吸引着众多的企业。Wheeler 和 Mody(1992)在研究 1982—1988 年美国跨国企业投资的区位模式时发现,其共有三大集结优势:高质量的基础设施、高工业化程度和现有成熟的对外直接投资。他们有数据证明这些影响因素颇为显著,且对投资产生了极为积极的影响。Braunerhjelm 和 Svensson(1995)在研究 1975—1990 年这段时期内瑞典的外向型投资时,也证明了这一变量和资金外部性之间显著的正向关系,资金外部性和供求关系相关,包括知识的扩散、由于相关企业集群而产生的溢出效应等。

在探究外部经济的变化性质和意义以及它们如何形成了模式更为集中的某些类型的 FDI 等方面,尤其是那些在知识密集型行业中寻求战略资产型的投资,Krugman(1991)开创了更为规范的研究。事实上,正是由于他的研究,引发了当前产业地理学家、经济学家和商业分析师之间的精彩对话。尽管该对话主要的焦点是作为流动投资的一个储备地的国家次级空间单位,但它同样对运输和通信成本的功用提出了有价值的见地。因为这些成本会影响从现有的集结地协调和供应最终成品、影响中间产品的分发配送,以及地区的竞争优势的变化,特别是它们会影响空间交易成本和动态的外部经济,比如涉及复杂的技术、不确定或不可预测的市场、互动学习、面对面交谈和默会知识的交换等(Florida,1995;Storper 和 Scott,1995)。

当然,欧盟地区的政府以及美国各大州政府所提供的一系列激励措施也是一个决定性的因素,它们影响着跨国企业活动在区位内部的选择。一些有趣的案例可以参见 Donahue(1997)和 Ohmae(1995)。另外似乎还有一些研究表明,由当地和地区开发机构所提供的以加快规划申请过程、土地出让、租金优惠以及税收减免和提供投资津贴等形式出现的一系列促销活动和激励措施,都能够吸引对外直接投资,特别像“地区锦标赛”①(Taylor, 1993;UNCTAD,1996b)。再次重申,美国和欧盟,或者是一些如英国这样的大国符合这样的说法。

在表 1 中,我们总结和对比了 20 世纪 70 年代和 90 年代的跨国企业在区位选择时的一些影响变量,前者大多出自《跨国企业及其经济分析》一书的第二章,后者则根据其他一些学者的假设和田野研究的证据整理而成。在此过程中,我们把 FDI 分成了之前提到过的四种类型(即寻求资源、寻求市场、寻求效率和寻求战略资产,译者注),但我们完全同意还有其他的情境变量,如企业规模、跨国化程度、原产国或原产地、目标国或目标地以及产业,这些因素的情境需求不同,影响力或许也不容小觑。

① 率先提出这一用法的是 David(1984),之后由 Wheeler 和 Mody(1992) 以及 Mytelka(1996)沿用至今。

表1　20世纪70年代至90年代跨国企业增值活动区位选择的影响因素

FDI种类	20世纪70年代	20世纪90年代
A. 寻求资源	1. 自然资源的可获得性、价格和质量 2. 资源能得以利用的基础设施,由此生产的产品能得以出口 3. 政府对FDI、资本及股利汇出的限制 4. 投资激励措施,如免税期	1. 基本同70年代,但能提升资源、产品加工和运输等质量的机会成为当地更重要的激励因素 2. 拥有当地合作伙伴,共同促进知识和资本密集型资源的利用
B. 寻求市场	1. 主要在本国市场,偶尔在邻近的区域性市场(如欧洲) 2. 实际工资成本和材料成本 3. 运输成本;关税和非关税贸易壁垒 4. 同寻求资源的第3个因素(A3),此外是具备优先途径获得进口权	1. 大多数为大型的扩张型市场,或邻近的区域市场(如北美自由贸易区、欧盟等) 2. 熟练工和专业劳动力的价格及可获得性 3. 相关联企业的存在和竞争力,如产业领先供应商 4. 国家和当地基础设施的质量,以及制度是否完善 5. 和空间相关的市场扭曲减少,但集约化空间经济和本地服务支持设施的重要性凸显 6. 东道国所推行的宏观经济和宏观企业政策 7. 越来越有必要靠近知识密集型行业的用户 8. 地区和当地发展机构推广宣传活动的重要性日益凸显
C. 寻求效率	1. 主要和生产成本相关(如劳动力、材料、机器设备等) 2. 参与中间品和成品贸易的自由度 3. 集约化经济的存在,如出口加工区 4. 投资激励政策,如减免税收、加速折旧、拨款、土地补贴等	1. 同70年代,但更为强调寻求市场的第2、3、4、5、7个因素(B2、B3、B4、B5、B7),尤其对知识密集型和综合型跨国企业的经营活动,如研发和其他公司职能 2. 政府在建构经济活动中扫除障碍的作用日益重要,同样还体现在通过适当的教育和培训计划,促进人力资源的提升 3. 专业化空间集群的存在,如科技工业园区、服务支持系统等,以及专业化要素投入。投资企业的创新机会、良好的创业环境、鼓励企业在内部和横向之间展开良性竞争

（续表）

FDI种类	20世纪70年代	20世纪90年代
D. 寻求战略资产	1. 知识关联型资产及市场的可获得性，能以合适的价格维护或增强投资企业的所有权优势 2. 制度及其他可以影响到外国企业获取此类资产难易程度的因素	1. 同70年代，但知识型企业在地理范围上趋于分散，企业有需要从海外地区利用此类资产，成为FDI更为重要的动因 2. 对海外投资者来说“协同化”资产的价格和可获得性 3. 作为交换当地默会知识、观念和交互学习而获得的机会（通常在特定的次级国家空间单位） 4. 接近不同的文化、制度和体制，不同的客户需求和偏好

表格本身一目了然，但我们想强调四个发现：第一，空间交易成本的作用发生了变化，这反映跨境市场的开放和经济活动的特征变化。总体来说，这些成本的降低引发了更为强劲的市场寻求型FDI，促进了国际劳动分工的福利增进，并带动了从事相关活动的企业的空间集聚，因而企业之间互惠互利，能获得本地提供的支持、共享的服务中心、渠道网络、定制的需求模式和特殊要素的投入（Maskell，1996；Rees和McLean，1997）。

第二，跨国企业所寻求的能为它们核心竞争力提供附加值的互补型海外资产和能力越来越属于知识催化类型，特别是当它们的海外分支机构在东道国牢牢扎根时（Grabher，1993），如日本的生产型企业在欧洲和北美的增值活动不断深化。而这一发现的例外是那些最不发达地区的一些低附加值活动。

第三，当战略资产获取型投资变得日益重要时，企业的区位需求从原来的获取市场或自然资源转向获取知识密集型资产和学习经历，以增强它们现有的企业所有权优势。

第四，发展中国家当前的许多FDI是受传统的市场寻求动因的驱动（如中国、印度尼西亚和印度），或者是希冀利用低廉的劳动力成本，或者是低价的自然资源。即便如此，当企业作出选择后，东道国的人力和物质基础设施，连同它的宏观经济环境和制度体系都比原来要发挥更多的决定作用。

经济活动国际分布变化的宏观经济学分析

上述部分我们着重列举了最近二十年来跨国企业经营活动的区位模式发生变化的原因。我们的结论是全球经济的发展不仅开放或拓展了跨国企业所提供产品的市场，而且通过影响

FDI 的生产和交易成本,对 FDI 的产业结构和地理范围产生了明显的作用。总体上说,20 世纪 90 年代,跨国企业在全球范围内的增值活动出现了更为紧密的整合。一方面,有些类型的 FDI,其原材料、运输和通信的成本有所下降,而共同管理那些互相依赖的经营活动的交易收益有所上升,这就在地区内部和国家内部形成了更为集中的 FDI 模式。而另一方面,新兴且往往又很重要的市场的逐渐出现,关税和非关税壁垒的减少,又形成了更为分散化的 FDI 模式。

我们现在来思考宏观经济方面或国家层面特有的一些问题。我们特别想提出两个问题:第一,FDI 区位模式的变化究竟在多大程度上影响我们了解那些决定经济活动最优化国际分布的因素;第二,根据跨国企业不断彰显的存在意义和整合活动,我们需要在多大程度上重新考虑国家和地区政府的政策含义。政府总是希望推进它们特定的经济和社会目标。

20 世纪 50 年代之前,大多数经济活动分配的解释都是基于自然资源的分布,特别是劳动力、土地和金融资本。比较优势理论主张每个国家应该专门生产其在资源和能力需求方面拥有天然禀赋的产品,对那些资源和能力需求禀赋不足的产品则通过贸易的方式交换获得。这是贸易一般均衡模型的基础,它的约束性假设是完全竞争、要素的非流动、可贸易品的同质化、规模报酬不变和零运输成本,这些都是大家所熟知的,Krugman(1993)最近也作了重述。在这个模型中,几乎没有什么创新型活动的空间,也没有国家或企业所拥有的智力资本、组织技能、创业精神和交互学习等创造性资源的调配余地,更没有形成跨国企业各自的特色。

在之后四十年的研究中,这些约束性条件逐渐有了松动,主要表现在三个方面:第一,贸易经济学家的研究曾经有别于专门研究 FDI 和跨国企业经营的学者的研究,但近些年来他们开始认为有必要将规模经济、中间品(fabricated assets)、学习经历和市场结构等变量纳入他们的研究模型,并认识到这些变量的作用因经济活动种类的不同而不同。例如,现在大家都认为价值链的不同环节会分布在不同的国家,或者一个国家的不同地区,这是由知识、资本、自然资源、劳动力构成以及这些投入的地理条件所决定的。第二,大家越来越关注由相关活动的集聚效应所引发的外部经济最终能在多大程度上导致某些国家或地区的经济活动集中化。第三,不同国家之间存在着消费者品味的差异,这点已经得到了广泛的认可,而那些涉及制度的因素,特别是和多活动多企业相关的,以及与政府职责相关的制度因素才刚刚开始被认识到。

由于在思考过程中吸收了上述这些变化,贸易积极理论的支持者现在终于能够给经济活动的国际分工一个更为现实的解释;而从规范的角度看,比较优势理论虽然遭受了一些挫伤,但它仍然拥有其存在的价值,犹如一束亮光指引着国家之间的稀缺资源如何得以最优配置

(Wood,1993)。当范围扩大到包括那些与制度、政策和文化相关的创造性资产时,情况更是如此(Lipsey,1997)。

然而,在学界还存在着第二个裂缝,使得区位理论家和国际贸易经济学家在解释国际生产分工的方法上很难弥合。这正是由于跨国企业的存在和扩张,其主要特征恰恰是跨国增值活动的共同所有权。这里我们需要再一次将关注点转向内部化理论的研究。要解释跨国企业如何影响经济活动的国际分布,我们需要先考虑它们和单国公司有何不同。否则,我们可以用现代贸易理论或区位理论来解释这些活动。所以,那些从事国际商务研究的学者的主要思想在此处最为相关。

在本文开头处我们曾提出最近二十年来,FDI在地理范围上的变迁基本上和所有企业的资本开支变化相顺应。这意味着企业的所有权形式或跨国化程度不是解释这些变化的显著变量,被跨国企业内部化或者控制了的中间产品或最终产品的贸易同独立企业之间的贸易(如非关联异地贸易)没有什么区别。

但是,大量的研究(Caves,1996;Dunning,1993)表明,企业的外国化程度,即跨国化程度的主要影响没有涉及东道国的经济和贸易活动,而是涉及这些变量的结构。最早期的FDI研究学者已经提出,比起本土机构,跨国企业的海外分支机构更倾向于集中在不同的产业部门。因为每个行业都有自己独特的地理位置和贸易特点,所以FDI就会对经济活动的地理位置产生差别性影响。有时候,这种影响可以反映出投资企业的国别特征,如20世纪80年代日本向欧洲涌入FDI,大举进军汽车行业和电子行业。有时候这些特征表现为很独特的竞争优势或一组优势;另一些时候则表现为跨国化的程度和模式。这类资产增值型和资产利用型的FDI所呈现出的地理多样性,加之它们统一管理的成本和收益,构成了当代跨国企业活动的一个显著特征,尤其在发达国家。

Bruce Kogut等学者许多年前就认识到了跨国企业的这些特征(Kogut,1983,1985)。由于最近十年跨国企业在海外经营的程度、规模和强度都有长足的发展(见UNCTAD的《世界投资年度报道》),现在更为了谋求生成新的资源、能力和市场,并充分利用企业现有的所有权优势,因而拥有这些跨国化的特质就越发显得重要。

虽然这些特质很容易就被归入区位理论,但它们不太容易被纳入一般均衡贸易模型。首先,这是因为,不像产业组织理论,贸易理论尚未认真思考过企业的多种活动、多厂区生产和创新。James Markusen(1995)及Markusen和Venables(1995)最新的论文大胆地尝试把国际生产折衷理论的框架范式和贸易的一些新模型(如企业特有规模经济、产品差异和不完全竞争)进行了整合,但他们更侧重研究跨国范围内发生的专属知识密集型活动的专业化特点和那些传统贸易理论所断言的属性有何差异。同样，Brainard(1993)、Horstman 和 Markusen(1992)的研究也得出一个结论，当企业的固定成本和空间交易成本与工厂的经济极度相关时，跨国企业所从事的生产活动会达到均衡[①]，但这些方法无一给予跨国企业的跨国化特征以充分的考虑，跨国化这一特征明显使跨国企业有别于外资企业。这些研究虽然也包含了所有权资产中的市场内部化的一些特点，但却忽略了其他一些因素，尤其是我们所称的交易成本最小化这一所有权优势。

根据 Markusen 等学者所得出的研究规范意义，并应用传统贸易理论的语汇，我们认为在两种完全不同的情况下，如果企业向其他国家进行对外直接投资，那么这些国家将会从中受益。第一种情况，企业使用所有权优势，从事与母国资源和能力最为适应的生产活动的最佳场所是海外国家[②]并在企业内部进行(内部化了的中间产品市场的最佳收益超过非关联异地市场交易的最佳收益)。第二种情况，并不是出于战略部署，但为了保护和增进企业的全球竞争优势，企业在海外直接购买资产，这样比自行创造这些资产更为有利。与之相反，当一个国家能为进口的创造型资产提供服务附加值，并且同样也只在投资实体的内部，而不是去自行生产这些资产，或者当外国企业选择以一个适当的价格购买当地创造的资产，并且在国外使用这些资产，那么它就具有了比较优势，这个国家就会从流入的直接投资中受益。

在大多数情况下，由于跨国企业的存在，国与国之间展开最优配置经济活动的秘诀无异于那些 FDI 匮乏的地方。但这一秘诀中市场、层级和政府的角色会有所不同，在不完全竞争条件下，层级化或以多种活动和多国企业为表象的异态化，相比于非关联异地市场，或许是更为有效的资源和能力的协调因素(Caves,1996)。尤其在活跃的知识经济中，一些地方性市场元素缺位，市场充斥着不确定性、非规则性、复杂性、外部性、规模经济、纵向整合和市场的互依性，正是这些要素更容易生成在统一管理之下更能发挥有效协调效应的增值活动。如果跨国企业所服务的最终产品市场是可竞争的，而本国政府又追求积极的不扭曲市场而促进市场的宏观组织政策(Dunning, 1997b)，那么跨国企业就会成为市场的代理人。通过将中间产品的市场内部化，跨国企业有助于保持或强化而不是阻碍最终产品市场的有效性。

政府总是限制企业反竞争的行为，政府也极力推行有助于市场的宏观组织政策，我们不希望低估政府在这些方面发挥的作用，但同时我们认为企业在其资源和能力配置上的最新变化，为跨境层级化(如内部化)和外部市场交易提供了更为合适的平衡。也许国际并购和战略

---

① Markusen 是这样说的，"这种模式下的跨国企业是企业专有资产服务的出口商……分支机构进口了这些资产。"(Markusen,1995,p.175)

② 哪一国或哪些国家，取决于一般的区位标准。

联盟的大幅度增长会成为一个隐忧(UNCTAD, 1997),但它们会有助于提高企业的革新性、开创性和全球竞争力,所以这是好事;但是,它们也能使企业更容易参与到那些扭曲市场结构的商务活动中去,所以需要谨慎地对此加以监管。

跨国企业对国际生产分配的独到影响就在于跨境的中间产品市场的内部化在多大程度上导致了完全不同而更为有效的经济活动结构。这里隐含着一个有趣的悖论,一方面,市场的自由化和有些空间成本的降低使物品、无形资产和服务的跨境流动更为容易;另一方面,那些促进增值活动互依性的技术革新和组织变革,又在鼓励由拥有相同产权的企业和工厂来完成国际化的生产,至少国际化生产中的某些环节在地域上相对集中。一旦结构性和距离性的市场失灵被消除,其他有利于促进中间产品市场内部化和空间依赖性的要素就会变得更为重要了。

这种国际劳动分工的“新”昭示不仅体现在前文提到过的跨国企业在全球生产的参与程度越来越高,同时还表现在跨国企业在全球出口市场所占的份额越来越大,至少在制造业是如此(Dunning,1993; UNNCTAD,1996a;Caves,1996)。另外,还有数据显示,跨国企业或者它们的分支机构在其最为活跃的行业,出口倾向明显高于它们的本土竞争对手。只有少数一些国家例外,日本比较明显,美国跨国企业从其海外分支机构所收取的知识密集资产服务的使用费,用占出口总额的比例来表示,要比美国企业和其他独资企业的同比高很多。例如,1996年美国企业从其海外分支机构收取的专利使用费占它们向分支机构出口总额的6%,与此相对应,所有美国企业向非分支机构收取的专利使用费占美国出口总额的3%(美国商务部,1997)。此外,1993—1996年美国企业向所有海外企业收取的专利使用费,79%来自美国跨国企业内部。①

跨国公司究竟在多大程度上在一个国家或地区推进或扎堆形成空间集群,学术界对此议题一直缺乏足够的关注。当然,葡萄牙的软木塞业、瑞士的钟表业、北意大利的纺织业以及伦敦的金融区等一些旧的产业集群的形成并没有太多跨国企业的参与。但是,许多新建立的集群,更倾向于利用知识创造的外部经济,进行交互学习,以及提升企业自身的竞争优势,所以完全受另外一套成本收益分析的影响。如果对科技园区的出口加工区、联合开发协议和服务支持中心的入驻企业和成员名单稍加分析,就不难看出跨国企业是非常积极的参与者,甚至常常是牵头企业。当然在一些成熟而发达的地区(如欧盟)和国家(如美国),知识密集型和

① 其他关于美国企业从外国企业收取的专利使用费和管理费等数据,见定期出版的《美国商务部当今企业调查》,及《美国海外直接投资的标杆调查》(另见 UNCTAD,1995,1996a,1997)。

出口导向的活动比其他类型的活动在地理位置上更为集中（例证详见 Porter，1990；Dunning，1997b 和 Dunning，1997c）。

所以，任何研究国际经济活动的现代理论必须考虑，相比于单一国家公司的境内交易和生产，跨境的生产和交易所共属的所有权是如何导致不同的价值增值和空间分布的。此外，能够分摊企业运行成本和风险的其他特质，企业内部的知识、经验和市场的共享和转移，联合组织的创新、生产和营销活动所带来的外部经济等也都应该在研究范围之内。在这些活动中，许多都不具备外部市场，企业某一部门的产出只能以投入品的形式向同一企业的另一部门出售，但这些互相依赖的活动并不一定要在同一个国家或地区发生。另外一些活动的内部市场可以比非关联异地市场带来更多的协调优势，从而降低交易成本。在这两种情况下，我们更应该认为跨国企业不是市场的次优构成，而是市场的合伙人，在价值链上促成最优的分配效率。

那些研究国际经济活动积极而规范的宏观模型应该更为正式地纳入促进市场效率的内部市场概念。除了认可资产开发型和资产利用型等活动的不同地区需求之外，贸易模型还应该包含企业在共属所有权下而不是在外部市场中组织这两组活动所带来的收益。原则上这并不困难，也就是要界定和评估那些和国家、经营活动以及企业相关的变量，由它们决定的各种交易和协调功能是否在市场友好的层级中或市场本身得到最佳的安排。我们已经讨论过，新创造的资产以及由此而衍生的物品和服务，相比于自然资产以及由此而衍生的物品和服务，前者的市场很可能更具有内在不完全性。在有些情况下，将这些市场内部化也许更能促进市场效率。我们还同意 Behrman 和 Grosse（1990）以及 Meyer（1998）的观点，大多数跨国市场要比它们的本国市场更具不完全性。正因为如此，跨国企业的经营活动比在一个经济体中的单厂型互动也许更能增进福利。我们之所以说“大多数”的跨国市场，是因为很多新兴的发展中国家的本国市场要比发达国家的市场更具不完全性。诸如汇率波动、制度和文化差异、政府职能大小等问题显然在跨境的市场运作中比在国内的市场运作中发挥更为重要的作用。前文中我们特别说明是“也许”更能增进福利，因为在相当程度上，福利的增进取决于对外投资的产生条件。

与此同时，跨国企业经营活动所促成的市场内部化程度，取决于贸易伙伴和相关国家的特征，以及资产、交换物品和服务的类型。在试图解释跨境贸易的其他形式以及推进和发展积极和规范的贸易理论过程中，国际经济学家需要深入探究贸易活动中国家特有的优势结构（尤其是知识关联型产品），这些通过对外直接投资和企业间联盟等形式所进行的贸易活动和通过非关联异地市场完成的贸易活动之间究竟有何区别。

结论

在本文的前两部分,我们分析了近二十年来全球经济的变化对研究 FDI 的微观经济地理以及跨国企业经营活动的学者产生怎样的影响,我们也从宏观经济学的视角对所有增值活动的国际分布做了更为详尽的解释。我们特别强调了三点:第一,在财富创造的过程中,无形资产尤其是智力资本所占的比重越来越高,企业更需要在不同的区位充分利用这些资产。第二,我们着重说明了那些受区位制约的资产作用正在发生变化,即流动的投资者把它们视为对自己核心能力的补充。因此,我们再次强调这些新创造的资产,尤其是政府可以也能够通过它们的宏观调控政策施加影响的资产所日益凸显的重要意义,以及当非关联异地交易和协调成本高昂的时候,空间集聚所带来的好处。

第三,我们认为, 要将跨国企业的经营活动充分纳入现有的经济活动国际分布的贸易类型理论,我们需要更关注企业共同管理相关联跨境经营活动的特定动机、决定因素和结果,以及将中间产品市场内部化以后创造出的条件,将促进活跃在当代全球创新型经济中的经济活动形成有效的空间结构(“有效”的意思是“次优”的现实选择,假设所有可规避的跨境结构性市场不完全性已经被消除)。我们还提出,FDI 的地理选择和其他企业的投资方式完全不同,若要建立任何新的范式,都应该按照这样的思路。

我们的分析和研究结果对未来的国际商务研究有何意义？第一,回到本文的起点,按照迈克尔 · 波特(1994,1996)的思路,我相信我们应该给予区位要素更多的重视,它是影响企业全球竞争力的一个重要变量。也就是说,企业经营活动的空间构成其本身可以是一个所有权优势,还可以影响它们增加或利用现有所有权优势的模式。随着被创造的资产在地理范围上逐渐得以分散,企业通过深化或拓宽其跨境价值链呈现更明显的跨国化特征,不管是从利用新的竞争优势的角度还是从部署更为有效的本土资源的角度,企业对区位的结构和内容等一系列综合考虑对它们的全球竞争地位至关重要。

第二,为了在管辖范围内让现有的但受到区位制约的资产达到最优化的利用状态,同时,也为了提升其资源—能力的动态比较优势,政府需要着力于确保他们的任何作为都应该帮助形成、支持和完善有效的层级和市场。这包括对流动投资有区位要求这点给予更多的理解。

另外，对那些大规模爆发的地方性市场失灵，政府可以和企业合作，或者通过“发声战略”[①]改善市场，或者通过“退出战略”替代市场。总之，知识型基础设施的重要性日益凸显，亚国家(sub-national)空间单元作为不可贸易的互依关系的纽带(Storper, 1995)[②]，这都给国家和地区政府在宏观调控和促进竞争的政策制定方面提出了新的挑战和机遇。

参考文献

Almeida, P. 1996. Knowledge sourcing by foreign multinationals: patent citation analysis in the U.S. semiconductor industry. *Strategic Management Journal*, 17 (Winter): 155—165.

Bandera, V. N. & J. T. White. 1968. U.S. direct investments and domestic markets in Europe. *Economia Internazionale*, 21 (February): 117—133.

Behrman, J. N. & Robert Grosse. 1990. *International business and governments.* Columbia, South Carolina: University of South Carolina Press.

Blair, M. M. 1995. *Ownership and control: rethinking corporate governance for the 21st century*, Washington DC: The Brookings Institution.

Booz, Allen and Hamilton. 1997. *Cross border alliances in the age of collaboration.* Los Angeles, CA: Booz Allen and Hamilton.

Brainard, S. L. 1993. A simple theory of multinational corporations and trade with a trade-off between proximity and concentration. Cambridge, MA: NBER Working Paper No. 4269, February.

Braunerhjelm, P. & R. Svensson. 1995. Host country characteristics and agglomeration in foreign direct investment. Stockholm: Industrial Institute for EC and Social Research (mimeo), October.

Cantwell, J. & R. Harding. 1997. The internationalization of German companies R&D. Discussion Paper in International Investment and Management No. 233, University of Reading.

Caves, R. 1982 & 1996. *Multinational firms and economic analysis.* Cambridge: Cambridge University Press. First and second editions.

① 用于与跨国企业有关的活动的“发声战略”和“退出战略”，参见 Dunning(1997a)。

② 把地区作为空间单位，从而将与距离有关的交易成本内部化。这个概念很有意思，值得国际商务领域的学者继续关注并深入研究。例如，一个地区就像一个企业一样制定一系列战略，为置身其中的企业提供一套特殊的、固定的且很难被模仿的区位优势，与其他地区相比就形成了自己独特的竞争优势。同时，一个地区也会像一个企业一样兴衰成败；而我们对相关活动的空间解体的成因却知之甚微。

Dalton D. H. & M. G. Serapio. 1995. *Globalizing industrial research and development.* U. S. Department of Commerce, Office of Technology Policy, Washington, DC: U. S. Department of Commerce.

David, P. 1984. High technology centers and the economics of locational tournaments. Stanford, CA: Stanford University (mimeo).

Davidson, W. 1970. The location of foreign direct investment activity: country characteristics and experience effects. *Journal of International Business Studies*, 11(2): 9—22.

Davis, D. R. & D. E. Weinstein. 1997. Economic geography and regional production structure: An empirical investigation. Cambridge, MA: National Bureau of Economic Research, Working Paper Series No. 6093 (July).

Donahue, J. D. 1996. *Disunited States.* New York: Basic Books.

Dunning, J. H. 1993. *Multinational enterprises and the global economy.* Wokingham, England and Reading, Mass.: Addison Wesley.

Dunning, J. H. 1995. What's wrong—and right — with trade theory. *International Trade Journal*, 9(2): 153—202.

Dunning, J. H. 1996. The geographical sources of competitiveness of firms: some results of a new survey. *Transnational Corporations*, 5(3): 1—30.

Dunning, J. H. 1997a. *Alliance capitalism and global business.* London and New York: Routledge.

Dunning, J. H. editor. 1997b. *Governments, globalization and international business.* Oxford: Oxford University Press.

Dunning, J. H. 1997c. The European internal market program and inbound foreign direct investment. *Journal of Common Market Studies*, 35 (1 and 2): 1—30 and 189—223.

Dunning, J. H. 1998. The changing geography of foreign direct investment. In N. Kumar, editor. *Internationalization, foreign direct investment and technology transfer: Impact and prospects for developing countries.* London and New York: Routledge.

Edvinson, L. 1997. *Intellectual Capital Development.* Stockholm: Skandia.

Ethier, W. J. 1986. The multinational firm. *Quarterly Journal of Economics*, 101:806—833.

Florida, R. 1995. Towards the learning region. *Futures*, 27(5): 527—536.

Fujita, M. & J. R. Thisse. 1996. Economics of agglomeration. Kyoto: Kyoto University, Institute of Economic Research Discussion Paper No. 430, January.

Grabher, G., editor. 1993. *The embedded firm.* London and New York: Routledge.

Grossman, G. M. & E. Helpman. 1991. *Innovation and growth in the global economy*, Cambridge, MA: MIT Press.

Hagedoorn, J. 1996. Trends and patterns in strategic technology partnering since the early seventies. *Review of Industrial Organization*, 11: 601—616.

Handy, C. 1989. *The age of unreason.* London: Hutchinson.

Hatem, F. 1997. *International investment: Towards the year 2001*. Geneva: United Nations.

Helpman, E. & P. R. Krugman. 1985. *Market structure and foreign trade.* Cambridge, MA, MIT Press.

Horstman, I. J. & J. R. Markusen. 1992. Endogenous market structures in international trade. *Journal of International Economics*, 32: 109—129.

Johanson, J. & J. E. Vahlne. 1977. The internationalization process of the firm—a model of knowledge development and increasing market commitments. *Journal of International Business Studies*, 8: 23—32.

Kogut, B. 1983. Foreign direct investment as a sequential process. In Kindleberger, C. P. & D. Audretsch, editors. *The multinational corporation in the 1980s.* Cambridge, Mass.: MIT Press.

Kogut, B. 1985. Designing global strategies: corporate and competitive value added chains. *Sloan Management Review*, 25: 15—28.

Krugman, P. editor. 1986. *Strategic trade policy and the new international economics.* Cambridge, MA: MIT Press.

Krugman, P. R. 1991. *Geography and trade.* Cambridge, MA: MIT Press.

Krugman, P. R. 1993. On the relationship between trade theory and location theory. *Review of International Economics*, 1(2): 110—122.

Kuemmerle, W. 1996. The drivers of foreign direct investment into research and development: An empirical investigation. Boston, Harvard Business School Working Paper No. 96:062.

Lipsey, R. G. 1997. Globalization and national government policies: An economist's view. In John H. Dunning, editor. *Governments, globalization and international business.* Oxford: Oxford University Press.

Liu, S. X. 1998. *Foreign direct investment and the multinational enterprise. A reexamination using signaling theory.* Westport, Conn.: Greenwood Publishing.

Loree, D. W. & S. E. Guisinger. 1995. Policy and nonpolicy determinants of U. S. equity foreign direct investment. *Journal of International Business Studies*, 26(2): 281—300.

Malmberg, A., O. Slovell & I. Zander. 1996. Spatial clustering, local accumulation of knowledge and firm competitiveness. *Geografiska Annaler Series B, Human Geography*, 78(2): 85—97.

Markusen, A. 1996. Sticky places in slippery space: A Typology of industrial districts. *Economic Geography*, 72(3): 293—313.

Markusen, J. R. 1995. The boundaries of multinational enterprises and the theory of international trade. *Journal of Economic Perspectives*, 9(2): 169—189.

Markusen, J. R. & A. Venables. 1995. Multinational firms and the New Trade Theory. Cambridge, Mass.: NBER Working Paper No. 5036, February.

Maskell, P. 1996. Local embeddedness and patterns of international specialization. Copenhagen, Copenhagen Business School (mimeo).

Mataloni, R. & M. Fahim-Nader. 1996. Operations of U.S. multinational companies: preliminary results from the 1994 benchmark survey. *Survey of Current Business* (December): 11—37.

Meyer, K. 1998. *Direct investment in economies in transition.* Cheltenham, UK, Lyme U.S.: Edward Elgar.

Mytelka, L. K. 1996. Locational tournaments, strategic partnerships and the state. Ottawa: Carleton University (mimeo).

Ohlin, B. 1933. *Inter-regional and internatianal trade.* Cambridge, MA: Harvard University Press, revised edition 1967.

Ohmae, K. 1995. *The end of the nation state: The rise of regional economies.* London: Harper.

Papanastassiou, Marina & Robert Pearce. 1997. Technology sourcing and the strategic role of manufacturing subsidiaries in the UK: local competencies and global competitions. *Management International Review*, 37 (forthcoming).

Peck, F. W. 1996. Regional development and the production of space: the role of infrastructure in the attraction of new inward investment. *Environment and Planning*, 28: 327—339.

Porter, M. E. 1990. *The competitive advantage of nations.* New York: The Free Press.

Porter, M. E. 1994. The role of location in competition. *Journal of Economics of Business*, 1(1): 35—39.

Porter, M. E. 1996. Competitive advantage, agglomerative economies and regional policy. *International Regional Science Review*, 19(1 and 2): 85—94.

Rees, D. & T. McLean. 1997. Trends in location choice. In A. Jolly, editor. *European Business Handbook 1997*. London: Kogan Page (for CBI).

Ruigrok, W. & R. Van Tulder. 1995. *The logic of international restructuring.* London and New York: Routledge.

Scaperlanda, A. & L. J. Mauer. 1969. The determinants of U.S. direct investment in the EEC. *American*

Economic Review, 59 (September): 558—568.

Scott, A. J. 1996. Regional motors of the global economy. *Futures*, 28(5): 391—411.

Shan, W. & J. Song. 1997. Foreign direct investment and the sourcing of technological advantage: evidence from the biotechnology industry. *Journal of International Business Studies*, 28(2): 267—284.

Srinivasan, K. & Ashoka Mody. 1997. Location determinants of foreign direct investment: an empirical analysis of U. S. and Japanese investment. *Canadian Journal of Economics* (forthcoming).

Stewart, T. A. 1997. *Intellectual capital.* London: Nicholas Bradley.

Storper, M. 1995. The resurgence of region economies: ten years later: the region as a nexus of untraded interdependencies. *European Urban and Regional Studies*, 2(3): 191—221.

Storper, M. & A. J. Scott. 1995. The wealth of regions. *Futures*; 27(5): 505—526.

Taylor, J. 1993. An analysis of the factors determining the geographical distribution of Japanese manufacturing investment in the UK, 1984—1991. *Urban Studies*, 30(7): 1209—1224.

U. S. Department of Commerce. 1997. U. S. international sales and purchases of private services. *Survey of Current Business*, October: 95—138.

UNCTC. 1988. *Transnational corporations and world development.* New York: UN.

UNCTAD. 1995. *World investment report 1995: Transnational corporations and competitiveness.* New York and Geneva: UN.

UNCTAD. 1996a. *World investment report 1996: Transnational corporations, investment, trade and international policy arrangements.* New York and Geneva: UN.

UNCTAD. 1996b. *Incentives and foreign direct investment.* Geneva and New York: UN.

UNCTAD. 1997. *World investment report 1997: Transnational corporations, market structure and competition policy.* Geneva and New York: UN.

Vernon, Raymond. 1966. International investment and international trade in the product cycle. *Quarterly Journal of Economics*, 80: 190—207.

Vernon, Raymond. 1974. The location of economic activity. In John H. Dunning, editor, *Economic analysis and the multinational enterprise.* London: Allen and Unwin.

Wells, L. T. editor. 1972. *The product life cycle and international trade.* Cambridge, MA: Harvard University Press.

Wesson, T. J. 1993. An alternative motivation for foreign direct investment. Ph. D. dissertation, Harvard University.

Wheeler, K. & Ashoka Mody. 1992. International investment and location decisions: the case of U. S. firms. *Journal of International Economics*, 33:57—76.

Wood, A. 1993. Give Heckscher and Ohlin a chance. Sussex: University of Sussex, Institute of Development Studies (mimeo).

World Bank. 1997. *World development report: The state in a changing world.* Oxford and New York: Oxford University Press.

作者简介*

Dunning John H. 是美国罗格斯大学国际商务新泽西州讲席教授和英国雷丁大学国际商务名誉研究教授。(已故)

* 选取的15篇论文的作者简介主要依据JIBS论文发表时的作者介绍翻译而成,之后的14篇论文不再作单独说明。

乌普萨拉国际化过程模型修正：从外来者劣势到局外人劣势*

Jan Johanson
Uppsala University

Jan-Erik Vahlne
Gothenburg University

阎海峰　王　娟　译　　阎海峰　校
（华东理工大学商学院）

鉴于商务实践和理论进展发生了诸多变化，本文对 1977 年建立的乌普萨拉国际化过程模型进行了修正。如今，商业环境已然是一张关系网络、网络系统，而不再是由很多相互独立的供应商和顾客组成的新古典主义市场了。不确定性的根源更多地来自作为某一相关网络的局外人地位，而非心理距离。修正模型中的动态机制与原模型在根本上是一致的，但是我们增加了信任建立和知识创造，后者表明我们认识到新知识是在关系中形成的事实。

引言

自我们在《国际商务研究》(JIBS)发表企业国际化过程模型以来(Johanson 和 Vahlne, 1977),各方面发生了许多变化。事实上，经济状况和管制环境发生了剧烈变化。公司行为在某些方面也有所不同。研究前沿也继续推进，一些概念和见解在我们的模型发表时还不存在。

---

* 原文刊于 *Journal of International Business Studies*,40(1):41—43,2009。

The Uppsala internationalization process model revisited: From liability of foreignness to liability of outsidership, Jan Johanson & Jan-Erik Vahlne, *Journal of International Business Studies*, 2009, volume 40, issue 1, 经 Palgrave Macmillan 授权出版。

作者感谢众多的同事、学生，以及这些年来国际商务领域论文作者们所贡献的观点、评论、批评以及鼓励；我们还要感谢编辑 Alain Verbeke 和三位匿名评审人，他们的帮助令本文增色不少；我们也感谢 Torsten 和 Ragnar Söderberg 基金的资助。

乌普萨拉模型解释了企业在国际化过程中的诸多特点。当我们构建模型时,对可能解释企业国际化困难的市场复杂度只有初步的认识。但是之后对商业市场中国际营销和采购问题的研究,让我们从商业网络的视角认识了国际化企业所面临的市场环境。我们进一步发展了该视角并探索其对企业国际化过程的潜在意义。我们的核心观点都是基于商业网络的研究,主要表现在两个方面:第一,市场是一个关系网络,在其中的企业通过多样的、复杂的并且某种程度上是无形的方式相互联系在一起,因而,成为相关网络中的局内人是国际化成功的必要条件,同理也会存在局外人劣势;第二,网络关系提供了潜在的学习和建立信任与承诺的机会,这些都是国际化的前提条件。在深入探讨商业网络观点之前,我们先来回顾一下我们的原始模型。

1977 年的模型

20 世纪 70 年代中期,乌普萨拉大学商务研究系的研究者们发现,他们的经验研究结论与当时已经建立起的经济学和规范的国际商务文献结论相矛盾。根据这些文献,企业应该根据市场特征和自身资源情况衡量其国际化的成本与风险,选择一种最优模式进入海外市场(Hood 和 Young, 1979)。然而,通过对瑞典公司国外子公司的数据分析,以及对国际市场中一些行业公司的研究,我们发现,瑞典公司的国际化通常从出口开始(Carlson, 1975; Forsgren 和 Kinch, 1970; Hönell, Vahlne,和 Wiedersheim-Paul, 1973; Johanson, 1966; Nellbeck, 1967)。随后,它们会通过中介机构(通常是代表本公司的海外代理机构)正式进入。随着销售额的增加,它们会建立自己的销售组织来取代代理机构;如果销售额继续增加,它们就开始在海外制造,以克服第二次世界大战后仍然存在的贸易壁垒。我们把这种国际化模式叫做阶段式发展(establishment chain)。该模式的另外一个特征是,企业的国际化通常始于一个与本国市场心理距离较近的国外市场,然后渐渐地进入心理距离较远的国外市场;其中心理距离指的是那些能够增加企业理解国外环境困难的因素(Johanson 和 Wiedersheim-Paul, 1975; Vahlne 和 Wiedersheim-Paul, 1973)。这个渐进的过程源于外来者劣势,该概念起初用来解释为什么外国投资者需要拥有足以弥补这种劣势的专有优势(Hymer, 1976; Zaheer,1995)。心理距离越大,外来者劣势也越大。

我们主要探索了既有的企业理论解释与瑞典的国际化模式之间的偏差,并在 Penrose (1966),Cyert、March(1963)和 Aharoni(1966)的研究基础上,建立了我们的原始模型。我们

1977 年的模型其隐含假设是不确定性和有限理性。这个模型还有两个动态机制:第一,企业通过从国外市场的运营和当前活动的经验中学习而改变;第二,通过作出加强在国外市场地位的承诺决策而改变。我们将承诺定义为投资规模乘以其非弹性化程度的乘积。根据定义,对可出售的设备进行大的投资并不一定意味着强的承诺水平,而毫不动摇地为满足顾客需求进行的投资则是。经验构成了企业对一个市场认知形式的知识,这些知识又影响了承诺水平和随后发生的各种活动:它令企业进入能够引发更多学习的下一个承诺水平(见图 1)。所以,这个模型是动态的。

这个模型并没有特别指出市场承诺一定是增加的。事实上,如果绩效不佳、前景无望,承诺有可能下降,甚至停滞。与一些观点相反,该过程绝对不是确定性的。尽管如此,我们仍然假定,只要海外市场的绩效和前景是有利的,国际化过程就会持续下去。

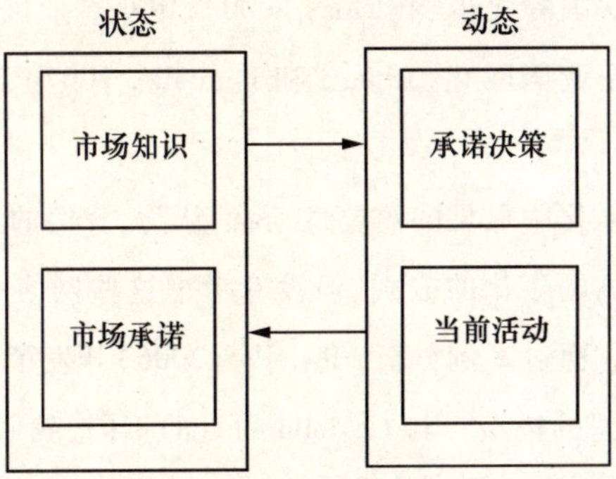

图 1　国际化的基本机制:状态和动态方面(Johanson 和 Vahlne,1977:26)

我们还假定学习和承诺建构是需要时间的。这也解释了为什么进入风险更大但潜在回报更多与心理距离更远的国外市场时,进入模式和进入速度是渐进的。

我们认为这个模型是有解释力的,很大程度上是因为我们是建立在 Cyert 和 March (1963)的理论基础上。这一理论在随后的文献中被概括为企业行为理论,从而有别于其他的经济学理论,如内部化理论(Buckley 和 Casson, 1976)、交易成本理论(Hennart, 1982),以及折衷模型(Dunning, 1980)。近期更多的实证研究表明,我们模型所解释的国际化过程对绩效有正向的影响(Barkema, Bell 和 Pennings, 1996; Delios 和 Beamish, 2001; Li, 1995; Luo 和 Peng, 1999)。因此,我们的模型可被看做理性国际化模型,并能用于规范性研究目的。

市场环境中的企业:商业网络的视角

已有很多研究证明了网络在企业国际化中扮演的角色。Coviello 和 Munro (1995, 1997)曾对小型软件企业的国际化做过实证研究。他们发现,企业在网络建立过程中,网络关系对其国外市场的选择和进入模式有影响。在此基础上,他们结合过程模型与网络视角发展出了自己的研究模型。在对日本汽车零部件供应商的国际化扩张研究中,Martin、Swaminathan 和 Mitchell (1998)发现,与供应商尤其是与购买者的组织间关系,影响了其国际化扩张模式。其他研究者还从网络视角考察了诸如国际化战略(Welch 和 Welch, 1996)、对外直接投资区位(Chen 和 Chen, 1998)、初次国际化步骤(Ellis, 2000)、中小企业国际化(Chetty 和 Blankenburg Holm, 2000)、新兴市场的企业国际化(Elango 和 Pattnaik, 2007),以及快速国际化(Loane 和 Bell, 2006)等议题。

考虑到网络在企业国际化中显见的重要性,我们认为,我们的原始模型需要进一步发展。目前研究只探讨了网络影响国际化的方式,但没有考虑这些网络是如何形成的,也没有考虑本国和东道国的网络结构。通过案例分析,Coviello (2006)开发了一个国际化初期阶段“(国际新创企业)网络如何演化”的模型。与 Coviello 的目的不同,我们将商业网络视为国际化企业以及相应外国市场网络关系嵌入其中的一种市场结构,旨在开发一个有关企业国际化的更一般化的商业网络模型。而 Coviello(2006)的工作,诚如其所称的网络中的“局内人”那样,她所关注的网络是形成于企业进入新市场之前,甚至形成于企业成立之前,对于具体的国际化过程是一种工具性的东西。

基于 1977 年模型的研究表明,当时公认的市场和营销理论在理解个体企业所面临的市场环境时作用不大。为了更好地理解商业市场和营销行为,20 世纪 70 年代中期,乌普萨拉大学启动了一个国际化 B2B 商务营销研究项目。起初,观察企业和重要客户发展持久关系是该研究的一项重要工作(Forsgren 和 Kinch, 1970; Johanson, 1966),而关注供应商和客户之间相互适应和交换的互动研究方法作为商业关系研究的一个理论框架得以应用其中(Håkansson 和 Östberg, 1975)。

20 世纪 70 年代末 80 年代初,基于互动研究方法,瑞典和其他四个欧洲国家的研究者们大样本实证研究了工业品的国际化营销和购买行为(IMP 项目)(Ford, 1997; Håkansson, 1982; Turnbull 和 Valla, 1986)。该研究表明,不论在国内还是国家间,供应商和客户之间保持亲密和持久的商业关系至关重要(Hallén, 1986)。自此之后,很多研究,如客户跟随战略,都表明了国际化过程中关系的重要性(Bonaccorsi, 1992; Erramilli 和 Rao, 1990; Majkgård 和 Sharma, 1998; Sharma 和 Johanson, 1987)。IMP 项目的研究还显示,这种关系往往会有多个协调不同企业活动的管理者卷入,并共同创建了相关的活动惯例(Cunningham 和 Homse, 1986)。更进一步,这些关系似乎是企业通过交互、连续地卷入互动这一社会交换过程而发展出来的(Kelley 和 Thibaut, 1978)。结果也正如渠道和关系营销研究表明的那样,其所带来的是知识的积累、信任的建立,甚至承诺水平的提高(Anderson 和 Weitz, 1992; Dwyer, Schurr 和 Oh, 1987; Morgan 和 Hunt, 1994)。在此过程中,脆弱的单向依赖关系可以转化成坚固的双边互赖关系,并最终提高了共同的生产效率(Hallén, Johanson 和 Seyed-Mohamed, 1991; Zajac 和 Olsen, 1993)。与国际化过程模型一致,IMP 项目的研究显示,凭借学习对方资源和能力的经验学习过程,企业发展了关系并逐步提高了它们的承诺水平(Hägg 和 Johanson, 1982)。我们的模型与 IMP 项目有一个重要的不同,即关系发展是一个企业双方卷入互动学习和对关系作出共同承诺的双边过程(Anderson 和 Weitz, 1992; Blankenburg Holm, Eriksson 和 Johanson, 1999)。我们在建构原来的模型时没有意识到共同承诺对国际化的重要性。现在我们的观点是,成功的国际化需要企业与其他企业之间的相互承诺(Johanson 和 Vahlne, 1990; Vahlne 和 Johanson, 2002)。

创建工作关系需要时间(一些研究表明时间可能长达五年)和管理者的努力,但很多尝试还是失败的(Hohenthal,2001)。因而,工作关系是大量投资的结果,也是企业的一种重要资源(Dyer 和 Singh, 1998)。关系发展实质是一种非正式过程,尽管也有一些方面是正式的(Powell,1990)。关系本质上是社会建构性的,意愿、期望和理解非常重要。关系的非正式和微妙的特性,使得任何非亲历者几乎不可能判断为建立关系投入了多少,或它的价值有多大。同样情况下,心理距离越大,建立新关系越困难,这就是外来者劣势效应。作为关系双方的两个企业在某种程度上是捆绑在一起的:它们分享共同的未来发展,并可能对对方行使某种程度的权力(Granovetter,1985)。因而,实际上双方不能完全自主,而是经由关键性的相互控制连接在一起。

现有研究也显示,企业经常与重要的供应商和客户卷入到一系列紧密、持久的不同关系当中(Cowley, 1988; Håkansson, 1989)。由于与之相关的企业同时又参与到很多其他商业关系中,企业就变成是在相互连接的商业关系网络中运营(Anderson, Håkansson 和 Johanson, 1994; Cook 和 Emerson, 1978; Hägg 和 Johanson, 1982)。"相互连接的"(connected)一词意味着一种关系中的交换与另一种关系中的交换相联系。这张相互连接的关系网被称为"商业网络”(business networks)。

企业有可能在相互连接的关系网络中通过交换创造新知识。知识创造是知识生产者与知识使用者发生冲突的结果。知识的创造过程不是独立于商业关系中的其他活动,而是镶嵌于其中的。知识并非仅由某个企业自身活动累积而来,还来自其伙伴企业的活动。因为那些伙伴企业又有其他关系的伙伴企业,企业又间接地参与到了远超过其自身的知识创造过程中。因此,商业关系网络为企业提供了更广阔的知识基础(Hägg 和 Johanson, 1982; Kogut, 2000)。

Penrose(1966)和 Barney(1986) 认为,资源是异质的,这些独特的资源能够创造价值,而不管市场条件如何(资源基础观,RBV)。商业网络观也正是从这个前提假设出发,并补充认为,网络中的交换可以令企业从合作伙伴那里(包括它们的资源、需求、能力、战略和其他关系)获取知识。因此,关系伙伴是企业有关其伙伴以及网络中更远参与者的相关商业信息的间接来源。所以,企业享有其商业网络中的知识特权。

基于上文,我们将企业看做主要进行交换活动的商业实体(Snehota, 1990)——交换而非生产,是企业的独特特性(Alchian 和 Allen, 1964)。事实上,生产的价值是在交换中得以实现的。尽管传统的经济学理论定义企业的时候没有考虑其他企业,但我们所定义的企业是建立在与特定参与者交换基础上的(Forsgren, Holm 和 Johanson, 2005)。

Johanson 和 Mattsson(1988)在商业网络研究的基础上建立了一个国际化网络模型。他们将企业的国际化置于企业自身商业网络和国外市场相关的网络结构之中。与很多其他网络研究不同的是,他们的模型突出了企业自身商业网络之外的网络结构的重要性。该模型强调了特定商业关系在企业国际化中的重要性,尽管它还缺乏动态因素。这个模型为我们的国际化机制研究提供了概念基础。在此基础上,我们将国际化视为一个多边网络的发展过程(Johanson 和 Vahlne, 1990)。

企业的成功要求其建设好一个或多个网络。任何事情都发生在一定的关系情境当中,而处于一个或多个相关网络中的企业就是一个“局内人”。如上所述,企业在很大程度上通过关系进行学习、建立信任和承诺,而这恰恰是国际化过程中的关键要素。我们认为,局内人关系是商业发展成功的必要不充分条件。

处在相关网络之外的企业是“局外人”。如果一个企业试图进入国外市场而又在相关网络中没有一席之地,将会同时遭遇“局外人劣势”和外来者劣势,而外来者身份则使得其成为局内人的过程更加复杂。局外人使得业务开展难以进行,也让国际化过程难以开始。可能的情况是,目标市场中的一个潜在伙伴需要一家企业提供某种服务,从而为该企业提供了初始的内部人机会,继而学习过程、信任和承诺的建立才可能开始。也有可能是国内的另一家企业需要为其国外客户提供新设施,并可能要这家企业来做。如此一来,该企业因另一企业而建立的在相关网络中的内部关系,可能帮助其进入国外市场。显然,这一过程需要通过企业的努力才可能开始。

在我们看来,一个企业的环境是由其网络构成,这隐含着我们对学习、信任建立和承诺发展,以及识别和利用机会的思考方式。这些活动必须在商业网络情境中予以解读,而这一网络对局外人是一种障碍。接下来的三个部分,我们将讨论这些可能同时决定商业发展和国际化过程的活动。

知识和学习

我们的原始模型假设发展知识对企业国际化具有根本性作用,特别强调从当前活动(运营)经验中获得的知识对学习过程至关重要。我们还假设,从经验中学习使企业对国外市场和自身能力日渐清晰。而正是这样一种学习方式使得企业发展国外业务成为可能。总体而言,近几十年来组织性学习和国际化情境下的组织学习研究一直在增加。在本节,我们将考察这些研究对网络视角下国际化过程的意义。

有两篇文献对我们原始模型中的知识和学习概念进行了讨论(Forsgren, 2002; Petersen, Pedersen 和 Sharma, 2003)。Peterson 等人探讨了我们模型中的一些关键假设,其中之一就是市场专有知识是一种关键知识。很多研究也都支持这个结论(Barkema 等, 1996; Erramilli, 1991; Luo 和 Peng, 1999)。

在一项基于网络视角的研究中,Axelsson 和 Johanson(1992)考察了三家企业是如何进入国外市场的。他们认为,国外市场进入不应作为进入模式决策来研究,而应作为国外市场网络中地位建立的过程来研究。他们的案例研究揭示了当一家企业进入国外市场网络时学习的复杂性。例如,企业必须先识别相关市场中的参与者,以便判断它们是怎样在通常看不到的复杂网络模式中联结起来的。这些模式只有通过企业进入那些导致其他市场参与者相互暴露彼此关联的活动中才能被发现。因而,局外人劣势必须被克服。Axelsson 和 Johanson 的研究强调了我们 1977 年模型中的市场专有学习过程,并提供了一些有关国际化的商业网络分析。

在有关企业国际化过程中的经验学习的研究中,Eriksson, Johanson, Majkgård, 和 Sharma

(1997)发现,制度性市场知识和商务知识的缺乏,需要耗费不同时间来克服,并且企业感知到的国际化成本也不一样。制度性市场知识缺乏,如语言、法律和规则方面的知识缺乏,需要在那些与心理距离和外来者劣势有关的因素方面下工夫;而根据商业网络观,商务知识缺乏与企业的商业环境有关,包括企业跟谁做生意或想跟谁做生意,以及在这个环境中企业间的关系。这些市场专有商务知识的缺乏构成了局外人劣势。

在发展原始模型时,我们强调了那些可能在不同组织单元间转移的通用性市场知识。近期研究显示,更具通用性的国际化知识,如反映一个企业投入到国际商务中的资源与能力的知识,也十分关键(Eriksson 等, 1997; Welch 和 Luostarinen,1988)。进一步,一些其他研究还显示,通用性国际化知识的众多不同的侧面可能也很重要。我们现在认为,包含若干不同经验的通用性国际化知识,如国外市场进入(Sapienza, Autio, George 和 Zahra, 2006)、具体进入模式(Padmanabhan 和 Cho, 1999)、核心业务(Chang, 1995)、联盟(Hoang 和 Rothaermel, 2005)、收购(Nadolska 和 Barkema, 2007),以及其他各种具体的国际化经验知识,可能比我们在 1977 年所假设的更加重要。值得指出的是,关于国际化的知识不单来自于以上提及的学习类型。例如,有研究显示,国际化知识与一个企业在不同市场经验的多样性正相关(Barkema 和 Vermeulen, 1998)。

借用商业网络的观点,我们在模型中加入了关系专有知识(relationship-specific knowledge),它通过双方的互动获得,包含双方的异质性资源和能力。我们进一步假设,互动能为企业国际化关系的发展带来更多通用性知识,同时也能帮助企业学习如何开发不同的、可转移到其他情境的伙伴关系(Hoang 和 Rothaermel, 2005)。事实上,关系特征的变化可能有利于产生"通用性的关系知识(general relationship knowledge)"。此外,如我们在商业网络观中所说的那样,商业网络协调的重要性表明,学会如何协调各种关系是非常重要的。这种学习可能发生在位于其他不同国家的商业伙伴关系中,例如,供应商在这些国家,客户则在另一些国家(Johanson 和 Vahlne, 2003)。

更进一步,商业网络中的知识发展与我们原始模型中的知识发展不同,前者的发展不仅仅是向其他参与者学习既有的知识,买方的使用知识和卖方的生产知识间的互动也可能产生新知识。

管理团队之前的经验可能对国际化有很大的影响,至少在新创企业和小企业中是这样(Reuber 和 Fischer,1997)。这一点特别有意思,因为 1977 年的模型中没有提及任何有关国际化开端的问题(Andersen, 1993)。从商业网络的观点看,管理团队之前的关系可能是非常重要的知识来源。对此我们将在后文中进行分析。

Petersen 等(2003)以“从简单到复杂”和“从决定论到管理的自行裁量”为题讨论了我们的原始模型。在第一个标题下,他们将我们原始模型中简单的知识观点与后来的知识和组织学习进行了比较。我们承认,组织学习的研究表明,学习远比我们 30 年前所认为的要复杂得多。但当时建构模型时我们就相信,迄今也依然相信,理论发展应该简约。理论构建的目的不是复制复杂的事实,而是解释其中的核心要素。随后的研究结论也证明了经验学习的确是企业国际化的核心要素。在对乌普萨拉模型和其他一些有关企业国际化过程创新性模型(Bilkey 和 Tesar, 1977; Cavusgil,1980)的评述中,Anderson(1993)注意到,乌普萨拉模型并不考虑具体的情境、阶段、企业或国外市场。在他看来,这是一个一般化的模型。显然,一个具有通用性的模型不可能考虑所有偶发性的知识和学习,尽管很有可能某种学习方式而非经验学习,对研究某一时段的和某种情境下的国际化是重要的。在对我们原始模型的评述中,Forsgren(2002)认为有三种类型的非经验学习方式,即收购其他企业、模仿和探求,可能也会加速国际化过程。他想说明的是,我们的模型夸大了国际化过程的渐进性特征。

在“从决定论到管理的自行裁量”的标题下,Petersen 等(2003)认为,我们 1977 年的模型过于绝对化,而研究证明企业国际化过程中存在大量酌情而定的情况。我们不能同意他们的结论,因为我们并没有将经验学习和资源承诺投入之间的因果关系绝对化。两个变量之间的因果关系并不意味着一方决定另一方,而只是一方影响了另一方。这种影响通常还要结合其他变量的作用。我们承认,管理的自行裁量是很重要的。尽管我们认为,路径依赖和探索倾向使得管理者会更偏好某种特定的解决方案。我们还认为,这个模型能够轻而易举地将管理的自行裁量和战略意图包含进来。

尽管有以上这些批判性的观点,我们认为,关于国际化过程的实证研究证明了经验学习在此过程中的中心地位。另外,其他一些重要研究流派所强调的学习机制也与我们的模型相一致。例如,学习研究领域中最基础的研究分支之一——学习曲线的研究就强调学习是基于经验的(Argote, 1999)。Nelson 和 Winter(1982)的演化理论则强调了通过经验而发展出的惯例导致行为的连续性和有限的路径依赖。第三个例子是 Cohen 和 Levinthal(1990)提出的吸收能力概念,和经验学习一样,吸收能力表明知识发展是一个累积的过程。

综上所述,我们有理由得出结论:在国际化过程的商业网络视角下,经验学习依然是一个基础性机制。当然,经验学习可以由其他知识发展方式加以补充。

信任与承诺的建立

我们的原始模型没有明确包含任何情感或感情色彩的关系维度，尽管它在知识概念中被隐含地提及过。我们现在认为这个维度应该被明确提出来了。首先，社会资本、信任，以及其他相似概念中都包含了情感和认知两个维度；其次，我们从实证研究中发现，情感维度确实对理解我们模型中的关系这一关键要素很重要；最后，在近来关系发展（Morgan 和 Hunt, 1994）和商业网络（Johanson 和 Mattsson, 1987）的研究中，信任扮演了重要角色。我们已经意识到了将这些要素加入到后期的乌普萨拉国际化过程模型中的可能性（Johanson 和 Vahlne, 2006）。根据 Nahapiet 和 Ghoshal（1998）、Granovetter（1985，1992）、Madhok（1995）和其他学者的研究，我们认为，信任是成功的学习和发展新知识的重要因素。信任还可以代替知识。例如，当一个企业缺乏必要的市场知识时，它会让信任的中介代为运营国外业务（Arenius, 2005）。在本节中我们还将介绍对承诺的定义，并解释 Anderson（1993）所指出的、我们原始模型中存在的与知识定义之间循环论证的问题（Hadjikhani, 1997）。

Morgan 和 Hunt （1994）给出了信任的定义，它包括“诚实”“可靠”和“可以依赖”等词句。简而言之，信任感隐含着一种预期对方行为的能力。信任假定人类的行为具有很高的伦理标准。当人们有意愿和积极的意图时，信任就可以发展出承诺。因此，与 Morgan 和 Hunt 的研究结论相一致，信任是承诺的前提条件。如果信任真的带来了承诺，这表明双方有持续这种关系的愿望，有为之投资的意愿；甚至意识到，为了自身的长期利益，有必要牺牲短期利益以使对方获益。

在对其 1995 年关于国际合资企业研究的评论中，Madhok（2006）探讨了对信任或机会主义的假定是否有意义。他的结论是，企业有理由依赖其商业伙伴的可信性。我们同意这样的观点，尽管我们相信永久的信任是不现实的，承诺和极端机会主义也不是非此即彼。现实一点的假定是，当企业认为持续的关系符合其长期利益时，就会维持并提高承诺的程度。尽管机会主义是作出承诺时需要考虑的关键因素，但反过来说依赖也同样存在。一个企业可能不会对其他伙伴所做的每件事都很赞赏，然而，为了长期利益，它会对对方的某些行为给予容忍（Thorelli, 1986）。

信任会让人们分享信息，促进共同期望的建立（Madhok，1995），而且在不确定情境下显得尤为重要。信任在关系的早期阶段很关键，而且如果这种关系要求双方持续努力去创造和利用机会的话,其重要性可能会更持久。Madhok(1995)的观点是,信任"导致互惠和协调行动"。这支持了 Morgan 和 Hunt (1994) 有关"信任是承诺的主要决定因素" 的观点(Gounaris,2005)。他们进而将"关系承诺视为由于交换伙伴一方相信与另一方的关系非常重要而保证为维持这一关系所做的最大化努力"(1994: 23),我们同意这一定义。但需要注意的是,我们并不相信任何东西会是最大化的。更确切地说,承诺毋宁说是个为关系付出努力的多寡问题。诚然,我们赞同 Morgan 和 Hunt 说的,"当承诺和信任同时而非其中一个单独出现时,它们会产生促进效率、生产率和效益的结果"(1994: 22)。

Mathieu 和 Zajac(1990)区分了利益计算型和情感型承诺。利益计算型承诺建立在认知的假设基础上,如可获得的共同机会。情感型承诺则基于"对对方的一种积极关注和依赖的总体感觉"(Gounaris, 2005)。情感型承诺可能会替代认知性承诺。如果机会成本或转换成本代价很高,在缺乏相关知识的情况下,部分地按照主观意愿行事也许是理性的。因而,在环境一定的情况下,我们模型中的决策者是理性的。显然,知识永远不会完备。事实上,某些情况下知识根本不存在,直到各方参与者共同开发出了知识。不管怎样,Gounaris(2005)在实证研究中发现,利益计算型承诺对各方维持和加强关系意愿的影响是负面的,他认为这可能是企业想避免依赖和被锁定。然而,相互依赖却是互利关系中不可避免的副产品。

我们同意 Madhok(2006:7)关于"信任的建立是个费钱费时的过程"这一说法。Boersma, Buckley 和 Ghauri(2003)认为,这是一个连续的发展过程,上一阶段的产出构成了下一阶段的投入。由于每一阶段的产出不是信任水平的增加就是减少,这个过程就不是确定性的。承诺在这个过程的后期发展出来(在 Boersma 等的分析中,承诺发生在合资谈判之后)。我们相信,这个观点适用于一般的关系发展,不管有没有谈判,只要企业释放出承诺意愿的信号。

机会发展

在原来的模型中,我们假设市场承诺和市场知识影响"感知到的市场机会和风险,它们反过来又影响承诺决策和当前活动"(1977: 27)。此外我们还假设,"对某个市场的承诺会影响企业感知到的机会和风险"(1977: 27)。我们还写到,"关于机会或问题的知识启动了决策"(1977: 27)。尽管如此,我们的模型通常被认为是风险(或不确定性)降低(或规避)的模型。我们认为风险在通往未知道路的途中是不可避免的,企业面临的风险是复杂多变的。这样说并不意味着风险规避,只是说需要进行风险管理。自从我们的模型发表后,关于商业网

络和创业研究有了长足的发展。我们现在认识到,也许我们的确忽视了经验学习中的机会维度。不过,我们确实也写过这样的话:

> 经验知识很重要的一点是,它为感知和规划机会架起了桥梁。客观知识只可能形成理论上的机会,而经验知识则令“具体”机会的感知成为可能——能够“感觉到”这些知识是如何适应当下与未来的活动(1977:28)。

我们相信,由于机会领域学术研究的显著进展,结合前述有关商业网络视角的研究,可以将国际化过程中的机会问题向前推进一步。

由于创业机会识别在其市场过程理论占有中心地位,Kirzner (1973)的研究提供了一个起点。他认为,市场中存在机会是因为市场永远不会达到均衡状态。识别机会包含发现当前状态中未知的东西,它是企业家保持警觉并为意外进行准备的结果。这个观点意味着,机会的识别与其说与专门的机会寻求活动有关,不如说与正在进行中的商业活动有关。他还把识别创业机会视为一种意外发现的结果(Kirzner,1997)。

顺着 Kirzner 的研究,Shane(2000)发现,个人先前的知识比其个性特征对机会发现的影响更大。先前的知识使得个体更善于发现机会,这说明机会寻求者应该是关注他们知道的东西,而不是其他人说的。与此相似,基于 Barney(1986)的资源基础观,Denrell, Fang 和 Winter (2003)发现,在识别机会所需要的外部资源方面,企业没有任何优势知识。因此,正如 Shane 建议的那样,企业应该将机会分析聚焦在自身具有知识优势的内部资源上。像 Kirzner(1997)以及 Denrell 等也都认为,识别机会可能是一种结合了努力、运气、警觉和灵活性等特质的偶发性战略的结果。

然而,根据市场网络的观点,企业的确拥有接近关系伙伴及其商业网络的优先权。而且,机会识别可能作为商业活动中的经验,添加到商业活动中已有的知识存量中。此类经验中很重要的一点在于,它是企业自身及其内部资源的知识,其中也包括部分能通过网络关系获得的外部资源。

Ardichvili, Cardozo 和 Ray (2003)将机会发展视为其创业机会识别与发展理论的核心要素,因而其焦点是,“如果没有这种‘机会的发展’,认识到或感知到的需求和资源不能变成一种可行的市场业务”(2003:106)。根据商业网络观,机会发展是建立在合作伙伴间活动基础上的,他们共同建构知识并因对未来关系发展的承诺而彼此信任。只要有一定的创业警觉性,双方在交互过程中产生的优势知识就很可能孕育出商业机会,因为这种知识可能让他们看到其他人看不到的机会(Agndal 和 Chetty, 2007)。而且,他们可能识别并懂得如何将他们独特的资源与合作伙伴相匹配(von Hippel, 1988)。机会发展过程与国际化发展过程,以及关系发展过程相似(Ghauri, Hadjikhani 和 Johanson, 2005),是一个知识发展和机会承诺的交互过程。这个过程可能是单方面的,即一方学习另一方的需求、能力、市场和网络,进而识别机会。当两个企业在互动过程中共同发现机会时,它也可能成为双向的过程;甚至还可能是多方面的,多个企业一起互动并增加对一个想法或机会的承诺。在多方互动的情况下,与两个中心企业同时有联系的企业就可能被卷入到由信任所推动的过程中。有人可能会认为网络结构和关系嵌入度会影响所发展出的机会类型——Kirzner 式的或 Schumpeter 式的(Andersson, Holm 和 Johanson, 2005)①。从网络观点得出的一个重要结论是,Kirzner (1997) 和 Denrell 等(2003)都夸大了机会的偶发性特点。

我们认为机会识别是商业活动过程中的一种副产品,因而利用和开发是相互重叠的(March,1991)。部分由于异质性,部分由于信息的不可获得性,通过市场研究也许不会像网络局内人那样识别很多的机会。而利用型商业活动会孕育出开发型活动,至少那些由市场引发的机会是这样的。尽管利用型的商业活动是有风险的,但可以通过小步走和持续的承诺建立来降低这种风险。

Shane(2000)认为,由于机会识别与先前的知识有关,企业就很难将机会的发现集中在搜索上。这与 Bjerre 和 Sharma 有关“国际化企业的知识大部分是储存在当地子公司的地方化知识”的结论一致(2003:138),同时也支持了我们的观点,即源自市场的机会将在企业边界处被发现或创造出来,因为那里存在必要的关系经验。它同时也支持了子公司主动性创新行为对跨国企业很重要这一观点(Birkinshaw,1997)。

在对机会的研究当中,“机会发现”和“机会创造”经常被认为是一个谱系的两端:“机会发现”的假设是,市场中存在着机会等待被发现(Kirzner,1973);“机会创造”认为,机会是被某个企业创造和实现的(Gelbuda, Starkus, Zidonis 和 Tamasevicius, 2003; Schumpeter, 1934; Weick, 1995)。我们认为,机会发展的过程同时包含了机会发现和机会创造(Ardichvili 等,2003),即认为任何一个更加重要都是没有意义的。此外,机会研究通常会区别为机会识别和机会利用这两个阶段。我们再次重申我们的观点,机会发展是以信任作为重要润滑剂的,持续、逐步提高机会识别(学习)和机会利用(承诺)的互动过程。按照此逻辑,网络视角下的机会识别和机会利用过程,与国际化过程以及关系发展过程是非常相似的。

---

① Kirzner 认为创业机会是由于一系列的市场不完全产生的。与 Kirzner 不同,Schumpeter 强调创业机会就是通过企业家把资源创造性地组合起来满足市场的需要,是创造价值的一种可能性——译者注。

渐进模式有效性下降问题

自从我们的模型建立以来，对国际化过程模型的大部分批评都来自所观察到的企业行为变化。例如，公司在国际化过程中有时会跳过某些阶段（Hedlund 和 Kverneland, 1985）、一经创建就开始国际化（Oviatt 和 McDougall, 1994）、国际化过程进行得更加快速（Oviatt 和 McDougall, 1994; Zahra, Ireland 和 Hitt, 2000），以及公司不再按照心理距离远近顺序进入国外市场（Madsen 和 Servais, 1997）。还有，合资企业和战略联盟方式比以前更加普遍地被使用。跨国收购的数额也极大地增长（UN *World Investment Report*, 2000）。

我们并不否认这些观察与我们建立的渐进模式不一致。渐进模式认为，公司在邻近市场开始国际化，并依次向心理距离较远的市场推进。而在每个国外市场上，公司会以低承诺模式开始（如中介）顺序地转换到更高的承诺模式（如全资子公司）。一些学者用他们偶然观察到跟渐进模式不一致的企业行为来批评我们的国际化过程模型。我们接下来将回顾一些相关的评论。这里我们首先想指出的是，渐进模式并非我们模型的组成部分，而是我们归纳理论时所依凭的经验观察的一个总结。我们还想说明的是，公司行为的大部分变化更多地与国际环境的变化有关，而不是国际化机制的变化。上文述及的网络观点也有助于解释这种不一致。

根据一篇有关在这十年中前4年发表在9本重要学术期刊上的综述文章（Andall 和 Fischer, 2005），一个有关国际化研究的最重要争论就是国际新创企业（Oviatt 和 McDougall, 1994, 2005）和天生国际化（Knight 和 Cavusgil, 1996）现象是否与我们的模型一致。我们认为它们是一致的。因为从国际化程度看，大部分的天生国际化企业实际上是"天生地区化（born regionals）"，其国际化活动在很大程度上没有真正分布到全球市场（Rugman & Verbeke, 2007）。事实上，我们研究的大部分企业的国际化模式（Johanson & Wiedersheim-Paul, 1975）应该被看做天生地区化或者国际新创企业。

以山特维克（Sandvik）这家著名的跨国公司为例。该公司在1862年开始利用酸性转炉法生产钢铁：

> 山特维克的创始人 G. F. Göransson 把酸性转炉法通过合同方式从英国引进到瑞典，当时他是瑞典一家拥有大量国际合同的外贸公司总经理。第一个公司很快就破产了。但是在1868年，这家现在叫做山特维克的公司成立了。同年，公司建立了

丹麦、挪威和英国代表处，一年后发展到德国。1870年，法国代表处成立，而在瑞士的代表处一开始就被公司接管了(Vahlne和Johanson, 2002: 218)。

山特维克不仅在营销和海外销售上，而且在技术上都依赖外部资源。尽管山特维克的国际化过程很快，但是它的发展历史仍然符合渐进模式，也与我们关于心理距离的预想有关。我们同意Oviatt和McDougall (1994)所说的一点，即国际新创和天生国际化的现象由来已久。由于这类公司通常是由国际化经验丰富的个体创建的，并与国外公司早已建立了关系，它们并不构成对我们模型的挑战(Coviello, 2006; Reuber和Fischer, 1997)。国际化知识和关系的确能够在公司成立之前就存在，但是这种模式不是特别常见。这些因素的存在能够加速国际化过程也是事实。对于一个白手起家的公司，学习和建立承诺的过程是需要时间的。大量的研究，包括Nahapiet和Ghoshal (1998)、Granovetter (1985)、Ring和van de Ven (1992)，都支持这个观点。我们的模型从来没有说国际化扩张过程是不能快速进行的。只要有足够的时间来学习和建立关系，事实上是可以快速进行的(Vahlne & Johanson, 2002)。尽管与50年前我们建立模型时的情况有很大变化，但是人类的学习和决策方式并没有太大的变化。而且，作为发展业务进而国际化的根本前提，经验学习、信任和承诺的建立也没有改变。合作伙伴之间仍然必须卷入到能够创造经验的某种交换方式，尽管今天这种交换可能发展得更快，但仍然需要时间，并且企业仍需面对失败的风险。

我们也相信进入国外市场的顺序与心理距离之间的联系弱化了。一些公司和个人获得了更多关于国外市场的一般化知识，这给予他们更多的信心去克服心理距离。但这并不是说心理距离不再重要了。市场进入顺序与心理距离的关系发生在决策者那里(Johanson和Vahlne, 2003; Sousa和Bradley,2006)，而不是企业层面。Johanson和Vahlne(2003)给出了一些例子。一家瑞典公司在创立之前，其董事长在美国一个大学做过多年的访问教授，这家公司进入海外的第一步就是与该大学建立合资企业(2003:88)。这位董事长同时认识一个在其他瑞典公司工作过多年的波兰人，他就聘用这个人到波兰建立下一个分支机构。在这两个例子中，更短的心理距离帮助双方识别和实施了发展机会。心理距离对国际化的影响可能是间接的，但这并不意味着它对关系建立、学习过程、建立信任等没有影响。

就心理距离而言，国内市场也许并不是最有关联的单元。在很多情况下文化区块的关联性可能更大(Barkema和Drogendijk, 2007; Shenkar, 2001)。在一个国家内可能也有文化差异，所以将一个国家的市场根据心理距离划分为不同的部分是符合逻辑的。事实上，局外人劣势并不必然是指国家间的。它是一个企业层面的概念，有可能与一个国家内部的某个网络相关，也可能是更广的区域(Rugman和Verbeke, 2007)。

我们认为 Autio(2005:12)提出了一个有意思的观点,即我们的原始模型强调了国际化的限制性因素,而 Oviatt 和 McDougall 的模型强调的是可行性因素。尽管在我们模型中的国际化障碍因素是显而易见的,特别是心理距离,但最基础的推动力,即公司及其专有优势,也是隐含其中的。Oviatt 和 McDougall 确实比我们更多地强调了使国际化成为可能的因素。但我们的模型中也或多或少地包括了企业家成分。企业家可以识别、发展和利用机会,他们是国际新创企业和天生国际化企业的核心元素,因而是不可或缺的。我们在原始模型中假定了企业家精神(Johanson 和 Vahlne, 1977),而且在其后的文章中明确地探讨了这一点(Johanson 和 Vahlne, 1993)。

一些学者强调了在快速国际化过程中推动因素的重要作用——例如,"决策中的胆量"(Moen 和 Servais,2002)。表面上看,在我们的模型中,决策者扩张其国际业务时似乎是不愿承担风险的。然而,我们在 1977 年的文章中也指出,"我们假设追求长期利润增长的公司,与追求成长是一致的……尽管公司保持着低风险水平"(1977:27)。因而,我们不认为原始模型与快速国际化有本质区别。而且,企业家,至少成功的企业家,应该仔细衡量风险并试图避免不必要的风险。也许现在的企业在某些情况下会冒更大的风险(例如,风险投资和 IT 咨询公司的国际化,Vahlne 和 Johanson, 2002:221,)。然而,无论现在还是过去,无论我们还是其他研究者显然都对冒险倾向问题所知甚少。很清楚的一点是,就像之前提到的山特维克一样,当对国外市场的机会采取行动时,企业家会冒险。

在进入模式的选择上,Oviatt 和 McDougall 的确与我们的不同。我们观察到的是,企业选择可控的模式逐步地进入看似风险比较大、但具有潜在利益的国外市场。而知识和承诺的增加使得这种冒险更加可取和可能。另一方面,国际新创企业背后的企业家希望能够根据资源限制和外部机会选择最优的进入模式,我们相信这可能是对的。今天的企业可能会采用更广泛的进入模式,尽管我们在现实中没看到太多的"最优化"。环境的变化,如国际化、快速的技术变革和管制放松,迫使公司建立联盟和采取合资形式,因为没有哪个公司能拥有利用更大和持续变化的市场所需的全部资源(Contractor 和 Lorange, 2002)。如果公司的资源令其足以依靠内部活动,它们就可以不采用这些模式。事实上,当绩效使之有可能且前景看好、效率较高时,公司经常会从代理模式,即依赖外部资源,转换到内部运营模式。我们并不认为渐进模式不能预测的跳跃(leapfrogging)模式或选择是模型本身的问题。因为当我们建立模型时,这些现象在我们所观察到的瑞典公司中并不普遍。我们也不再把该模型看做承诺水平的一个可靠的指示器。情境因素经常会扮演更重要的角色,例如,Hedlund 和 Kverneland (1985)对在日本的瑞典公司的研究发现,这些公司必须放弃全资子公司的模式,因为日本的产业结构使得它们必须有一个已经具有良好网络关系的当地伙伴。

正如我们已经提到的，就价值而言，收购现在成为最主要的进入模式。当然，与渐进的小风险进程不同，这是一个资源丰富的大公司的进入方式，它可以很快在海外市场网络中为自己买到一个位置。然而，在全球化时代，其他动机可能也有影响，例如，公司可能为了接近某种技术或者其他一些资源，或者想减少竞争对手的数量。我们已经指出，根据我们的模型，如果双方进行一些交互活动，收购更可能成功。因为在这些交互活动中，双方就已经拥有了关于对方的很多知识，还有可能已经建立起某种水平的承诺（Andersson, Johanson 和 Vahlne, 1997）。如果没有之前的这些关系，双方就必须在收购之后的整合过程中相互了解，而这个过程中可能会有很多冲突，也需要耗费时间（Ivarsson 和 Vahlne, 2002）。因而，收购可能并不是在国外市场快速建立地位的必然方式。

显然，我们原始模型受到批评的一个重要原因是，当时建立国际化模型的商业世界与今天的已经不一样了，节奏更快，形式也有些不同。无论如何，应对不确定性的一条准则没有变：为了利用商机，企业需要学习、创造或加强关系。

一个国际化过程中的商业网络模型

根据上述内容，接下来我们将发展出修正的模型。企业嵌入在一个既可促进同时也会限制它的商业网络中，这种网络包含以各种互赖的关系参与其中的行动者。国际化是企业加强其网络地位的结果，而传统上认为它是企业提高和维护其市场地位的结果。由于网络是无边界的，因而在网络情境下的修正模型中，对海外市场进入和扩张之间的区分意义不大。与企业采取国际化旨在加强其网络中地位的观点相比，传统上旨在克服各种壁垒的进入模式观点就显得不太重要了（Johanson 和 Vahlne，2003）。我们认为，由于能够令识别和利用机会成为可能，因此，既有的商业关系对企业决定进入以及以何种模式进入某个具体的海外市场会有相当大的影响。这个观点也与强调既有关系的商业网络观相一致（Håkansson 和 Snehota，，1995）。学习和承诺的建立是发生在关系中的。尽管在 2003 年的文章并没有特别予以强调，但是我们在考虑国际化时是把机会识别放在突出位置的。在 1977 年的模型中，我们提到经验知识可能有助于机会识别，但这一点被大大忽视了。此前的基本假设是，要降低海外市场的不确定性，只有应对母国与东道国在文化和制度上的差异。而现在我们有理由相信，学习和承诺投入与识别和利用机会高度相关（Johanson 和 Vahlne，2006）。由于某些类型的知识只是局限于网络内部，而不是每个企业都能接近的，因而，对合作伙伴高度的承诺使企业能够建立起特有的知识基础，从而使机会发现和创造成为可能。我们相信，国际化更多地取决于发展机会，而不是克服不确定性，例如，对国外市场制度条件的关注（Eriksson 等，1997）。

本文的一位评审人让我们注意 Sarasvathy（2001）提出的“实施过程”，它所描述的是创业者准备创建一个新公司所要遵循的过程。根据她的观点，这个实施过程“对理解和处理人类行为方面很有用，尤其在应对未来不确定性和现有问题的时候”（2001:250）。正如我们所说的那样，国际化与创业很相似，可以被描述为公司创业。高度不确定性也是国际化的特征。这个创业实施过程与我们的国际化过程模型有很多共同之处，包括相似的环境特征、有限的选择余地、渐进的发展，以及对合作战略的强调（2001:251）。Sarasvathy 认为行动者及其个人特征很重要，而我们的模型中不包含这一点。但我们确实认为，作为（隐性）知识、信任、承诺和网络关系的携带者，我们的模型中其实也隐含着行动者。因而，我们认为 Sarasvathy 提出的实施过程与我们的模型完全一致。此外，我们的模型还强调了国际化与创业有很多共同点这一事实。

和 1977 年的模型一样，2009 年的商业网络模型也包含两组变量：状态变量（如图 2 左边所示）和动态变量（如图 2 右边所示），或者说存量和流量，两边在一个关系中是相互关联的。变量之间相互影响，状态变量对动态变量产生影响，反过来也是一样。因而这个模型描述了一个关于学习以及信任和承诺建立的动态积累过程。知识水平的增加可能对建立信任和承诺产生正向或负向的影响。在极端情况下——事实上也并不罕见——企业或关系中的对方企业会减少承诺甚至终止关系。这些过程可能发生在双方关系中，也可以发生在企业作为网络成员的任一节点上。

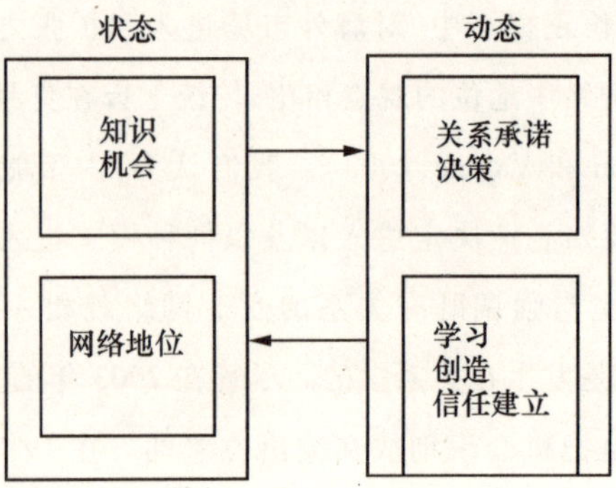

图 2　商业网络国际化过程模型（2009 年版）

尽管该模型的基本结构与 1977 年的模型是一样的，我们还是做了一些改变。我们增加了从“机会识别”到“知识”的概念，如图2左上方框所示。机会构成了知识的一个组成部分。通过增加这个变量，我们试图表明机会是作为驱动这一过程的知识中最重要的要素。其他的重要成分还包含需求、能力、战略以及在其制度情境下与企业直接或间接相关的网络。第二个状态变量是“网络地位”，这个变量在原始模型中是“市场承诺”。我们现在假设国际化过程是在网络中进行的。关系特征由不均匀地分布于不同层面的具体知识、信任和承诺所决定，因而它们在如何推动成功的国际化中所起的作用可能是不一样的。无论如何，如果这个过程被认为是有潜在价值的，那么学习、信任和承诺的建立的一个令人满意的结果就是，企业会很享受其伙伴关系和网络地位。

在动态变量中，我们将原来的“当前活动”改成“学习、创造和信任建立”，这使得活动结果更加明确。在原始模型中，当前活动或者运营概念想要表达的意思是，日常活动非常重要并能带来知识、信任和承诺的增加。我们这里所使用的“学习”概念更加抽象，它不仅仅是经验学习，尽管经验学习仍然是其中最重要的部分。

学习、知识创造和信任建立的速度、强度和效率，都取决于已有知识、信任和承诺的水平，尤其是合作伙伴在多大程度上可以发现特定的机会。较之先前的模型，我们明确地将信任建立这一情感维度放入，我们认为它和认知维度一样重要。此外，我们还想强调机会创造。作为知识产生的一个方面，我们相信发展机会是任何关系中的重要部分。进一步，关系中的知识、信任和承诺的高水平决定了创造过程更加有效。Nahapiet 和 Ghoshal (1998)详细描述了学习、机会创造和信任建立之间的交互作用，尽管他们使用的是智力资本和社会资本的概念。

最后，另外一个动态变量，“关系承诺决策”也已经对原模型加以修正。我们增加“关系”两字旨在阐明承诺是针对关系或关系网络的，它指的是一个企业决定对网络中一个或几个关系提高或降低承诺水平。在极端情况下，这种决策可能只发生在心理层面。不过通常情况下，这些决策能够通过进入模式、投资规模、组织变革和依赖程度的改变而体现出来。承诺的改变将会加强或削弱双方关系。从网络观的观点看，有两种决策与关系有关。在大多数情况下，企业可能主要是发展新关系；其他情况下，它们可能是去联结新网络和填补结构洞(Burt, 1992)。另一种情形是，保护或者支持企业既有的战略关系网络。例如，几年前沃尔沃要求其重要的瑞典供应商与德国汽车制造商发展关系，以证明沃尔沃的供应商具有和德国竞争者一样的质量和技术水准。

修正的国际化过程模型有几个方面的意义。首先，国际化取决于企业的关系和网络。我们预期，企业“走出去”要建立在那些承诺通过国际化发展业务的重要伙伴关系基础上。这些合作伙伴或在国内或在国外。企业也可以跟随一个国外的合作伙伴，如果该伙伴企业在一个或者多个国家拥有有价值的网络位置。这种国外扩张有两种可能的解释。一是为了发现有意义的商业机会。如前所述,由于合作伙伴的知识基础是相互关联的,因而与网络中其他企业也间接相关。依靠这种相互关联的知识基础,企业因此得以进入可能识别和利用机会的国外网络。我们重申:相互信任和彼此承诺不是建立在正式协议的基础上,而且建立在即便不成功至少也是满意的共同商业经验基础上。企业走出去的第二个原因是,将要走出去或者已经走出去的某个关系伙伴,希望这个企业跟随它走出去。通过跟随它的伙伴走出去,企业展示出其对相互关系的承诺。

国际化的企业将走向哪里?通常的回答是,这取决于企业及其伙伴在哪里看到了机会。另一种可能则是其合作伙伴在一个海外市场上拥有很强的网络地位。这不仅仅关系到"走出去"的第一步。对合作伙伴行动的依赖,同样也可能在一个市场到另一个市场继续发生。如果该企业没有有价值的伙伴,它就应该去一个容易跟在海外市场已经拥有地位的新企业建立联系的地方。例如,它可以通过一个中介(如代理商或者渠道商)进入该市场。最终,当该企业与当地客户建立了关系,它就可以绕过中间商而直接建立子公司。较短的心理距离能够促进关系的建立和发展,它是识别和发展机会的必要但不充分条件。

这个过程是如何启动的呢?从商业网络模型的视角看,关于起点的任何决定因素都将是武断的(Coviello, 2006; Reuber 和 Fischer, 1997; Wiedersheim-Paul, Olson 和 Welch, 1978)。不管是把起点视为企业的建立、首次进入国际市场,还是某种特别关系的建立,我们的模型都意味着应该在那些状态变量中寻求解释,如知识、信任或者对企业特殊关系的承诺。例如,企业可以通过信任来利用其合作伙伴与国外企业已经建立起来的关系(Larson, 1992)。知识的增加可能会引发企业或者其伙伴对现有关系变得不满意,此时,其中一方可能会决定降低承诺,甚至结束关系。

在早期的文章中,我们指出信息接近更多与大企业相关,因而乌普萨拉模型更加适用于小一些的企业(Johanson 和 Vahlne,1990)。现在我们对这一观察结论不太确定了,因为知识是高度情境化的。我们的模型应该同样适用于大企业和小企业(Barkema 等, 1996; Steen 和 Liesch, 2007)。但是,当在其已经涉足的市场上收购一个企业时,大企业可能因此变得更加有见识。在这种收购中(而且并不少见),经验比规模更加重要。这种经验也可以解释为什么国际新创企业能够快速发展:创业家在国际化之前已经获得了知识和关系。

未来研究建议

在此，我们根据修正的国际化过程模型提出了几个令人兴奋和值得研究的课题。

作为寻求关于跨国企业的产生和成长更加统一的解释的一种努力，很有意思也很重要的是，要在国际化理论（Buckley 和 Casson, 1976；Hennart, 1982；Rugman, 1981）、国际生产折衷理论（Dunning, 1980）和国际化过程的商业网络模型之间寻找相似点。模型变化的过程通常也与内部化或外部化有关。我们现在的模型假设国际化企业具有一个或多个专有优势，而原来的模型只强调了区位特殊性带来的不确定性（Rugman 和 Verbeke, 2004：12）。尽管区位特殊性的确很重要，但是现在我们将更多地关注关系、知识和承诺不足带来的不确定性，而将区位特殊性放在其次。这意味着基于既有商业关系带来的企业专有优势值得关注。我们观察到 Dunning(1997) 的 OLI 范式也已经修正加入了战略联盟，最近甚至加入了更广泛的网络关系（Dunning 和 Lundan, 2008）。我们在其他地方（Johanson & Vahlne, 1990）也提到，如果要融合折衷范式和乌普萨拉模型，需要解决两个大的问题。原来的折衷范式是相当静态化的并假设行为具有很强的理性，而乌普萨拉模型是动态的并假设行为是有限理性的。幸运的是，这个问题随着折衷范式的最新扩展得以解决（Dunning 和 Lundan, 2008）。对于在 Penrose 和资源基础观（RBV）理论基础上拓展企业专有优势，OLI 范式同我们的国际化商业网络模型的概念距离进一步缩小了。现在的一个主要问题似乎在于企业与市场环境的关系，这一点 Penrose 并不认为很重要，而 RBV 也很少论及。这是我们原来模型中的核心观点，它在新模型中甚至更加重要，我们将其视为对 Penrose 和 RBV 中“不可知的市场”的拓展，剩下的概念问题更多地与国际化模型有关。其他模型重在探讨企业的边界，而我们的重点在于那些边界持续变化的过程。Buckley 和 Casson (1998) 提出了边界演化的问题，尽管从他们的讨论中还不明确是否限于内部化理论。无论哪种情况，现在对于组织学习的讨论都在这两条研究线路内（Benito 和 Tomassen, 2003；Kay, 2005；Pitelis, 2007）。

我们有两项研究将企业专有优势与国际化过程结合了起来。Sandén 和 Vahlne (1976) 提出了“优势循环”概念以描述一些企业的专有优势如何随着时间增强了，而另一些却减弱了。该循环始于能让跨国企业在国外市场发展很强网络地位的内部专有优势，接下来这些又将构成跨国企业主要的专有优势。在近期关于国际化的实证研究中，Hsu 和 Pereira (2008) 发现企业专有优势对国际化有直接影响并间接影响绩效。此外，组织学习调节了国际化与绩效的关系。这两项结合但尚未整合两种理论路径的研究,为今后丰富的研究工作提供了机会。

第二,正如我们所说的,商业关系为企业提供了部分可控且独特的延伸资源。而且,对这些延伸资源基础的潜在利用要求企业拥有可与一个或几个企业协调的自有资源。商业网络协调的目标就是一组关系伙伴的联合生产率,它因要协调合作伙伴的各种活动而难以实施(Hohenthal, 2006)。当合作伙伴在不同国家经营时,跨国商业网络的协调也是必要的且会更加困难。目标实现的困难程度可能与行动者之间的心理距离有关,这将令人想到很多有意思的研究议题,包括协调方式以及所涉组织单位间协调责任的可能性分配(Galbraith, 1973; Mintzberg, 1979)。我们期望这些单位将会位于战略伙伴的母国。我们坚信,作为对企业专有优势和国际化具有很强意义的国际商业网络协调,将成为日益重要的一种趋势。

第三,本文的副标题"从外来者劣势到局外人劣势",指的是国际商务中企业面临的问题与机会越来越不再是一个国家特性(country-specificity)的问题,而是一个关系特性(relationship-specificity)和网络特性(network-specificity)的问题。例如,与国外市场进入有关的问题在很大程度上与进入任何其他市场一样,即企业一开始并不知道哪些是商业活动的主体,或者它们之间是怎样相互联系的,除非它已经与那个市场中的一个或者几个企业建立了关系。有必要研究一下什么时候外来者劣势是国外市场进入的主要问题,以及什么时候局外人劣势是主要的困难。将这两者结合起来进行研究也将会很有意思。例如,我们认为,心理距离对关系形成和深化的影响,以及关系在学习制度和文化中的作用,都很值得研究。

国际化商业网络模型可以用来研究资源寻求型和市场寻求型的国际化。Pyndt 和 Pedersen(2006)发现,在价值链的资源寻求这一端,动态学习、信任和承诺建立会导致企业上游国际化扩张活动中的开发和利用行为。由于我们的商业网络模型在供应商和客户方面是对称的,因此它可以用来分析国际化采购和供应链的开发问题。尽管在全球供应链开发方面有相当多的研究,但与市场寻求型的国际化研究相比,这方面的文章在国际商务期刊上还是很少见的。不过,近年有两篇相关的文章发表在(JIBS)上(Griffith 和 Myers, 2005; Murray, Kotabe 和 Zhou, 2005)。这两篇文章的作者研究了全球供应链关系和基于联盟的采购对绩效的影响。供应网络的全球化动态研究是我们模型所关注的国际商务中的一个日益重要的问题。

与已有的微观经济学理论不同,我们的商业网络观点将企业视为一个交换单元而非生产单元,这为以网络运营分析企业国际化提供了新的契机。越来越多的现代企业围绕品牌、设计或专利技术建立,并将生产和服务交付网络中的其他企业(如耐克和宜家)。我们认为,商业网络模型对增进理解这些企业的国际化是有用的。贸易公司是另外一种具有长期国际商业传统的网络企业,但由于或多或少只被看做制造企业的边缘伙伴,这些企业几乎完全被国际商务研究忽略了,尽管它们也很重要。Ellis(2001)的一项研究是少有的一个例外。我们建议从国际化商业网络模型的角度对这类企业进行研究。

尽管回避了建构主义方法论,但我们相信它对于深入理解本文提出的国际网络发展过程的确有潜在价值。一项关于专业服务国际化的有趣研究表明(Reihlen 和 Apel, 2005),这一方法对未来的研究(可能是纵向案例研究)会有价值。这类研究尤其将有助于增进我们对国际化商业网络模型中“创造”一词的理解。

参考文献

Argote, L. 1999. *Organizational learning: Creating, retaining and transferring knowledge.* London: Kluwer Academic Publishers.

Autio, E. 2005. Creative tension: The significance of Ben Oviatt's and Patricia McDougall's article "Toward a theory of international new ventures". *Journal of International Business Studies*, 36(1): 9—19.

Axelsson, B., & Johanson, J. 1992. Foreign market entry: The textbook vs the network view. In B. Axelsson & G. Easton (Eds), *Industrial networks: A new view of reality*: 218—231. London: Routledge.

Barkema, H. G., & Drogendijk, R. 2007. Internationalising in small, incremental or larger steps? *Journal of International Business Studies*, 38(7): 1132—1148.

Barkema, H. G., & Vermeulen, F. 1998. International expansion through start-up or acquisition: A learning perspective. *Academy of Management Journal*, 41(1): 7—26.

Barkema, H. G., Bell, J. H. J., & Pennings, J. M. 1996. Foreign entry, cultural barriers, and learning. *Strategic Management Journal*, 17(2): 151—166.

Barney, J. 1986. Strategic factor markets: Expectations, luck and business strategy. *Management Science*, 17(1): 99—120.

Benito, G. B. G., & Tomassen, S. 2003. The micro-mechanics of foreign operations' performance: An analysis on the OLI framework. In J. Cantwell & R. Narula (Eds), *International business and the eclectic paradigm: Developing the OLI framework*: 174—199. London: Routledge.

Bilkey, W. J., & Tesar, G. 1977. The export behavior of smallersized Wisconsin manufacturing firms. *Journal of International Business Studies*, 8(1): 93—98.

Birkinshaw, J. 1997. Entrepreneurship in multinational corporations: The characteristics of subsidiary initiatives. *Strategic Management Journal*, 18(3): 207—230.

Bjerre, M. , & Sharma, D. D. 2003. Is marketing knowledge international? A case of key accounts. In A. Blomstermo & D. D. Sharma (Eds), *Learning in the internationalisation process of firms*: 123—141. Cheltenham: Edward Elgar.

Blankenburg Holm, D. , Eriksson, K. , & Johanson, J. 1999. Creating value through mutual commitment to business network relationships. *Strategic Management Journal*, 20(5): 467—486.

Boersma, M. F. , Buckley, P. J. , & Ghauri, P. N. 2003. Trust in international joint venture relationships. *Journal of Business Research*, 56(12): 1031—1042.

Bonaccorsi, A. 1992. On the relationship between firm size and international export intensity. *Journal of International Business Studies*, 23(4): 605—635.

Buckley, P. J. , & Casson, M. 1976. *The future of the multinational enterprise*. New York: Holmes & Meier.

Buckley, P. J. , & Casson, M. 1998. Models of the multinational enterprise. *Journal of International Business Studies*,29(1): 21—44.

Burt, R. S. 1992. *Structural holes*. Cambridge, MA: Harvard University Press.

Carlson, S. 1975. *How foreign is foreign trade? A problem in international business research*. Uppsala: Acta Universitatis Upsaliensis. Studia Oeconomiae Negotiorum 11.

Cavusgil, S. T. 1980. On the internationalization process of firms. *European Research*, 8(November): 273—281.

Chang, S. J. 1995. International expansion strategy of Japanese firms: Capability building through sequential entry. *Academy of Management Journal*, 38(2): 383—407.

Chen, H. , & Chen, T. -J. 1998. Network linkages and location choice in foreign direct investment. *Journal of International Business Studies*, 29(3): 445—468.

Chetty, S. , & Blankenburg Holm, D. 2000. Internationalisation of small to medium-sized manufacturing firms: A network approach. *International Business Review*, 9(1): 77—93.

Cohen, W. M. , & Levinthal, D. A. 1990. Absorptive capacity: A new perspective on learning and innovation. *Administrative Science Quarterly*, 35(2): 128—152.

Contractor, F. J. , & Lorange, P. 2002. The growth of alliances in the knowledge-based economy. *International Business Review*, 11(4): 485—502.

Cook, K. S. , & Emerson, R. M. 1978. Power, equity and commitment in exchange networks. *American Sociological Review*, 43(5): 721—738.

Coviello, N. E. 2006. The network dynamics of international new ventures. *Journal of International Business Studies*, 37(5): 713—731.

Coviello, N. E. , & Munro, H. 1995. Growing the entrepreneurial firm: Networking for international market *development. European Journal of Marketing*, 29(7): 49—61.

Coviello, N. E., & Munro, H. 1997. Network relationships and the internationalisation process of small software firms. *International Business Review*, 6(4): 361—386.

Cowley, P. R. 1988. Market structure and business performance: An evaluation of buyer/seller power in the PIMS database. *Strategic Management Journal*, 9(3): 271—278.

Cunningham, M. T., & Homse, E. 1986. Controlling the marketing-purchasing interface: Resource development and organisational implications. *Industrial Marketing and Purchasing*, 1(2): 3—27.

Cyert, R. D., & March, J. G. 1963. *A behavioral theory of the firm.* Englewood Cliffs, NJ: Prentice Hall.

Delios, A., & Beamish, P. W. 2001. Survival and profitability: The roles of experience and intangible assets in foreign subsidiary performance. *Academy of Management Journal*, 44(5): 1028—1038.

Denrell, J., Fang, C., & Winter, S. G. 2003. The economics of strategic opportunity. *Strategic Management Journal*, 24(10): 977—990.

Dunning, J. H. 1980. Towards an eclectic theory of international production: Some empirical tests. *Journal of International Business Studies*, 11(1): 9—31.

Dunning, J. H. 1997. *Alliance capitalism and global business.* London: Routledge.

Dunning, J. H., & Lundan, S. 2008. *Multinational enterprises and the global economy*, (2nd ed.). Cheltenham: Edward Elgar.

Dwyer, F. R., Schurr, P. H., & Oh, S. 1987. Developing buyer-seller relationships. *Journal of Marketing*, 51(2): 11—27.

Dyer, J. H., & Singh, H. 1998. The relational view: Cooperative strategy and sources of interorganizational competitive advantage. *Academy of Management Review*, 23(4): 550—679.

Elango, B., & Pattnaik, C. 2007. Building capabilities for international operations through networks: A study of Indian firms. *Journal of International Business Studies*, 38(4): 541—555.

Ellis, P. D. 2000. Social ties and foreign market entry. *Journal of International Business Studies*, 31(3): 443—469.

Ellis, P. D. 2001. Adaptive strategies of trading companies. *International Business Review*, 10(2): 235—259.

Eriksson, K., Johanson, J., Majkgård, A., & Sharma, D. D. 1997. Experiential knowledge and cost in the internationalization process. *Journal of International Business Studies*, 28(2): 337—360.

Erramilli, M. K. 1991. The experience factor in foreign market entry behavior of service firms. *Journal of International Business Studies*, 22(3): 479—501.

Erramilli, M. K., & Rao, C. P. 1990. Choice of foreign market entry mode by service firms: Role of market knowledge. *Management International Review*, 30(2): 135—150.

Ford, D. (Ed.) 1997. *Understanding business markets.* London: The Dryden Press.

Forsgren, M. 2002. The concept of learning in the Uppsala internationalization process model: A critical view. *International Business Review*, 11(3): 257—278.

Forsgren, M., & Kinch, N. 1970. *Företagets anpassning till förändringar i omgivande system. En studie av massa—och pappersindustrin* (*The adaptation of the firm to changes in surrounding systems*). Uppsala: Department of Business Studies.

Forsgren, M., Holm, U., & Johanson, J. 2005. *Managing the embedded multinational: A business network view.* Cheltenham: Edward Elgar.

Galbraith, J. R. 1973. *Designing complex organizations.* Reading, MA: Addison-Wesley.

Gelbuda, M., Starkus, A., Zidonis, Z., & Tamasevicius, V. 2003. *Learning in the internationalization process. A case for organizational identity and interpretative capacity*, Proceedings of the 29th EIBA Conference, Copenhagen Business School, Denmark.

Ghauri, P., Hadjikhani, A., & Johanson, J. (Eds) 2005. *Managing opportunity development in business networks.* Basingstoke: Palgrave.

Gounaris, S. P. 2005. Trust and commitment influences on customer retention: Insights from business-to-business services. *Journal of Business Research*, 58(2): 126—140.

Granovetter, M. 1985. Economic action and social structure: The problem of embeddedness. *American Journal of Sociology*, 91(3): 481—510.

Granovetter, M. 1992. Problems of explanation in economic sociology. In N. Nohria & R. G. Eccles (Eds), *Networks and organizations: Structure, form and action*: 25—56. Boston, MA: Harvard Business School Press.

Griffith, D. A., & Myers, M. B. 2005. The performance implications of strategic fit of relational norm governance strategies in global supply chain relationships. *Journal of International Business Studies*, 36(3): 254—269.

Hadjikhani, A. 1997. A note on the criticisms against the internationalization process model. *Management International Review*, 37(2): 43—66.

Hägg, I., & Johanson, J. (Eds) 1982. *Företag in nätverk* (*Firms in networks*). Stockholm: SNS.

Håkansson, H. (Ed.) 1982. *International marketing and purchasing of industrial goods: An interaction approach.* Cheltenham: Wiley.

Håkansson, H. 1989. *Corporate technological behaviour: Cooperation and networks.* London: Routledge.

Håkansson, H., & Östberg, C. 1975. Industrial marketing: An organizational problem? *Industrial Marketing*

Management, 4(2/3): 113—123.

Håkansson, H., & Snehota, I. (Eds) 1995. *Developing relationships in business networks*. London: Routledge.

Hallén, L. 1986. A comparison of strategic marketing approaches. In P. W. Turnbull & J.-P. Valla (Eds), *Strategies for international industrial marketing*: 235—249. London: Croom Helm.

Hallén, L., Johanson, J., & Seyed-Mohamed, N. 1991. Interfirm adaptation in business relationships. *Journal of Marketing*, 55(2): 29—37.

Hedlund, G., & Kverneland, Å. 1985. Are strategies for foreign market entry changing? The case of Swedish investments in Japan. *International Studies of Management and Organization*, 15(2): 41—59.

Hennart, J.-F. 1982. *A theory of multinational enterprise*. Ann Arbor, MI: University of Michigan Press.

Hoang, H., & Rothaermel, F. T. 2005. The effect of general and partner-specific alliance experience on joint R&D project performance. *Academy of Management Journal*, 48(2): 332—345.

Hohenthal, J. 2001. *The creation of international business relationships: Experience and performance in the internationalization process*, PhD thesis, Department of Business Studies, Uppsala University.

Hohenthal, J. 2006. Managing interdependent business relationships in SME internationalization. In A. Hadjikhani, J.-W. Lee, & J. Johanson (Eds), *Business networks and international marketing*. 209—222. Seoul: Doo Yang.

Hood, N. & Young, S. 1979. *Economics of multinational enterprise*. London: Longman.

Hörnell, E., Vahlne, J.-E., & Wiedersheim-Paul, F. 1973. *Export och utlandsetableringar (Export and foreign establishments)*. Uppsala: Almqvist & Wiksell.

Hsu, C.-C., & Pereira, A. 2008. Internationalization and performance: The moderating effects of organizational learning. *Omega*, 36(2): 188—205.

Hymer, S. 1976. *International operations of national firms: A study of foreign direct investment*. Boston, MA: MIT Press.

Ivarsson, I., & Vahlne, J.-E. 2002. Technology integration through international acquisitions: The case of foreign manufacturing TNCs in Sweden. *Scandinavian Journal of Management*, 18(1): 1—27.

Johanson, J. 1966. *Svenskt kvalitetsstål på utländska marknader (Swedish special steel in foreign markets)*, FL thesis, Department of Business Studies, Uppsala University.

Johanson, J., & Mattsson, L.-G. 1987. Interorganizational relations in industrial systems: A network approach compared with the transaction cost approach. *International Studies of Management and Organization*, 17(1): 34—48.

Johanson, J., & Mattsson, L.-G. 1988. Internationalisation in industrial systems: A network approach. In

N. Hood & J.-E. Vahlne (Eds), *Strategies in global competition*: 468—486. London: Croom Helm.

Johanson, J., & Vahlne, J.-E. 1977. The internationalization process of the firm: A model of knowledge development and increasing foreign market commitments. *Journal of International Business Studies*, 8(1): 23—32.

Johanson, J., & Vahlne, J.-E. 1990. The mechanism of internationalisation. *International Marketing Review*, 7(4): 11—24.

Johanson, J., & Vahlne, J.-E. 1993. Management of internationalization. In L. Zan, S. Zambon, & A. M. Pettigrew (Eds), *Perspectives on strategic change*: 43—71. London: Kluwer Academic Publishers.

Johanson, J., & Vahlne, J.-E. 2003. Business relationship learning and commitment in the internationalization process. *Journal of International Entrepreneurship*, 1(1): 83—101.

Johanson, J., & Vahlne, J.-E. 2006. Commitment and opportunity development in the internationalization process: A note on the Uppsala internationalization process model. *Management International Review*, 46(2): 1—14.

Johanson, J., & Wiedersheim-Paul, F. 1975. The internationalization of the firm: Four Swedish cases. *Journal of Management Studies*, 12(3): 305—322.

Kay, N. M. 2005. Penrose and the growth of multinational firms. *Managerial and Decision Economics*, 26(2): 99—112.

Kelley, H. H., & Thibaut, J. W. 1978. *Interpersonal relations: A theory of interdependence*. New York: John Wiley & Sons.

Kirzner, I. M. 1973. *Competition and entrepreneurship*. Chicago: University of Chicago Press.

Kirzner, I. M. 1997. Entrepreneurial discovery and the competitive market process: An Austrian approach. *Journal of Economic Literature*, 35(1): 60—85.

Knight, G. A., & Cavusgil, S. T. 1996. The born global firm: A challenge to traditional internationalization theory. *Advances in International Marketing*, 8: 11—26.

Kogut, B. 2000. The network as knowledge: Generative rules and the emergence of structure. *Strategic Management Journal*, 21(3): 405—425.

Larson, A. 1992. Network dyads in entrepreneurial settings: A study of the governance of exchange relationships. *Administrative Science Quarterly*, 37(1): 76—104.

Li, J. 1995. Foreign entry and survival: Effects of strategic choices on performance in international markets. *Strategic Management Journal*, 19(3): 333—352.

Loane, S., & Bell, J. 2006. Rapid internationalisation among entrepreneurial firms in Australia, Canada, Ireland and New Zealand: An extension to the network approach. *International Marketing Review*, 23(5):

467—485.

Luo, Y., & Peng, M. 1999. Learning to compete in a transition economy: Experience, environment and performance. *Journal of International Business Studies*, 30(2): 269—295.

Madhok, A. 1995. Revisiting multinational firms' tolerance for joint ventures: A trust-based approach. *Journal of International Business Studies*, 26(1): 345—369.

Madhok, A. 2006. How much does ownership really matter? Equity and trust relations in joint ventures. *Journal of International Business Studies*, 37(1): 4—11.

Madsen, T. K., & Servais, P. 1997. The internationalization of born globals: An evolutionary perspective. *International Business Review*, 6(6): 561—583.

Majkgård, A., & Sharma, D. D. 1998. Client-following and market-seeking in the internationalization of service firms. *Journal of Business-to-Business Marketing*, 4(3): 1—41.

March, J. G. 1991. Exploration and exploitation in organizational learning. *Organization Science*, 2(1): 71—87.

Martin, X., Swaminathan, A., & Mitchell, W. 1998. Organizational evolution in the interorganizational environment: Incentives and constraints on international expansion strategy. *Administrative Science Quarterly*, 43(3): 566—601.

Mathieu, J. E., & Zajac, D. M. 1990. A review and metaanalysis of the antecedents, correlates and consequences of organizational commitment. *Psychological Bulletin*, 108(2): 171—194.

Mintzberg, H. 1979. *The structuring of organizations.* Englewood Cliffs, NJ: Prentice Hall.

Moen, O., & Servais, P. 2002. Born global or gradual global? Examining export behavior of small and medium-sized companies. *Journal of International Marketing*, 10(3): 49—72.

Morgan, R. M., & Hunt, S. D. 1994. The commitment—trust theory of relationship marketing. *Journal of Marketing*, 58(3): 20—38.

Murray, J. Y., Kotabe, M., & Zhou, J. N. 2005. Strategic alliancebased sourcing and market performance: Evidence from foreign firms operating in China. *Journal of International Business Studies*, 36(2): 187—208.

Nadolska, A., & Barkema, H. G. 2007. Learning to internationalise: The pace and success of foreign acquisitions. *Journal of International Business Studies*, 38(7): 1170—1186.

Nahapiet, J., & Ghoshal, S. 1998. Social capital, intellectual capital and the organizational advantage. *Academy of Management Review*, 23(2): 242—267.

Nellbeck, L. 1967. *Trävaruexport—distributionsvägar och förbrukning* (*Wood export—distribution channels and usage*). Stockholm: Scandinavian University Books.

Nelson, R. R., & Winter, S. G. 1982. *An evolutionary theory of economic change*. Cambridge, MA: Belknap Press.

Oviatt, B. M., & McDougall, P. P. 1994. Toward a theory of international new ventures. *Journal of International Business Studies*, 25(1): 45—64.

Oviatt, B. M., & McDougall, P. P. 2005. The internationalization of entrepreneurship. *Journal of International Business Studies*, 36(1): 2—8.

Padmanabhan, P., & Cho, K. R. 1999. Decision specific experience in foreign ownership and establishment strategies: Evidence from Japanese firms. *Journal of International Business Studies*, 30(1): 25—44.

Penrose, E. T. 1966. *The theory of the growth of the firm*. Oxford: Basil Blackwell.

Petersen, B., Pedersen, T., & Sharma, D. D. 2003. The role of knowledge in firms' internationalisation process: Wherefrom and whereto? In A. Blomstermo & D. D. Sharma (Eds), *Learning in the internationalisation process of firms*: 36—55. Cheltenham: Edward Elgar.

Pitelis, C. 2007. Edith Penrose and a learning-based perspective on the MNE and OLI. *Management International Review*, 47(2): 207—219.

Powell, W. W. 1990. Neither market nor hierarchy. *Research in Organizational Behaviour*, 12: 295—336.

Pyndt, J., & Pedersen, T. 2006. *Managing global offshoring strategies*. Fredriksberg: Copenhagen Business School Press.

Reihlen, M., & Apel, B. A. 2005. Internationalization of professional service firms as learning: A constructivist approach. *International Journal of Service Industry Management*, 18(2): 140—151.

Reuber, A. R., & Fischer, E. 1997. The influence of the management team's international experience on the internationalization behaviors of SMEs. *Journal of International Business Studies*, 28(4): 807—825.

Ring, P. S., & van de Ven, A. H. 1992. Structuring cooperative relationships between organizations. *Strategic Management Journal*, 13(7): 483—498.

Rugman, A. M. 1981. *Inside the multinationals: The economics of internal markets*. New York: Columbia University Press.

Rugman, A. M., & Verbeke, A. 2004. A perspective on regional and global strategies of multinational enterprises. *Journal of International Business Studies*, 35(1): 3—18.

Rugman, A. M., & Verbeke, A. 2007. Liabilities of foreignness and the use of firm-level versus country-level data: A response to Dunning et al. *Journal of International Business Studies*, 38(1): 200—205.

Sandén, P., & Vahlne, J.-E. 1976. *The advantage cycle*, Unpublished research paper, Department of Business Studies, Uppsala University.

Sapienza, H. J., Autio, E., George, G., & Zahra, S. A. 2006. A capabilities perspective on the effects of early internationalization on firm survival and growth. *Academy of Management Review*, 31(4): 914—933.

Sarasvathy, S. D. 2001. Causation and effectuation: Toward a theoretical shift from economic inevitability to entrepreneurial contingency. *Academy of Management Review*, 26(2): 243—263.

Schumpeter, J. A. 1934. *The theory of economic development.* Cambridge, MA: Harvard University Press.

Shane, S. 2000. Prior knowledge and the discovery of entrepreneurial opportunities. *Organization Science*, 11 (4): 448—469.

Sharma, D. D., & Johanson, J. 1987. Technical consultancy in internationalization. *International Marketing Review*, 4(4): 20—29.

Shenkar, O. 2001. Cultural distance revisited: Towards a more rigorous conceptualisation and measurement of cultural differences. *Journal of International Business Studies*, 32(3): 519—535.

Snehota, I. 1990. *Notes on a theory of business enterprise.* Uppsala: Department of Business Studies.

Sousa, C. M. P., & Bradley, F. 2006. Cultural distance and psychic distance: Two peas in a pod? *Journal of International Marketing*, 14(1): 49—70.

Steen, J. T., & Liesch, P. W. 2007. A note on Penrosean growth, resource bundles and the Uppsala model of internationalisation. *Management International Review*, 47(2): 193—206.

Thorelli, H. B. 1986. Networks: Between markets and hierarchies. *Strategic Management Journal*, 7(1): 35—51.

Turnbull, P. W., & Valla, J.-P. (Eds) 1986. *Strategies for international, industrial marketing.* London: Croom Helm.

United Nations. 2000. *World investment report.* Geneva: UN.

Vahlne, J.-E., & Johanson, J. 2002. New technology, new business environments and new internationalization processes? In V. Havila, M. Forsgren, & H. Håkansson (Eds), *Critical perspectives on internationalization*: 209—228. London: Pergamon.

Vahlne, J.-E., & Wiedersheim-Paul, F. 1973. Ekonomiskt avstånd: Modell och empirisk undersökning (Economic distance: Model and empirical investigation). In E. Hörnell, J.-E. Vahlne, & F. Wiedersheim-Paul (Eds), *Export och Utlandsetableringar* (*Export and foreign establishments*). 81—159. Uppsala: Almqvist och Wiksell.

von Hippel, E. A. 1988. *The sources of innovation.* New York: Oxford University Press.

Weick, K. E. 1995. *Sensemaking in organizations.* Thousand Oaks, CA: Sage.

Welch, D. E., & Welch, L. S. 1996. The internationalization process and networks: A strategic management perspective. *Journal of International Marketing*, 4(3): 11—28.

Welch, L. S., & Luostarinen, R. 1988. Internationalization: Evolution of a concept. *Journal of General*

Management, 17(3): 333—334.

Wiedersheim-Paul, F., Olson, H.-C., & Welch, L. S. 1978. Preexport activity: The first step in internationalization. *Journal of International Business Studies*, 8(1): 47—58.

Zaheer, S. 1995. Overcoming the liability of foreignness. *Academy of Management Journal*, 38(2): 341—363.

Zahra, S. A., Ireland, R. D., & Hitt, M. A. 2000. International expansion by new venture firms: International diversity, mode of market entry, technological learning, and performance. *Academy of Management Journal*, 43(5): 925—960.

Zajac, E. J., & Olsen, C. P. 1993. From transaction cost to transactional value analysis: Implications for the study of organizational strategies. *Journal of Management Studies*, 39(1): 131—145.

作者简介

Jan Johanson 是瑞典乌普萨拉大学的名誉教授。他的研究兴趣包括国际化过程和商务网络。

Jan-Erik Vahlne 毕业于瑞典乌普萨拉大学，是瑞典哥德堡大学的教授。他的研究兴趣包括国际化和全球化过程。

企业知识与跨国公司演化理论*

Bruce Kogut
University of Pennsylvania

Udo Zander
Stocknolm School of Economics

关　涛　译　秦一琼　校
（华东理工大学商学院）

企业是专业化创造知识并进行内部转移的社区。跨国公司的产生不是缘于知识交易的市场失灵，而是它作为跨国界转移知识的组织载体所具有的高效率。我们对跨国公司转移新产品制造能力给全资子公司或其他的决策进行了实证分析，以此验证企业能专业地将默会知识进行内部转移的说法。实证结果显示，如果技术越难以编码和传授，则企业越倾向于在完全自控的经营活动中进行内部转移。这个研究结果意味着，选择何种知识转移模式，是由跨国公司知识转移的效率决定的，这种效率是与一般企业比较而言的，而不是与抽象的市场交易作比较。企业是知识转移与重组的专业化机制，这是跨国公司演化理论的基础。

跨国公司研究可以从经济学、组织理论、历史学和政治学四种视角进行区分。把这些视角相互补充后，可以认为跨国公司是从母国起源，随后扩散到国界之外的经济组织。企业是在知识生产方面具有比较优势的社区，这是演化理论得以发展的里程碑。①

这个观点与传统经济学对跨国公司的理解既有联系又有区别。经济学中盛行的企业边界决定因素依赖于对两个现象的观察：第一，企业间或国家间产生国际贸易的前提是比较优势，即经济活动中生产效率的差异，导致一个企业或国家专业化生产并出口能够反映其比较

* 原文刊于 *Journal of International Business Studies*，24(4)：625—645，1993。

Knowledge of the firm and the evolutionary theory of the multinational corporation，Bruce Kogut & Udo Zander，*Journal of International Business Studies*，1993，volume 24，issue 4，经 Palgrave Macmillan 授权出版。

感谢 Peter Buckley、Jean-Francois Hennart、Will Mitchell、Mira Milkins 和匿名审稿人的评审意见与修改建议。

① 这一关于企业进化理论的开创性的工作显然是由 Nelson 和 Winter(1982)开始的，可分别参考 Kogut 和 Zander(1992)以及 Kogut 在企业一般知识和跨国公司演化的文章中关于这些观点的扩展。

优势的产品或服务；第二，市场失灵导致的高成本促成了企业内部贸易（或交易）的出现。在有关对外直接投资（FDI）的文献中，第一个现象实质上是在关注所有权优势，或者说是企业专有优势；第二个现象则是在关注市场的“内部化”①。

上述两个观察可以对看似存在逻辑矛盾的问题作出一些解释，即在一个企业内部为什么会出现有组织的市场交易活动？在国际贸易已经出现的前提下为什么还会存在对外直接投资？但我们对第二个现象，即“市场内部化”有异议。比较优势是企业贸易、直接投资与成长的决定性条件。企业面临的问题是，根据成本和市场效益核算，这种比较优势如果不去进行市场交易（贸易），而是转移给下属子公司或其他企业是否会更划算。注意，此时我们并没有把市场失灵考虑在内。

上述说法假设企业的关键知识可用一定的成本打包转移，然而事实并非总是如此。举个例子，直接投资是企业的经营管理原则准则或知识从一国向另一国转移。尽管意大利很富有，但它在全球直接投资所占的份额明显低于其他富裕程度相当的国家。从意大利经济活跃区域的众多研究文献中，我们可以大胆地假设，意大利对外直接投资的流出额之所以少，是因为它们的企业深深地内嵌到当地产业集群网络之中，这给企业知识转移造成了困难。社会知识的特性，即如何为他人所熟悉影响了技术转移能力，并因此影响了对外直接投资的流入与流出。

在本文中，我们认为拥有关键技术的企业想要在本企业内部进行技术转移还是拿到市场上通过交易而获利，这个决策可以用形成企业所有权优势的知识属性来解释。事实上企业是一个知识库，它知道如何编码信息以及如何协调行动。技术转移模式，如内部转移或是授权给别人使用等，都受到了驱动企业跨国界成长的优势特征的影响。

本文的第一个目标是解决一个争论：知识到底具有公共产品的属性还是默会的属性？学者们对默会性主要通过可编码化、复杂性和可传授性等不断完善的量表来测量。我们应用了这些量表来验证“技术的默会性越强，则技术转移越可能发生在企业内部”的命题。实证检验聚焦于 Hayami 和 Ruttan（1971）所说的“有设计的转移”，如产品制造能力的转移等。通过问卷调研，我们收集了有关制造能力转移的数据，它们包含瑞典 35 个已经商业化的重要技术创新成果，有 82 个向瑞典之外的国家转移技术的样本。我们用这些调研数据构建量表来测量知识的属性。通过逻辑回归来验证哪些因素影响了技术转移模式的选择，即企业选择内部转

---

① 参考 Dunning（1977）对于跨国企业所有权优势、区位优势和内部化优势的最初观点；Rugman（1981）讨论了企业的专有优势。

移还是市场交易。数据分析强烈支持了转移模式受技术默会程度影响的假设。

本文的第二个目标是质疑企业存在内部市场的盛行说法。为引申思考这个疑问，我们广泛引用了市场失灵和跨国公司的文献。我们把"企业是知识社区"的观点进一步发展成"企业是创造知识并将其转化成有经济回报的产品或服务的有效机制"。本文的前提是，企业是否选择内部知识转移是比较内部转移效率与市场交易效率后才确定的，市场失灵的相关问题并未考虑在内。

上述观点的主要理论逻辑是，企业边界只能由创建控制个体机会主义的治理机制来解释。否定机会主义对合约设计与公司治理的影响显然是一个错误。但是，设计治理机制并不等同于企业能力和管理诀窍。组织内部的协作形成了一系列的企业能力，它使知识转移更容易发生在企业内部而不是企业之间，由此形成了企业的所有权优势。这些能力也包括整合自己与其他成员企业现有知识的能力。企业是一个协调行动的社会知识库的观念，同样是跨国公司演化理论的根基。在本文的结论部分我们还会继续讨论这一点。

直接投资与作为公共产品的知识

自从 Hymer(1976)具有开创性的博士论文在 1960 年问世后，对外直接投资理论的核心议题就是在讨论企业专有优势的本质，以及这种优势如何跨国界转移。其中一个重要信念是，企业带到国外市场的关键优势是其拥有的先进知识。而对外直接投资大部分是在转移中间产品，即所谓的"知识"，它内嵌到了以核心技术、产品、营销或其他行为等形式的企业优势中①。

Caves (1971)在其强调产品差异化能力的经典论文中，把直接投资与企业专有知识转移结合起来，第一次将它们明确表述为中间产品转移。他简洁地表述了这种联系，"有一个链接"，他写道，"指向直接投资的基础：那些制造出差异化产品的成功企业控制了所在市场的知识，并以很低的成本或几乎无成本地向国外市场转移这种知识"。

现在给 Caves 所说的发生知识转移的国际市场附加一个"市场不完善"的额外条件已经司空见惯了。② 但是早先 Johnson (1970)、McManus (1972)和 Magee (1977)提出这一说法时，

---

① 跨国企业显然有一些其他的优势，如垄断原材料的所有权。我们关注这些优势，是因为这些优势被认为能够提供更为优越的能力，如创新或者推广。

② Caves 在他的教科书中清楚地认识到这一点，他在书中阐明了市场失灵的标准原因(1982:4ff)，同时还存在着第三个区位优势的条件[正如 Dunning 的折衷理论表明的一样(1977)]。Caves(1971:5)认为"推动以当地生产服务当地市场的原因是，当地销售所获租金大于当地生产的成本。"

知识仍被学者们看做公共产品，也就是说，知识转移的边际成本为零。[①] 由这种看法推导的结果是，创造知识的企业不得不面对如何利用这些知识获取适当收益的困境。

Buckley 和 Casson (1976)的看法具有里程碑般的意义，他们认为作为公共产品的知识具有易于转移和难以保护的两个关键特征，是其内部化理论的核心观点之一。他们写道：

> "有理由相信知识市场的内部化将会推动企业进行高度的国际化运作。因为知识是公共产品，很容易跨国界转移，对其进行国际化应用也就顺理成章；除非比较优势或是其他因素限制对某个国家的直接投资，知识的内部化将会要求每一个企业在全球范围内开设工厂或子公司进行网络化运营"。[②] (p.45)

Rugman(1980)强烈认为产生跨国企业的原因，是企业为应对信息市场失灵而进行的内部化。"没有一个完全的市场"，他写道，"跨国企业想要出售自己创造的信息，但却没有市场价格……为了克服信息销售的外部市场失灵，它们就创造了一个自己利用信息而获利的内部市场。"(p.368)

Rugman 断言是市场失灵驱动企业理性利用信息，由此产生了跨国企业。这个说法有点绝对化。Hennart (1982)在 Arrow (1974)有关信息和组织研究的基础上，着重讨论了企业降低信息搜索成本的能力。他在强调信任的同时，还关注到在同一家企业内部，员工们彼此欺骗的可能性更低。他写道：

> "员工因对团队的贡献而获利，销售知识的市场收益并不会给予他们直接回报，因此欺骗不会让员工收益更多。所以这个特点应该有助于建立信任，并降低企业内部信息交换的成本。"(p.100)

对 Hennart 而言，信息交换成本不可避免地与代理人的机会主义问题联系起来。

Buckley 和 Casson (1976: 42ff)也强调了信息的重要性，但是他们把信息成本看做组织发展的不利因素，认为信息成本限制了市场内部化的程度。他们没把信息成本看做企业跨国整合经营时的优势。这些成本确实会限制企业的跨国成长：

> 对信息的编码和解码要求当事人有相似的背景或者在相似的环境中运作，否则，由于信息解码者和编码者隐含假设的差异，可能造成双方的误解。只有对编码和解码过程

---

① 作为公共产品，这意味着一方可能会喜欢使用共有产品(如将玫瑰种植在另一方的财产上)而不是减少对另一方的可用性。市场失灵的问题引出了一个新的问题，即玫瑰的主人是否能够对邻居提供一个"适当的"金钱支付。

② 当然，这一争论是 Buckley 和 Casson 作为内部化理论中的一个动机。但是，我们应该指出，内部化的概念要比 Williamson(1975)提出的"交易成本"的概念更为广泛，因为后者并没有排除对于市场力量的考虑。

付出额外开支去检验其正确与否，才有可能避免这种误解；另外，随着不同地区在经济、社会和语言上的差异，沟通成本也会有所变化；信息系统终端成本构成了部分信息的传送成本。除此之外，地理距离的远近会显著影响信息成本，由此影响企业在内部市场中的额外沟通成本。

上述信息成本的说法背离了信息具有公共产品属性的观点。如果我们将这一特点和其他可能性结合起来分析，他们的观点并非毫无是处。问题就在于此，信息编码和解码中的问题当然和市场中技术的销售和转移有关，也就是说，信息成本不仅可以解释某个企业的发展限制，也可以用来说明企业在扩张时更擅长于在内部而不是跨边界交流知识。

把企业的产生归因于市场失灵的说法也有争议，机会主义的假设其实并不需要，只要不同的企业在各自内部传递知识的成本有差异，就有可能促成企业的产生。如果企业间对自己要转移的知识存在编码差异，那么它们理解和应用知识的能力也会有差异。企业之间在技术转移上就出现了成本差异。这种差异使得企业在转移技术时可以理性选择内部转移或是许可方式，这与机会主义并不相干。某些企业可能对转移某些特定类型的技术有更好的优势。

当前流行的说法是，技术转移成本来自知识的默会程度。在 Teece(1977)的一篇开创性文章中，他明确认为技术并非公共产品，他估计在他所分析的 27 个技术转移项目中，转移成本占总成本的 2%—59%。他还发现，每一个项目的后续技术转移成本都有所下降，曾有技术接收经验的项目，其转移成本也会下降。每一个成本测量都明显与来自机会主义的交易成本无关，如律师费和防范技术扩散费。他所测量的成本来自对信息编码、教会接收方理解复杂的知识等所作出的努力。转移方付出的努力程度越高，对技术使用方的能力要求就越低。

在有关知识市场内部化的讨论中，能力差异与机会主义之间的区别大都被忽视了。甚至当有人呼吁应该关注知识的默会程度变化和转移成本差异时，学者们仍围绕着市场失灵而纠缠不休。在随后有关知识默会性和市场失灵的争论中，Teece (1983)写道："那些由于交易成本造成的能让企业收取租金的专有资产，应该是横向 FDI 的驱动性力量。"(p. 55)

最近从交易成本视角研究合资企业的文献中，无视能力与机会主义差异的情况尤其明显。因而，Hennart (1988: 365)把默会知识理论(1982 年早期著作中关注的企业内部信息不对称)扩展到包含潜在市场交易与内部化原因的分析。无论具备公共产品属性还是默会性，知识市场看起来都是不完善的。

应该注意到市场内部化的驱动因素不再是信息不对称，而只是通常的与技术价值有关的不确定性。因此，为了解释内部化成因而把不确定性与机会主义相联系就毫无必要了。事实上，我们唯一可推导出的结论是，对某个既定企业而言，这种发生在内部的技术转移能够带来更多的经济性。

在 Hill, Hwang 和 Kim (1990)有关进入模式选择的文献中也模糊了能力与机会主义的区别。驱动企业通过合资或全资子公司进行知识转移的因素,是其转移的知识本身就是有组织的,因此需要一个组织载体来推动这种转移(Kogut, 1988)。Hill, Hwang 和 Kim 同意这种说法并进一步解释说,把技术转移给能力较弱的企业将导致收益损失,即与交易成本相联系的机会主义成本(1990)。他写道:

> "购买知识的一方可能没有默会的诀窍或非正式惯例,无法把技术蓝图成功地转化成产品……因此,通过建立全资子公司,跨国公司可以节约由市场交易所带来的知识转移成本,从中获得更多的收益。"(pp. 117—128)

关于交易成本也就无需赘述了,如果跨国公司能让知识转移更加通畅,知识转移模式的选择也就不言自明了。

企业知识与技术转移

如果不借助交易成本和机会主义理论,我们怎样理解默会知识对于企业理论的意义呢?这个问题的答案很大程度上已经在上文中有所体现。出发点就是将企业视为一个有关如何合作与交流的"知识社区"。这些观点隐含在 Buckley 和 Casson (1976)以及 Hennart (1982)关于编码的讨论中。在我们看来,企业是创造与传递知识的有效机制。[①] 企业中的个体和团队会在重复的互动中达成一种共识,以此将知识从想法转变为产品和市场。非常重要的一点是,决定企业行为的并非市场失灵,而是在知识转变过程中,本企业相对于其他企业所具有的高效率。也就是说决定企业边界的是创造者和使用者在知识和嵌入式能力上表现出的差异,而非市场失灵本身。[②]

理解这种知识的方法之一是认识信息与技能之间的差别,这与人工智能中陈述性知识与程序性知识的概念非常相似。信息是一种事实的陈述,如"库存有 100 件"。诀窍是对活动如何执行的描述,如"当库存仅剩 25 件时,就下单订购"。在公司层面,技术会作为正式及非正

---

① 尽管我们关注内部化学派,但是我们能够注意到,Williamson 的观点就这一点而言并没有在一致性方面获取更好的发展。在 Williamson1975 年的书中,他呼吁没有被定义的准道德公司;Hennart 提出了一个逻辑上一致的观点,这一观点解释了为什么道德在机会主义的情境中源于更好的信息。

② 以下将要详细讨论 Kogut 和 Zander(1992)的文章。我们的推理需要感谢 Pavitt(1971)的文章,在这篇文章中,技术能力和经验这两个因素被用来理解跨国公司。

式组织的规定呈现出来,如何区分产品线。大多数学者强调市场失灵会加剧信息不对称,而忽视了由于技能存量所导致的绩效差异,这并非是没有意义的。①

信息和技能之间的差别虽然是抽象的,但在技术转移的环境下并非没有直接意义。即便是企业蓝图,也无法清楚地定义和陈述所有的信息。技能通过描述必要程序的说明书实现转移,或者如 Hall 和 Johnson (1970)在如何将飞机技术传递到日本的研究中详细描述的那样,通过交换工程师和工人来实现技术转移。

由于知识从本质上来说是经验式的,它会随着时间的推移不断增长。关于技术转移的实证研究明确支持了知识的特点决定了传递成本和方式这个论点。在关于技术转移的研究中最普遍的发现是强调先前经验的重要性。正如前文所述,Teece (1977)认为决定转移成本的重要因素是技术转移的经验程度、技术的年限,以及使用相同技术的企业的数量。这些因素提供了技术转移、对于技术用途的理解,以及关于技术特征的一般知识的直接经验。

理解这些因素的另一种方法是将它们整合为一个潜在因素,即知识的整理。换句话说,这些因素是衡量知识默会程度的替代方法。由于旧的技术更具规范性,它们的转移成本更低。经验与技术同样表明了被采访者现有知识与学习能力之间的重要关系。

技术转移在企业内部进行还是通过市场交易转让给第三方,是两个相互联系而又相互区别的问题。Contractor (1981)发现通过授权实现的技术转移增加了使用这种技术的企业的数目,这意味着溢出效应能够形成一种通用的累积能力。Davidson 和 McFetridge (1984)同样发现过去实现过技术转移的企业向独立接受者转移的能力将得到提升。但是,内部转移的经验鼓励未来有更多内部转移技术的企业出现。这些发现适用于解释在内部转移中的经验的编码方式对企业来说是独有的,但是一旦企业为了授权的目的对知识进行编码,知识的内部转移将得到提升。

已有结论明确表明转移成本与经验及学习的累积有关。标准化的评估系统和程序体现了企业的共享知识和价值观,它能简化企业内部的知识转移过程。但企业往往是为了造福外部用户而开发了用来实现知识编码的程序;这种程序越简单,知识就越可能被转移到独立的个体。

实证研究

我们可以通过分析知识属性对技术转移决策的影响,即技术是在企业内部转移还是转移

---

① 同样参考 Buckley(1983:39—40)。

给第三方，来为上述讨论提供基础。接下来的研究是为了说明那些难以编码和传授的复杂信息更倾向于在企业内部传递。这种说法源自我们的观点：企业为了对外传播而创造和传递那些难以编码的知识。

为此，我们利用 Zander (1991a, b) 及 Zander 和 Kogut 开发的量表来研究上述问题。这份问卷对创新能力的知识方面进行了测量。接下来，Rogers (1962) 和 Winter (1987) 开发了测量知识属性的量表。这份问卷包含了可编码性、可传授性和复杂性三个维度，因为它们是被认为最有可能影响知识传递的三个因素。[①]

每个测量知识属性的指标都来自一份调查问卷的题项（见附录 1）。可编码性的指标是为了测量知识在文件中明确表达的程度。这些知识可以是实质性的，如蓝图中的描述；也可以是程序性的，如为完成一项任务而拟订的方案（Kogut 和 Zander, 1992）。

可传授性是为了测量技能能被教授给新员工的简易程度。[②] 技术转移通常需要将原始工厂的工程师和工人派往同类型的工厂来协助培养技能。某种程度上这种技能很容易传授，所以人员转移是一种可行的方法。

一般认为复杂性是一种比较难确定的尺度，我们将复杂性定义为一个实体或一项活动中包含的关键及相互影响的因素的数量。正如 Hayes 和 Wheelwright (1984) 所研究的，有关于制造方面的知识，我们开发了一个包含四个题项的量表，用来测量四项程序的重要性。越是复杂的制造技术越难以被转移或模仿。

这些量表测量了知识默会性的潜在构成。在此之前，企业对技术和技术转移的理解程度一般用技术的年限和过去被转移的次数来测量（Teece, 1977; Contractor, 1981; Davidson 和 McFetridge, 1984）。我们在数据测量时引入这两个额外的变量，是因为测量可编码性、可传授性和复杂性的这三个量表无法完全测量技术的默会性。

这五个变量（可编码性、可传授性、复杂性、被转移技术的年限，以及过去被转移的次数）被用来预测企业选择在内部还是通过外部许可来转移生产能力。因变量采用 0-1 虚拟变量，如果技术转移给全资子公司记为 1；如果外部转移记为 0。统计估计依赖于逻辑回归，这与 Davidson 和 McFetridge 的研究相似。我们假设可编码性和可传授性与选择转移给全资子公司负相关，复杂性与其正相关。另外，我们如 Teece 和其他人研究的那样，测量技术年限和过去

---

① 作为一个例证，考虑到在阅读理论物理时的困难性。同样的信息给同样的读者，但是被解释的信息却不尽相同。

② 参考 Hall 和 Johnson(1970) 以及 Teece(1977) 的讨论，我们舍弃了可观测性这一变量，因为这一变量同这些测量方法高度相关。参考 Zander(1991b) 的讨论。

被转移的次数，假设这两个变量与选择转移给全资子公司为负相关。

我们认识到这个研究不是完全专业化的。特别是，我们不考察接收方的能力。过去经验和转移难易程度之间的关系强调了 Pavitt (1971) 提出的解释：对技术的累积经验是决定接收方学习能力和公司运用技术能力的关键因素。尽管这点很重要，我们也难以收集接收方的具体数据。

问卷调查

关于技术转移的题项和信息均来自一家调查问卷机构，问卷发放对象为熟知创新项目历史的工程师。① 这些创新项目来自 Wallmark 和 McQueen (1986) 对 100 项主要的瑞典创新项目的研究。② 为了能观察那些已拥有相当长历史的创新并向熟悉其历史的工程师提问，样本缩小到 1960 年以后出现的创新项目。

本研究通过打电话给创新企业，与团队的技术总监交谈，以及与 1—5 个产品知识丰富，熟悉生产流程、转移模式和模仿模式的员工交谈来确定受访对象。技术总监推荐的受访对象被电话告知需如何准备问卷调查并且验证他们的知识。有些问卷一个人回答了基本信息，另一个人回答了与制造过程相关的部分，这种多人作答的创新项目不能被采用。有些情况下，最初的创新者已不在世或无法与之取得联系的，我们联系了那些负责生产制造和国际产品管理的人。这个调研过程从 20 家企业中确认了 44 个创新项目。回复率达到 80%，剩下的 20% 在规模与产业联盟上与作答的组织相类似。

最终，我们获得了 35 项创新项目的问卷数据（有关创新项目的列表、创新年限和创新者的姓名，见附录 2）。这些创新项目被转移到国外 82 次；③其中，被转移给全资子公司 41 次，剩下的 41 次转移给合资企业（12 次）、许可接受方（26 次），以及其他契约方式（3 次）。就是说，这次测试的样本大小包含了 82 个生产能力转移的实例。

---

① 关于附录中问卷项目中的 4 和 5，我们应该观察到，高等教育和职业培训过程中两个不同的方式，学生们应该在 16 岁的时候选择其中之一。

② Wallmark 和 McQueen 将创新定义为一种新的技术产品或方法，这些技术产品或方法已经被瑞典的创新者们商业化。我们以产生的年营业额的指标为基础筛选出大多数的创新者，这一年营业额的指标以 350 万美元为上限，并且我们将专利和积极的收入增长服务作为附加的筛选标准。这一筛选的目的是识别出创新者的种类，这些创新者主要是大型的瑞典的跨国公司，如 SKF, Electrolux, Ericsson, ASEA, Sandvik, Alfa-Laval, Nitro Nobel, Atlas Copco 和 Tetra Pak 建立起来的基础。

③ 考虑到瑞典企业的交易和投资模式，最重要的接受国是美国（9 次转移）、加拿大（7 次）、法国（7 次）、澳大利亚（7 次）、日本（6 次）、英国（4 次）和挪威（4 次）。

测量

附录1是本研究所选取的已有研究中的相应量表来测量相关构念。在量表设计中,回答将被转换为标准正态离差,即均值为0,方差为1。这种处理使得各个题项得分的均值为0,并且可以防止某个题项的方差干扰量表测量。然后,加总这一标准化的得分,形成量表得分。表1中所呈现的是各个变量的描述性统计。

表1 描述性统计

变量名称	均值	标准方差
1. 可编码性	0	2.25
2. 复杂性	0	2.39
3. 可传授性	0	3.58
4. 被转移技术的年限	2.15	2.54
5. 过去被转移的次数	7.89	6.04

相关性矩阵

	1	2	3	4
1	—			
2	0.10	—		
3	0.02	0.46	—	
4	-0.06	0.05	0.02	—
5	0.01	-0.01	-0.05	-0.01

克隆巴赫系数(Cronbach's α)可以用来检验本研究所使用的其中两个量表,Nunnally(1978)推荐0.7为检验量表信度的临界值。① 本研究删除了一些与量表总体相关系数较低的题项,最终,相关构念的信度为0.678—0.785。不能采用因子分析法来检验区分效度,不过题项间相关系数的比较预示了量表具有较高的区分效度。②

① 对于复杂性来说,一些预先设定的题项在量表中被使用,以便总结各种生产流程的重要性。没有证据显示这些题项之间具有相关性。

② 问卷设计的验证以及构念的信度和效度在Zander(1991a)以及Zander和Kogut(即将发表)的文章中将被详细地讨论。

研究结果

Logit 估计的结果见表 2，括号中的是 *T* 值，星号表示双尾检验的显著度。正号表示某变量的增加，可以引起组织模式转移知识的概率提高；负号表示某变量的减少会引起许可或合资企业转移知识的概率的提高。全模型估计的结果见表 2 的第一列。结果一致显示：技术越是隐性，就越可能转移至全资子公司。可编码性与可传授性两个变量的回归系数均分别显著为负，这表示知识如果越容易编码和传授，它就越有可能被第三方获得，而不是转移至全资子公司。复杂性变量的系数为正意味着技术越复杂，就越可能转移至全资子公司。

表 2　自变量对于全资子公司的选择的影响的逻辑检验

变量名称	模型 1	模型 2	模型 3
截距	0.37	0.01	0.25
	(0.80)	(0.03)	(0.59)
可编码性	−0.32	−0.31	
	(−2.46)**	(−2.40)**	
复杂性	0.26	0.25	
	(2.14)**	(2.09)**	
可传授性	−0.21	−0.20	
	(−2.61)**	(−2.60)**	
被转移技术的年限	−0.13		−0.10
	(−1.37)		(−1.12)
过去被转移的次数	−0.01		−0.01
	(−0.21)		(−0.09)
对数似然函数值	−49	−50	−56
	($P<0.01$)	($P<0.01$)	($0.95>P>0.05$)

注：*t* 值测试；双尾检验 * $P<0.10$，** $P<0.05$。

其他两个变量（根据 Teece 的研究）的研究结果均不显著。先前被转移的次数与转移至子公司的可能性负相关，这恰好与预期相反，且并不显著。技术年限的作用也并不显著。

为了证明结果并非伪造，我们给出另两个模型的估计值。在表 2 的第二列中，我们估计了测量转移模式隐性程度的三个变量（不包含 Teece 所提及的相关变量）；在第三列中则给出了相关变量的效应系数。这些结果大致上是一致的。简而言之，当有更多直接效应在模型中时，作为隐性程度这一潜在变量的代理变量的技术年限和先前被转移的次数的影响就会消失。

我们对样本进行划分,将合资企业与全资子公司合并为一组,则回归系数的显著度明显下降。对这一结果的解释很简单:就是因为分入合资与全资子公司组的样本多达53个,而选择许可或合同方式的样本仅29个,样本数量上的不平衡很可能对结果带来了影响(由于合资企业样本仅为12家,样本过小)。另一种更有说服力且有意思的解释是:合资企业与合伙制企业的知识存在本质上的区别,合资企业更常用组织嵌入的方式去转移知识,而难以采用许可的方式进行转移(Kogut,1988)。本研究的结果认为:合伙企业的知识间存在明显的边界;知识由合资企业转移;但对于难以编码的知识,更优的转移方式是在全资子单位间进行。

所有权优势和知识

上述结果支持了企业专注于转移难以理解和编码的知识的论点。对这一结果的一种解释是较之第三方,企业能够将这些技术以更低的成本转移给全资子公司。从这个意义上说,一个企业的优势表现为它在转移 idiosyncratic 技术时表现出的相对效率。①

另一种解释很少在文献中讨论,即那些难以编码的技术也代表了未来市场的拓展平台。因为这些技术难以被理解,因而无法被快速模仿。同时新技术可能更少被编码。由于新颖性和难于模仿的共同作用,默会知识能够吸收企业的优势不断得到改进和扩展。企业通过知识重组,依靠所谓的"整合能力"来利用现有知识拓展新市场(Kogut 和 Zander,1992)。

知识重组的一种重要情形是企业组织边界扩张进入国外市场。向全资子公司建立出口设施是企业成长进化的一个重要过程。就这一点而言,这种初始的进入服务是一个整合了企业国内外市场知识的一个平台。在这一进程的最后阶段,企业从国外市场学习的知识实现了国际化转移,并且对企业通过子公司网络和国内市场积累和整合的知识产生了影响。

上述实证研究结果可以根据这一发现得到更好的理解,即编码和传授的困难增加了知识国际化转移的时间(Zander 和 Kogut)。这些发现与 Teece 的研究结果完全一致,即转移成本

① 复杂性和资产专用性具有相关性是一个对于我们的建议来说相反的解释。知识方面的复杂性导致了资产的专用性(也就是说,交易的一方不能够轻易地退出这一关系),并且 Williamson(1979)的争论认为,资产的专用性导致市场的失灵,以及扩大了在文献中被称为内部化的直接投资的规模。对于我们的研究,我们将不得不认为潜在的许可证持有人拒绝购买复杂的技术,因为复杂性将会提高资产专用性的水平。我们发现这一争论不能够使人信服。第一,之前已经有人发现了复杂性和内部化之间正向的关系[参考 Masten(1984)],重要的是我们应该注意到,"复杂"这一标签并不是我们所认为的标准化的以及测量复杂性的变量。我们将复杂性这一构念定义为反映不同的学科知识按照理论问题组合在一起的程度,因此,我们的构念与资产专用性之间的关系是极小的。第二,这一争论仍然忽视了我们的文章中对于可编码性这一重要构念的发现。

相差很大。根据我们的研究,默会性会增加知识在企业内部及在合作伙伴之间的转移成本,降低转移的速度。企业应该专注于创造和转移专业化知识。

一个基本的观察是知识即使在企业内部转移也并非一件小事。我们可以研究得更多。为了让知识内部转移的速度快于竞争对手模仿或传播的速度,企业需要对制度与文件的使用和复制进行编码来降低技术的默会程度。企业间的竞争是基于其差异化的能力,以及通过比竞争对手更快地创造和复制新知识而扩张的能力。

强调市场失灵的内部化掩盖了这样一个事实:直接投资的一个重要原因是企业能拥有它们跨国发展所必需的所有权优势(又称高级能力)。① 其主要假设是认为是市场缺陷,而非所有权优势,解释了组织边界。但是基于员工间合作规则的企业优势的本质,难道不会影响企业的活动范围吗?

考虑一下,如 Buckley 和 Casson (1976: 69)关于直接投资的理论陈述为何比 Hymer-Kindleberger 的寡头垄断优势理论更有说服力:

> 本研究的理论给出了一个更为精确的关于跨国企业优势的原始属性或一组属性的说明。本研究认为这些优势是对于跨国企业在以下领域投资的奖励:(1) 在技术领域产生优势的研发设施;(2) 一个团队的组合技能,这一组合技能须是大于个人的技能的简单加总,因此技能的积累是在企业层面的,个人则是可有可无的;(3) 创造一个允许(1)和(2)的成果以低成本在组织中传递信息的网络,同时也需要防止这些信息(包括市场条件的知识)被外部竞争者获取。本研究理论的重点在于能产生创新的转移能力。

以上三个观点是几乎不考虑市场失灵的影响的,第(2)和第(3)点勾画出本研究对于技能知识与信息的区分。然而,更重要的是,第(2)个观点难以与"用内部化定义组织边界"的观点相协调。什么因素是最终决定团队优势的?为什么只需要一个小型团队,而不是包含众多成员的大团队?这些成员通过应用难以被识别和模仿的组织原则达成合作。事实上,我们可以想象,维持跨越国界的企业完整性的一个最有说服力的因素就是具有高度秩序的组织准则(例如,如何协调一个大型的多部门公司),这些准则是通过 FDI 的组织拓展形式在国界间得以扩散的。

关键并不在于 Buckley 和 Casson 未能发现所有权优势、知识与增长之间的联系,而在于所有权优势对于企业构成没有影响这一观点存在分歧。这一观点在 Casson(1987)的一部重要

---

① 正如 Casson(1987)所解释的那样,市场内部化能够对直接投资进行充分的解释,就像在套利的不完善市场中,如对于利润的不同税率。

著作中却是显而易见的,Casson 认为:

> 内部化理论代表对选择理论的拓展,包含选择在各个市场中的合适的合同安排。所有权优势……与选择无关,而是与企业一度的管理选择的绩效有关。因此,其合适的定位并不是与理论中有关选择的部分有关,而是与有关企业成功、增长的结果的部分有关(p. 36)。

难以想象,所有权竟然成为企业合同安排决策事后才考虑的事情。这就如同是先有鸡还是先有蛋的问题,不能简单地给予先有鸡或先有蛋的回答。

本研究的命题与实证检验所要提出的观点就是知识属性会影响对企业划界的决策。如果选择让企业专注于创造和转移新知识(或在新市场中存在的已有知识),那么一个重要的问题是企业应该采取的行动使之相对有效。对于此问题的研究需要比较企业的能力和竞争市场的本质。答案是否需要考虑市场失灵并不确定,不管这一分析是来自纯理论视角还是现实管理实践的描述。

结论

技术转移依赖于企业的增长,包括国内和跨国业务。企业增长将提升其能力以创造新知识以及复制这些知识,从而拓展市场。当一个企业的知识转移比其他企业更有效率,那就成为该企业的优势。横向对外直接投资就是将知识在组织内部或边界间进行转移,就这一点而言,这类转移是一种企业业绩增长的初级表现形式。如果技术具有成为一般知识的特质,那么任何企业就都可以做到对这种新知识的复制,无论是自主通过许可还是通过模仿。

本研究并不意味着内部化在跨国公司理论中不能占据一席之地。一个几乎没有失灵的不完全市场中,自利性将激励个体的行为。于是,企业就会选择在内部开展一些活动,甚至是一些不熟悉的活动。这就解释了为什么企业边界会拓展到其严格优势之外。然而,也并不排除优势本身对于企业规模与扩张的实施有重要作用。

本研究需要强调的是:在比较静态统计中,企业增长及其边界难以讨论与分析。在任何时点,给定企业知识的现有存量,管理就将面临一个决策难题:如何将其服务于国外市场,包括许可、出口与直接投资。很难相信企业管理者可以在每个时点连续地、及时地评估出哪些活动仍然保持在内部以及哪些将被放弃。肯定的是,当考虑这一决策时,一个重要的内容将是企业与合作机构所具备的优势专业知识范围以及能日积月累地为未来的机会提供平台的共享知识范围。

简而言之,企业决定是否出让其知识不仅仅取决于转让许可和内部转移的成本比较,还受制于企业若未能在国外市场积累经验知识而损失的预期收入。对商务实践的一些常识性观察似乎可以证明,企业将知识转让给国外代理后,就不再会获取新的知识。一旦国外市场得以开疆破土或者急速扩张,知识转让方就会悔不当初。因此,在这种情况下,如果通过内部转移的方式让子公司获取知识,这对未来引进其他技术和产品也许更有益。

本文提出分析所获取和重组的知识的最合适方法是技术性地将公司的"重组能力"当做未来市场中的一种选择或一个平台。① 为了能在一个国家的未来市场中拥有竞争力,需要投入成本去学习怎样在一个新环境中做运营管理和销售管理。一个企业初次进入一个国家的市场后的连续扩张活动是知识演化获取与重组的一种表现。在其更高级的演化中,这一过程将转变企业的全球知识,并可能使其以一种跨边界学习的特征在子公司网络中转移。②

就这个意义而言,本研究所提出的观点就是将企业增长与演化视角相兼容。企业的竞争力是基于其信息与技能知识的优越性,以及其通过经验学习发展新知识的能力。限制企业发展的因素不仅是竞争对手的实力和市场的需求,同时也取决于其优势复制的速度能在多大程度上超过竞争者的模仿速度。③ 本研究所提出的企业应该专攻相对隐性和异质化的知识的转移与边界演化理论是相符合的。

附录1 构念和变量

可编码性:被认为的可编码性

1. 我们的生产过程可以在操作手册中记录下来。

2. 我们的大部分的生产过程能够以一种标准化的软件形式呈现出来,而这一标准化的软件形式能够帮助我们修改我们的需求。

3. 我们的大部分的生产过程能够以一种软件呈现出来,而这一软件是在我们公司内部

---

① 参考 Kogut 和 Zander(1992)以及 Kogut(1992)关于结合功能和选项(或平台)即将在未来扩展的这些概念间的联系。

② 从 Stopford 和 Wells(1972)以及 Dyas 和 Thanheiser(1976)的文章中我们知道,企业扩大海外投资是基于它们在国内市场上竞争的组织结构。一个常见的现象发现,跨国公司从不在国外市场上大幅度地调整其技术。因此,我们对于外国直接投资就是在新的市场上拓展其组织原则(构成企业的知识体系)并不感到吃惊。这些知识并不总是被很好地完整理解,这导致了在不同的国家有不同的试验。这些试验的结果随着时间的推移会被"跨国网络"传播。

③ 参考 Nelson 和 Winte(1982)基于这些问题的模型。

开发并专门为我们所使用。

4. 描述生产过程中关键部分的大多数的文件存在于我们的公司中。

相关系数 α 为 0.678。

可传授性：被认为的可传授性

1. 新的生产人员能够通过与有经验的生产员工交流来轻松地学习如何生产产品。
2. 新的生产人员能够通过研究一套完整的蓝图来轻松地学习如何生产产品。
3. 教育和培训新的生产人员是一项迅速、轻松的工作。
4. 新的生产人员在普通高等教育后对于生产产品知道得已经足够了。
5. 新的生产人员在职业培训后对于生产产品知道得已经足够了。

相关系数 α 为 0.785。

复杂性：生产过程的不同类型

以下生产的重要性：

1. 改变一种材料的物理特性的过程（如化学反应、精炼、热处理）。
2. 改变一种材料形态的过程（如铸造、冲压、滚动、弯曲）。
3. 给定材料特定的规格的过程（如旋转、碾磨、钻孔、锯断）。
4. 将不同部分组装成一个整体的过程（如烧焊、修补、黏合、螺丝接合）。

附录 2　创新列表

1. 交换电流融化钢铁，1960（ASEA）
2. 压力传感器，1960（ASEA）
3. 静脉注射乳化脂肪：INTRALIPID，1960（KABI VITRUM/STATSFORETAG）
4. 煤矿轨道牵引车，1961（HAGGLUND & SONER）
5. 橡胶细节旋转鼓，1961（SKEGA/INCENTIVE ）
6. 牛奶杀菌器，1961（ALFA-LAVAL）
7. 冻结食品机器：FLOFREEZE，1961（FRIGOSCANDIA CONTRACTING/AGA）
8. 在 ASEA-STORA 过程中使用的昆塔斯钢按技术，1962（ASEA）

9. 气垫割草机,1963(ELECTROLUX)

10. 交叉电缆,1963(ERICSSON)

11. 矩阵打印机,1964(FACIT/ELECTROLUX)

12. β受体阻滞剂:APTIN, 1965(HASSLE/ASTRA)

13. 纸浆干燥机中的机载纸浆网络:Type FC, 1966(FLAKT/ASEA)

14. 支气管扩张药物:BRICANYL, 1966(DRACO/ASTRA)

15. 机车晶闸管控制的旋转控制系统,1967(ASEA)

16. 加工钢铁的等静压机,1967(ASEA)

17. 炸药:DYNAMEX, 1967(NITRO NOBEL)

18. 凝胶过滤:CNBr-Method, 1967(PHARMAClA/FORTIA)

19. 高分辨率的复制机:MULTINEX, 1968(MISOMEX/INCENTIVE)

20. 球轴承: HUB 3, 1969(SKF)

21. 矿石运输:HAGGLOADER, 1969(HAGGLUND & SONER/ASEA)

22. 纸浆闪蒸干燥机,1969(FLAKT/ASEA)

23. 半合成青霉素:PENGLOBE, 1970(ASTRA)

24. 选择性β受体阻滞剂:SELOKEN, 1970(HASSLE/ASTRA)

25. 滚子轴承:CC, 1972(SKF)

26. 通风系统:OPTIVENT, 1972(FLAKT/ASEA)

27. 对炸药的点火机制:NONEL, 1972(NOBEL)

28. 供养金属板材的机器:DOPPIN-FEEDER, 1972(VOLVO)

29. 通风系统:DIRIVENT, 1974(FLAKT/ASEA)

30. 高温钢153毫安和253毫安,1974(AVESTA JERNVERK/NORDSTJERNAN)

31. 对伤口的化学治疗:DEBRISAN, 1975(PHARMAClA/FORTIA)

32. 液压凿岩机,1975(ATLAS COPCO)

33. 电话交换系统:AXE, 1976(ELLEMTEL/ERICSSON)

34. 不锈钢:245 SMO, 1976(AVESTA)

35. 自动清空的铁路矿车,1978(LKAB)

参考文献

Arrow, Kenneth. 1974. *The limits of organization.* New York: W. W. Norton.

Buckley, Peter & Mark Casson. 1976. *The future of multinational enterprise.* London: Macmillan and Co.

Buckley, Peter & Mark Casson. 1983. New theories of international business: Some unresolved issues. In Mark Casson, editor, *The growth of international business.* London: Allen and Unwin.

Casson, Mark. 1987. *The firm and the market.* Cambridge, Mass.: MIT Press.

Caves, Richard E. 1971. International corporations: The industrial economics of foreign investment. *Economica*, 38: 1—27.

Caves, Richard E. 1982. *Multinational enterprise and economic analysis.* Cambridge, U. K.: University of Cambridge.

Contractor, Farok. 1981. *International technology licensing: Compensation, costs and negotiations.* Lexington, Mass.: Lexington Books.

Davidson, William & Donald McFetridge. 1984. International technology transactions and the theory of the firm. *Journal of Industrial Economics*, 32: 253—264.

Dunning, John. 1977. Trade, location of economic activity and the multinational enterprise: A search for an eclectic approach. In B. Ohlin, P. O. Hesselborn & P. M. Wijkman, editors, *The international allocation of economic activity.* London: Macmillan.

Dyas, Gareth P. & Hans T. Thanheiser. 1976. *The emerging European enterprise: Strategy and structure* in *French and German industry.* London: Macmillan.

Hall, G. &. R. Johnson. 1970. Transfers of United Aerospace Technology to Japan. In Raymond Vernon, editor, *The technology factor in international trade.* New York: Columbia University Press.

Hayami, Y. & V. Ruttan. 1971. *Agricultural development and international perspective.* Baltimore: Johns Hopkins.

Hayes, Robert & Steven Wheelwright. 1984. *Restoring our competitive edge—Competing through manufacturing.* New York: John Wiley and Sons.

Hennart, Jean-Francois. 1982. *A theory of the multinational enterprise.* Ann Arbor, Mich.: University of Michigan.

Hennart, Jean-Francois. 1988. *A transaction costs theory of equity joint ventures.* Strategic Management Journal, 9: 361—374.

Hill, Charles, Peter Hwang & Wi Chart Kim. 1990. An eclectic theory of the choice of international entry mode. *Strategic Management Journal*, 11:117—128.

Hymer, Stephen. 1976. *The international operations of national firms: A study of direct investment.* Cambridge, Mass.: MIT Press (reprint of Ph. D. thesis, Department of Economics, MIT, 1960).

Johnson, Harry. 1970. The efficiency and welfare implications of the multinational corporation. In Charles Kindleberger, editor, *The international corporation.* Cambridge, Mass.: MIT Press.

Kogut, Bruce. 1988. Joint ventures: Theoretical and empirical perspectives. *Strategic Management Journal*, 9: 319—332.

Kogut, Bruce. 1992. An evolutionary perspective on the multinational corporation. In D. Nigh&B. Toyne, editors, *International business inquiry: An emerging vision.* Columbus, S. C.: University of South Carolina.

Kogut, Bruce. & Udo Zander. 1992. Knowledge of the firm, combinative capabilities, and the replication of technology. *Organization Science*, 3: 383—397.

Magee, Stephen. 1977. Information and the multinational corporation: An appropriability theory of foreign direct investment. In Jagdish N. Bhagwati, editor, *The new international economic order.* Cambridge, Mass.: MIT Press.

Masten, Scott. 1984. The organization of production: Evidence from the aerospace industry. *Journal of Law and Economics*, 27: 403—418.

McManus, J. 1972. The theory of the international firm. In G. Paquet, editor, *The multinational firm and the nation state.* Ontario, Can.: Collier Macmillan Canada.

Nelson, Richard & Sidney Winter. 1982. *An evolutionary, theory of economic change.* Cambridge, Mass.: Harvard University.

Nunnally, John C. 1978 (second edition). *Psychometric theory.* New York: McGraw Hill.

Pavitt, Keith. 1971. The multinational enterprise and the transfer of technology. In John Dunning, editor, *The multinational enterprise.* London: George Allen and Unwin.

Rogers, Everett. 1962. *Diffusion of innovations.* New York: Free Press.

Rugman, Alan. 1980. Internalization as a general theory of foreign direct investment: A re-appraisal of the literature. *Weltwirtschaftliches Archiv*, 116: 365—379.

Rugman, Alan. 1981. *Inside the multinationals: The economics of internal markets.* New York: Columbia University Press.

Stopford, John M. & Louis T. Wells. 1972. *Managing the multinational enterprise: Organization of the firm and ownership of subsidiaries.* New York: Basic Books.

Teece, David. 1977. Technology transfer by multinational firms: The resource costs of transferring technological know-how. *Economic Journal*, 87: 242—261.

Teece, David. 1983. Technological and organizational factors in the theory of the multinational enterprise. In Mark Casson, editor, *The growth of international business.* London: George Allen & Unwin.

Wallmark, Torsten & Douglas McQueen. 1986. 100 *viktiga svenska innovationer under tiden* 1945—1980. Lund, Swe.: Studentlitteratur.

Williamson, Oliver. 1975. *Markets and hierarchies: Analysis and anti-trust implications.* New York: Free Press.

Williamson, Oliver. 1979. Transactions-cost economics: The governance of contractual relations. *Journal of Economics and Organization*, 22: 3—61.

Winter, Sidney. 1987. Knowledge and competence as strategic assets. In David Teece, editor, *The competitive challenge—Strategies for industrial innovation and renewal*, 159—184. Cambridge, Mass.: Ballinger.

Zander, Udo. 1991a. *Exploiting a technological edge—Voluntary and involuntary dissemination of technology.* Stockholm: Institute of International Business.

Zander, Udo. 1991b. International transfer of manufacturing technology—Patterns and determinants in Swedish MNCs. Stockholm: Institute of International Business, Mimeo, Research Paper 91/2.

Zander, Udo. & Bruce Kogut. Knowledge of the firm and the speed of the transfer and imitation of organizational capabilities: An empirical test. *Organization Science*, forthcoming.

作者简介

Bruce Kogut 是宾夕法尼亚大学沃顿商学院的副教授。他在 1992—1993 年担任法国巴黎综合理工大学的 de Recherche en Gestion 研究中心的访问学者。

Udo Zander 是斯德哥尔摩经济学院国际商务研究所的助理教授。他的研究关注国际战略和管理,尤其关注新技术在国际企业间转移或被竞争者模仿的过程。

论国际新创企业理论*

Benjamin M. Oviatt
Georgia State University

Patricia Phillips McDougall
Georgia Institute of Technology

朱吉庆　译
（上海外国语大学国际工商管理学院）

阎海峰　校
（华东理工大学商学院）

国际新创企业的形成已经成为一种越来越重要的现象，该类企业在成立之初便实现国际化且与跨国企业的传统特点有所区别。本文通过整合国际商务理论、创业理论和战略管理理论，提出了解释国际新创企业的理论框架。该框架描述了国际新创企业存在的四个充分必要条件：(1) 通过部分交易的内部化来形成组织；(2) 通过可替代性治理结构来获取资源；(3) 国外区位优势的建立；(4) 对特定资源的控制。

引言

目前对跨国企业的研究主要集中在成熟的大型企业上。从历史上来看，许多跨国企业是从大型成熟的国内企业发展而来的（Chandler，1986）。因为具有显著的经济实力，它们吸引了人们的广泛关注；特别是第二次世界大战以后，情况更加明显（Buckley 和 Casson，1976；Dunning，1981；Hennart 1982）。然而，近年来的科技创新和具有国际商务经验的人员数量的增加，已经为跨国公司建立了新的基础。具备国际经验的人可以吸引到适量的资金，并且可以在任何地方开展业务，这只需花点时间按下电话按钮；或者在需要时，他实际上可以在不超过

* 原文刊于 *Journal of International Business Studies*，25(1)：45—64，1994。

一天内随时随地全球出差办公。这种使用低成本通信技术和交通的便利做法，意味着在多国发现和利用商业机会的能力不再是大的成熟型企业的专利。新创企业虽然资源有限，但也能够在国际舞台上成功完成业务开展。

自20世纪80年代后期以来，不断有流行的商业报道，作为一种新兴的、不断增长的现象，新创企业自成立之初便开启国际化进程(Brokaw,1990; *The Economist*,1992, 1993b; Gupta,1989; Mamis,1989)。这些新创企业经常会在多个大洲筹集资金、制造和销售产品，在现有竞争者已经全球化的高科技行业，尤其如此。

LASA 工业公司，主要销售非常规高效率微处理器原型技术，是过去十年之中成立的国际新创企业的代表。正如 Jolly, Alahuhta 和 Jeannet(1992)所详细描述的那样，LASA 的战略在多个方面都已经国际化。其创立者中有美国人、瑞士人和法国人。公司在欧洲融资，运营总部和研发中心设在美国，营销管理在法国，财务在瑞士。制造中心设在苏格兰以利于获得有吸引力的地区补贴，并且最初销售是在法国和美国。

IXI 有限公司是一家英国企业，已经成为为 UNIX 操作系统提供桌面视窗计算机软件的行业领先供应商，它打破了人们对企业起始销售应该在母国，然后再销售到国外的常规认识。公司创始人和总裁 Ray Anderson，之前在一家英国电脑公司工作过，但这家公司后来破产了。通过公司在美国波士顿和加拿大的运营经历，Anderson 意识到了北美市场的需求。当讨论到前一个公司破产时，Anderson 说：

> ……它没有成功是因为我们试图在英国设立公司，然后在美国销售，但当产品销售到美国时已经太晚了。我们应该首先就在美国市场研发产品，然后再返回英国销售。(Anderson, 1992)

当 Anderson 创立 IXI 时，他的既定战略是首先定位于美国市场，其次是日本，之后再回到英国。公司资金来自英国、德国、奥地利和日本。国外子公司设在美国和日本，只有在这两个国家都建立子公司后，IXI 才将目光转向其母国，之后才进军欧洲大陆。在公司产品问世后四年的一个访谈里，Anderson 估计 IXI 有 60% 的利润来自美国、20% 来自英国、10% 来自日本、10% 来自其他国家。

实际上，国际新创企业已经存在几个世纪了。著名的东印度公司 1600 年在伦敦被允许特许经营(Wilkins,1970)。在 19 世纪早期的美国，前所未有的棉花出口价值催生了专门的棉花贸易公司(Chandler,1977)。福特汽车公司在 1903 年成立之初也像是一个国际新创企业(Wilkins 和 Hill, 1964)。然而，之前的研究都集中在随着时间而发展的大型成熟和综合性的企业上(Chandler, 1986),我们认为那些研究隐匿了国际新创企业的存在。

最终导致的结果是,组织科学领域的学者迄今为止一直忽视国际新创企业。图1描绘了我们对组织学科学术文献的分类情况。已有相当多的关于已建公司(包括国内企业、国际企业以及在国内的新创企业)研究的论文发表。然而,关于国际新创企业的研究要少得多。创业领域国际问题的研究主要关注:(1) 公共政策对小企业出口的影响(Rossman,1984);(2) 不同国家的创业者和创业活动(Ohe Honjo Oliva, Considine 和 MacMillan,1991; Westhead,1990);(3) 小型出口企业与非出口企业的比较(Kedia 和 Chhokar,1985)。

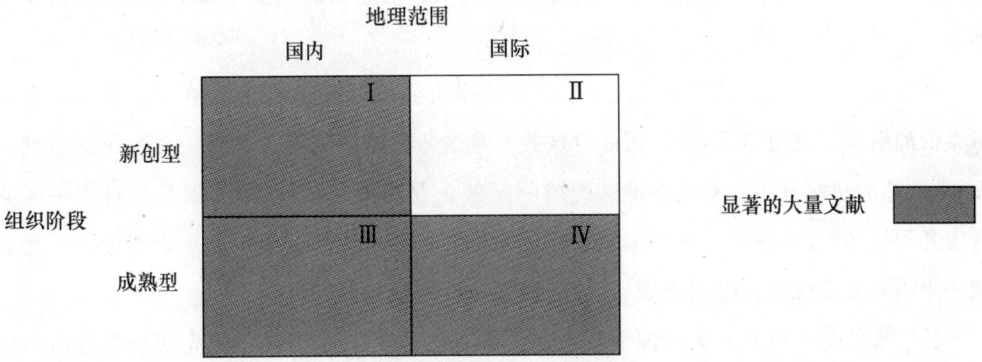

图1　关于组织的学术文献领域

组织走向国际化时的时期却很少被考虑到。Vozikis 和 Mescon (1895)研究发现,新创企业的出口业务会比成熟的小型出口商出现更多的问题。更多的时候,关于新创企业在成立之初或成立不久便实现国际化的报道会被当做例外来看待(Welch 和 Loustarinen,1988)。此外,小型出口企业的年龄也经常被视为一个不重要的人口统计特征(Malekzadeh 和 Nahavandi,1985)或无关主题的因素(Cooper 和 Kleinschmidt,1985)。

然而,自1989年之后,基于国际新创企业案例研究的报道开始出现在创业学者的研究中。一些研究表明,这类创业的形成是因为具有国际经验和警觉性的创业者能够把多个国家的资源整合起来以满足国际市场的需求(Coviello 和 Munro,1992; Hoy, Pivoda 和 Mackrle,1992; Mcdougall 和 Oviatt,1991; Oviatt, McDougall, Simon 和 Shrader,1994; Ray,1989)。其他的案例研究显示,国际新创企业的成功似乎有赖于公司成立之初就有一种国际化视野,通过强大网络营销的创新性产品或服务,以及一个致力于国际销售增长的严格管理的组织(Ganitsky,1989; Jolly,1992; McDougall, Shane 和 Oviatt,1994)。

总之,这些案例研究表明国际新创企业是一个重要现象,它们已在全球各地10多个国家确认了国际新创企业的存在,这表明全球化的力量正推动着国际新创企业的发展。不仅如此，研究显示对于该主题的兴趣是最近的事情，并已经独立且几乎同时兴起于几个不同群体的学者中。而且，尽管许多研究的是高科技公司，但服务类企业甚至是水产业也有所涉及，这表明国际新创企业可能会出现在更广泛的行业里。

关于国际新创企业兴起的其他指标也出现了。Brush (1992)关于美国小型国际化制造商的研究发现，17 家企业(占其全国随机抽样的 13%)在运营的第一年便实现了国际化。Ernst 和 Young 对北美电子行业 303 家企业的调查(Burrill 和 Almassy，1993)发现，在 1987 年该行业 53% 的企业只在国内经营。到 1992 年时，只有 17% 的企业在国内经营，预计在 1997 年时这一数据只有 9%。在被调查的公司中，有三分之一的企业利润额少于 500 万美元，仍处于发展中。

商业报道认为国际新创企业这一新兴现象很重要，并且一些学者已在全球各自独立描述了类似的组织。这些事实表明，需要对这些不常被研究的新创企业进行一个系统的研究。然而，本文总的目标并不是对这种特殊的国际新创企业再添加一种描述，而是要对这一现象进行定义和描述，并且提供一种框架以解释国际新创企业是如何适用跨国企业理论的。我们希望一个明确界定的理论框架来统一、促进和引导该领域的研究。

接下来的部分会正式提出国际新创企业的定义。然后，会考虑跨国企业概念应用到国际新创企业中所遇到的某些问题。再接下来，我们将提出解释国际新创企业的理论框架。该框架整合了既有的跨国企业理论与创业和战略管理研究中的新进展。最后，根据本文提出的国际新创企业框架，我们描述了四种国际新创企业、企业经营的价值链活动数量(Porter，1985)和新创企业进行经营的国家数量。

国际新创企业的定义

本文将国际新创企业定义为“自成立之初便在多个国家销售产品、利用多国资源获取明显竞争优势的商业组织。”这些新创企业的显著特点是它们的起源是国际化的，这可通过其在不止一个国家可见的、显著的资源(如原材料、人员、财务、时间)投入来证实。本文关注的焦点是企业实现国际化时的具体时期，而非规模。与那些从国内企业渐进演变成跨国企业不同的是，这些新创企业一开始就拥有积极主动的国际化战略。然而，这些企业并不必然拥有海外资产。换言之，海外直接投资并非是必需的。它们可能会采取战略联盟的形式，以便利用海外资源(如制造能力或营销)。因此，与 Buckley 和 Casson (1976)对跨国企业的定义相一致，国际新创企业的定义关注价值增加，而非资产占有（Casson，1982）。

新创企业自成立之初便实现国际化，意味着在成立之初不可避免地要作出一些决策。创业研究方面的文献较多地关注在哪一点上新创企业是被视为一个组织而存在的（Katz 和 Gartner，1988）。然而，Vesper 认为并没有统一的标准，因为一个企业的出现是"随着时间的推移而逐步建立起来的"（1990，p. 97）。因此，关于国际新创企业的实证研究必须要解决定义上的模糊不清。本文认为，研究者应该根据可观察到的资源承诺来确立企业创立的起点。对于那些因为产品或服务还在开发中而未有销售的新创企业，必须要有开发完成后在多国销售的明确承诺。

跨国企业理论在国际新创企业应用中的问题

跨国企业阶段理论以及在国际市场上普遍强调的作为重要竞争优势的组织规模并不适合解释有多国商务活动、迅速国际化的新创企业。

跨国企业演化的阶段理论

许多人认为只有在国内市场成熟和饱和的情况下，跨国企业才开始演化（Caves，1982；Porter，1990）。以往的实证研究发现，大型成熟的跨国企业和小型出口商在其国际业务发展过程中要经历不同阶段。这些跨国企业可能是以偶然的国外订单开始，可能继之以出口活动和发展出一个国际部，最终偶或发展成一个完全一体化的全球企业（Aharoni，1966；Bilkey 和 Tesar，1977；Czinkota 和 Johnston，1981；Stopford 和 Wells，1972）。

企业国际化的阶段性发展被描述为一个渐进式的、风险规避的以及对企业和环境变化适度调整的过程（Johanson 和 Vahlne，1977，1990）。这个过程会使企业保存绑定组织联盟的惯例，并认识到获取海外市场知识的难度。语言和文化的差异，以及过去国家之间缓慢的沟通与运输渠道，阻碍了海外市场信息的获取，增加了海外经营的感知风险。

伴随合乎逻辑的理论解释以及实证研究的重复确认，跨国企业发展的阶段模型已由描述性模型转化而成，并"很快被咨询顾问、学术界和管理人员等所应用"（Bartlett 和 Ghoshal，1991，p. 31）。而且，当直接对比跨国企业和"新成立的企业"时，Caves 指出，国际化的企业必须经历一个扩展的演化阶段（1982，p. 96）。然而，最近的研究已经发现了矛盾之处。例如，

Welch 和 Loustarinen (1988) 讨论到的小型英国企业、澳大利亚新创企业和成熟的瑞典企业，这些企业跳过了一些重要阶段并且以出人意料的速度参与海外直接投资。不仅如此，Sullivan 和 Bauerschmidt (1990) 发现，出人意料的是，一个企业的国际化参与阶段对欧洲经理人员的知识和信念是一个较差的预测指标。最终，Turnbull (1987) 对国际化阶段理论从理论和实证方面进行了强烈的批判。Johanson 和 Vahlne (1990) 反驳了这些质疑，认为这只意味着他们的企业国际化模型有调整的需要。然而，本文相信国际新创企业的出现对阶段理论提出了独特的挑战。据称，除了三种例外情况，国际化阶段理论最适宜国际化的早期阶段(Johanson 和 Vahlne,1990)：第一，企业拥有大量资源、预期将大步国际化时；第二，当海外市场情况稳定并且同质，对海外市场的学习更简单时；第三，当企业拥有相当多的与新海外目标市场相似的经验，以往的经验可以推广到新市场时。然而，似乎没有任何一种例外情况适用于新创企业。新创企业所拥有的资源通常受到年限和较小规模的限制。新创企业的市场是最不稳定的(事实上，我们已经研究过的几家国际新创企业的出现加剧了行业不稳定)。而且，根据定义，新创企业在任何市场上都是很少或没有经验的。因此，根据 Johanson 和 Vahlne(1990) 自己的标准，阶段理论需要的不仅仅是轻微的调整。

规模与跨国企业

除了认为企业在进军国外时必须经过几个阶段的演变外，大的规模也经常被认为是多国经营的必要条件。形成于 19 世纪 80 年代和 90 年代的第一批现代跨国企业就是大型的、成熟的和综合性的 (Chandler,1986)。这些跨国企业及其后继者已经在研发、生产、营销和其他领域获得了可观的规模经济。大型的、垂直整合的或多元化的跨国企业的另一个优势是，它们有能力管理多国的沟通、运输，以及进行生产和市场信息的交换(Stopford 和 Wells,1972)。不仅如此，跨国企业在寡头垄断行业的市场力量也已被视为其优势来源(Dunning,1981；Glickman 和 Woodward,1989；Porter,1990)。

但是，如果大规模是多国经营的必要条件的话，国际新创企业就不会出现。因为它们几乎总是小型组织。要理解为什么国际新创企业能够存在的关键是，要认识到大规模可能既是跨国经营的原因，同时也是多国竞争优势的结果。在某些行业(如制药业)，跨国经营所产生的销售额使得大规模的研发努力成为可能。反过来，在多国研发产生的差异化产品，如专利药品，比纯粹的国内企业更有竞争优势。因此，尽管事实上企业规模是解释跨国经营的企业的特定变量(Glickman 和 Woodward,1989)，但大型跨国企业的规模可能是其他更基本的竞争优势的结果，而非原因（Casson，1987；Caves，1982）。这些更为基本的优势来源使得国际新创企业成为可能。

不断变化的国际环境

尽管对一些跨国企业来说，大的规模仍然是其竞争优势的重要来源，但近年来的经济、技术和社会环境的不断变化也使得其他的优势来源变得重要。国际通信和运输在速度、质量和效率上的快速提升，减少了跨国交换的交易成本（Porter，1990）。而且，不同国家市场的日益同质化使得国际商务行为让每个人更加易于理解（Hedlund 和 Kverneland，1985）。结果是越来越多的企业管理人员和企业家出现在国际商务活动中。国际融资的机会也越来越多（Patricof，1989；Valeriano，1991），人力资本也越来越具有国际流动性（Johnston，1991；Reich，1991）。

在这种情况下，国家间市场的联结比以往更有效率，并且大型成熟企业的层级结构在国际通信和贸易中不再享有它们曾有的竞争优势（*The Economist*，1993a）。国际可持续优势被认为越来越依靠对独特资产的拥有（Barney，1991；Caves，1982；Hamel 和 Prahalad，1990；Stalk，Evans 和 Shulman，1992）。先天的、有价值的特定资产应该允许组织（如新创企业），在面临更多限制性资源的情况下进入国际舞台。此外，国际通信和运输的改善以及多国市场的同质化，应该会简化和缩短企业国际化的过程。因此，企业可能会跳过之前所观察到的国际化发展的某些阶段，或者国际化可能根本就不会有什么阶段。

我们相信，这正是已经被许多财经记者和学者观察到的情况——企业并不遵循国际化渐进理论。然而，这并不意味着已经建立的理论是错误的。这些理论仍然适用于一些企业和行业。但它确实意味着这些已有的理论不太适用于正在发展的一些情形，这就是本文之前描述过的技术、具体产业环境和企业能力已经发生变化的情况。

国际新创企业可持续发展的充分必要条件

随着市场的国际化，很少有新创企业能够避免直面国外竞争，越来越多的创业者正在采用多国经营的理念（Drucker，1991；Ohmae，1990；Porter，1986，1990）。因此，企业国际化的阶段理论与最近的发展越来越不一致，而且大规模只是参与国际竞争的众多方式中的一种。因而，要理解国际新创企业，需要构建一个既能推动理论发展又能进行实证研究的新框架。

本文提出的理论框架仍然基于传统的、解释跨国企业存在的交易成本分析、市场不完善理论,以及内部化理论。然而,此框架也融合了一些新观点,如创业学者关于新创企业如何在没有关键资源的情况下获得影响力,以及战略管理学者关于如何发展和保持竞争优势的研究。总之,所有这些要素都把国际新创企业描述为一种特殊的跨国企业。

从根本上讲,本文提出的理论模型是对图 1(见前文)的一种阐述。在图中,我们按照年限和地域范围将组织分为四种类型。图 2 则描绘了这个理论的框架。方框是本文特别关注的每个经济交易的集合。箭头代表区别于更大的交易集合下的子集的要素。

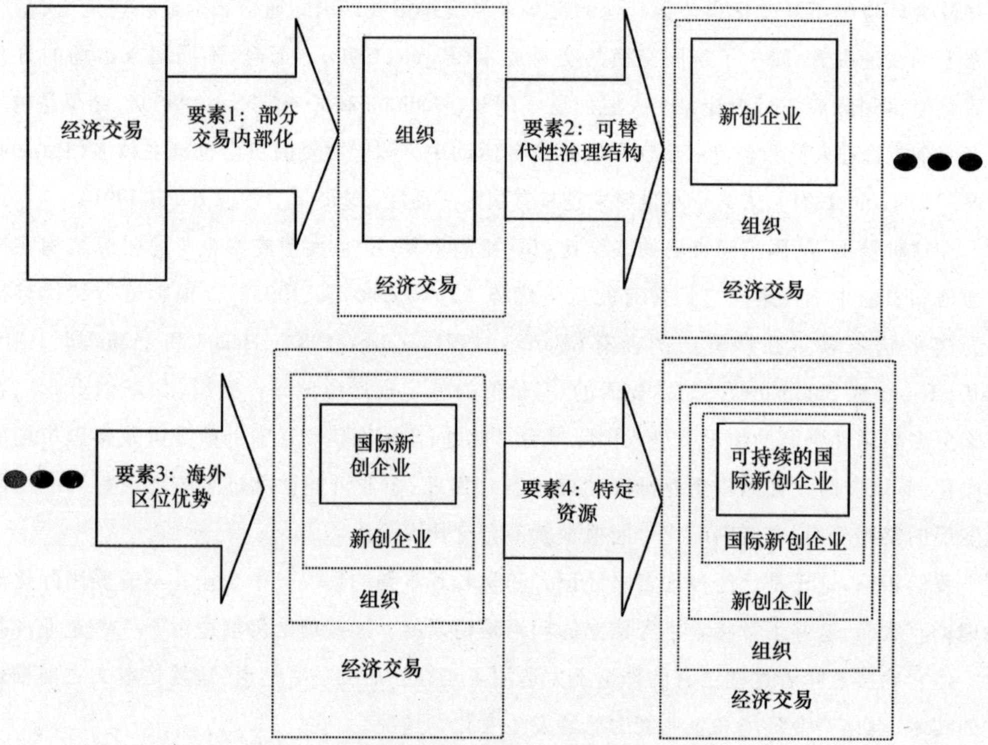

图 2　可持续的国际新创企业充分必要要素

此模型以左上方方框为始,是所有类型经济交易的全集。四个充分必要要素通过大箭头列举出来,逐次区分交易的子集。"要素 1:部分交易的内部化",区别于发生在组织中的交易和那些市场治理下的交易。在组织的集合中,依赖"要素 2:可替代性治理结构"把新创企业交易的子集与成熟企业交易的子集区别开来。接下来,"要素 3:国外区位优势"把构成国际新创企业交易的子集和构成国内新创企业交易的子集区别开来。最后,"要素 4:特定资源",把可持续的国际新创企业的子集与那些可能是短期现象的子集区别开来。虚线框强调了内部逐次变小的子集,而阴影显示了本文不断变窄的研究路径。关于这四个要素的影响,在下面的章节中会进行全面解释。

要素 1:部分交易的内部化

内部化要素最为基本,显然也是传统跨国企业理论的一部分。组织形成于市场价格治理失效之处(Coase,1937; Williamson,1985),换言之,也就是存在市场不完善的地方。它是所有组织的关键要素,无论是新创企业还是成熟企业,国内企业或国际企业。当在一个组织中建立和执行合同以及监督合同各方绩效的交易成本最低时,层级组织(非市场价格或混合合同)将会被选择作为治理机制,也就是说,交易此时已经在一个组织中被内部化了(Buckley 和 Casson,1976; Dunning,1981,1988)。

需要注意的是,跨国企业理论的内部化要素经常用来解释海外直接投资,即资产所有权在国外。确实,Hymer(1960)关于国际交易内部化的开创性研究是最早区分证券投资与海外直接投资的理论论述,并且聚焦在对后者的解释。然而,海外资产的所有权既不是跨国企业也不是国际新创企业的特质(Casson,1982)。当然,一个组织必须拥有一些资产,否则在经济交易中它将无任何有价值的东西用于交换。

要素 2:可替代性治理结构

资源和实力的缺乏可能不是新创企业的特质,而几乎是所有组织的共性(Stinchcombe,1965; Vesper,1990)。因此,新创企业通常缺少足够资源从而通过所有权控制一些资产。结果是,与成熟组织相比,新创企业倾向于内部化或拥有较小比例的对其生存至关重要的资源。创业者必须依靠灵活的模式来控制许多重要资产(Vesper,1990),这使得新创企业与其他组织区别开来。

Williamson (1991)指出,在适度的资产专用性和中低度干扰频率的条件下,混合结构,如许可经营和授权经营,是对资源交换的内部控制和市场控制的常用替代方法。混合结构的合作伙伴共享互补资源,实现互利。然而,由于潜在的机会主义,这可由通常以规范双方关系的详尽合约以及常见的混合制失败的报道加以佐证(Kanter,1989; Porter 和 Fuller,1986)。新创企业要冒着自己所拥有的宝贵资产被混合制合作伙伴独占的风险(Teece,1987)。如大型日本企业,有时会与美国高科技新创公司形成掠夺式联盟。

对新创企业来说，另一个相对于内部化而言更为有效的节约资源方式是网络结构(Aldrich和Zimmer,1986; Larson,1992)。网络依赖信任和道德义务而非正式的合约对行为进行社会(非正式)控制。因为企业和个人声誉可能对现场交易的经济租金有重要的影响，合作战胜了机会主义。对此，Larson(1992)关于七个关系紧密的网络联盟中四个创业组织资源和知识获取的丰富描述，令人印象深刻。然而，其风险也很明显。在多年成功经营后，七家之中有两家是失败的，这使得合作双方都变得较为虚弱。尽管如此，即便在失败后，知识产权也会得到保护，信任得以保留。

总之，区别新创企业和成熟组织的一个重要特点是，新创企业最少使用内部化和更多利用灵活交易的治理方式。由于资源和实力的缺乏，当被混合制伙伴独占资产的风险较高的时候，新创企业可能会使用这种结构。

要素3:海外区位优势

框架内的区位优势要素用于区分跨国企业与国内企业。本质上来说，企业实行国际化是因其能跨国界地转移某些可移动资源(如原材料、知识、间接产品)，并与不可移动的或不太具有流动性的资源或机会(如原材料、市场)的结合中发现了优势(Dunning,1988)。

然而，与本土企业相比，一个企业在海外国家进行交易时，必然会有一些劣势。例如，政府机构对贸易的限制，对海外国家的法律、语言和商业惯例等不够了解。正如之前所提到的，跨国企业经常依赖规模优势来克服这些障碍。但是国际新创企业必须依赖其他资源。

私有知识是最明显的替代资源，而且也具备一些有趣的属性(Buckley和Casson 1976; Caves,1982; Rugman,1982)。知识能够为现代跨国企业也包括国际新创企业提供区位优势的属性，便是其一旦产生就具备很大的流动性。通过现代通信设施，有价值的知识能够被再创造并且可以以最小的边际成本像光速一样传播。例如，软件开发通常需要数年时间，但是一旦程序编好，它就可以以微不足道的额外费用来被拷贝和循环使用。知识可以在多个国家与流动性小的资源相结合(如需要软件的工厂)。因此，私有知识能同时在多个国家为跨国企业和国际新创企业带来差异化或成本优势以战胜本土企业的优势。

这就是知识密集型行业为什么能够以如此快的速度实现全球化的原因(Reich,1991)，也是为什么拥有有价值知识的新创企业能够迅速推进到国际化而非逐步演变到国际化。当一家企业引入了有价值的创新产品或服务时，相对于其他企业，其至少(即便不是根本性的)显示出其独特知识的存在。

因而,竞争者会尽力破解这些独特知识的秘密或者生产同效的替代性知识,而且,最近国际市场不断提升的效率也加速了整个竞争过程。新创企业面对激烈的竞争环境,要么必须从成立之初便实现国际化,要么面对已经国际化的企业甘拜下风。因此,国际新创企业的崛起将伴随着国际市场效率的不断提高。

要素4:独特的资源

前三个要素界定了国际新创企业存在的必要条件:部分交易内部化,灵活交易治理结构的广泛使用,优于本土企业的某些海外区位优势。然而,这些要素并非是可持续竞争优势的充分条件。

对任何企业来说,可持续竞争优势要求其资源具有独特性(Barney,1991)。不幸的是,对以知识为基础的国际新创企业来说,知识至少在某种程度上来说是一种公共产品。知识容易传播的特性威胁着企业依靠知识获得租金收入的机会,因为知识可能不会长期具有独特性。因此,知识再造和以几乎零边际成本转移知识的能力既是有益(正如在要素3中提到)又是棘手的资产。国际新创企业必须在多国限制局外人对其知识的使用以获得商业价值。一般而言,这种知识的应用受到以下四种情况的限制。

第一种情况,如果知识可以通过直接方式(如专利、版权或商业机密)保持其所有权,则通过将有价值和稀缺知识内部化的所有者可以阻止模仿或延缓替代品的发展。但是,专利和版权在一些国家并不被重视。即便在一些重视专利和版权的国家,当专利知识被投入到市场时,也可能会加快竞争者对替代产品甚至技术更高的产品的生产。因此,具备潜在商业价值的知识最好以秘密手段加以保护。

不完全模仿性是维护专有知识所有权的第二种情况(Barney,1991; Schoemaker,1990)。独特的组织历史、社会性的复杂知识,以及知识及其提供的竞争优势间因果关系的模糊性可能都会阻止竞争者的模仿。新创企业总是宣称其独特的管理风格和组织文化为其提供优势,也许是因为它们蕴含着不完全模仿性的全部三个特点。不过需要注意的是,这些阻止竞争者模仿的特点,可能也会限制一个组织中诸如管理风格等无形资产在多国文化中传播。尽管在某些地方能够完全模仿,但国际新创企业的不可模仿性被进一步强化了。

许可经营是第三个可能限制外部使用新创企业知识的途径。当企业想长期维持知识价值时，可能会使用限制性价格策略（如低许可费用）阻止竞争对手或影响知识扩散的速度和方向。当对企业的可使用知识需求很强而知识的价值生命将会很短时（如某些个人电脑方面的创新），高的费用可能会被用来在短期内榨取最大租金。

新创企业频繁使用网络治理结构（正如要素 2 中讨论），是第四种可能限制其创业知识被使用的情况。尽管与互补企业（如制造商和下游渠道）进行联盟面临着知识被征用的风险（Teece，1987），但网络结构本身倾向于控制这种风险。网络中固有的关系具有较高的个人和经济价值，因为网络成员通常共享租金，而这种关系与通常情形下的经济机会主义形成了鲜明的对比（Larson，1992）。因此，创业企业网络成员至少在某种程度上是被禁止盗用企业知识的。对存在于新创企业的这种跨越国界的关系，逻辑上要求其创始团队通常要包括来自不同国家的有国际化经验的商业人士。

国际新创企业的类型

前面描述了所有可持续的国际新创企业应具备的基本要素，但是已有文献中所描述的实际案例表明这些要素会通过多种方式体现出来。一些企业积极地从全球各地协调资源、生产产品，并在任何可以有高价值的地区销售（McDougall 和 Oviatt，1991）。另一些国际新创企业最初是出口商，它们将产品从生产地区转移到对产品有需求的地区以增加产品价值（Ray，1989）。接下来的部分将会界定不同类型的国际新创企业，一些已经发表的案例也会简要提及，还将会描述之前所讨论的充分必要条件的多种不同体现方式。

图 3 显示不同类型的国际新创企业可以通过其协调的价值链活动数量以及所进入国家的数量来加以区分。该图在两个连续的端点界定了特定的企业类型，但是混合类型肯定同时存在其中，且随着时间推移新创企业可能会通过协调更多的或更少的活动以及在更多的或更少的国家内经营而改变其类型。尽管该图使用了 Porter（1985）的价值链，且与 Porter（1986）对成熟跨国企业国际化战略的描述相似，但图 3 仅仅聚焦于国际新创企业。除此之外，图 3 的横坐标只关注价值链活动所涉及的国家数量。而波特的图表关注的是，当销售发生在多个国家时价值链活动的分散程度。

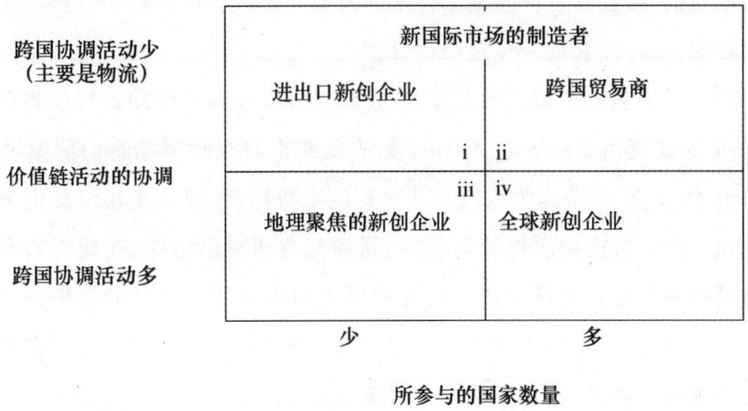

图3　国际新创企业的类型

新国际市场的制造者(图3的象限i和ii)

新国际市场的制造者是一种古老类型的企业。进口商和出口商通过将产品从生产国转移到需求国来获利。因而,最重要的价值链活动以及最有可能被内部化的活动是进口和出口的物流系统和知识,涉及其他活动的交易往往依靠灵活的结构加以治理。其在任一国家的直接投资一般都保持在最低水平。这类新创企业的区位优势体现在发现不同国家资源不平衡的能力,以及在没有市场的地方创造市场的能力。可持续竞争优势有赖于:(1) 在不断加剧的竞争侵蚀已建立的市场利润之前,发现新的机会并采取行动(有时通过收取高费用)的非凡能力;(2) 市场和供应商知识;(3) 吸引和维护忠实商业伙伴网络的能力。新国际市场的制造者可能是进出口新创企业或多国贸易商。进出口新创企业聚焦服务于创业者熟悉的几个国家,而多国贸易商服务于一批国家,并在其已建立网络或能快速成立企业的地区不断寻求贸易机会。

地理聚焦的新创企业(图3的象限iii)

地理聚焦的新创企业通过使用海外资源服务于世界某一特定地区的特殊需求来获得优势。该类企业与跨国贸易商的区别在于,其在地域上局限于满足有特定需求的地区,而不仅仅是协调进出口物流活动。该类企业与进出口新创企业的区别就在于此。换句话说,其竞争优势出现在对多个价值链活动的协调中,如技术研发、人力资源和产品生产。成功的协调活动可能是无法模仿的,因其具有社会复杂性或涉及隐性知识。这种竞争优势因所服务区域紧密的排他性网络联盟,可能会进一步地得以保护。

例如,近年来,许多创业者建立的企业,通过将西方管理和经济知识转移到前共产主义国家来获利。*Profit* 杂志是由 *Soldier of Fortune* 杂志的两个对东欧很熟悉的前编辑创立的(McDougall 和 Oviatt,1991)。该杂志为东欧企业家提供实践建议,而这些建议是由来自东欧的成功美国企业家撰写的。首期杂志以英语撰写,封面配有捷克语翻译,在捷克共和国印刷并由一名分享收益的捷克企业家进行分销。另外的版本则面向其他新兴的从中央计划经济向市场经济转变的欧洲国家。然而,这些企业并没有超越地理区位的战略,因为它们的竞争优势是对东欧文化的独特了解,以及在东欧建立网络的能力。

全球新创企业(图 3 的象限 iv)

使用“全球新创企业”一词是因为它是一个常见的贸易术语(Mamis,1989)。全球新创企业是国际新创企业最基本的表现,因为它通过广泛协调多国组织活动来获取显著的竞争优势,且不受地理区位的限制。这样的企业不仅仅对全球市场做出反应,同时也积极地在世界任何具有最大价值的地方,寻求机会获取资源和销售产品。

全球新创企业可能是最难开发的国际新创企业,因为这类企业需要地理区位和经营活动的双重协调技能。然而,一旦成功建立,由于在多个国家与紧密的网络联盟一道,由于集合了历史独特性、因果关系模糊性,以及在多个国家的紧密网络联盟的不可模仿性,全球新创企业将呈现出最大的可持续竞争优势。本文所研究的一家全球新创企业将其“专用网络”视为重要的竞争优势。

另一个例子是加利福尼亚州的 Mountain View 公司(Bhide,1991; McDougall 和 Oviatt,1991),这是一家在新兴手写输入计算机市场上的新创企业。其创始人来自古巴、伊朗、坦桑尼亚和美国。自 1989 年创立伊始,创始人就希望该企业能够在采购和目标市场上实现全球化。一个全球市场能够带来快速增长,而且也被认为是必要的,因为潜在的竞争者是全球化的。生产要素采购实现全球化是因为所有这些最优价值的要素(如高性价比),不能在任何单个国家全部得到。因此,该公司的软件设计在美国进行,硬件设计在德国,而生产制造在太平洋周边国家进行,融资则来自中国台湾地区、新加坡、欧洲国家和美国。

结论

本文识别、定义并描述了国际新创企业这一新兴现象，并指出目前一些跨国企业理论不能很好地解释这一现象。最重要的是，本文整合了传统跨国企业内部化和区位优势的概念，以及近期创业研究中有关可替代性治理结构和战略管理发展中的可持续竞争优势的需求理论。本文结论是一个丰富而简洁的理论框架，它解释了国际新创企业的存在，并有助于描述国际新创企业的不同类型。

本文提出的框架描述了可持续的国际新创企业通过控制资产（尤其是独特的知识），能够在多个国家创造价值。国际新创企业成立伊始便实现国际化，很大程度上是因为竞争者阻挠其将重点放在国内。由于资源稀缺性对新企业来说很常见，国际新创企业强调控制而非拥有资产。

这一框架指出，对国际新创企业感兴趣的实证研究者，将会在以独特知识为国际竞争主要特征的行业里发现较大的样本。此框架也确认了一些保护从此类知识中获取租金的方法（例如，直接专利保护、不确定的可模仿性、特许费用，以及网络联盟）。但要更完全地理解这些机制的差异化还需要进一步的实证研究。

本文在某种程度上是对 Casson (1985)呼吁在解释跨国企业动态性时要考虑创业者角色的一个呼应。因此，网络形成的防御性作用，以及创业者社会交往的重要性在本文中得以凸显。尽管网络能够提供关键信息，但其对有效防卫有价值的稀缺知识被征收所起到的防御功能更值得关注。Larson (1992)描述的紧密联盟究竟有多么不寻常？什么样的社会经济过程和条件推动了跨国网络的建立？尽管创业学者已经在各个国家探讨了其中一些议题（Aldrich，Birley，Dubini，Greve，Johannisson，Reese 和 Sakano，1991），我们还没看到明确包含国际新创企业样本的调查。

从更广的范围来看，本文所强调的新创企业可替代性治理模式的重要性，与一些学者提出的组织可以通过外包（Quinn，Doorley 和 Paquette，1990）和整合（Barreyre，1988）获得竞争优势的建议是一致的。国际新创企业最根本的优势是：(1) 竞争优势主要内部来源的有限资源集中度的增加，以及 (2) 可能通过使用外部专家提供的所有外部资源而获得的成本、质量和灵活性上的益处。当然，丧失竞争优势、失去学习机会，以及变成“空壳公司”的风险也是显而易见的（Teece，1987）。必须将很多投入要素外包的国际新创企业的存在，为获得对这种权衡的深刻洞见提供了一个天然实验室。

参考文献

Aharoni, Yair. 1966. *The foreign investment decision process.* Boston: Division of Research, Graduate School of Business Administration, Harvard University.

Aldrich, Howard & Catherine Zimmer. 1986. Entrepreneurship through social networks. In Donald L. Sexton & Raymond W. Smilor, editors, *The art and science of entrepreneurship.* Cambridge, MA: Ballinger.

Aldrich, Howard E., Sue Birley, Paola Dubini, Arent Greve, Bengt Johannisson, Pat R. Reese & Tomoaki Sakano. 1991. The generic entrepreneur? Insights from a multinational research project. Paper presented at the Babson Entrepreneurship Research Conference, Pittsburgh.

Anderson, Ray. 1992. Personal interview, June 23.

Barney, Jay. 1991. Firm resources and sustained competitive advantage. *Journal of Management*, 17:99—120.

Barreyre, P. Y. 1988. The concept of 'impartition' policies: A different approach to vertical integration strategies. *Strategic Management Journal*, 9: 507—520.

Bartlett, Christopher A. & Sumantra Ghoshal. 1991. *Managing across borders.* Boston: Harvard Business School Press.

Bhide, Amar. 1991. Momenta Corporation (A) and (B). Case numbers N9-392-013 and N9-392-014. Boston: Harvard Business School, Harvard College.

Bilkey, Warren J. & George Tesar. 1977. The export behavior of smaller sized Wisconsin manufacturing firms. *Journal of International Business Studies*, 3(Spring/Summer):93—98.

Brokaw, Leslie. 1990. Foreign affairs. Inc., November:92—104.

Brush, Candida G. 1992. *Factors motivating small companies to internationalize: The effect of firm age.* Unpublished dissertation. Boston Univesity.

Buckley, Peter J. & Mark Casson. 1976. *The future of the multinational enterprise.* New York: Holmes & Meier.

Burrill, G. Steven & Stephen E. Almassy. 1993. *Electronics'93 the new global reality: Ernst & Young's fourth annual report on the electronics industry.* San Francisco: Ernst & Young.

Casson, Mark. 1982. Transaction costs and the theory of the multinational enterprise. In Alan M. Rugman, editor, *New theories of the multinational enterprise.* New York: St. Martin's Press.

Casson, Mark. 1987. *The firm and the market. Cambridge*, MA: The MIT Press.

Casson, Mark. 1985. Entrepreneurship and the dynamics of foreign direct investment. In Peter J. Buckley & Mark Casson, *The economic theory of the multinational enterprise.* New York: St. Martin's Press.

Caves, Richard E. 1982. *Multinational enterprise and economic analysis.* Cambridge, MA: Cambridge University Press.

Chandler, Alfred D. 1977. *The visible hand.* Cambridge, MA: The Belknap Press.

Chandler, Alfred D. 1986. The evolution of modern global competition. In Michael E. Porter, editor, *Competition in global industries*, 405—448. Boston: Harvard Business School Press.

Coase, Ronald H. 1937. The nature of the firm. *Economica N. S.*, 4: 386—405.

Cooper, Robert G. & Elko J. Kleinschmidt. 1985. The impact of export strategy on export sales performance. *Journal of International Business Studies*, 15: 37—55.

Coviello, Nicole & Hugh Munro. 1992. Internationalizing the entrepreneurial technology-intensive firm: Growth through linkage development. Paper presented at the Babson Entrepreneurship Research Conference, INSEAD, France.

Czinkota, Michael R. & Wesley J. Johnston. 1981. Segmenting U. S. firms for export development. *Journal of Business Research*, 9: 353—365.

Drucker, Peter F. 1991 (second edition). The changed world economy. In Heidi Vernon-Wortzel & Lawrence H. Wortzel, editors, *Global strategic management.* New York: Wiley.

Dunning, John H. 1981. *International production and the multinational enterprise.* London: Gorge Allen & Unwin.

Dunning, John H. 1988. The eclectic paradigm of international production: A restatement and some possible extensions. *Journal of International Business Studies*, 19: 1—31.

The Economist. 1992. Go west, young firm. May 9: 88—89.

Dunning, John H. 1993a. The fall of big business. April 17: 13—14.

Dunning, John H. 1993b. America's little fellows surge ahead. July 3: 59—60.

Ganitsky, Joseph. 1989. Strategies for innate and adoptitive exporters: Lessons from Israel's case. *International Marketing Review*, 6(5): 50—65.

Glickman, Norman J. & Douglas P. Woodward. 1989. *The new competitors.* New York: Basic Books.

Gupta, Udayan. 1989. Small firms aren't waiting to grow up to go global. *The Wall Street Jorunal*, December 5: B2.

Hamel, Gary & C. K. Prahalad. 1990. The core competence of the corporation. *Harvard Business Review*, 68

(3): 79—91.

Helund, Gunnar & Adne Kverneland. 1985. Are strategies for foreign markets changing? The case of Swedish investment in Japan. *International Studies of Management and Organization*, 15(2): 41—59.

Hennart, Jean-Francois. 1982. *A theory of multinational enterprise.* Ann Arbor: The University of Michigan Press.

Hoy, Frank, Miroslav Pivoda & Svatopluk Mackrle. 1992. A virus theory of organizational transformation. Paper presented at Babson Entrepreneurship Research Conference, INSEAD, Fountainebleau, France.

Hymer, Stephen H. 1960. *The international operations of national firms: A study of direct foreign investment.* Cambridge, MA: The MIT Press (published in 1976).

Johanson, Jan-Erik Vahlne. 1977. The internationalization process of the firm—A model of knowledge development and increasing foreign market commitment. *Journal of International Business Studies*, 8(1): 23—32.

Johanson, Jan-Erik Vahlne. 1990. The mechanism of internationalization. *International Marketing Review*, 7 (4): 11—24.

Johnston, Willian B. 1991. Global work force 2000: The new world labor market. *Harved Business Review*, 69 (2): 115—127.

Jolly, Vijay K., Matti Alahuhta & Jean-Pierre Jeannet. 1992. Challenging the incumbents: How high technology start-ups compete globally. *Journal of Strategic Change*, 1: 71—82.

Kanter, Rosabeth M. 1989. Becoming PALs: Pooling, allying, and linking across companies. *Academy of Management Executive*, 3: 183—193.

Katz, Jerome & William B. Gartner. 1988. Properties of emerging organizations. *Academy of Management Review*, 13: 429—441.

Kedia, Ben L. & Jagdeep Chhokar. 1985. The impact of managerial attitudes on export behavior. *American Journal of Small Business*, Fall: 7—17.

Larson, Andrea. 1992. Networks dyads in entrepreneurial settings: A study of the governance of exchange relationships. *Administrative Science Quarterly*, 37: 76—104.

Malekzadeh, Ali R. & Afsaneh Nahavandi. 1985. Small business exporting: Misconceptions are abundant. *American Journal of Small Business*, 9(4): 7—14.

Mamis, Robert A. 1989. Global start-up. Inc., August: 38—47.

McDougall, Patricia P. & Benjamin M. Oviatt. 1991. Global start-ups: New ventures without geographic limits. *The Entrepreneurship Forum*, Winter: 1—5.

McDougall, Patricia P. & Candida Brush. 1991. A symposium on global start-ups: Entrepreneurial firms that are born international. Presentation at the annual Academy of Management meeting, August, Miami.

McDougall, Patricia P., Scott Shane & Benjamin M. Oviatt. 1994. Explaining the formation of international new ventures: The limits of theories from international business research. *Journal of Business Venturing*, forthcoming.

Ohe, Takeru, Shuji Honjo, Mark Oliva & Ian C. MacMillan. 1991. Entrepreneurs in Japan and Silicon Valley: A study of perceived differences. *Journal of Business Venturing*, 6: 135—144.

Ohmae, Kenichi. 1990. *The borderless world*. New York: Haprer Business.

Oviatt, Benjamin M., Patricia P. McDougall, Mark Simon & Rodney C. Shrader. 1994. Heartware International Corporation: A medical equipment company "born international". *Entrepreneurship Theory and Practice*, forthcoming.

Patricof, Alan. 1989. The internationalization of venture capital. *Journal of Business Venturing*, 4: 227—30.

Porter, Michael E. 1985. *Competitive advantage*. New York: The Free Press.

Porter, Michael E. 1986. Competition in global industries: A conceptual framework. In Michael E. Porter, editor, *Competition in global industries*. Boston: Harvard Business School Press.

Porter, Michael E. 1990. *The competitive advantage of nations*. New York: The Free Press.

Porter, Michael E. & Mark B. Fuller. 1986. Coalitions and global strategy. In Michael E. Porter, editor, *Competition in global industries*. Boston: Harvard Business School Press.

Quinn, James B., Thomas L. Doorley & Penny C. Paquette. 1990. Technology in services: Rethinking strategic focus. *Sloan Management Review*.

Ray, Dennis M. 1989. Entrepreneurial companies 'born' international: Four case studies. Paper presented at Babson Entrepreneurship Research Conference on Entrepreneurship, St. Louis.

Reich, Robert B. 1991. *The work of nations*. New York: Alfred A. Knopf.

Rossman, Marlene L. 1984. Export trading company legislation: US. Response to Japanese foreign market penetration. *Journal of Small Business Management*, October: 62—66.

Rugman, Alan M. 1982. Internalization and non-equity forms of international involvement. In Alan M. Rugman, editor, *New theories of the multinational enterprise*. New York: St. Martin's Press.

Schoemaker, Paul J. H. 1990. Strategy, complexity, and economic rent. *Management Science*, 10: 1178—1192.

Stalk, George, Philip Evans & Lawrence E. Shulman. 1992. Competing on capabilities: The new rules of corporate strategy. *Harvard Business Review*. 70(2): 57—69.

Stinchcombe, Arthur L. 1965. Social structure and organizations. In James G. March, editor, *Handbook of organizations*, 142—193. Chicago: Rand McNally.

Stopford, John M. & Louis T. Wells. 1972. *Managing the multinational enterprise.* New York: Basic Books.

Sullivan, Daniel & Alan Bauerschmidt. 1990. Incremental internationalization: A test of Johanson and Vahlne's thesis. *Management International Review*, 30(1): 19—30.

Teece, David J. 1987. Profiting from technological innovation: Implications for integration, collaboration, licensing, and public policy. In David J. Teece, editor, *The competitive challenge.* Cambridge, MA: Ballinger.

Turnbull, P. W. 1987. A challenge to the stages theory of the internationalization process. In Philip J. Rosson & Stanley D. Reid, editors, *Managing export entry and expansion.* New York: Praeger.

Valeriano, Lourdes L. 1991. Other Asians follow Japanese as investors in U. S. firms. *Wall Street Journal*, January 7: B2.

Vesper, Karl H. 1990(revised edition). *New venture strategies.* Englewood Cliffs, NJ: Prentice Hall.

Vozikis, George S. & Timothy S. Mescon. 1985. Small exporters and stages of development: An empirical study. *American Journal of Small Business*, 9: 49—64.

Welch, Lawrence S. & Reijo Loustarinen. 1988. Internationalization: Evolution of a concept. *Journal of General Management*, 14(2): 34—55.

Westhead, Paul. 1990. A typology of new manufacturing firm founders in Wales: Performance measures and public policy implications. *Journal of Business Venturing*, 5: 103—122.

Wilkins, Mira. 1970. *The emergence of multinational enterprise.* Cambridge, MA: Harvard University Press.

Wilkins, Mira. & F. E. Hill. 1964. *American business abroad: Ford on six continents.* Detroit: Wayne State University Press.

Williamson, Oliver E. 1991. Comparative economic organizations: The analysis of discrete structural alternatives. *Administrative Science Quarterly*, 36: 269—296.

Williamson, Oliver E. 1985. *The economic institutions of capitalism.* New York: The Free Press.

作者简介

Benjamin M. Oviatt 是佐治亚州立大学的管理学助理教授，他从南卡罗来纳大学获得博士学位，他的主要研究兴趣包括战略管理、组织转型与国际新创企业。

Patricia Phillips McDougall 是佐治亚理工学院的战略管理学副教授，她从南卡罗来纳大学获得博士学位，她的主要研究兴趣在于新兴企业，尤其关注企业战略和国际化。

文化与国际商务:近期发展与对未来研究的启示*

Kwok Leung
City University of Hong Kong
Rabi S. Bhagat
University of Memphis
Nancy R. Buchan
University of Wisconsin
Miriam Erez
Technion-Israel Institute of Technology
Cristina B. Gibson
University of California
李晓蓓　译　　阎海峰　校
(华东理工大学商学院)

本文通过对文化和国际商务近期的创新研究发展进行回顾,为今后研究提供新思路。首先,我们针对文化趋同和差异,以及文化变迁过程的相关问题进行了回顾。随后,我们探讨了刻画文化的新构念,以及如何通过确定何种情况下文化是重要的来增强文化模型的精准度。最后,我们将讨论国际商务研究者基本不使用的实验方法的作用,以及这些突破性的方法对今后文化和国际商务领域研究的启迪。

引言

在21世纪,几乎所有的主管都无法承担对国际商务契机视而不见的代价。日本汽车制造商主管们谨慎地关注欧洲和韩国竞争者为进一步占领中国汽车市场的一举一动;好莱坞录

* 原文刊于 *Journal of International Business Studies*, 36(4):357—378,2005。
Culture and international business: recent advances and their implications for future research, Kwok Leung, Rabi S. Bhagat, Nancy R. Buchan, Miriam Erez & Cristina B. Gibson, *Journal of International Business Studies*, 2005, volume 36, issue 4,经Palgrave Macmillan授权出版。

影棚的主管们在确定投资前,需要像在美国市场一样,衡量新电影在欧洲和亚洲的市场吸引力。全球化浪潮开拓了主管们的思路,延伸了企业的业务范围,也推动了国际商务研究进入不同的新轨道。

其中一个新的研究方向与国家文化有关。与关心经济法律问题及组织形式和构架为主的传统国际商务研究者不同,国家文化可以大致定义为一个国家的价值观、信念、规范和行为模式。由 Hofstede(1980)的经典著作推动,近 20 年来,国家文化的重要性越来越显著。从资本结构(Chui 等, 2002)到团队绩效(Gibson, 1999),国家文化影响着企业的主要业务活动。Boycigiller 和 Adler(1991) 及 Earley 和 Gibson (2002)对国家文化进行了综述。

本文的主要目标是着眼于今后高效的研究,对文化和国际商务研究的最新发展进行及时的回顾。我们的目标不是全面回顾,而是在越发无界的商业世界中,突出能够为学科领域带来飞跃的几个方面。首先,我们针对文化趋同和差异,以及文化变迁过程的相关问题进行了回顾。随后,我们探讨了刻画文化的创新构念,以及如何通过确定何种情况下文化是重要的来增强文化模型的精准度。最后,我们将检验国际商务研究者基本不使用的实验方法的有用性。我们将要探讨的内容在表 1 中进行了简要概述。由表 1 可以看出,我们要探讨的主题之间并非紧密关联,在文中它们的并列关系也体现了我们想强调它们重要性的考虑,而不是想表现它们作为一个综合框架的元素的相关性。

表 1　论文的简要概述

主题	主要理论问题	对国际商务研究的主要启示
文化趋同与差异	全球化的趋势是否使文化趋同?	标准化的商业实践是否会出现?
文化变迁	文化变迁的动态机制是什么?	商业实践将如何演变?
文化的新构念	对文化有什么新见解?	了解商业实践中文化差异的新概念。
文化的调节作用	什么时候文化是重要的?	什么时候采用标准化的商业实践?
实验方法	如何通过实验的方法检验文化的作用?	文化对标准化的商业实践的作用的因果关系推断。

在部分全球化时代的文化变迁、文化趋同与差异

具有重大理论意义的一个问题是在世界的不同地方时刻进行着的文化变迁和转变。实际上,自 Haire 等(1966)的标志性研究和 Kerr 等(1960)发表的《工业化和工业的人》(Industrialism and Industrial Man)开始,研究者们持续在探索各类工作态度和行为、消费模式等中体现的与文化相关的信念和态度的相似性。如果世界各地的文化的确在趋同的话(如 Heuer

等, 1999),国际商务的实践也将随之变得相似。标准化的、不受文化影响的商务实践将最终出现。同时,在过去存在的由不同信念和实践造成的低效率和复杂性也将逐渐消失。在接下来的一个章节,我们将对这个问题进行回顾,并且提出总结:这种多样化国际商务实践将逐渐趋同的展望过于乐观。

部分全球化的演变

全球化指的是"国家间日益增长的经济互相依赖性,体现了三种实体(产品和服务、资本,以及技能知识)的跨国流动"(Govindarajan 和 Gupta,2001,p. 4)。25 年前,几乎没有人谈论"世界经济",当时的说法是"国际贸易"(Drucker, 1995)。然而,今天国际贸易的说法随着全球经济的出现宣告结束。全球经济包含了大量的信息、技术、资本和人才的流动,并且这些流动是通过诸如北美自由贸易协议(NAFTA)和欧盟这样的国际化组织,以及诸如国际标准化组织(the International Organization for Standardization, ISO)、跨国公司和合资企业形式的跨境联盟,以及跨国并购这样的国际化组织进行的。这些流动的相互关系推进了世界经济,并且成为国内经济增长和繁荣的关键(Drucker, 1995, 153)。

然而,全球化并不是完全没有招致疑虑和不满(Sassan, 1998)。电视与主流媒体都曾生动地报道过,在 G8 峰会上出现了全球各地反对全球化的强烈抗议。对于全球化的强烈反对通常由那些以全球化受到不稳定伤害的发展中国家开始。但近期我们也注意到,在西方国家出现了由外包到低工资国家带来的专业化工作大量流失而引发的激烈争论。的确,因为收入持续大量下滑,发达国家从事制造业和农业的民众对国际化日趋警惕。在对全球化进行抗议的同时,商品、服务和资本的跨国流动在 20 世纪 90 年代的快速增长后,出现持续走低。此外,区域贸易联盟,诸如 NAFTA、欧盟和东南亚联盟等,推动了关于创建其他关系到南亚、非洲和世界其他地区的贸易区的讨论。虽然人们通常认为加入世界贸易组织(WTO)的国家是崇尚全球化的,事实上,全球最多也只是达到了部分全球化(Schaeffer, 2003)。中亚和东欧的许多地区都对全球化心存疑虑(Greider, 1997),包括苏联、部分的拉丁美洲、非洲和南亚等。实际上,只有不到全球 10% 的人口达到了充分全球化(例如,积极参与全球产品和服务的消费)(Schaeffer, 2003)。因此,我们有必要分析在当今部分全球化环境下存在的文化趋同和差异的问题。

"普世文化"通常指,在西方和非西方的先进国家中,人们的假设、价值观和实践。Huntington (1996)提出,它来自每年参加瑞士达沃斯世界经济论坛的精选的几个国家的知识精英。这些人接受过高等教育,善于图示和数字,英语沟通流畅,广泛参与各类国际活动,并经常到其他国家。他们都奉行个人主义、坚信市场经济和政治民主的价值观。虽然这些属于达沃斯团体的国家无形中控制着世界上几乎所有重要的国际机构、许多国家的政府和大量的世界经济和军事能力，但达沃斯团体可能只包括了60亿人口的一小部分。

大部分来自西欧国家和美国的主流文化促进了全球消费模式和娱乐方式的趋同。然而，这种趋同可能是表面的，对一些诸如信仰、规范，以及个体、团队、机构和其他社会代理机构如何运作等的根本问题影响不大。实际上，Huntington（1996, 58）注意到"西方文明的实质是大宪章（Magna Carta）而不是大麦克（Magna Mac）。非西方人可能接受后者，但这对于他们接受前者来说没有任何意义"。假如我们换位思考，让西方的欧洲人和美国人换位到受其他国家文化影响的环境，这个论断就显而易见了。例如，即使中国功夫出现在诸如黑客帝国II（Max-trix Reloaded）这样的电影打斗情节中；即使大量中国餐馆出现在西方国家，如果说美国和欧洲人因为喜欢中国功夫和食物而接受中国文化似乎是不太合理的。

不赞同文化趋同的一个主要论断是，传统和现代化可能是不相关的（Smith 和 Bond, 1998）。典型的传统价值观，如团结、人际和谐、家长制和家庭主义都能与强调个人成就和竞争的现代化价值观共存。这个观点得到了证实：在新加坡和中国的研究发现，传统和现代的价值观共存（Chang 等, 2003; Zhang 等, 2003）。可以想象，我们讨论西方价值观在全球化的同时，也在讨论东方价值观对全球化引发的西方现代化和消费价值观的回应（Marsella 和 Choi, 1993）。

虽然认为全世界将趋于拥有一种文化的论断是站不住脚的，但是有些领域确实出现了文化趋同的现象。接下来我们将通过分析几个共同影响文化趋同或差异化的因素，进一步明确对今后研究有帮助的几个途径。

国际贸易的作用

华盛顿经济战略研究所的主席 Clyde V Prestowitz Jr. 注意到绝大多数的国际贸易谈判都出现了问题（Leonhardt, 2003）。这些谈判在过去的十年里都取得了成功，但现在一系列复杂问题的出现影响了国际贸易的增长势头。例如，许多像巴西和阿根廷这样的农业大国的代表们发现，国际贸易的出口方面几乎没有取得进展。类似地，以出口复杂的科技产品到西方见长的东南亚国家由于遭受经济危机的影响，其出口量也在急速下滑。他们开始质疑全球化是否真的能超越区域贸易创造更多的利润。以日本为例，近几年来，日本在快速扩展与中国和其他东亚国家的贸易往来，而非西方国家。我们的文献综述和分析表明，因为全球化对经济利益的重新分配方式并不一致，在一些全球化引发不可预测或不利影响的国家就会发生对全球化的抵制。抵制全球化的同时，他们会恢复具有本国文化特色的经济增长和发展模式（Guillén, 2001）。这些趋势表明，全球化的进程受到了具有国家特色的经济发展模式趋势的阻挠，因此国际商务相关的价值观和实践的趋同可能难以实现。我们目前并不清楚这些动态变化，未来的研究需要进一步探讨。

基于信息技术的沟通的作用

技术尤其是基于信息技术的技术沟通，被誉为全球文化趋同和国际商务的主要推动力。跨国公司的自主业务单元即使没有大型的物理构架，也可以通过全球相连的电子网络不间断地互通有无。有些学者甚至认为物理距离已不是影响国际商务拓展的主要因素（Cairncross, 2001; Govindarajan 和 Gupta, 2001）。基于信息技术的沟通使用户在全球范围内获取大量信息；然而，它未必能使他们获得与知识传播同样快速的吸收信息的能力。另外，人们通过不同的文化背景解读信息和知识，跨文化的组织知识的传播并不容易（Bhagat 等, 2002）。

Hofstede（2001）注意到文化多样化不仅长期存在着，新技术甚至可能会扩大国家内部和国家之间的文化差异。如之前提到的，对于世界各国其他人们的生活信息的传播会影响小部分人。他们可能会将自己的命运与其他生活条件更优越的人们相比较。不同种族的人们可以观察其他国家的生活方式和文化价值；他们中有些人会采用其中的一些生活方式和价值，但其他人可能会完全不接受。新技术对于提高跨国公司的效率的作用是众所周知的；然而，我们不清楚的是：这些新技术尤其是信息技术和互联网，如何对不同民族的文化模式产生作用。

总而言之，基于信息技术的沟通对文化同时产生趋同和差异化的作用。我们需要探索它的传播是如何通过整合不同文化综合征、组织文化和学者们，如 Bhagat 等（2003）、Gibson 和 Cohen（2003）等提出的其他过程，来影响世界不同地区的全球化进程的。遗憾的是，关于这些过程的实证研究不多，在全面的理论产生之前，我们还需要进行更多的研究。

多元文化和文化身份的作用

一个国家、企业，甚至一个情境下的意识形态框架是人们在给定环境下形成的文化身份的主要决定因素（Triandis, 1994）。“大熔炉”的提法说明每个文化群体在成为主流文化的过程中会失去一些它的主导特点：这就是同化过程；或者说是 Triandis（1994）提出的减去的多元文化。相反,当人们在一个文化群体中,加入了其他群体的适当的技术和特点时,称之为整合,或增加的多元文化。

这两个过程对于文化趋同都是必需的。然而,如果不同文化群体间存在着重要的历史差异,如以色列人和巴勒斯坦人,这些过程是难以推进的。总体而言,虽然有些关于文化对立类型的研究(Jung 等, 2002),但我们所不知道的是:不同文化间的情感对立是如何在商业环境中影响贸易模式和跨文化合作的。关于在商业环境中的文化身份和文化群体间的情感反应的问题,将成为未来研究的重点。

文化趋同和差异化问题的启示

有一点是明确的:在国际商务领域,有些趋同的现象是易于发现的,尤其是在消费者价值观和生活方式方面;但文化间的显著差异仍然存在。事实上,Hofstede(2001)认为,世界人民的思维模式并不会快速改变;相反,随着时间的推移,它会保持一致性。他的研究发现,文化的转变是相对的,而不是绝对的。虽然有些区域性的国家群(如阿根廷、巴西和智利)可能显示出明显的向北美国家价值观的转化,但这种变化并没有削弱这些国家与北美国家(如美国、加拿大等)之间的绝对差异。亨廷顿在《文明的冲突》(The Clash of Civilizations, 1996)中提出,非西方国家的文化的确在复苏,这将带来国际事务中的国家权力的重新分配。达沃斯群体为带来国际商务和工作文化的统一实践而作出的努力是值得的,它使全球化进程持续进行;然而,我们的分析说明这种趋同并不会轻易发生,或者不会经历长时间的抵触。

国际商务学者需要理解,虽然有些国家可能显示出像西方国家中出现的强劲的文化趋同的趋势,仍然会有国家拒绝全球化,不仅因为不良的经济影响(Greider, 1997),还因为(他们认为)全球化可能扭曲他们国家特色的文化体系。另外,对国际化的反应可能还存在其他形式。Bhagat 等(2003) 近期提出适应是另外一种描述一些文化群体在面对全球化巨大压力时表现的趋势的方式。其他的形式还包括拒绝、创造性整合和创新(Bhagat 等, 2003)。这些不同的方式再次凸显了在局部全球化的环境下,文化趋同和差异化的复杂动态变化。同时,在讨论趋同和差异化问题时,我们必须认识到,价值观并不总是西方国家影响其他国家,也可能造成西方价值观的改变。例如,西方现在强调质量和团队合作,部分是因为二十多年前盛行的日本式管理。

国际商务学者需要认识到在局部全球化的时代,趋同和差异化的问题将是一个长期而复杂的问题。研究可能需要基于区域进行。采用跨学科的方法来研究创造世界各地文化趋同和差异化的因素也是明智之举。例如，在《理解全球化》(Understanding Globalization)一书中，Schaeffer(2003)提出了一系列有的关于社会影响的讨论。这些讨论包括政治、经济和其他变迁，对国际商务有重要的启示。国际化的因果关系和各种影响，尤其是文化方面的影响，不仅是双向的互相影响，而且是处于复杂的关系网中。国际商务研究者仍然需要探索这些复杂关系及过程是如何展开的。

文化变迁的过程

在上一节我们提出，通过全球化的进程，各种文化会互相影响和变迁，但是这些变化是否能带来文化趋同还需要时间来检验。在这一节中，我们刻画了一个描述和解释文化变迁复杂过程的总体模型。如先前所解释的，国际商务是文化变迁的代理者和接受者。要使其繁荣，我们需要了解伴随文化变迁的、复杂的和互相增强的关系。

与 Hofstede(2001)关于文化变迁是缓慢的这一见解一致，我们把文化看做一个相对稳定的特征，它反映了一个能够削弱价值观、行为规范和行为模式的共享的知识体系(Erez 和 Earley, 1993)。

文化的稳定性能够降低模糊性，从而增加对预期行为结果的控制(Weick 和 Quinn,1999; Leana 和 Barry, 2000)。例如，大多数的现有的文化和工作结果模型都假设文化是稳定的，并且强调给定的文化和某些管理和激励实践之间是匹配的(Erez 和 Earley, 1993)。高匹配度意味着管理实践对于既定文化的高适应度，因此会更高效。只有没有引发适应和文化变迁的环境变化，文化稳定性的假设才是成立的。然而，20 世纪末和 21 世纪初的政治和经济动荡引发了文化变迁。与这个论断一致，Lewin 和 Kim(2004)在他们有关战略和变革的适应和选择的综合性的章节中，对以适应来应对变化为潜在假设的理论和以适者生存为潜在假设的理论进行了区分。后者假设说明无效的组织形式将消失，新的组织形式将出现。然而，虽然我们在理论分析中常把组织变迁视为对环境变化的一种反应，但我们几乎没有研究过国家层面的文化变迁问题。

文化理论几乎都没有涉及文化的动态性。Berry 等(2002)的生态文化模型是一个例外。他们将文化看做对生态和社会—政治影响的演进性的适应，并且把个人在群体中的心理特征看做他们对文化环境和对更广泛的生态和社会—政治影响的适应。与此相似，Kitayama(2002)提出了一个系统观点来理解文化的动态性质。这个观点与实体观点相对应，实体观点把文化看做静态的实体。系统观点认为，每个人的心理过程的组织方式都是通过个人将自我行为与相关的文化实践系统和共识进行协调的结果。然而,心理系统的许多方面会随着个体与周围的社会文化环境适应的过程变得非常灵活,会在不同的社会文化环境中协调成不同的方式。

这些文化的适应性观点得到了实证证据的支持。例如,Van de Vliert 等(1999)识别了在53个国家中,气温、男性气质和国内政治暴力的曲线关系。他们发现,与气温较为极端的国家相比,男性气质和国内暴力在相对温暖的国家更高。Inglehart 和 Baker(2000) 通过三次全球价值观调查(World Value Survey),研究了基本价值观的变化。该调查涵盖了65个国家和全球75%的人口。他们的分析表明,随着经济的发展,人们的价值观表现为远离传统价值规范和价值观,转向那些更加理性、包容、信任和参与性更强的价值观。然而,数据也显示,即使在现代化的过程中,文化传统,无论是基督教、天主教,还是正统价值观、儒家理念或共产主义,仍然会有持续的印记。

如前文所述的全球化进程带来了国际商务的重要变化,它的影响涉及国家、组织、群体和个人的各个层面。相应地,微观层次文化的变迁在社会成员中共享时,也将引致宏观现象和宏观层次文化的变化。在缺乏有关文化变迁复杂过程研究模型的情况下,Erez 和 Gati (2004)提出,多层分析的模型(Klein 和 Kozlowski,2000)可以用来理解文化和文化变迁的动态变化。

文化动态性:一个多层次、多层面的构念

我们提出的模型包含两个组成部分。第一是多层次角度,把文化看做一个多层次的构念,如图1所示,包括多个层次彼此互相包含,从最宏观的全球文化,到国家文化、组织文化、群体文化直至体现个人的个人层次。第二是基于 Schein(1992)的模型,将文化看做一个多层面的构念,包含了最外延的可观察的表面情况和行为,到更深层的价值观,再到最深层次的基本假设。价值观可以通过社会共识进行测量,而基本假设则是不可见的,是被理所当然认可的。这个模型提出文化是在各个层次的多层面构念,从全球到个人,在每个层次的变化都是从最外层的行为开始,然后在被一个文化情境下的群体接受时,它就成为在一个整合单元(群体、组织或国家)共有的价值观。

在这个模型中,最宏观的层次是由跨越国家和文化边境的全球网络和制度产生的全球文化。如前面提到的达沃斯团队,全球组织结构需要采用共同的规则和程序来建立共同的"语言",进行跨文化沟通(Kostova,1999;Kostova 和 Roth,2003;Gupta 和 Govindarajan,2000)。考虑到西方跨国公司的主导地位,主导全球环境的价值观常常会基于自由市场经济、民主、接受

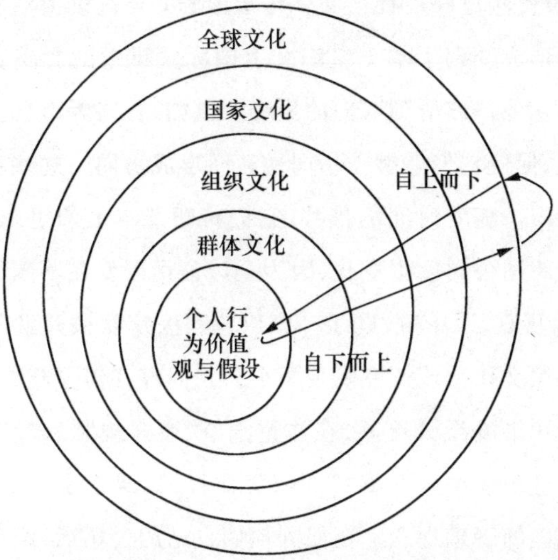

图1　跨层次文化自上而下和自下而上过程的动态描述

和包容多样化，尊重自由选择、个人权利和对变化持开放态度（Gupta 和 Govindarajan，2000）。

在全球层次下是嵌入的国家层次的组织和网络，它们的文化和网络各不相同。下一层次是本土的组织，虽然它们拥有相同的国家文化，但本土的组织文化各异，这些是由其所处的行业、所有制类型、创立者的价值观等决定的。组织内部是各个分单位和群体，它们拥有共同的国家和组织文化，但每个工作单位的文化是不同的，这取决于它们的职能（如研发还是制造）、领导的价值观，以及成员的职业化水平和教育层次。在这个结构的底部是个体层次，个人通过社会化的过程获得从更高层次的文化传递给他们的文化价值。同一群体中的个体共享相同的价值观，但这些价值观与其他群体不同，通过一个自下而上整合共同价值观的方式，他们创建了群体层面的文化。例如，研发团队中的员工因为创造性的认知方式和职业技能被选入该团队，他们的领导也通常会促进其展现个人特色，因为这种个人特质对于开发创新产品至关重要。因此，这个团队中的所有成员都有相同的区别于其他部门的核心价值观。拥有相似价值观的群体，通过整合的过程，创造了组织文化；拥有相似价值观的本土的组织创造出有别于其他国家的国家文化。

自上而下和自下而上的过程都反映了文化的动态性质，并且解释了文化在不同层次是如何通过在各个层次的自上而下或自下而上的变化形成或再塑造的。同样地，在每个层次的变化会通过自上而下的方式影响到低层次的文化，或通过自下而上的方式影响到高层次的文化。Inglehart 和 Baker（2000）所观察到的国家文化的变化，可以视为由全球化推动的经济发展自上而下的例子，在此过程中，文化从传统价值观转向现代价值观。然而，与 Schein（1992）

一致,深层次的基本假设仍然反映了社会文化传承形成的传统价值观。

全球组织和网络的形成受到了本土组织登上国际大舞台的影响。这意味着在塑造和再塑造两个层次的组织文化上持续受到双向的影响。例如,在国际市场上运作的跨国公司形成了共同的规则和价值观,促使它们能够在不同地区间形成协同。这些全球规则和价值观会影响到它们旗下的本土组织。随着时间的推移,它们将塑造本土的组织文化。反过来说,本土组织加入跨国公司将使跨国公司发生变化,因为全球公司需要在不同的地区都能高效运作。

Erez-Rein 等(2004)展现了一个收购了一家以色列医疗器械开发制造公司的跨国公司如何改变被收购公司的组织文化。该研究发现两个公司间存在着文化差异。与跨国公司相比,以色列公司在新颖的文化维度得分更高,在注重细节、遵守规则和标准上得分更低。这家跨国公司坚持安排以色列经理参加六西格玛的密集课程,该课程是质量改进的一种先进方法,并且体现了所有组织职能的管理理念。在回到他们自己的公司后,经理们将质量改进的工作方法和程序介绍给自己的公司,引发了公司的行为变化,紧接着发生了质量导向的价值观内化。因此,一个自上而下的培训和教学过程带来了工作行为和工作价值观的变化。拥有共享的工作行为和价值观的本土企业员工们,再通过自下而上的过程形成了组织的文化。这个国际收购的文化变迁案例展现了我们动态模型的两个组成部分:多层次的结构解释了一个低层次文化是如何受自上而下的影响而形成的,以及文化层面的变化是从最外层的行为开始。长远来看,自下而上的共同行为和规范流程将形成本土的组织文化。

全球化与自我身份

从全球文化到个人层面的自上而下的过程可能会引发自我的改变,因为文化价值观正是自我的体现。自我是一个包含自我和社会身份的多面的构念。自我身份使每个个体有别于他人,而社会身份是基于个人参加的群体而建立的(Tajfel 和 Turner, 1979)。社会身份理论在关于社会群体中的成员和国家文化方面已得到广泛验证。然而,全球化的环境创建了一个新的非个人的影响人们身份的实体。全球身份意味着,通过采用属于部分全球文化的实践、风格和信息,人们拥有了一种对全球文化的归属感(Arnett, 2002)。然而,与此同时,基于他们的本土的社会化交流,人们也持续拥有其本土身份。Arnett (2002) 将这种自我身份的两面性定义为双元文化身份,其中的一部分扎根于本土文化,另一部分随着全球文化而发展。因此,世界各地的人们都穿着牛仔裤、吃着炒饭或者麦当劳、听随身听、上互联网;然而与此同时,他们又拥有自己的文化价值观、社会群体、国家身份,以及根据各自环境确定的必要的身份。作为一个宏观的构念，通过自上而下的过程，经由形成个体的全球身份，并促进个体适应全球化，全球化环境在个人层面上影响着双元文化身份的形成。然而，如先前讨论的，个人层面的双元文化身份形成的程度取决于多元文化主义受到鼓励的概率。双元文化身份展现了对跨国企业运作的挑战，因为我们对于在国际商务环境下，复杂的自我身份过程如何影响行为和绩效知之甚少。

促进文化变迁的因素

文化本身影响着对变化的抵触或接受程度。Harzing 和 Hofstede（1996）提出有些文化价值观促进变迁，而其他的可能阻碍变迁。低权力距离的价值观、低不确定性规避和个人主义可能促进改变。变迁会威胁到稳定，因此引入不确定性，对变化的抵触会在高的而不是低的不确定性规避的文化中出现（Steensma 等，2000）。变迁也会威胁到权力结构，因此在高权力距离文化中会回避变化。最后，变迁打破了在集体主义国家特别重视的已有的和谐，因此不会轻易被集体主义国家接受（Levine 和 Norenzayan，1999）。

最近 Erez 和 Gati（2004）所做的一项研究检验了三个因素在变化过程中的作用和结果：(1) 个人主义—集体主义的文化价值；(2) 奖励结构及其与潜在文化价值的一致性；(3) 奖励结构的模糊程度。

这个验证的变迁过程是一个从“独自工作”到“团队工作”以及相反过程的行为转换选择。独自工作在个人主义文化中更为普遍，团队工作在集体主义文化中更为普遍。两个以色列的亚文化群体参与了这项研究：阿拉伯裔以色列市民在集体主义上得分高；在大城市中长大的犹太裔市民，集体主义得分显著低于前者。结果显示，阿拉伯参与者的行为选择，在不同的奖励一致性和模糊程度控制下，或多或少会保持不变，这意味着集体主义与抵触变迁相关。另外，在奖励替代与潜在文化价值观不一致，或模糊水平较高时，对变迁的抵触程度更高。

这个研究展现了自上而下的文化变迁作用受到文化本身和奖励机制的影响。变迁更有可能在奖励结构明确、奖励的行为与主流文化系统不冲突的个人主义文化中产生。如 Erez 和 Gati（2004）的研究发现，变迁首先可以从人们的行为中观察到。从长远来看，当新的行为规范逐渐被所有群体成员接受时，由于它们已经代表自我，因此将渗透到更深层次的文化价值观中。在自我中呈现的新价值观随后将形成一个更为集体主义（或个人主义）的社会。总体而言，该研究通过将两个构念（多层次和多层面）整合成一个动态模型检验了文化的动态性质。这个多层次的构念有助于我们理解文化是如何通过从一个文化层次到另一个层次的自上而下和自下而上的过程而被塑造和再塑造的。多层面的构念提供了一个描述文化变化本质的框架。

总而言之,我们提出的多层次、多层面的模型将对有兴趣研究文化变化过程的研究者有所帮助。文化变化过程可以从两个连续过程来看:从全球层次到个体层次和从外部层面的行为到内部层面的基本假设和公理。理解这些过程显然对有效的跨国商业运营至关重要。

新颖的文化构念

在总体上对文化和文化过程进行重新思考的同时,我们也鼓励再次研究在理论和研究中应用到的具体的文化构念。文献中一个主要的方法是将国际商务现象与特殊的文化特征结合起来。要改进这个方法,拓展我们对文化的概念是重要的。在这一节,我们将集中描述在文献中出现的新颖的文化构念。

在文献中识别新颖的文化构念有两个方向,它们在方向上几乎是相反的。一种发展是沿着 Hofstede 的研究探索新的类似特质的、静态的文化维度,另外一种是由认知心理学的突破所推进的发展,即越发把人类的心灵视为动态的、灵活的和情境化的。

新颖的文化维度

Hofstede (1980)的经典研究掀起了文化和国际商务研究领域的革命。继其最初的研究之后,基于华夏文化协会(Chinese Culture Connection,1987)的研究,Hofstede(2001) 在他的框架中加入过一个新的维度:儒家工作动态性或短期—长期导向。Hofstede 所确认的文化维度的有效性常常受到争议(最近的一次关于个人主义和集体主义的争论,可以参考 Oyserman 等,2002a),但它们提供了一个广泛的框架,激发了大量的国际商务研究。

在 Hofstede 之后,不少国际项目也尝试着寻找新的文化维度。Schwartz(1994)识别了七个文化层次的价值观维度:保守、智力自主、情感自主、等级制度、平等主义的承诺、控制和和谐。这些维度被用来预测文化差异,包括控制点(Smith 等,1995)和工作相关的议题如经理所依赖的价值指导来源(Smith 等,2002)和资本结构(Chui 等,2002)。在分析了管理价值观后,Smith 等(1996)识别了两个文化层次的维度:平等主义的承诺和保守主义,功利主义的参与和忠诚性参与。Smith 和 Bond(1998)的结论是,这些不同的价值观调查,得到了一致性结果,支持了 Hofstede(1980)最初识别的文化维度的有效性。

近期，在研究全球领导行为的过程中，House 和他的同事识别了九个文化层次的维度：绩效导向、自信导向、未来导向、人性化导向、制度集体主义、家庭集体主义、性别平等主义、权力距离和不确定性规避（Gupta 和 House，2004；House 等，2004）。GLOBE 项目采用了基于理论的方法，推理所得的文化维度基本上是基于 Hofstede 的文化维度、Kluckhohn 和 Strodtbeck（1961）、McClelland（1961）及人际沟通的文献（Sarros 和 Woodman，1993）。因此，尽管使用了不同的条目来识别文化维度，结果与先前的结果一致，大多数识别的文化维度与 Hofstede 的维度概念相关，实证结果也相关。自信导向和性别平等主义与 Hofstede 的男性—女性概念相关；制度集体主义和家庭集体主义与 Hofstede 的个人主义—集体主义维度相关；权力距离和不确定性规避与 Hofstede 的两个维度相同，未来导向与长期导向相关。对 Hofstede 的维度更精细化分类的用途还需要探索。有两个维度与 Hofstede 的维度无关。绩效导向似乎与 McClelland（1961）的成就动机概念相关。人性化导向似乎与 Kluckhohn 和 Strodtbeck（1961）的人性善恶维度相关。虽然这些维度并不新鲜，但是它们对理解一些国际商务现象可能有帮助。以领导力为例，我们知道领导们在任务导向上是有差异的，绩效导向可能与总体强调任务导向有关。领导者也有不同的督导风格，人性化导向可能与严密监督负相关。显然，与其他变量的关系也是有可能的，希望将来的研究能够在理论上与这两个维度有更有趣的关联。

最近大规模拓展文化维度的研究是由 Leung 和 Bond 组织的社会公理的全球研究。公理是指总体信念，可以理解为 Rotter（1966）提出的描绘控制点的总体预期。基于心理学文献和在中国香港地区、委内瑞拉的定性研究中得到的条目，Leung 等（2002）开发了社会公理调研问卷。对这些条目的因子分析，在五种文化（中国香港地区、委内瑞拉、美国、日本和德国）中都显示出一个五因子结构。随后全球的研究也证实了这个结构在 40 多个文化群体中的稳健性（Leung 和 Bond，2004）。这个五维度模型在个人层面也被应用到了国际商务背景下的影响策略的研究中（Fu 等，2004）。一个基于 41 个文化群体的文化层次的因子分析得到了两个维度（Bond 等，2004）——动态外在性（Dynamic Externality）和社会犬儒主义（Societal Cynicism）。动态外在性指的是相信命运、超人的存在、宗教实践的积极作用，因此使用了“外在性”这个标签。然而，这些内容也说明了对努力和知识的信仰，包括对社会的复杂性的认知，因此这个构念还有“动态性”。社会犬儒主义表现了人类消极的本性和对社会制度的不信任。与大量的国家层次指标的相关性支持了对这两个维度的解读。另外，动态外在性与集体主义和高权力距离相关，但社会犬儒主义与之前的文化维度不太相关。这两个维度可能对国际商务研究有重要的启示。例如，在许多不同的文化中，动态外在性与对上级作为指导源的依赖性相关，社会犬儒主义与工作不满意相关。未来的研究可能揭示这两个文化维度与其他国际商务现象的有趣关系。

上述全球项目说明，虽然随后的研究有进一步的精细化和明确化，但 Hofstede 的维度是稳健的。更重要的是，至少有三个新颖的文化维度已经被识别出来：绩效导向、人性化导向和社会犬儒主义。我们目前对这些维度知道的不多，它们对国际商务研究的重要性也显然是将来研究探索的一个重要领域。

文化的动态观点

当前认知心理学的研究表明，人类的思维是易变的和适应的，并且与环境进行着主动的和动态的互动。对人类思维的观念导致了文化的动态观，这种观点与认为文化或多或少是稳定的和静止的传统观点形成了鲜明的反差。这种文化的动态观点认为，文化由对环境影响敏感的认知结构和过程体现出来。例如，Tinsley 和 Brodt(2004)对冲突行为的文化差异进行了认知分析。框架引导人们关注环境的某些方面；图式表示对编码后的信息赋予意义的知识结构；脚本是图式的一种特殊类型，它涉及暂存的顺序和最相关的事件和行为。这些构念都是动态的，某种意义上它们的内容和重要性都受到环境的影响。Tinsley 和 Brodt 建议，这些认知的构念对理解冲突的跨文化差异是有用的。举个例子，美国人的冲突框架是强调自我利益和互利是合适的；而亚洲人的冲突框架则是不同的，强调集体或社会导向在描述亚洲人的冲突行为时更有用。另一个例子是 Hanges 等(2000)提出的联结主义方法(connectionist approach)对领导力和文化的研究。在他们的研究框架中，领导行为被看做图式，包含了脚本和信念等内容。这些组成部分受到更高层的组成部分诸如价值观、情绪和自我形象等因素的影响。Hanges 等提出的这种关于图式的复杂的、分布式的观点抓住了文化语义系统的精髓。作为经验和情境影响的函数，既定图式及其相关组成部分会随时间而变化。该模型没有假设文化的作用是静态的，很适用于对文化动态效应的分析。

这个文化的动态观点的一个重要启示是，文化的变迁比先前假设的更为频繁。一个很好的例子是 Hong 等(2000)的研究。众所周知，与来自个人主义文化的人相比，来自集体主义文化的人更可能将其他人的行为归因于外部因素，如情境的需要(与个性特质等内部因素相对)(Morris 和 Peng，1994)。Hong 等(2000)认为文化的动态观点确实是有效的：启动技术是存在的，它能够改变人们的思维模式，进而改变人们的归因方式。为了检验这一点，作为集体主义者，并倾向于对他人行为进行外部归因的香港华人，被随机安排到两组实验刺激中：一组含有美国偶像，如超人；另一种限定为中国偶像，如孙悟空(Hong 等，1997)。与文化的动态观点相一致，与中国偶像的启动相比，受美国偶像启动的中国人能够将归因转向内部。换言之，美国偶像的影响使中国参与者更容易在归因方式上像美国人。Peng 和 Knowles(2003)在亚裔美国人中重做了实验，得到了相同的发现。与回想彰显亚洲人身份的经历相比，当被试被要求回想彰显他们美国人身份的经历时，他们的归因方式更倾向于向内归因。实际上，Oyserman 等(2002a)在对个人主义—集体主义文献进行元分析后指出，上述启动技术为检验文化影响的动态性提供了一个有远见的方法。当然，未来的研究需要探索这些启动技术引发的结果在现实社会中是否太过短暂而不够稳健，以及这些启动效应到底隐含着怎样的过程。

文化的动态观点对国际商务的影响还未被探究过。一个有趣的可能性是，如果与国家文化相关的思维过程是相对易变的，并且能在合适的情境影响下变化和维持，那么文化差异可能比先前所假设的更容易克服。例如，Leung 和他的同事(Leung 等，1996，2001b)发现，在中国的国际合资企业中，本土员工在与西方外派经理共事时，比与海外华人或者日本外派经理共事时，工作态度更积极。这些发现与文化距离的论断相反，后者认为与来自相似文化背景相比，与来自不同文化的人共事会遇到更多的问题。毫无疑问，这个新视角将为未来与有关文化与国际商务的研究提供一个令人兴奋的基础。

理解文化何时起作用：提高文化模型的精准度

在探索了新颖的文化构念和文化的动态性质后，我们也认为检验增强或减弱国家文化的权变因素是重要的。设想以下的图景：一个跨国企业的高级人力资源经理被委派负责实施覆盖全球子公司的整合性培训项目。在她的职业生涯中，这位经理接受过关于国家文化差异的教育，并且对跨文化的机遇和挑战非常敏感。与此同时，她也理解创建一个整合公司基本流程、推动各地公司效率和协同性的统一全球项目的战略目的。她会非常不安地着手落实这个项目。一个关键的挑战在于，这个项目应该在不同的子公司用统一的方法实施还是根据各地的文化稍作调整后实施？换言之，在这个复杂的情况下，文化是否起作用？

两难困境

对国际商务文献的回顾和我们与跨国企业经理们共事的经验表明，文化一点作用都没有的情况极少。与此类似，很少有人会认为可以忽略国家文化。研究表明，国家文化影响着许多不同的个体层次的结果，如感知、信念和行为(Harrison 和 Huntington，2000；Hofstede，2001；

Kirkman 等）。例如，在对 1980—2002 年的 181 篇发表于顶级期刊的、实证检验 Hofstede（1980）的五个文化维度的文章的全面回顾中，Kirkman 等发现 61 个研究证明了文化对个体结果的直接影响。作者们综述了文化价值观与 10 类个体结果变量的关系，包括变革管理行为、冲突管理、谈判行为、奖金分配、决策制定、人力资源管理、领导力、团队中的个体行为、个性和工作态度或情绪。

诚然，研究和实践提供了很多有关文化的作用受到独特的个性、强有力的领导或统一的实践约束的例子（Wetlaufer，1999；Maznevski 和 Chudoba，2000；Earley 和 Gibson，2002）。此外，在许多研究中，文化显示了与个体结果在统计上的显著关系，但是从实践角度来说关系的强度（如系数的大小）相对弱一些。这意味着，文化并没有在这些结果变量中解释大量的变异，并且，事实上除了文化外，其他变量被认为是更重要的预测变量（Peterson 等 1995；Brett 和 Okumura，1998；Gibson，1999；Clugston 等，2000；Mitchell 等，2000；Kirkman 和 Shapiro，2001）。在研究者为经理们提供管理启示时，他们对文化的具体影响，以及何种情况下文化应该是关注的焦点，或何时它就不那么关键，并没能达到一个高水平的精准程度（Gibson 等）。例如，不少研究发现了集体主义与个体对团队工作态度之间的关系（Bochner 和 Hesketh，1994；Casimir 和 Keats，1996；Eby 和 Dobbins，1997；Earley 等，1999；Kirkman 和 Shapiro，2000；Gibson 和 Zellmer-Bruhn，2001）。然而，文化倾向在每种情况下都起作用吗？或者在某种情况下，如在危机时刻，当组织中所有人都对团队合作有相当积极的态度时。

因此，在国际管理领域存在着两难的情况。一方面，研究者和管理者需要理解个体层次的结果与相关的世界各地不同的国家文化之间的模式；另一方面，文化与个体结果之间关系的研究并没有抓住足够的变异以自信地为经理们提出建议（Gibson 等）。因此，最近学者们强调，比起讨论国家文化是否会起作用，更有用的是解决如何或者何时文化会起作用（Leung 等，2001a；Earley 和 Gibson，2002；Oyserman 等，2002b；Gibson 等；Kirkman 等）。

确定文化何时起作用

假设目前我们的重点是帮助那位先前提到的跨国公司的人力资源经理，来理解作为文化的函数，一些个体层次的结果变量是如何变化的。随之而来的一个重要的问题是：“什么条件下可以增进一个人根据文化处方思考、感受和行动的倾向”。回答这个问题需要识别可能的调节条件。这本身就是未来理论和研究的一个重要任务，因为调节条件的影响越大，对个体结果的文化预测性就越弱。Gibson 等识别了在三种不同类别（个体、群体和情境特征）中，一系列能够调节国家文化对个体知觉、信念和行为影响的调节条件。因此,理解哪些因素在某个给定的情况下出现,就能够知道哪些情况下国家文化会(或不会)起作用。虽然他们的研究并不是详尽无遗的,但其框架对探索文化理论模型的精准性提供了有用的基础。

例如,一个重要的关于国家文化影响信念的个体放大器是个人对文化的认同程度(Gibson 等)。根据社会身份理论(Turner,1987)和自我概念理论(Markus 和 Kitayama,1991),当一个人将自己视为国家文化的一员时,文化就是他自我概念的很大组成部分,将对他的信念有强烈且普遍的影响。在每种文化中,有的人拥有与那些典型价值观不同的信念。相反地,个体身份的其他来源,如教育和专业机构,可能在定义他们是谁、他们的个人动机以及拥有怎样的价值观等方面,起着更大的作用。因此,文化对认同文化的人作用更大;对那些不认同的人,国家文化的作用对他们的价值观潜在预测性就小些。相似地,如像 Van Dyne 等(2000)研究者的发现,集体主义与组织公民行为正相关,但是个体因素(如个人的自尊)调节了这一关系。因此,自尊是调节文化对一组重要的个体行为的一个重要因素。

除了个体层次的因素,群体层次调节变量的一个例子是群体发展阶段,它对国家文化影响群体成员行为有很强的增强或减弱作用(Gibson 等)。国家文化常常是一个易于观察到的属性,因此在团队成立初期会有强有力的影响(Watson 等,1993;Chatman 和 Flynn,2001)。一旦群体成员理解了其他属性的作用,文化的作用就会小一些。例如,国家文化在群体成立早期对团队成员沟通行为的影响,比成员理解了其他属性(如专长)后的影响更大。的确,Zellmer-Bruhn 等(2002)的研究对这个现象也提供了一些证据。在五个跨国企业中,群体成员的信息交流与国家文化异质性的相关性,在年轻而不是成熟的群体中更强。类似地,Eby 和 Dobbins(1997)发现,虽然在团队中,集体主义与绩效有关,但团队合作程度是调节这个关系的一个重要的群体层次变量。因此,文化对团队绩效是有影响的,但是一些群体层次的特征能够增加或减少文化的影响。

最后,除了个体和群体的特征,Gibson 等识别了多个调节文化的情境特征。情境类型的一个例子是技术环境的影响,具体而言即技术的不确定性。研究显示,在不确定和模糊的情况下,人们倾向于根据文化作出反应(Meglino 等,1989;Ravlin 等,2000)。因此,技术不确定性可能放大了文化对个人感知的影响。在有非常具体的规则、程序或完成任务的设备(如生产和集成的工具,或质量评估的规则)的情况下,国家文化的影响较小。当完成任务的技术较不确定时,文化更可能是被默认的。这一情况发生在 Gibson 和 Cohen(2003)共事的航空产品开发团队中。这个团队是多元文化的,当团队在实施新技术的时候,文化冲突更激烈。成员选择了各自文化背景预设的、充满冲突的脚本和偏好。一旦技术被采用,通过不断尝试,冲突被解决了,文化倾向性对引发冲突的影响也变小了。

启示

需要承认的是,在某个时刻,个人的感知、信念和行为受到多个文化维度的影响,并且多个调节变量是同时起作用而不是单独起作用。例如,前面提到的对文化影响的三个调节变量(社会身份、群体发展阶段和技术不确定性)可以同时影响文化和个体结果间的因果关系。再次考虑本节开始时的那个情境——高级人力资源经理面临实施全球培训项目的挑战。如果意识到潜在的那些会增强文化影响的条件,她可能会对每个子公司的情况作出更准确的判断。例如,在北美的子公司,团队可能由许多并不那么坚持本国文化认同的外派人员组成,并可能已经形成了多年,成员们对项目也比较熟悉。基于先前综述到的研究,这些因素预示着,文化对这个子公司的影响可能较小。在印度的子公司,人力资源经理可能会发现一系列不一样的情况。例如,整个团队成员对印度的国家文化非常认同,团队在发展的起步阶段,技术是较为模糊的(例如,他们对项目并不熟悉)。在这些情况下,文化可能会起较大的作用,人力资源经理在实施项目时,需要注意当地的文化。Adler(1997)以及 Earley 和 Erez(1997)的通用模型对提示我们文化所扮演的角色是极其有帮助的。然而,这里所涉及的权变因素可以提高这些模型的精准性。

与此相似,Leung 等(2001a,b)提醒我们注意经理们会犯的两类归因错误:通用归因和文化归因。通用归因错误假定所有工人都有相似的导向,会对管理实践有相似的反应。文化归因错误是指根据国籍对工人建立刻板印象,并且假设一个国家的所有成员都会根据这个刻板模式行动。Leung 等提出,两种极端都没有效,相反,他们建议经理们要避免这两类错误。虽然我们需要意识到,误解可能因双元文化经验而复杂化,但是同时,为了揭开其他因素,如个性、群体层次现象或情境因素对文化的影响方式,我们还是建议从拥有相同文化背景的其他方面获取更多的信息。

为了帮助提升我们文化模型的精准性,未来的研究需要与文化导向和结果变量一起,识别更多更重要的调节变量,尤其需要重视管理诊断、实施和变革项目。上述图景意味着,将来的研究必须包括不同分析层次的多种潜在调节变量。尽管我们意识到调节变量之间可能以有趣的方式互相作用,但过去的研究在这个方面并没有什么建树。例如,情境调节变量(技术不确定性)可能与个性变量交互。例如,在技术不确定情况下,只有一部分特定的个体会与文化倾向更一致,而其他人(拥有不同的个性特征)与文化倾向一致性的程度较低。将来的研究应该解决这类议题，为理论发展和实践提供更精准的指导。同样重要的是，一种文化特征不会单独影响个人行为（例如，普世主义和集体主义很可能同时对某一行为或反应起作用）。因此，将来研究的一个关键是，包含文化特征的组合可能好过一个单一的预测变量。从实践的角度来说，这些建议当然需要与样本大小、问卷长度，以及复杂模型的分析技术等约束因素相权衡。

然而，仍然非常需要对我们模型中文化的作用有更全面的说明。的确，文化是重要的。但是，有些情况下它的作用更大，而在其他情况下作用较小。考虑到调节变量，正如这里所强调的一些，能够有助于使我们的理论更精确化。研究这些模型（有些已经在做了），将帮助我们理解和建议在管理项目中何时必须考虑文化因素。

研究文化的实验方法

前几节关注的是文化和国际商务领域的概念性和实质性议题，但在最后一节，我们关注的是方法论。具体而言，我们将讨论在国际商务研究中很少用到实验的方法，该方法对上述文化模型提供全面解释有其独到之处。有证据显示，在我们这个领域很少使用实验方法，《国际商务研究》（*Journal of International Business Studies*，JIBS）上发表的论文，使用问卷调查或案例研究方法与使用实验方法的比率是10:1。[①] 尽管每种方法都有其优势和劣势，但是仅限于调研、人种学或案例研究，而不用实验方法来了解文化现象，使得我们这个领域无法获得多种研究方法的益处。多方法的研究方式可以弥补某种单一方法的不足（Leung 和 Su，2004）。实验方法的独特之处在于它具有证明因果关系的卓越能力：那就是，其他的方法可能推断出共变甚至是变量间的虚假相关，而实验可以通过对假设中变量的操控，使结果避免上述误读（Leung 和 Su，2004）。[②] 这一节的目的就是要讨论实验研究的贡献，即能够使个人、群体和情境因素在文化对思想、感受和行为影响上的调节作用变得更加清晰，并且能够更准确地定位文化（或仅仅是文化）可能不起作用的边界条件。

---

① 来自三个数据库的证据证明了这个论断。在 ABI/INFORM 列出的在 JIBS 发表的文章（1987 至今）所描述的方法中搜索得到的比率为13.62:1；在 JSTORE 上列出的 JIBS 摘要（1970—2000）的搜索，得到的比率为11.5:1；最后，在 JIBS 网站上搜索得到的比率为12.66:1。

② 参见 Leung 和 Su（2004）及 Buchan（2003）获取跨文化实验与其他研究方法之间比较的全面讨论，以及关于在实验研究中为加强因果推断使用控制变量的具体讨论。

检验个人、群体和情境特征的调节影响

实验的精髓是能够用系统的方法控制和操控变量。进一步,这种分析和操控,可能是一个变量,或多个变量的联合:那就是,实验可能是自变量或因变量中的单变量或多变量(Winer,1991)。这种特性使得实验非常适合理解个体、群体和情境(单个或联合)对文化影响的调节作用。

个体特征的调节影响

检验个体特征影响的跨文化实验的文献已有所发展,也令我们对理解文化的影响更精确和具体。许多早期的跨文化研究主要是考察文化的主效应——用国家文化作为给定文化导向的一个代理变量。这类探索某个文化导向的存在性(主效应)的研究,为后续研究一种文化导向(甚至是一个启动,暂时的)在各个层次(调节影响)影响行为或感知的差异,奠定了更复杂的实验模型基础。

Gelfand 等(2002)的研究在日本和美国检验了自我中心的公平感知这一个体特征在谈判中的主效应和调节效应。用国家文化作为文化导向的代理变量,他们的研究支持了在个人主义文化中存在自我服务偏向(Thompson 和 Loewenstein,1992),在这种文化中"个体对自我倾向于通过加强对自己的正面归因来突出自我和显示比别人强";而在集体主义文化中,这种偏向就较少,"个体是通过突出个人的弱点来屈就和维持与他人之间的依赖关系"(p. 847)。他们同时也测量了自我意识(Markus 和 Kitayama,1991),结果显示,美国背景的人自我意识较高,并且与自我服务偏向正相关。因此,他们不仅证明了国家文化对自我中心偏向的主效应,并且通过对个体自我意识的检验,以帮助解释为什么这种影响会存在。

由于绝大多数的商业研究理论都是在西方情境下发展和检验的,因此这类研究特别有价值。关注个体特征调节作用的实验研究将对这类文献有所贡献,因为它能够直接测试这些过程、偏向和行为是否真的是普遍现象,抑或是只适用于西方人。

如 Oyserman 等(2002b)在他们的集体主义和个人主义的元分析研究中所指出的,文化启动是跨文化研究最有前景的方向之一。启动的理论基础来自社会认知研究,该研究展示了易获性知识能够改变行为,同时暂时易获性知识与长期重要知识在实验室条件下有相似的作用。因此,启动技术能够"通过暂时将参与者的注意力集中在不同的文化内容或价值观上,就

文化群体中的长期差异创造出一种实验性类比”(p.7)。这类研究的例子包括前面提到的Hong等(2000)的研究,还有Kuhnen和Oyserman(2002)及Aaker(2000)的研究。他们将参与者设置为与他们的文化背景一致或不一致的情况(例如,用“我”来进行独立的启动或者用“我们”进行相互依赖启动),检验了其对诸如认知速度和准确性、记忆力与态度的影响。这些研究的结果都显示了长期文化导向的存在,以及在某种启动导向下的易变性。

群体特征的调节影响

前面我们讨论到了理解诸如群体发展水平等群体特征的重要性。此外,我们还建议有可能的话,研究可以同时检验个体和群体特征的影响。下面就是一个这类研究的例子。

Buchan等(2002)展现了通过操控群内人和群外人,群体形成的定义和方法不同能带来不同文化导向的差异。与使用最小群体范式(Tajfel和Turner,1979)的研究一致,通过对群内人的操控,来自个人主义国家的参与者如预期的那样,更偏向于信任和互惠于群内人;但是集体主义国家的参与者并没有(因此,文化导向和群体操控在统计上显著的交互作用就产生了)。对于个人主义者,群体对他们而言是暂时的并且是灵活的,在追求自我利益的过程中可以随时进出;对于集体主义者,群体是长期存在的,集体利益要优先于个人目标(Triandis,1995)。这些结果深化了对文化和群体关系间复杂关系的理解,并显示出何时受到文化影响的群体偏向会出现。

情境特征的调节影响

在说明其他人是如何影响个体的想法、感受和行为方面,有关情境特征影响作用的实验研究已证明了它的价值,进而也促进了对个人与情境特性交互作用的理解。例如,Adair等(2001)研究了在日本和美国经理中,文化内部和不同文化间的谈判。他们揭示了不同文化间在谈判中的行为差异(主效应),同时,可能更重要的是,通过对个人文化特征和双元文化谈判背景的交互作用,他们发现文化内谈判比文化间谈判会遇到更多的问题且更不容易成功(Graham,1985;Brett和Okumura,1998)。

Chatman和Barsade(1995)展现了另一个有趣的启动研究。他们测量了参与者的合作性和随和性水平,并且操控了典型的反映集体主义和个人主义目标的商业环境。结果表明,高合作性的个体对体现其组织文化的规范作出更多的反应,因此他们会在两种文化环境下表现出更大的行为差异。如同其他启动个人特征的研究，这个研究展现了在面对不同文化价值观的情境下，人们的思考和行为方式可能会不同（确实，他们可能会修正自身的价值观），因此，这又提供了一系列可通过跨文化实验研究的复杂但理论丰富的新议题。

实验方法作为理解文化影响局限性的工具

实验为识别文化影响的局限性提供了一个强大的工具，即我们之前所提到的，理解何时文化价值观会有影响或没有影响。现在，许多在这个方面的实验研究都是在经济博弈情境下进行的，这种方式将个人利益与集体利益对立。例如，Roth 等（1991）在四个国家进行了两种不同的经济博弈实验，并强调了情境特点在强化文化价值观影响的重要性。他们证明了所有国家的行为都会在一个四人市场游戏（该情境与拍卖相似）中形成平衡；而在一个两人最后通牒游戏（资源分配问题）中，人们的行为会偏离平衡，另外，偏离程度在各个国家不同。这一结果模式说明，关于什么是公平分配的看法受到不同文化影响的价值观的作用。这是因为经济交互作用的结构，公平问题在四人市场游戏中并不明显，但是在两人最后通牒游戏中就相当明显了。

相似地，Buchan 等（2004）实际上在一个重复的最后通牒游戏中，发现了日本和美国参与者不同的公平感知，以及两种文化间不同的行为；但是在游戏中强调自我利益的情况下，文化影响的公平感知（例如，那些可能对合作伙伴要求更慷慨的感知）对行为的影响就小了。

Kachelmeier 和 Shehata（1997）考察了个体文化导向对审计有效性和需求的影响。他们的结果表明，集体的文化价值观在低匿名性情况下最有可能挑战自我利益。也就是说，当一个报告系统能够识别团队成员的行为是来自中国香港地区和中国内地的时候，他们比来自加拿大的成员更愿意放弃自我利益。当匿名性高的时候，各国或地区参与者追求自我利益的强度相似。

总体而言，这些实验研究与我们先前多次提到的需要知道文化何时起作用相呼应。文化影响局限的问题代表了跨文化研究的一种挑战，而实验能够在解决这一复杂问题的过程中，起到重要的作用。

拓展我们对文化的理解

近期的研究突出强调我们需要拓展对文化的分析——拓展到进一步看文化的表现方式，

如民间传说、教育方式、政治系统和经济交换方式等,以帮助我们全面评估文化对个体的影响。以下是用实验研究来拓展文化研究的例子。

Weber 和 Hsee(1998)发现在经济决策中,中国人比美国人更不厌恶风险;在社会决策中,中国人比美国人更厌恶风险。为了确定这些差异是否真的是文化差异,还是当时的经济或政治形势造成的,Weber 等(1998)进行了一个研究,参加此研究的是来自中国、德国和美国的被试,他们分别对中国和美国谚语中有关冒险的建议进行评分。结果与先前的相一致,对谚语的解读表现出"长期存在的在社会凝聚力和合作上的文化差异",这些差异进而决定了人们在冒险行为上的差异(p.183)。

Yates 等的研究(Yates 等,1989,1998)表明,与美国和日本的被试相比,中国被试在概率判断和常识上表现出极端的过度自信。他们认为可能在受文化影响的"认知习俗"方面存在重要差异,这些习俗能解释诸如"规则"(如识记)等的跨文化变化,这些规则被交给中国儿童完成认知任务,由此出现了鲜见的特点,即中国文化要求人们对一个问题的两方面提出多个观点,而且对待决策问题的典型特点是,基于历史先后逻辑而不是决策树的逻辑(Liu,1986)。这些源于文化价值观又通过教育强化的认知习俗,可能是过度自信中跨文化差异的核心原因。

另一个由人类学家牵头的经济研究检验了 12 个小规模文化中的谈判行为(例如,秘鲁马奇根加的农民和巴拉圭的捕猎者)。这个研究揭示了显著的跨文化行为差异,并且探索了市场发展对合作行为的影响(Henrich 等,2001)。两个变量解释了跨文化 68% 的差异。具有更多合作行为(如团队捕鲸)或市场一体化(例如,一个由存在统一的国家语言、有现金工资的劳动市场和庄稼种植能进行现金交易组成的指数)的文化更倾向于平均分配规范。这些结果对一些理论家来说是极其震惊的,因为这表明在真实世界里,适应市场化文化后的经验会缓和而不是放大对自我利益的追求。正因为学者们想要更全面地了解文化的影响,这个研究说明我们需要更多地考虑传统的文化变量(如个人主义—集体主义)和那些描述市场发展和一体化程度变量的相互影响。

如这个研究所示,拓展文化分析将对增进我们对环境影响人们行为的理解有巨大的潜在帮助。Yamagishi 和同事们(可以参见 Yamagishi 在 2003 年的综述)对公共产品的研究很适合作为这一节的小结。关于需要拓宽对文化影响的了解,以及实验方法能够达成这一目标,他们的研究是一个完美和及时的实例。Yamagishi 的研究结果与前述一致地展现了美国人比日本人在公共产品的情况下更为合作;同时,只有存在一个制裁和监督体系来保证群体其他成员合作的情况下,日本人才更为合作。一方面,Yamagishi(2003,367)认为,"人们通常认为的日本和美国的跨文化差异(前者为集体主义国家,后者为个人主义国家)在实验控制了所有理论相关的因素后不复存在";另一方面,他也建议,对于在一个群体中推动合作的问题,社会制裁和监督系统可能是特殊的集体主义解决方法(Yamagishi 等,1998)。因此,这个问题是多面的。不仅仅可能在这个情境下存在着个体、群体与情境特征的作用调节文化对思想和行为的影响,还可能存在着诸如每个社会中的经济和法制约束,以及嵌入性社会网络等因素,他们本身受到文化规范的影响,反过来又直接或间接地影响着个体。

通过仔细的实验设计、对每种可能影响的精准操控,以及通过利用经济学、社会学和人类学等不同领域拓宽对文化的理解,我们可以逐步开始梳理在这一问题及其他问题上的多种影响。最根本的是,我们需要提炼在图 1 中展示的自上而下和自下而上的有关文化动态过程的知识,这样我们应该能够对文化差异的本质及其为何和何时发生作用有更深刻和丰富的理解。

结论

文化和国际商务领域的研究无疑是一个正在“成长”的领域,因为商业世界正在成为一个殊途同归的整体。通过我们对该领域研究趋势的最新综述,至少有四个主题是很明显的。

第一,我们认为过去许多关于文化和国际商务的研究,采用的是文化的简单视角,即检验了一些文化因素的静态的影响,而没有考虑其他文化因素或情境因素。例如,大多数由 Hofstede 的维度所激发的研究都属于这一类。依照我们的观点,这些研究对启动这个领域是有帮助的。这里综述的前沿研究,能够为推进对文化更复杂的概念化提供理论和实证基础。本文提到的文化的一些新视角都指向了多层次、多构面、情境化和系统化的观点。这些观点集中表明文化包含着比维度多得多的内容,而且文化本身就是在多个层次和领域显示出来的。一些文化元素是静止的,而另外一些是动态的和变化的。对于为组织有关文化效应的更加情境化的描述提供一个简要的构架,梳理有关文化的陈述是有用的。这个领域一个主要挑战是,发展出在不同情境下对其细微差别敏感的中距的(mid-range)、动态的文化构架。

第二,一个更为复杂的文化概念势必会带来对其效应更加复杂的认识。文化可以是一个前因、一个调节或中介变量或者是一个结果;它的效应可能是特定领域的,或者有边界条件的。大多数的文化和国际商务的研究都趋向于研究文化的主效应。该研究领域马上面临的一个挑战是,系统地勾勒出其他更加复杂的文化效应,并按常规将这些作用整合到具体的理论中,以便在国际商务理论模型中,文化元素能够成为一类主要的理论模块。在这方面,最近一个较为明显的尝试是先前提到的 GLOBE 项目,该项目尝试构建一个考虑文化因素的领导力模型。

第三,对于将文化效应与社会—经济—政治变量一起研究的呼吁并不新鲜,但我们的综述为未来的研究提供了具体的理论逻辑和实质性的努力方向。我们表明了文化变迁是与社会—经济—政治变量交织在一起的,而这些情境变量可能增加、调节、缓和文化的作用。幸运的是,在国际商务研究中,考虑这些变量的作用已有很长时间的传统,将来的研究需要考虑文化与社会—经济—政治条件影响的共同作用。文化与社会—经济—政治变量之间的关系可能是复杂的,简单考虑它们的共同作用是不够的。国际商务领域各种力量的相互碰撞需要对这些复杂关系有更精确的描述。

第四,采用多种方法进行研究已经倡导了几十年,对于文化和国际商务研究而言,它的重要性不能被夸大。国际商务中的大多数研究本质上都是相关性的,我们或多或少忽视了对涉及的因果过程是无知的。实验研究方法能够对探索因果关系提供一个强大的工具,我们需要通过相关性的和实验的研究方法丰富对国际商务现象的理解,并对国际化的经理们提供更有效的实践建议。文化是一个如此模糊的概念,因而需要我们使用所有能用的工具加以研究。为了推动国际商务研究快速地发展,我们期待看到多种方法研究的涌现。

参考文献

Aaker, J. L. 2000. Accessibility or diagnosticity? Disentangling the influence of culture on persuasion processes and attitudes, *Journal of Consumer Research*, 26(3): 340—357.

Adair, W. L., Okumura, T. and Brett, J. M. 2001. Negotiation behavior when cultures collide: The United States and Japan, *Journal of Applied Psychology*, 86(3): 371—385.

Adler, N. J. 1997. *International Dimensions of Organizational Behavior* (3rd edn), South-Western College Publishing: Cincinnati, OH.

Arnett, J. J. 2002. The psychology of globalization, *American Psychologist*, 57(10): 774—783.

Berry, J. W., Poortinga, Y. H., Segall, M. H. and Dasen, P. R. 2002. *Cross-Cultural Psychology: Research and Application* (2nd edn), Cambridge University Press: New York.

Bhagat, R. S., Baliga, B. R., Moustafa, K. S. and Krishnan, B. 2003. Knowledge in Cross-Cultural Management in Era of Globalization: Where Do we Go from Here?, in D. Tjosvold and K. Leung (eds.)

Cross-Cultural Management: Foundations and Future, Ashgate: England, pp: 155—176.

Bhagat, R. S., Kedia, B. L., Harveston, P. and Triandis, H. C. 2002. Cultural variations in the cross-border transfer of organizational knowledge: an integrative framework, *Academy of Management Review*, 27(2): 204—221.

Bochner, S. and Hesketh, B. 1994. Power distance, individualism/collectivism, and job-related attitudes in a culturally diverse work group, *Journal of Cross-Cultural Psychology*, 25: 233—257.

Bond, M. H., Leung, K., Au, A., Tong, K. K., Reimel de Carrasquel, S., Murakami, F., Yamaguchi, S., Bierbrauer, G., Singelis, T. M., Broer, M., Boen, F., Lambert, S. M., Ferreira, M. C., Noels, K. A., van Bavel, J., Safdar, S., Zhang, J., Chen, L., Solcova, I., Stetovska, I., Niit, T., Niit, K. K., Hurme, H., Böling, M., Franchi, V., Magradze, G., Javakhishvili, N., Boehnke, K., Klinger, E., Huang, X., Fulop, M., Berkics, M., Panagiotopoulou, P., Sriram, S., Chaudhary, N., Ghosh, A., Vohra, N., Iqbal, D. F., Kurman, J., Thein, R. D., Comunian, A. L., Son, K. A., Austers, I., Harb, C., Odusanya, J. O. T., Ahmed, Z. A., Ismail, R., van de Vijver, F., Ward, C., Mogaji, A., Sam, D. L., Khan, M. J. Z., Cabanillas, W. E., Sycip, L., Neto, F., Cabecinhas, R., Xavier, P., Dinca, M., Lebedeva, N., Viskochil, A., Ponomareva, O., Burgess, S. M., Oceja, L., Campo, S., Hwang, K. K., Dsouza, J. B., Ataca, B., Furnham, A. and Lewis, J. R. 2004. Culturelevel dimensions of social axioms and their correlates across 41 cultures, *Journal of Cross-Cultural Psychology*, 35(5): 548—570.

Boyacigiller, N. A. and Adler, N. J. 1991. The parochial dinosaur: organizational science in a global context, *Academy of Management Review*, 16(2): 262—290.

Brett, J. M. and Okumura, T. 1998. Inter-and intracultural negotiation: US and Japanese negotiators, *Academy of Management Journal*, 41: 495—510.

Buchan, N. R. 2003. Experimental Economic Approaches to International Marketing Research, in S. Jain (ed.) *Handbook of Research in International Education*, Kluwer Publishing: Boston, MA, pp: 190—208.

Buchan, N. R., Croson, R. T. A. and Dawes, R. 2002. Swift neighbors and persistent strangers: a cross-cultural investigation of trust and reciprocity in social exchange, *American Journal of Sociology*, 108: 168—206.

Buchan, N. R., Croson, R. T. A. and Johnson, E. J. 2004. When do fair beliefs influence bargaining behavior? Experimental bargaining In Japan and The United States, *Journal of Consumer Research*, 31: 181—191.

Cairncross, F. 2001. *The Death of Distance*, Harvard Business School Press: Boston, MA.

Casimir, G. and Keats, D. 1996. The effects of work environment and in-group membership on the leadership preferences of Anglo-Australians and Chinese Australians, *Journal of Cross-Cultural Psychology*, 27: 357—436.

Chang, W. C., Wong, W. K. and Koh, J. B. K. 2003. Chinese values in Singapore: traditional and modern, *Asian Journal of Social Psychology*, 6: 5—29.

Chatman, J. A. and Barsade, S. G. 1995. Personality, organizational culture, and cooperation: evidence from a business simulation, *Administrative Science Quarterly*, 40(3): 423—443.

Chatman, J. A. and Flynn, F. J. 2001. The influence of demographic heterogeneity on the emergence and consequences of cooperative norms in work teams, *Academy of Management Journal*, 44(5): 956—974.

Chinese Culture Connection 1987. Chinese values and the search for culture-free dimensions of culture, *Journal of Cross-Cultural Psychology*, 18: 143—164.

Chui, A. C. W., Lloyd, A. E. and Kwok, C. C. Y. 2002. The determination of capital structure: is national culture a missing piece to the puzzle? *Journal of International Business Studies*, 33(1): 99—127.

Clugston, M., Howell, J. P. and Dorfman, P. W. 2000. Does cultural socialization predict multiple bases and foci of commitment? *Journal of Management*, 26: 5—30.

Drucker, P. F. 1995. *Managing in a Time of Great Change*, Truman Talley Books/Dutton: New York.

Earley, P. C. and Erez, M. 1997. *The Transplanted Executive: Why You Need to Understand How Workers in Other Countries See the World Differently*, Oxford University Press: New York.

Earley, P. C. and Gibson, C. B. 2002. *Multinational Teams: A New Perspective*, Lawrence Earlbaum and Associates: Mahwah, NJ.

Earley, P. C., Gibson, C. B. and Chen, C. C. 1999. "How did I do?" versus "How did we do?" cultural contrasts of performance feedback use and self-efficacy, *Journal of Cross-Cultural Psychology*, 30(5): 594—619.

Eby, L. T. and Dobbins, G. H. 1997. Collectivistic orientation in teams: an individual and group-level analysis, *Journal of Organizational Behavior*, 18: 275—295.

Erez, M. and Earley, P. C. 1993. *Culture, Self-Identity, and Work*, Oxford University Press: Oxford.

Erez, M. and Gati, E. 2004. A dynamic, multi-level model of culture: from the micro level of the individual to the macro level of a global culture, *Applied Psychology: An International Review*, 53(4): 583—598.

Erez-Rein, N., Erez, M. and Maital, S. 2004. Mind the Gap: Key Success Factors in Cross-Border Acquisitions, in A. L. Pablo and M. Javidan (eds.) *Mergers and Acquisitions: Creating Integrative Knowledge*, Blackwell Publishing: Malden, MA, pp: 20—44.

Fu, P. P., Kennedy, J., Tata, J., Yukl, G., Bond, M. H., Peng, T. K., Srinivas, E. S., Howell, J. P., Prieto, L., Koopman, P., Boonstra, J. J., Pasa, S., Lacassagne, M. F., Higashide, H. and Cheosakul,

A. 2004. The impact of societal cultural values and individual social beliefs on the perceived effectiveness of managerial influence strategies: a meso approach, *Journal of International Business Studies*, 35(4): 284—305.

Gelfand, M. J., Higgins, M., Nishii, L. H., Raver, J. L., Dominguez, A., Murakami, F., Yamaguchi, S. and Toyama, M. 2002. Culture and egocentric perceptions of fairness in conflict and negotiation, *Journal of Applied Psychology*, 87(5): 833—845.

Gibson, C. B. 1999. Do they do what they believe they can? Group-efficacy beliefs and group performance across tasks and cultures, *Academy of Management Journal*, 42(2): 138—152.

Gibson, C. B. and Cohen, S. G. 2003. *Virtual Teams that Work: Creating Conditions for Virtual Team Effectiveness*, Jossey-Bass: San Francisco.

Gibson, C. B. and Zellmer-Bruhn, M. 2001. Metaphor and meaning: an intercultural analysis of the concept of teamwork, *Administrative Science Quarterly*, 46: 274—303.

Gibson, C. B., Maznevski, M. and Kirkman, B. L. (forthcoming). When Does Culture Matter?, in A. Y. Lewin (ed.) *Emerging Research in International Business*, MacMillan Press: New York.

Govindarajan, V. and Gupta, A. K. 2001. *The Quest for Global Dominance: Transforming Global Presence into Global Competitive Advantage*, Jossey-Bass: San Francisco.

Graham, J. L. 1985. Cross-cultural marketing negotiations: a laboratory experiment, *Marketing Science*, 4(2): 130—146.

Greider, W. 1997. *One World: Ready or Not*, Crown Business: New York.

Guillén, M. 2001. Is globalization civilizing, destructive, or feeble? A critique of five key debates in the social science literature, *Annual Review of Sociology*, 27: 235—260.

Gupta, A. K. and Govindarajan, V. 2000. Knowledge flows within multinational corporations, *Strategic Management Journal*, 21(4): 473—496.

Gupta, V. andHouse, R. 2004. Understanding Leadership in Diverse Cultures: Implications of Project GLOBE for Leading International Ventures, in D. Tjosvold and K. Leung (eds.) *Leading in High Growth Asia: Managing Relationship for Teamwork and Change*, World Scientific Publishing: Singapore, pp: 13—54.

Haire, M., Ghiselli, E. E. and Porter, L. W. 1966. *Managerial Thinking: An International Study*, Wiley: New York.

Hanges, P. J., Lord, R. G. and Dickson, M. W. 2000. An information processing perspective on leadership and culture: a case for connectionist architecture, *Applied Psychology: An International Review*, 49(1): 133—161.

Harrison, L. E. and Huntington, S. P. 2000. *Culture Matters: How Values Shaped Human Progress*, Basic

Books: New York.

Harzing, A. W. and Hofstede, G. 1996. Planned change in organizations: the influence of national culture, *Research in the Sociology of Organizations*, 14: 297—340.

Henrich, J., Boyd, R., Bowles, S., Camerer, C., Fehr, E., Gintis, H. and McElreath, R. 2001. In search of homo economicus: behavioral experiments in 15 small-scale societies, *The American Economic Review*, 91(2): 73—78.

Heuer, M., Cummings, J. L. and Hutabarat, W. 1999. Cultural stability or change among managers in Indonesia, *Journal of International Business Studies*, 30(3): 599—610.

Hofstede, G. 1980. *Culture's Consequences: International Differences in Work-Related Values*, Sage: Newbury Park, CA.

Hofstede, G. 2001. *Culture's Consequences* (2nd edn), Sage: Thousand Oaks, CA.

Hong, Y. Y., Chiu, C. Y. and Kung, T. M. 1997. Bringing Culture Out in Front: Effects of Cultural Meaning System Activation on Social Cognition, in K. Leung, Y. Kashima, U. Kim and S. Yamaguchi (eds.) *Progress in Asian Social Psychology*, Vol. 1. Wiley: Singapore, pp: 135—146.

Hong, Y. Y., Morris, M. W., Chiu, C. Y. and Benet-Martínez, V. 2000. Multicultural minds: a dynamic constructivist approach to culture and cognition, *American Psychologist*, 55: 709—720.

House, R. J., Hanges, P. J., Javidan, M., Dorfman, P. and Gupta, V. (eds.) 2004. *GLOBE, Cultures, Leadership, and Organizations: GLOBE Study of* 62 *Societies*, Sage Publications: Newbury Park, CA.

Huntington, S. P. 1996. *The Clash of Civilizations and the Remaking of World Order*, New York: Simon & Schuster.

Inglehart, R. and Baker, W. E. 2000. Modernization, cultural change, and the persistence of traditional values, *American Sociological Review*, 61(1): 19—51.

Jung, K., Ang, S. H., Leong, S. M., Tan, S. J., Pompitakpan, C. and Kau, A. K. 2002. A typology of animosity and its crossnational validation, *Journal of Cross-Cultural Psychology*, 33(6): 525—539.

Kachelmeier, S. J. and Shehata, M. 1997. Internal auditing and voluntary cooperation in firms: a cross-cultural experiment, *The Accounting Review*, 72(3): 407—431.

Kerr, C., Dunlop, J. T., Harbison, F. H. and Myers, C. A. 1960. *Industrialism and Industrial Man*, Harvard University Press: Cambridge, MA.

Kirkman, B. L. and Shapiro, D. L. 2000. Understanding why team members won't share: an examination of factors related to employee receptivity to team-based rewards, *Small Group Research*, 31(2): 175—209.

Kirkman, B. L. and Shapiro, D. L. 2001. The impact of team members' cultural values on productivity, cooperation, and empowerment in self-managing work teams, *Journal of Cross-Cultural Psychology*, 32:

597—617.

Kirkman, B. L. , Lowe, K. and Gibson, C. B. Two decades of culture's consequences: a review of empirical research incorporating Hofstede's cultural values framework, *Journal of International Business Studies.*

Kitayama, S. 2002. Cultural Psychology of the Self: A Renewed Look at Independence and Interdependence, in C. von Hofsten and L. Bäckman (eds.) *Psychology at the Turn of the Millennium*, *Vol.* 2: *Social, Developmental, and Clinical Perspectives*, Taylor & Francis/Routledge: Florence, KY, pp: 305—322.

Klein, K. and Kozlowski, S. W. 2000. *Multilevel Theory*, *Research and Methods in Organizations*, Jossey-Bass: San Francisco.

Kluckhohn, F. R. and Strodtbeck, F. L. 1961. *Variations in Value Orientations*, Row, Peterson: Evanston, IL.

Kostova, T. 1999. Transnational transfer of strategic organizational practices: a contextual perspective, *Academy of Management Review*, 24(2): 308—324.

Kostova, T. and Roth, K. 2003. Social capital in multinational corporations and a micro-macro model of its formation, *Academy of Management Review*, 28(2): 297—317.

Kuhnen, U. and Oyserman, D. 2002. Thinking about the self influences thinking in general: cognitive consequences of salient self-concept, *Journal of Experimental Social Psychology*, 38: 492—499.

Leana, C. R. and Barry, B. 2000. Stability and change as simultaneous experiences in organizational life, *Academy of Management Review*, 25(4): 753—759.

Leonhardt, D. 2003. Globalization hits a political speed bump, *New York Times*, 1 June 2003.

Leung, K. and Bond, M. H. 2004. Social Axioms: A Model for Social Beliefs in Multicultural Perspective, in M. P. Zanna (ed.) *Advances in Experimental Social Psychology*, *Vol.* 36, Elsevier Academic Press: San Diego, CA, pp: 119—197.

Leung, K. , Bond, M. H. , Reimel de Carrasquel, S. , Muñoz, C. , Hernández, M. , Murakami, F. , Yamaguchi, S. , Bierbrauer, G. and Singelis, T. M. 2002. Social axioms: the search for universal dimensions of general beliefs about how the world functions, *Journal of Cross-Cultural Psychology*, 33(3): 286—302.

Leung, K. , Smith, P. B. , Wang, Z. M. and Sun, H. F. 1996. Job satisfaction in joint venture hotels in China: an organizational justice analysis, *Journal of International Business Studies*, 27: 947—962.

Leung, K. and Su, S. K. 2004. Experimental Methods for Research on Culture and Management, in B. J. Punnett and O. Shenkar (eds.) *Handbook for International Management Research* (2nd edn.), Blackwell: Cambridge, MA, pp: 68—97.

Leung, K. , Su, S. K. and Morris, M. 2001a. Justice in the Culturally Diverse Workplace: The Problems of

Over and Under Emphasis of Culture, in S. Gilliland, D. Steiner and D. Skarlicki (eds.) *Theoretical and Cultural Perspectives on Organizational Justice*, Information Age Publishing: Greenwich, CT, pp: 161—186.

Leung, K., Wang, Z. M. and Smith, P. B. 2001b. Job attitudes and organizational justice in joint venture hotels in China: the role of expatriate managers, *International Journal of Human Resource Management*, 12: 926—945.

Levine, R. V. and Norenzayan, A. 1999. The pace of life in 31 countries, *Journal of Cross Cultural Psychology*, 30(2): 178—205.

Lewin, A. Y. and Kim, J. 2004. The National-State and Culture as Influences on Organizational Change and Innovation, in M. S. Poole and A. H. van de Ven (eds.) *Handbook of Organizational Change and Innovation*, Oxford University Press: New York, pp: 324—353.

Liu, I. M. 1986. Chinese Cognition, in M. H. Bond (ed.) *The Psychology of the Chinese People*, Oxford University Press: Hong Kong, pp: 73—105.

Markus, H. and Kitayama, S. 1991. Culture and self: implications for cognition, emotion, and motivation, *Psychological Review*, 98: 224—253.

Marsella, A. J. and Choi, S. C. 1993. Psychological aspects of modernization and economic development in East Asian nations, *Psychologia*, 36: 201—213.

Maznevski, M. L. and Chudoba, K. 2000. Bridging space over time: global virtual team dynamics and effectiveness, *Organization Science*, 11(5): 473—492.

McClelland, D. C. 1961. *The Achieving Society*, Van Nostrand Reinhold: Princeton, NJ.

Meglino, B. M., Ravlin, E. C. and Adkins, C. L. 1989. A work values approach to corporate culture: a field test of the value congruence process and its relationship to individual outcomes, *Journal of Applied Psychology*, 74: 424—432.

Mitchell, R. K., Smith, B., Seawright, K. W. and Morse, E. A. 2000. Cross-cultural cognitions and the venture creation decision, *Academy of Management Journal*, 43: 974—993.

Morris, M. W. and Peng, K. P. 1994. Culture and cause: American and Chinese attributions for social and physical events, *Journal of Personality and Social Psychology*, 67:949—971.

Oyserman, D., Coon, H. M. and Kemmelmeier, M. 2002a. Rethinking individualism and collectivism: evaluation of theoretical assumptions and meta-analyses, *Psychological Bulletin*, 128(1): 3—72.

Oyserman, D., Kemmelmeier, M. and Coon, H. M. 2002b. Cultural psychology, a new look: reply to Bond (2002), Fiske (2002), Kitayama (2002), and Miller (2002), *Psychological Bulletin*, 128(1): 110—117.

Peng, K. P. and Knowles, E. D. 2003. Culture, education, and the attribution of physical causality, *Personality and Social Psychology Bulletin*, 29(10): 1272—1284.

Peterson, M. F., Smith, P. B., Akande, A., Ayestaran, S., Bochner, S., Callan, V., Cho, N. G., Jesuino, J. C., D'Amorim, M., Francois, P. H., Hofmann, K., Koopman, P. L., Leung, K., Lim, T. K., Mortazavi, S., Munene, J., Radford, M., Ropo, A., Savage, G., Setiadi, B., Sinha, T. N., Sorenson, R. and Viedge, C. 1995. Role conflict, ambiguity, and overload: a 21-nation study, *Academy of Management Journal*, 38(2): 429—452.

Ravlin, E. C., Thomas, D. C. and Ilsev, A. 2000. Beliefs about Values, Status, and Legitimacy in Multicultural Groups, in P. C. Earley and H. Singh (eds.) *Innovations in International and Cross-Cultural Management*, Sage: Thousands Oaks, CA, pp: 17—51.

Roth, A. E., Prasnikar, V., Okuno-Fujiwara, M. and Zamir, S. 1991. Bargaining and market behavior in Jerusalem, Ljubljana, Pittsburgh, and Tokyo: an experimental study, *The American Economic Review*, 81 (5): 1068—1096.

Rotter, J. B. 1966. Generalized expectancies for internal versus external control of reinforcement, *Psychological Monographs*, 80: 1—28.

Sarros, J. C. and Woodman, D. S. 1993. Leadership in Australia and its organizational outcomes, *Leadership and Organization Development Journal*, 14: 3—9.

Sassan, S. 1998. *Globalization and its Discontent*, Free Press: New York.

Schaeffer, R. K. 2003. *Understanding Globalization: The Social Consequences of Political, Economic, and Environmental Change*, Rowman & Littlefield: Lanham, MD.

Schein, E. H. 1992. *Organizational Culture and Leadership*, Jossey-Bass: San Francisco.

Schwartz, S. H. 1994. Beyond Individualism/Collectivism: New Dimensions of Values, in U. Kim, H. C. Triandis, C. Kagitcibasi, S. C. Choi and G. Yoon (eds.) *Individualism and Collectivism: Theory, Method, and Applications*, Sage: Newbury Park, CA, pp: 85—119.

Smith, P. B. and Bond, M. H. 1998. *Social Psychology across Cultures* (2nd edn), Allyn & Bacon: Boston, MA.

Smith, P. B., Dugan, S. and Trompenaars, F. 1996. National culture and managerial values: a dimensional analysis across 43 nations, *Journal of Cross-Cultural Psychology*, 27: 231—264.

Smith, P. B., Peterson, M. F. and Schwartz, S. H. 2002. Cultural values, source of guidance, and their relevance to managerial behavior: a 47-nation study, *Journal of Cross-Cultural Psychology*, 33(2): 188—208.

Smith, P. B., Trompenaars, F. and Dungan, S. 1995. The Rotter locus of control scale in 43 countries: a test of cultural relativity, *International Journal of Psychology*, 30(3): 377—400.

Staw, B. M., Sandelands, L. E. and Dutton, J. E. 1981. Threatrigidity effects in organizational behavior: a multi-level analysis, *Administrative Science Quarterly*, 26: 501—524.

Steensma, H. K., Marino, L. and Dickson, P. H. 2000. The influence of national culture on the formation of technology alliances by entrepreneurial firms, *Academy of Management Journal*, 43(5): 951—973.

Tajfel, H. and Turner, J. C. 1979. An Integrative Theory of Intergroup Conflict, in W. G. Austin and S. Worchel (eds.) *The Social Psychology of Group Relations*, Brooks-Cole: Monterey, CA, pp: 33—47.

Thompson, L. and Loewenstein, G. 1992. Egocentric interpretations of fairness and interpersonal conflict, *Organizational Behavior and Human Decision Processes*, 51(2): 176—198.

Tinsley, C. H. and Brodt, S. E. 2004. Conflict Management in Asia: A Dynamic Framework and Future Directions, in K. Leung and S. White (eds.) *Handbook of Asian Management*, Kluwer: New York, pp: 439—458.

Triandis, H. C. 1994. *Culture and Social Behavior*, McGraw-Hill: New York.

Triandis, H. C. 1995. *Individualism and Collectivism*, Westview Press: Boulder, CO.

Turner, J. C. 1987. *Rediscovering the Social Group*, Basil Blackwell: Oxford.

Van de Vliert, E., Schwartz, S. H., Huismans, S. E., Hofstede, G. and Daan, S. 1999. Temperature, cultural masculinity, and domestic political violence: a cross-national study, *Journal of Cross-Cultural Psychology*, 30(3): 291—314.

Van Dyne, L., Vandewalle, D., Kostova, T., Latham, M. E. and Cummings, L. L. 2000. Collectivism, propensity to trust and self-esteem as predictors of organizational citizenship in a nonwork setting, *Journal of Organizational Behavior*, 21: 3—23.

Watson, E. W., Kumar, K. and Michaelson, L. K. 1993. Cultural diversity impact on interaction process and performance: comparing homogeneous and diverse task groups, *Academy of Management Journal*, 36: 590—606.

Weber, E. U. and Hsee, C. K. 1998. Cross-cultural differences in risk perception, but cross-cultural similarities in attitudes towards perceived risk, *Management Science*, 44(9): 1205—1217.

Weber, E. U., Hsee, C. K. and Sokolowska, J. 1998. What folklore tells us about risk and risk taking: cross-cultural comparisons of American, German, and Chinese proverbs, *Organizational Behavior and Human Decision Processes*, 75(2): 170—186.

Weick, K. E. and Quinn, R. E. 1999. Organizational change and development, *Annual Review of Psychology*,

50: 361—386.

Wetlaufer, S. 1999. Organizing for empowerment: an interview with AES's Roger Sant and Dennis Bakke, *Harvard Business Review*, 77(1): 110—123.

Winer, B.J. 1991. *Statistical Principles in Experimental Design* (3rd edn), McGraw-Hill: New York.

Yamagishi, T. 2003. Cross-Societal Experimentation on Trust: A Comparison of the United States and Japan, in E. Ostrom and J. Walker (eds.) *Trust and Reciprocity*, Russell Sage Foundation: New York, pp: 352—370.

Yamagishi, T., Cook, K.S. and Watabe, M. 1998. Uncertainty, trust, and commitment formation in the United States and Japan, *American Journal of Sociology*, 104: 165—194.

Yates, J.F., Lee, J.W., Shinotsuka, H., Patalano, A.L. and Sieck, W.R. 1998. Crosscultural variations in probability judgment accuracy: beyond general knowledge overconfidence?, *Organizational Behavior and Human Decision Processes*, 74(2): 89—118.

Yates, J.F., Zhu, Y., Ronis, D.L., Wang, D.F., Shinotsuka, H. and Toda, M. 1989. Probability judgment accuracy: China, Japan, and the United States, *Organizational Behavior and Human Decision Processes*, 43: 145—171.

Zellmer-Bruhn, M., Gibson, C.B. and Earley, P.C. 2002. Some of these things are not like the others: an exploration of heterogeneity in work, Paper Presented at the National Academy of Management Meetings, Denver, CO.

Zhang, X., Zheng, X. and Wang, L. 2003. Comparative research on individual modernity of adolescents between town and countryside in China, *Asian Journal of Social Psychology*, 6: 61—73.

作者简介

Kwok Leung(梁觉)是香港城市大学的管理学教授。他的研究领域包括公正和冲突、国际商务和跨文化心理学。他是《国际商务研究》(JIBS)的编辑和多本期刊的编辑顾问,包括 *Journal of Applied Physics*、*Organizational Research Methods* 和 *Journal of Management*。他同时担任管理学会(AOM)研究方法分支的主席。

Rabi S. Bhagat 从美国伊利诺伊大学香槟分校获得博士学位,是孟菲斯大学 Fogelman 商学院组织行为学和国际管理教授。他的研究兴趣包括组织知识创造、传播,以及传递的国际化与跨文化差异、压力、组织认知等。

Nancy R. Buchan 是威斯康星大学麦迪逊分校市场营销的助理教授。她的研究关注信任和互惠性在国家、文化和性别上的差异。她的研究发表于 *American Journal of Sociology*、*American Economic Review*、*Journal of Consumer Research* 和 *Journal of Economic Behavior and Organization*。

Miriam Erez 是以色列理工大学工业工程和管理学院管理和经济学的 Mendes France 教授。她的研究关注跨文化管理、工作动力和创新。她主要研究文化在管理实践和绩效关系上的调节作用，以及跨国企业中全球化和本土文化的相互作用。

Cristina B. Gibson 目前是加利福尼亚大学欧文分校管理学院的副教授。她的研究兴趣包括团队中的群体认知、互动和有效性，文化对工作行为的影响，以及国际管理。

测量企业的国际化程度*

Daniel Sullivan
University of Delaware

吴 冰 译 韩玉兰 校
（华东理工大学商学院）

尽管有实证和工具性研究，企业国际化程度的测量信度仍然存在不足。我们收集了74家美国制造业跨国公司在9个属性上的数据。信度分析、因子分析和频率分析表明，9个属性中的5个变量的线性组合可以用来测量企业国际化程度，该量表的信度系数为0.79。我们讨论了此量表的统计学和概念性特征，以及它们对内容效度和构念效度的意义。

国际商务理论的验证与理论发展的稳健性并不相称。理论的证实一直受制于缺乏可靠的测量、无法解决接下来测量误差的不良影响，以及最终无法建立内容和构念效度。构建测量效度的一致性方法的缺失导致许多不连贯和不可信的实证研究，产生了很多仅得到部分验证或者未验证的假设，并且将理论构建过程与假设检验相分离。因此，我们无法建立一个为后续研究提供帮助的理论性、衍生性、经验性的概念累积结构。

例如，不考虑在理论和实践中的中心地位，企业国际化程度（DOI）的评估仍然比较武断。许多研究者依赖于零散建构的、甚至无结构的工具性方法的归纳框架，试图通过检验企业国际扩张中的人口统计学、战略、市场、组织、产品和态度特征间关系的演化、结构和过程，来推断企业的国际化程度（Johanson 和 Vahlne，1977；Forsgren，1989；Welch 和 Luostarinen，1988）。格式塔类型（gestalt-type）方法有争议的外部效度也被证实存在问题。这些测量不能反映测量信度并进而反映解释效度（Phillips 和 Bagozzi，1985）。这种方法趋向放大或缩小观察到的变量间关系，因此提高了接受结果的可能性未考虑它们与现有理论的矛盾（Nunnally，1978）。假定被调查者、研究者或者助手必须要从宏观现象中进行推断、假设对象的动机与整合任务和事件，那么工具性研究容易受到超出通常数量的随机误差的影响（Seidler，1974）。当一个研

* 原文刊于 *Journal of International Bussiness Studies*，25（2）：325—342，1994。

Measuring the degree of internationalization of a firm，Daniel Sullivan，*Journal of International Business Studies*，1994，volume 25，issue 2，经 Palgrave Macmillan 授权出版。

作者感谢南卡罗来纳大学的 Alan Bauerschmidt 教授对作者最初的鼓励。

究者进行了电话调研，接下来的分析就会受到他对此过程的解释的影响（Ericsson 和 Simon，1980）。最后，在上述两个例子中，重构国际化特殊的序列需要准确描述出许多事件和关系；未能确定、阐述和控制测量中的随机和系统误差会导致不一致的估计（Cook 和 Campbell，1979）。这些问题的后果可由研究国际化过程的相互矛盾的报告得到证明，正如 Johanson 和 Vahlne（1977）所假定的那样。Cavusgil 和 Godiwalla（1982:53）总结认为"对英国、瑞典、法国和美国企业的研究都支持国际化的渐进形式"。其他研究者发现渐进国际化的论点无法解释企业国际化现象（Millington 和 Bayliss，1990；Sullivan 和 Bauerschmidt，1990；Turnbull，1987）。

为了寻找更高的精确度，许多学者应用实证原则，尝试通过使用单一标准来辨别 DOI。这些学者研究了单个自变量和因变量间的关系，运用演绎方法进行结构分析。DOI 的代表性变量包括外国子公司的销售额占总销售额的比例（Stopford 和 Dunning，1983）、国外资产占总资产的比例（Daniels 和 Bracker，1989）、外国子公司数量（Stopford 和 Wells，1972）。当然，单一项目方便了研究的重测。但是，这些方法的混杂使用既不能帮助建立规范的标准，也不能澄清测量的内容效度。这些问题都是不可避免的。单一项目不允许学者在分析中考虑测量误差（Campbell 和 Fiske，1959；Schoenfeldt，1984）。就假设检验来说，无法检验单项目的信度会导致增加类型Ⅰ或类型Ⅱ错误的可能性（Bagozzi，Youjae 和 Phillips，1991）。Nunnally（1978）指出，使用单一项目测量会产生风险，易被现有的方法误差干扰。而且，使用同种方法来得到自变量和因变量的测量会人为地提升所观察到的变量间的关系（Bollen，1989；McDonald 和 Marsh，1990）。此外，由于单一项目代表了有限的信息，它会歪曲构念。相似地，当仅有单个项目——或甚至只有多属性概念的单一方面——被使用时，任何会扭曲测量效度的异常情境都会干扰（假如没有破坏）研究结果（Nunnally，1978）。最后，使用单一项目的研究经常采用参数统计技术，但是忽略了 Mitchell（1985）所强调的用于控制方法误差的许多因素，它们可以确保与自己所假定不存在测量误差的假设相一致。

因此，我们经常缺乏统计证据来支持测量和概念所符合的前提假设。Buckley 和 Casson（1983:201），以及 Geringer、Beamish 和 daCosta（1989:118）阐明了这个局限；通过报告采用单一项目测量 DOI 得到的结果，前者将企业国际化结果的"不一致结论"归结于 DOI 精确测量的问题，而后者提醒他们的"国际化水平单一项目指标代表了粗略的测量，未来的研究可以改进操作化定义"。因此，就可能的（假如不是很可能的）实证研究中的测量误差而言，看似例行的警告强调了这种风险，即单一项目测量也许会导致虚假的验证或者歪曲所谓的国际化构成关系的估计。

一个案例

也许有人反驳说，上述矛盾和局限是因为研究尚未达到决定性数量所导致的副产品。一个具体的例子可以反驳此猜测。国际商务的一个基本问题是:企业进行国际多样化经营是否提升了财务绩效。先验地,成千上万的企业实践表明这是正确的。然而,文献却证明是无效的。根据是否发现了正向、不明确或者负向关系,我们对17篇分析DOI和财务绩效间关系的实证研究进行了分类。表1表明6个研究报告了正向关系,6个研究报告了不明确关系,5个研究报告了负向关系。DOI和财务绩效间关系的理论清晰性使这些实证上的不一致更加令人困扰。寻求合理解释促使我们需要对这17个研究进行评估。表2表明了现有研究对代表性和多样性企业以及发展有意义的财务绩效度量的极大关注。然而,就其一致性而言,使用国外收入占总收入(FSTS)比例的方法不可避免地被视为DOI的唯一测量指标;这17个研究都将此比率作为自变量。无论如何我们决不会选择性地包含仅仅将FSTS设为自变量的研究。我们对研究的选择是随机的。实际上,收录较少数量的研究将只会进一步夸大地认为,DOI和财务绩效的绝大多数实证研究对DOI构念的估计使用了本质上不可信、最多也只具有推测性效度的测量。总是使用FSTS的后果是显而易见的:我们不能确切地阐明国际多样性会提高企业的财务绩效。

表1 企业国际化程度和财务绩效间关系的方向

正向	不确定	负向
Vernon(1971)	Horst(1973)	Siddharthan 和 Lall(1982)
Dunning(1985)	Hughes, Logue 和 Sweeny(1975)	Kumar(1984)
Grant(1987)	Buckley, Dunning 和 Pearce(1977)	Michel 和 Shaked(1986)
Grant, Jammine 和 Thomas(1988)	Rugman, Lecraw 和 Booth(1985)	Shaked(1986)
Daniels 和 Bracker(1989)	Yoshihara(1985)	Collins(1990)
Geringer, Beamish 和 daCosta(1989)	Buhner(1987)	

表2 财务绩效和国际化程度间关系的实证研究概要

研究	样本	DOI 测量	绩效测量	报告
Vernon(1971)	1964 年的财富 500 强	FSTS	ROS(销售收益率) ROA(资产收益率)	跨国公司比非跨国公司获得更高的 ROS 和税后 ROA
Horst(1973)	1 191 家美国工业企业	FSTS	净利润	控制企业规模后,不能依据净利润区分跨国公司和非跨国公司
Hughes, Logue 和 Sweeny(1975)	46 家美国跨国公司 50 家美国非跨国公司	FSTS	β;风险调整后的回报	跨国公司有更高的风险调整后的股东回报、但较低的股东平均回报和平均 β
Siddharthan 和 Lall(1982)	1972 年的 500 家最大的美国跨国公司和 100 家最大的非跨国公司	FSTS	企业增长	控制企业规模、广告强度、研发强度、规模经济和利润,DOI 对企业增长率有负向影响

（续表）

研究	样本	DOI 测量	绩效测量	报告
Kumar(1984)	1972—1976 年的 672 家英国企业	FSTS	ROS,ROA	跨国公司的 ROS 和 ROA 比非跨国公司高;但是 OLS 回归表明 FSTS 和利润间负向但不显著的关系
Buckley, Dunning 和 Pearce(1977)	1972 年的 636 家和 1977 年的 866 家全球最大的跨国公司	FSTS	ROA	结果“有些不一致”;虽然 1972 年的全部样本统计显著,但 1977 年的全部样本和美国样本不显著
Dunning(1985)	1979 年的 188 家最大的英国跨国公司	FSTS	ROS	国际化程度与 ROS 存在正向但统计上不显著的关系
Yoshihara(1985)	118 家最大的日本企业	FSTS	ROE(净资产收益率)	跨国公司的 ROS 比非跨国公司高,但是差别在统计上不显著
Rugman, Lecraw 和 Booth(1985)	最大的 50 家美国、50 家欧洲、20 家日本、10 家加拿大和 24 家第三世界跨国公司	FSTS	ROE	不支持跨国公司的超额利润。大多数跨国公司的 ROE 在 10%—14%,与相似规模的国内企业类似
Shaked(1986)	1980—1982 年的 58 家美国跨国公司和 43 家非美国跨国公司	FSTS	ROA,β	跨国公司的 ROA 与国内企业间没有显著差异。跨国公司比国内企业有更低的系统风险、破产可能和股权波动,但也经受更低的销售增长
Michel 和 Shaked (1986)	1973—1982 年的 58 家美国跨国企业和 43 家非美国跨国企业	FSTS	风险调整后的回报	就风险调整后的股东回报而言,国内企业比跨国公司要高
Grant(1987)	1968—1984 年的 304 家英国企业	FSTS	销售增长;ROS, ROA, ROE	在 13 年中,国际化与高额利润正相关
Buhner(1987)	40 家西德企业	FSTS	风险调整后的回报,ROE,ROA	高度国际化的单一业务的企业比其他企业绩效好,其他企业间的绩效没有显著差异
Grant, Jammine 和 Thomas(1988)	1972—1984 年的 304 家英国企业	FSTS	ROA	高水平的 DOI 和利润的显著下降间未发现相关
Daniels 和 Bracker(1989)	116 家美国跨国公司	FSTS;FATA	ROS,ROA	当 FSTS 和 FATA 提升到 50% 时,绩效会显著提高。尽管不显著,绩效似乎在 FSTS 和 FATA 超过此阈值后会下降
Geringer, Beamish 和 daCosta(1989)	1981 年最大的 100 家美国和 100 家欧洲的跨国公司	FSTS	ROS,ROA	当 FSTS 增长时,财务绩效单调提高,当 FSTS 跨过 60%—80% 国际化水平的门槛后,财务绩效上升到最高点后开始下降
Collins(1990)	财富 500 强中的 150 家企业	FSTS	总风险,财务杠杆率,B	在发达国家 DFI(直接对外投资)的跨国企业的绩效与本国企业相同,但是在发展中国家经营业务的跨国公司比其他跨国公司和本国企业的绩效要差

研究问题

Fiske(1982:82)指出,方法误差在社会科学研究中是"到处都有,无处不在"的。Phillips 和 Bagozzi(1985)以及 Bagozzi,Youjae 和 Phillips(1991:405)也表示赞同,并且认为在现有的组织研究中,方法误差"不仅到处都是,而且相对较大"。更精确地,Schmidt 和 Hunter(1981)报告说,相关研究中多达 72% 的方差可归因于测量和样本误差。考虑到上面提及的矛盾和警告以及表 1 和表 2 的含义,很少有理由相信国际商务研究是不受此问题影响的。本文力图说明此缺陷,并进一步阐述如何提高测量企业 DOI 的内容效度。我们从两个因素进行分析:一是,推理上说,最终测量方法试图整合工具性和实证性方法;二是最终测量仅使用档案数据以推进复制研究。

研究方法

样本

自 1979 年以来,福布斯每年依据国外总收入,进行"最具国际化"的 100 家美国制造业和服务业企业排名。从 1979 年到 1990 年,福布斯排名包括了 119 家制造企业。本研究样本包含其中的 74 家企业。① 毫无疑问,这个跨国公司样本存在许多抽样和标准偏差。我们认为前者较为轻微,因为这 74 家跨国公司代表了那些会被使用最终测量方法进行研究的企业类型。Chandler(1986:409)提供了进一步的证据。他对跨国公司的演化分析发现,从 19 世纪 80 年代以来,七个产业中的企业——食品、化工及相关产品、医药、石油及冶炼、工业机械、电子和交通运输——构成了美国的大部分跨国公司。② 更精确地,他报告说,200 家美国最大跨国公

① 74 家跨国公司的样本包括 49 家每年都上榜的企业和 25 家在 1990 年上榜但不属于前面 49 家的企业。就 25 家企业而言,这些企业在 1—10 年中一直有排名,其分布偏向较高的频率。本研究排除的 46 家制造企业或者早期有排名,或者偶尔有排名,或者此后私有化、与其他企业合并或被收购。

② Chandler(1986:444)报告说,美国的跨国公司"仍旧聚集于相同类型的产业中,在大多数这些产业中,本世纪(20 世纪——译者)最初十年的领导者仍然是本世纪九十年代的领导者"。

司中的大约 74% 一直来自这些产业。这七个产业占我们样本的 83%。

就标准偏差而言,福布斯对跨国公司的排名是根据国外收入的绝对水平。依据其他标准对跨国公司排名会改变本样本的构成。然而,正如 Buckley,Dunning 和 Pearce(1977),Beamish 和 daCosta(1984),Stopford 和 Dunning(1983)以及 Daniels 和 Bracker(1989)所做的,我们认可这样的前提,即企业的国外销售额是参与国际商务的重要一阶测量指标。

研究变量

Nunnally(1978:258)总结认为,“既然内容效度依赖于对重要内容充分覆盖的理性诉求,内容的清晰概要提供了讨论内容效度的基础”。文献建议企业的 DOI 有三个属性:绩效[在海外经营得如何,Vernon(1971)]、结构[海外资源是什么,Stopford 和 Wells(1972)]和态度[管理层的国际导向是什么,Perlmutter(1969)]。综合性研究强调 DOI 不是一个绝对状态,而是管理者相对于国内环境所做出的一个连续选择(Forsgren,1989;Welch 和 Luostarinen,1988)。因此,所有的测量指标都是比率。正如前面提到的,从来不缺少潜在的测量方法。然而,我们仅使用档案数据的规则要求我们只能包含和设计我们能够客观估计的测量(如果需要)。

有五种方法操作化定义了国际化的绩效属性。DOI 的常用测量包括外国收入占总收入的百分比(FSTS)(Daniels 和 Bracker, 1989;Geringer,Beamish 和 daCosta, 1989;Stopford 和 Dunning, 1983)。Caves(1982: 198)指出,“研发活动预示了跨国企业的兴起”,Franko(1989: 470)的进一步研究发现,研发集中度(RDI)是“在全球竞争中获取市场份额中最重要的也可能是唯一最重要的方法”,因此我们包括了此变量。相似地,Caves(1982:10),Capon,Farley 和 Hoeing(1990)以及 Keown,Synodinos,Jacobs 和 Worthley(1989)认为跨国公司销售部门的规模[一般由广告强度(AI)来定义]有助于解释企业的国际化参与。Sullivan 和 Bauerschmidt(1989)认为,出口活动的程度——出口销售额占总销售额的百分比(ESTS)——能区分美国企业和欧洲企业的国际化程度。最后,Eppink 和 Van Rhijin(1988)建议将国外利润占总利润(FPTP)的百分比作为 DOI 的估计。

有两个测量方法操作化定义了 DOI 的结构属性。Daniels 和 Bracker(1989)使用国外资产占总资产的百分比(FATA)来估计企业重要的国际属性。相似地,Stopford 和 Wells(1972)以及 Vernon(1971)认为国外分支机构的数量可以区分企业的国际参与度。跨国公司间分支机构的规模和范围的变化,促使通过计算国外分支机构数量相对于企业不同运营单位的总数量,来将此指数标准化为海外分支机构占总分支机构的百分比(OSTS)。

测量DOI的态度属性很难,因为档案数据没有记录经理人或企业的心理测量学特性。虽然实证文献也未提供标准,但概念研究提出了替代方法。Perlmutter(1969)和Maisonrouge(1983)认为高层管理者的国际导向是与他的国际经验正相关的。因此,我们首先使用企业资料和在每个经理人职业历史报告中的概述,通过测量高层管理者从事国际事务的累积时间来测量国际经验(TMIE)。我们进一步将企业记录的高管团队工作经验的总年数作为权重进行加权。①

第二种态度测量试图估计企业国际化经营的心理分散度。Johanson和Vahlne(1977)详细阐述了有限理性的概念(March和Simon, 1958),他们报告说,母国和东道国的互动范围(依据心理距离的程度)与企业国际化显著相关。② Sullivan和Bauerschmidt(1990)通过估计企业海外分支机构的地理分布来操作化定义心理距离。我们延续相同的逻辑,但是通过使用企业在世界上十个心理区域[由Ronen和Shenkar(1985)提出]的分支机构的分散程度来估计国际运营的心理分散度(PDIO)。③ 正如Hofstede(1993:84)与Adler,Doktor和Redding(1986)所建议的,每个区域有一种唯一的管理规则的"认知地图"。因此,我们假定一个跨国公司的分支机构在这十个区域的分散程度越大,它进行国际化运营的心理分散度也越大。

---

① 由于职业变动的可能性和存在未记录的公司附属机构,这种统计也许会低估高层经理人的国际经验。然而,考虑到由*Directory*规定的报告条件以及职业简历形式和范围的规范,我们假设这种情况属于样本间系统性变异。

② Johanson和Vahlne(1977)认为,企业的国际扩张是用一种系统化的方式从母国市场辐射出来的:企业的运营首先扩张到那些与企业认知特性和资源特性最匹配的市场中,并最终扩张到最不匹配的市场中。由于扩展企业的国际运作需要应对在不熟悉的市场中日趋复杂的不确定性,类同心化的扩展(quasi-concentric expansion)模式就产生了。

③ Ronen和Shenkar(1985)的跨文化研究的元分析将世界分解为十个心理区域——"英美、德国、北欧、近东、阿拉伯、远东、拉丁美洲、拉丁欧洲、独立的及其他"。我们使用这些分类作为模板来评估每个企业分支机构的心理分布。例如,假如公司Y报告了下列分布:

分支机构的区位	心理区域
1. 奥地利	1. 德国系
2. 加拿大	2. 英美系
3. 比利时	3. 拉丁欧洲
4. 智利	4. 拉丁美洲
5. 中国香港	5. 远东
6. 希腊	6. 近东
7. 百慕大群岛	7. 其他

然后,根据在相应区域运营一家分支机构进行打分并赋值70%。

数据来源

我们使用来自 PC-Compustat 和 Annual Reports 的数据计算 FSTS、RDI、AI、ESTS、FPTP 和 FATA。为了估计 TMIE，我们使用 Dun's Reference Book of Corporate Managements(1991)所报告的高层经理人职业历史。Dun's Directory of American Corporate Families 和 International Affiliates 卷一与卷二(1991)提供了测量 OSTS 和 PDIO 所需分支机构的频度和分布。我们计算了 1988—1990 年三年间 FSTS、FATA、RDI、AI、ESTS 和 FPTP 的平均值，以便控制汇率和会计准则的变动。由于 OSTS、TMIE 和 PDIO 相对较慢的变化率和数据获取限制，我们使用了 1990 年每个跨国公司在每个属性上的单一值进行测量。

数据分析

Nunnally(1978:257)指出"尽管对专门的测量问题存在竞争性模型，线性模型却没有与其竞争的其他一般性分析模型"。线性模型的优越性来自单一项目线性组合的能力，它可以降低测量误差、控制混淆度并能够估计信度(Bagozzi, Youjae 和 Phillips, 1991)。因此，我们使用 Nunnally(1978)的"构建同质化测量的'项目—总分'分析(item-total analysis)"方法来估计 DOI 单一测量的线性组合的内部一致性。① 这个技术将每个潜在项目与修正后的量表分数进行相关，修正后的量表分数定义为所有其他项目分数的总和。"好"项目是那些与量表分数显著相关的。在本研究中，"好"项目是那些与量表相关超过 0.291 的项目，0.01 的显著性阈值来自二元正态分布中检验零相关的关键值。理想情况下，这个方法可以识别一系列的测量，这些测量作为一个量表有高 α 系数并且作为同类可以聚合在一个因子上。如果这样，最终的检验就是所使用的跨国公司样本在测量量表中的值是否服从正态分布。为了充实我们的分析，我们也评估了两个有关的担忧：相对于传统单一项目测量的多项目量表的相对稳健性和标准偏差的程度。

① 人们可以使用三种技术中的任意一种来建立测量信度：内部一致性是关注一个量表中项目的相关程度；测量—重测信度关注一个量表随时间推移的稳定程度；评分者信度关注在多个独立评判人间的一致程度。测量—重测信度和评分者信度不适用于我们所研究的问题，这促使我们使用评估量表中各项目的内部一致性。

结果

在本样本的74家企业中，没有一类企业是占绝对多数的：有3家企业生产单一产品，18家企业有主导产品，25家企业各自的技术产品具有关联，10家企业各自的营销产品具有关联，7家企业各自的营销和技术产品具有关联，11家企业各自的产品间互不关联。① 平均下来，每家企业涉及了19个不同的4位SIC类别②，最低为5个，最高为51个。样本偏向于大型跨国公司：1990年，企业在财富500强的平均排名是第53；63家企业排在财富100强中；各企业排名从1到152。

我们对9个变量使用项目—总分分析来构建同质性测量方法。最终的量表信度α值是0.58。有两个情况需要进一步分析：首先，ESTS($r_{is}=-0.09$)、AI($r_{is}=0.07$)、RDI($r_{is}=0.04$)和FPTP($r_{is}=0.02$)的项目—总分相关系数低于临界值 $r_{is}\geq 0.291$；然后，Nunnally(1978:245)建议"在研究的早期阶段，0.70或更高的信度就足够了"。进一步检验发现，包含FSTS($r_{is}=0.30$)、FATA($r_{is}=0.41$)、OSTS($r_{is}=0.32$)、TMIE($r_{is}=0.37$)和PDIO($r_{is}=0.42$)的量表达到了最高的信度(α为0.79)。我们将这些变量的组合称为"国际化程度量表"(DOI_{INTS})(见表3)。

表3　研究变量的描述性统计和相关系数

	平均值	SD	FSTS	FPTP	RDI	Al	ESTS	FATA	OSTS	TMIE	PDIO
FSTS	0.361	0.14	1.00								
FPTP	0.472	0.84	0.91	1.00							
RDI	0.041	0.17	-0.01	-0.11	1.00						
Al	0.036	0.21	-0.01	0.02	-0.03	1.00					
ESTS	0.073	0.56	-0.14	-0.18	0.30	-0.20	1.00				
FATA	0.318	0.14	0.87	0.80	-0.01	0.07	-0.20	1.00			
OSTS	0.552	0.19	0.61	-0.18	0.53	0.29	0.22	0.48	1.00		
TMIE	0.095	0.08	0.32	0.11	-0.01	0.21	-0.01	0.27	0.14	1.00	
PDIO	0.742	0.18	0.46	-0.003	0.21	0.06	-0.06	0.34	0.45	0.35	1.00

① Rumelt(1974)建议，由企业产品间的"相关"程度所定义的企业"类型"间的关系可以区分产业企业的特征。Rumelt指出，企业产品间的相关程度深刻影响着产品生命周期的压力以及协同的可能。正因如此，不同类型的企业经历着国际化运作的不同产品压力。

② Standard Industrial Classification，标准产业分类代码，由4位数字组成，是美国政府为了确定商业机构主营业务所设立的——译者注。

因子分析表明,单一因子构成了 DOI_{INTS}(见表 4)。因子的碎石检验和特征值证实了此结构。因子载荷明确了因子和测量间的关系。公因子方差(可能除了 TMIE 的以外)表明每个项目都可以解释变量中较高比例的方差。

表 4 国际化程度量表因子分析的最终结果

因子	变量	载荷	共同度
1	OSTS	0.9228	0.8515
	FSTS	0.9137	0.8488
	FATA	0.8808	0.7125
	PDIO	0.7465	0.7125
	TMIE	0.6806	0.4632
特征值 2.8133			

最终的检验是评估 74 家企业的 DOI_{INTS} 值的正态分布。为此需要将 FSTS、FATA、OSTS、TMIE 和 PDIO 处理为线性组合,并对每个跨国公司分别进行求和(见表 5)。由于类的数量显著影响了分布情况,我们借鉴 Anderson, Sweeny 和 Williams(1983)来确定类的宽度。作图表明 DOI_{INTS} 值呈正态分布。分布的拟合优度检验证实了这个推断:χ^2 值 5.73 小于检验统计量 $\chi^2_{0.05}=5.99$。标准化量表分数图也满足切比雪夫定律。

因使用福布斯数据而需要评估标准偏差的程度促使我们进行了两个检验。第一个考察 74 家跨国公司在 DOI_{INTS}、FSTS、FATA、OSTS、PDIO 和 TMIE 排名的对应程度。对应的频率可以被看做具有偶然性。[①] 第二个考察 DOI_{INTS} 与 5 个单独测量项目间的 Kendall t 值。所有值均在 0.0001 水平上显著。[②]

① 根据 DOI_{INTS} 和 FSTS 进行企业排名所出现的交集,仅有两个企业有相同的排名(见表 6);对于 DOI_{INTS} 和 FATA,4 个企业排名相同;对于 DOI_{INTS} 和 OSTS,6 个企业排名相同;对于 DOI_{INTS} 和 TMIE,5 个企业排名相同;对于 DOI_{INTS} 和 PDIO,4 个企业排名相同。

② 每个关系的强度如下:DOI_{INTS} 和 FSTS($t=0.68$),DOI_{INTS} 和 FATA($t=0.64$),DOI_{INTS} 和 OSTS($t=0.57$),DOI_{INTS} 和 TMIE($t=0.41$),DOI_{INTS} 和 PDIO($t=0.45$)。

表 5　样本公司的 DOI_{INTS} 测量值

公司	DOI_{INTS}	公司	DOI_{INTS}
1. CPC	3.13	38. Albbot	2.10
2. Exxon	3.02	39. Allied Signal	2.10
3. Colgate-Palmolive	2.97	40. Caterpillar	2.08
4. IBM	2.91	41. Kimberly Clark	2.08
5. Gillette	2.90	42. Borden	2.00
6. Mobil	2.86	43. Philip Morris	2.00
7. Pfizer	2.83	44. Alcoa	1.97
8. American Brands	2.82	45. Dresser	1.95
9. DEC	2.81	46. Emerson Electric	1.94
10. Hewlett Packard	2.77	47. Union Carbide	1.94
11. Dow Chemical	2.75	48. Amoco	1.92
12. Merck	2.65	49. PPG	1.91
13. Johnson 和 Johnson	2.62	50. Quaker Oats	1.90
14. Coca-Cola	2.61	51. General Motors	1.88
15. Eli Lilly	2.59	52. Scott Paper	1.82
16. AMP	2.58	53. Rockwell Int'l	1.81
17. Avon	2.50	54. WR Grace	1.81
18. Motorola	2.45	55. Deere	1.75
19. Warner Lambert	2.45	56. Tenneco	1.74
20. Black 和 Decker	2.44	57. TRW	1.64
21. NCR	2.43	58. Baxter Travenol	1.64
22. Texaco	2.35	59. Sara Lee	1.63
23. 3M	2.33	60. Pepsi Cola	1.57
24. Procter 和 Gamble	2.32	61. Ralston-Purina	1.57
25. American Cyanamid	2.31	62. International Paper	1.54
26. Goodyear	2.31	63. United Technologies	1.52
27. Unisys	2.30	64. Chevron	1.51
28. Heinz	2.29	65. Honeywell	1.44
29. Bristol-Myers	2.29	66. Xerox	1.38
30. Kellogg	2.27	67. Whirlpool	1.38
31. Eastman-Kodak	2.25	68. Atlantic Richfield	1.18
32. Intel	2.23	69. Westinghouse	1.13
33. Monsanto	2.17	70. General Electric	1.06
34. Ford	2.14	71. Phillips Petroleum	1.00
35. E.I. Dupont	2.14	72. Chrysler	0.94
36. Amer Home Products	2.13	73. Unocal	0.91
37. Texas Instruments	2.12	74. Sun	0.54

计算方法

构成 DOI_{INTS} 的 5 个变量——FSTS、FATA、OSTS、PDIO、TMIE——是比例变量。因此，每个企业的取值范围是从 0.0(绝对没有国际化)到 5.0(绝对完全国际化)。我们通过下列运算计算每个企业的值：

$$FSTS + FATA + OSTS + PDIO + TMIE = DOI_{INTS}$$

举例来说，IBM 的 DOI_{INTS} 为 2.91，由下列公式导出：

$$0.59_{FSTS} + 0.50_{FATA} + 0.77_{OSTS} + 0.90_{PDIO} + 0.15_{TMIE} = 2.91$$

表 6　六个国际化程度指标上的公司排名

公司	DOI_{INTS}	FSTS	FATA	OSTS	TMIE	PDIO
CPC	1	12	9	14	1	1
Exxon	2	1	1	26	26	28
Colgate Palmolive	3	3	3	28	19	20
IBM	4	6	10	8	21	15
Gillette	5	2	2	19	10	46
Mobil	6	4	8	49	7	1
Pfizer	7	22	31	4	2	18
American Brands	6	15	11	1	38	17
DEC	9	9	7	3	25	43
Hewlett Packard	10	12	20	5	29	19
Dow Chemical	11	8	5	31	16	14
Merck	12	17	30	9	13	17
Johnson 和 Johnson	13	14	14	11	70	21
Coca-Cola	14	6	4	35	31	39
Eli Lilly	15	33	25	2	23	8
AMP	16	10	16	7	57	38
Avon	17	8	6	38	14	48
Motorola	18	13	29	13	43	41
Warner Lambert	19	18	40	12	5	57
Black 和 Decker	20	23	13	37	15	40
NCR	21	4	17	15	35	62
Texaco	22	20	64	51	6	1
3M	23	21	25	46	9	35
Procter 和 Gamble	24	39	51	23	3	34
American Cyanamid	25	28	23	33	22	37

讨论

统计上来说,本文结果表明 DOI_{INTS} 提供了一种有意义的企业 DOI 的测量方法。项目—量表的显著相关、符合要求的 α 系数①、精简的因子结构和分布的正态性证明 DOI_{INTS} 达到了统计标准。单独使用档案数据来操作化定义属性变量,通过使复制研究成为可能,促使发展出一种测量的功能性标准。从概念上看,我们相信 DOI_{INTS} 是对其他测量方法的一个改进。至少,长期以来 DOI 测量的武断性表明,任何改进都是有益的。更重要地,通过在理论检验前提供一种方法将测量误差的影响剖离,DOI_{INTS} 表明了测量误差对研究结果有效性的威胁。因为 DOI_{INTS} 整合了工具性和实证性的方法,它会受益于两种技术的优点而弥补它们的不足。Nunnally(1978:264)观察到"不考虑在项目分析中所得到的结果,使用或不使用一个项目的最终决策主要基于人们的判断"。本研究的结果降低了这种情况的可能。DOI_{INTS} 的要素——绩效(FSTS)、结构(FATA 和 OSTS)和态度(TMIE 和 PDIO)——与理论一致。

前述案例的再讨论

回到我们前面的观点,表 1 的混乱似乎是不可避免地使用 FSTS 作为 DOI 的估计。对此问题需要进行检验。原则上,Anderson,Sweeny 和 Williams(1983)认为,推断过程的优度是分布的拟合优度的函数。实践上,预先假定我们使用 FSTS 作为 DOI 的估计来评估同样 74 家跨国公司的一些属性,那么 FSTS 的分布是正态的吗? 如果是,那么这个结果将挑战 DOI_{INTS} 对 FSTS 所谓的优势。相反地,FSTS 分布的非正态性将会证实其具有测量误差过度的倾向。

为了确保严谨性,用于本检验的数据是 1988—1990 年 74 家跨国公司 FSTS 的三年均值。如此短期的平滑性有助于中和数据中的不规则并提升正态分布的可能性。FSTS 分布图表明了不规则性。分布的拟合优度 $\chi^2_{0.05}=25.62$,超过了检验统计量 $\chi^2_{0.05}=5.99$。

这个结果表明,使用一个构念的单一项目测量会产生风险,使得任何可能歪曲测量效度的异常情况会干扰或破坏结果的优度。更精确地,使用 FSTS 作为 DOI 单独指标的研究设计

① Nunnally(1978)指出,0.70 的 α 值是探索性努力的较低界限。超过这个值,可以肯定在项目间存在强关系,并且获得了充分的抽样范围。

易遭受风险，许多与“真正”国际化无关的因素会导致研究周期内，企业的国外销售额可能会人为地膨胀或者紧缩。例如，跨国公司将来自不同国家货币的国外销售额整合成一个单一计价标准，企业间货币组合的极端变动或仅仅货币兑换率的一个随机波动都会破坏 FSTS 的意义。既然单一测量的本质排除了信度的估计，使用这种测量作为经验研究的基础会在不知不觉中造成潜在的偏差数据、有缺陷的分析和无意义或误导的结果。

最后，单一项目和多项目测量的对比证实了本文的主题，即多项目量表，如 DOI_{INTS}，更可能利用企业 DOI 构念全部含义中的更多有效内容。因此，使用多项目量表可以进一步确保那些可能导致测量量表一个维度无效的情况不会造成整个测量量表无效。假如误差是对测量特有的，那么使用多项目量表就会使误差抵消或者施加更多的随机效应，因此提升了数据的优度，并最终提升推断的优度。

结论

心理测量学文献认为，可靠识别一个构念的范畴和属性依赖于测量误差的最小化。我们相信采用 FSTS、FATA、OSTS、PDIO 和 TMIE 的线性组合来测量 DOI 可以通过降低来自样本、系统和随机偏差达到此目的。Coombs（1964）指出，研究的样本是误差的主要来源。尽管在绝对国际化和相对国际化中存在不同，学者们通常在其抽样方法中将“跨国公司”视为同构的。实证性和工具性方法固有的局限会加剧已有的系统误差（如始终过度报告或未完全报告样本属性）和随机误差（如不经意地强化或淡化变量间的观察关系，从而导致更大的抽样误差）。如果未经检验，这些测量误差的来源会扭曲对实际变量关系重要性和相关性的估计，阻碍从不必要的方法变异中区分特征变异，因此产生推断错误（Bagozzi，Youjae 和 Phillips，1991；Cook 和 Campbell，1979）。我们的结论使我们认为，通过提高样本优度以及净化随机和系统误差的程度，DOI_{INTS}强化了测量信度和解释效度。

从根本上来说，该领域研究的挑战是将企业国际化经验报告的多样性转化为被认可的理论。表 2 表明，理论检验仍然模棱两可，这是因为我们不能确定一个假设的接受与否是测量中过度误差的结果，还是取决于主要的企业国际化理论充分与否。即使一个直觉上的关系被发现，例如，Johanson 和 Vahlne（1977）证明心理距离减缓了企业国际扩展的增长路径，关系的重要性也会因为测量误差而被显著低估或者夸大。就模型的解释力而言，这相应增加了很多问题，正如 Millington 和 Bayliss（1990）及 Sullivan 和 Bauerschmidt（1990）随后的报告中所列示的，他们拒绝了所谓心理距离的影响。假如未经检验，这种不确定性会降低研究结果的实践关联度。

Schoenfeldt（1984：78）指出“测量手段的建构可能是任何研究中最重要的部分。许多精心设计的研究由于有缺陷的测量而未能发表”。Korman（1974）和 Schwab（1980）回应了这种担忧，认为理论发展若没有充分的测量是不可能的。我们已经证明理论发展需要一个一致的方法来决定测量信度和结果效度。我们相信 DOI_{INTS} 的测量量表提供了有助于理论发展的有意义的方法。

未来研究

尽管内容效度属于单一研究的范畴，但建立构念效度需要使用不同测量方法的许多研究的证据（Cook 和 Campbell，1979；Fiske，1982；Nunnally，1978）。DOI 的构念效度只能通过多种结构测量的共变形式和数量以及这些测量与一种或更多其他结构测量的比较中推断出来。进行这种分析需要估计区分和聚合效度。估计每种属性都需要多种不同的方法和测量。这在目前不太现实。的确，工具性和实证性研究提出了许多潜在的测量方法。然而，我们缺少有助于 DOI 结构验证的不同经验测量。更精确地，结构验证的方法，如多质多法、一阶验证性因子分析、二阶验证性因子分析和分层验证性因子分析，采用了严格的方法论标准。每种技术都要求多种不相似的、已验证的经验测量方法，它们至少能够显示一定程度的内容效度。当前，就不仅仅提供简单表面效度来估计 DOI 的各种经验测量和方法来说，国际商务研究报告尚不能满足结构验证程序的一般性（更不必说更加具体的）条件。

未来研究可以帮助建立多种不同的估计 DOI 构念效度的测量和方法。本研究的局限性表明了与此有关的两个创新点：第一，其他测量方法也许可以补充或者替代 DOI_{INTS} 的项目。正如本文所尝试的一样，我们认为这是可能的。也许能发现使用档案数据更有创造性的方法。第二，在不同样本中检验我们的量表或其他量表的信度有助于提高 DOI 测量的可信度。的确，Chandler（1986）证实了在大型美国跨国公司这个传统范围中抽样的合理性。然而，我们的样本没有代表中小出口商、跨国公司、服务企业或者非美国企业。

参考文献

Adler, Nancy, Robert Doktor & S. Gordon Redding. 1986. From the Atlantic to the Pacific century. *Journal of Management*, 12(2): 295—318.

Anderson, David, Dennis Sweeny & Thomas Williams. 1983. *Quantitative methods for business*. New York: Praeger.

Bagozzi, Richard P., Yi Youjae & Lynn Phillips. 1991. Assessing validity in organizational research. *Administrative Science Quarterly*, 36: 421—458.

Beamish, Paul W. & Richard C. daCosta. 1984. Factors affecting the comparative performance of multinational enterprises *EIBA* 1984 *Conference*. Rotterdam: Erasmus University.

Bollen, Kenneth. 1989. *Structural equations with latent variables*. New York: Basic Books.

Buckley, Peter J. & Mark Casson. 1985. *The economic theory of the multinational enterprise*. New York: St. Martin's Press.

Buckley, Peter J., John H. Dunning & Robert B. Pearce. 1977. The influence of firm size, industry, nationality, and degree of multinationality in the growth and profitability of the world's largest firms. *Weltwirtschaftliches Archiv*, 114: 243—257.

Buhner, Rolf. 1987. Assessing international diversification of West German corporations. *Strategic Management Journal*, 8: 25—37.

Campbell, Donald & Donald Fiske. 1959. Convergent and discriminant validation by the multitrait-multimethod matrix. *Psychological Bulletin*, 56: 81—105.

Capon, Noel, John U. Farley & Scott Hoeing. 1990. Determinants of financial performance. *Management Science*, 36(10): 1143—1159.

Caves, Richard E. 1982. *Multinational enterprise and economic analysis*. Cambridge, U. K.: Cambridge University Press.

Cavusgil, S. Tamer & Yezdi M. Godiwalla. 1982. Decision-making for international marketing. *Management Decision*, 20: 48—57.

Chandler, Alfred. 1986. The evolution of modern global competition. In Michael Porter, editor, *Competition in global industries*. Boston: Harvard Business School Press.

Collins, J. Markham. 1990. A market performance comparison of U. S. firms active in domestic, developed and developing countries. *Journal of International Business Studies*, 2: 271—287.

Cook, Thomas D. & Donald T. Campbell. 1979. *Quasi-experimentation: Design and analysis issues in field settings. Boston: Houghton Mifflin.*

Coombs, Charles. 1964. *A theory of data.* New York: Wiley.

Daniels, John D. & John Bracker. 1989. Profit performance: Do foreign operations make a difference? *Management International Review*, 29(1): 46—56.

Eppink, D. Jan & B. Van Rhijin. 1988. The internationalization of Dutch industry. *Long Range Planning*, 21 (5): 54—60.

Ericsson, Anders & Herbert A. Simon. 1980. Verbal reports as data. *Psychological Review*, 2: 215—251.

Fiske, Donald. 1982. Convergent-discriminant validation in measurements and research strategies. In D. Brinberg & L. Kidder, editors, *Forms of validity in research*, 77—92. San Francisco: Jossey-Bass.

Forsgren, Mats. 1989. *Managing the internationalization process: The Swedish case.* London, U. K.: Routledge.

Franko, Lawrence. 1989. Global corporate competition: Who's winning, who's losing, and the R&D factor as one reason why. *Strategic Management Journal*, 10(2): 49—74.

Geringer. J. Michael, Paul W. Beamish & Richard C. daCosta. 1989. Diversification strategy and Internationalization: Implications for MNE performance. *Strategic Management Journal*, 10(2):109—119.

Grant, Robert M . 1987. Multinationality and performance among British manufacturing companies. *Journal of International Business Studies*, 18(3): 79—89.

Grant, Robert M., Azar P. Jammine & Howard Thomas. 1988. Diversity, diversification, and profitability among British manufacturing companies, 1972—1984. *Academy of Management Journal*, 31(4): 771—801.

Hofstede, Geert. 1993. Cultural constraints in management theories. *Academy of Management Executive*, 7 (1): 81—94.

Horst, Thomas E . 1973. Firm and industry determinants of the decision to invest abroad. *Review of Economics and Statistics*, 54(August): 258—266.

Johanson, Jan & Jan-Erik Vahlne. 1977. The internationalization process of the firm. *Journal of International Business Studies*, 8 : 23—32.

Keown, Charles F., N. Synodinos, L. Jacobs & Reginald Worthley. 1989. Transnational advertising-to-sales ratios: Do they follow the rules? *International Journal of Advertising Age*, 8(4): 375—382.

Korman, Abraham. 1974. Contingency approaches to leadership. In J. Hunt & L. Larson, editors, *Contingency approaches to leadership.* Carbondale, Ill.: Southern Illinois University Press.

Kumar, Manmohan S. 1984. *Growth acquisition and investment: An analysis of the growth of industrial firms and their overseas activies.* Cambridge, U. K.: Cambridge University Press.

Maisonrouge, Jacques G. 1983. Education of a modern international manager. *Journal of International Business Studies*, 13: 56—60.

March, James G. & Herbert A. Simon. 1958. *Organizations.* New York: John Wiley.

McDonald, Richard P. & Herbert W. Marsh. 1990. Choosing a multivariate model: Noncentrality and goodness of fit. *Psychological Bulletin*, 107: 247—256.

Michel, Allen & Israel Shaked. 1986. Multinational corporations vs. domestic corporations: Financial performance and characteristics. *Journal of International Business Studies*, 18(3): 89—100.

Millington, Andrew I. & Brian T. Bayliss. 1990. The process of internationalization: UK companies in the EC. *Management International Review*, 30(2): 151—161.

Mitchell, Terence. 1985. An evaluation of the validity of correlational research conducted in organizations. *Academy of Management Review*, 10(2): 192—206.

Nunnally, Jum C. 1978 (second edition). *Psychometric theory.* New York: McGraw-Hill.

Perlmutter, Howard V. 1969. The tortuous evolution of the multinational corporation. *Columbia Journal of World Business*, 4 (January—February): 9—18.

Phillips, Lynn W. & Richard P. Bagozzi. 1985. On measuring organizational properties of distribution channels: Methodological issues in the use of key informants. *Research in Marketing*, 8: 313—369.

Ronen, Simcha & Oded Shenkar. 1985. Clustering countries on attitudinal dimensions: A review and synthesis. *Academy of Management Review*, 10(3): 435—454.

Rugman, Alan M., Donald J. Lecraw & Laurence D. Booth. 1985. *International business: Firm and environment.* New York: McGraw-Hill.

Rumelt, Richard P. 1974. *Strategy, structure, and performance.* Boston: Harvard Business School Press.

Schmidt, Frank L. & John E. Hunter. 1981. Employment testing: Old theories and new research findings. *American Psychologist*, 36: 1128—1137.

Schoenfeldt, Lyle F. 1984. Psychometric properties of organizational research instruments. In T. S. Bateman & G. R. Ferris, editors, *Method and analysis in organizational research.* Reston, Va.: Reston Publishing Company.

Schwab, Donald. 1980. Construct validity in organizations behavior. In B. Staw & L. Cummings, editors, *Research in organizational behavior*, Vol. 2, 3—43. Greenwich, Conn.: JAI Press.

Seidler, L. John. 1974. On using informants: A technique for collecting qualitative data and controlling for measurement error in organizational analysis. *American Sociological Review*, 39: 816—831.

Shaked, Israel. 1986. Are multinational corporations safer? *Journal of International Business Studies*, 17(1):

75—80.

Siddharthan, Natteri & Sanjaya Lall. 1982. Recent growth of the largest U. S. multinationals. *Oxford Bulletin of Economics and Statistics*, 44 (February) :1—13.

Stopford, John M. & John H. Dunning. 1983. *The world directory of the multinational enterprises* 1982—1983. Detroit, Mich. : Gale Research Company.

Stopford, John M. & Louis T. Wells. 1972. *Managing the multinational enterprise.* New York: Basic Books.

Sullivan, Daniel. 1993. The "threshold of internationalization": Replication, extension, and reconsideration. *Management International Review*, in press.

Sullivan, Daniel. & Alan Bauerschmidt. 1989. Common factors underlying barriers to export: A comparative study in the European and U. S. paper industry. *Management International Review*, 29(2): 46—63.

Sullivan, Daniel. 1990. Incremental internationalization: A test of Johanson and Vahlne's thesis. *Management International Review*, 30(1): 19—30.

Turnbull, Peter W. 1987. A challenge to the stages' theory of the internationalization process. In Philip J. Rosson & Stan D. Reid, editors, *Managing export entry and expansion.* New York: Praeger Publishers.

Vernon, Raymond. 1971. *Sovereignty at bay: The multinational spread of U. S. enterprises.* New York: Basic Books.

Welch, Lawrence & Reijo Luostarinen. 1988. Internationalization: Evolution of a concept. *Journal of General Management* ,14 (2): 34—55.

Yoshihara, Hiro. 1985. Multinational growth of Japanese manufacturing enterprises in the postwar period. *Proceedings of the Fuji International Conference on Business History.* Tokyo: University of Tokyo Press.

作者简介

Daniel Sullivan 主要研究跨国公司的战略和组织特征以及国际化理论。另外,他多次获得本科生、MBA、EMBA 教学方面的荣誉。

诊断跨国研究中的测量等价性*

Michael R. Mullen
Florida Atlantic University
韩玉兰 译 吴 冰 校
(华东理工大学商学院)

许多研究者都指出在跨国比较研究中有必要确保测量等价性。为了建立用于测量理论构念的题项的跨国信度和效度,需要考虑测量等价性的三个方面——翻译等价性、度量(metric)等价性和标度(calibration)等价性。本文讨论了这些问题并推荐了两种最近开发出来的实证方法——多组 LISREL 和优化测量分析——以用来诊断跨国测量等价性。两种方法得到的结果趋同,这反映了一些(但不是全部)尚在考虑中的定序题项的测量等价性。研究结果表明本文推荐的方法是探索测量等价性的有用的诊断工具。此外,本文还讨论了降低测量等价性出问题的可能性的几条建议以及如何处理那些一直缺少等价性的题项的方法。

引言

多国研究的一个重要目的是找出既定人群之间的相似和差异之处。跨国比较研究在会计(Reitsberger 和 Daniel,1990)、组织行为(Harpaz,1990)、战略管理(Capon 等,1987)和市场营销(Agarwal,1993)以及其他领域中都有进行。此类比较研究的结果对于国际商务理论和实践可能具有深远的意义(van Raaij,1978; Sekaran 和 Martin,1982; Sekaran,1983; Davis, Douglas 和 Silk,1981; Kotabe 和 Murray,1990)。

然而,开展以比较为目的的跨国研究存在许多为大家所熟知的问题(Green 和 White, 1976; Boddewyn,1981; Douglas 和 Craig,1983; Albaum 和 Peterson,1984; Mullen, Milne 和

---

* 原文刊于 *Journal of International Business Studies*, 26(3): 573—596,1995。

Diagnosing measurement equivalence in cross-national research, Michael R. Mullen, *Journal of International Business Studies*, 1995, volume 26, issue 3, 经 Palgrave Macmillan 授权出版。

Didow,1995)。除其他问题外,为了保证可比性,在跨国研究中必须解决构念、样本和测量的等价性问题(Mayer,1978; Sekaran,1983; Douglas 和 Craig,1983; Parameswaran 和 Yaprak,1987; Bhalla 和 Lin,1987; Aulakh 和 Kotabe,1993)。本文将集中探讨测量等价性问题。

在多国研究中一个尚未解决的基本问题是相似性或差异性实际上是否是真的(Barksdale 和 McTier-Anderson,1982)。如果结果与预测不同(即统计显著性没有达到,因子结构与预期不同,或者信度低),研究者(如 Adler, Campbell 和 Laurent,1989)常常质疑是否是跨国研究中固有的测量问题削弱了结果①,即所得的结果是测量和量表尺度造成的假象还是真正的文化差异。为了减少对测量信度和效度的影响,跨国研究者必须解决测量等价性这一难题(如 Adler 等,1989; Albaum 和 Peterson,1984; Davis, Douglas 和 Silk,1983; Nason,1989; Aulakh 和 Kotabe,1993)。例如,Aulakh 和 Kotabe(1993)最近指出对于等价性问题缺少关注的一个主要原因是现有方法不足,而且"为了使跨国研究更细致、更严格,方法问题是需要即刻关注的一个领域"(Aulakh 和 Kotabe,1993, p. 24)。

本文的目的是介绍两种评价跨国研究中的测量等价性的实证诊断方法。这两种最近开发出来的方法被用来解决跨国研究中的测量问题,从而帮助研究者了解他们数据中的相似性或差异性实际上是否是真的。第一种方法是一种心理测量数据分析技术,即交替最小二乘优化测量(优化测量)。这种方法对探索标量等价性很有用。运用这种方法,可以一个题项一个题项地在各个国家间估计和比较定序量表的基础度量。第二种方法是多组结构方程测量模型分析(多组 LISREL)。该方法是探索同一测量模型是否在多个群体中都成立的一种普遍方法。本文所提出的这两种实证方法,加上现有的一些方法,将使研究者能为他们所使用的测量工具的等价性提出更有力的理由。

本文的结构安排如下:首先,详细讨论测量等价性,包括当前用于诊断测量等价性的各种方法。其次,介绍两种诊断测量等价性的新方法——优化测量和多组 LISREL,并简要介绍相关的测量问题和理论。再次,用来自日本和美国员工的调查数据演示优化测量和多组 LISREL 这两种方法,并比较两种方法得到的结果。讨论部分阐述了研究发现的意义、两种方法的局限性和建议。此外,还提出了几种预防措施来帮助减少测量不等价问题,并针对问题没有解决的情况给出了可能的补救方法。结论部分评价了本文的贡献并指出了未来研究的方向。

① 测量误差在某些条件下也可能导致相关性增强,尽管鲜有研究者质疑该问题。

测量等价性

测量等价性解决的是同一模型是否在不同群体中都成立的问题。Douglas 和 Craig(1983)将测量等价性分成了相互重叠的三个方面:标度等价性、翻译等价性和度量等价性。

标度等价性和翻译等价性

标度等价性和翻译等价性都是为了保证翻译之后的测量工具表达的是相同的意思。翻译等价性还意味着在不同的群体中相同的问卷题项测量的是相同的潜在构念。[①] 例如,我们需要知道,在进行参数估计时,所发现的潜变量之间的关系的显著差异是否是由于假定变量的测量在组间等价所造成的。“这种情况同在没有考虑货币和重量单位的差异的情况下,研究两个不同的国家里食品重量和价格的关系相类似。我们希望在对测量标准进行了正确的换算后,即使斜率是等价的,仍然会发现价格和重量的相关系数不同”(Bollen,1989, p.356)。换言之,我们需要知道一个构念能否用相同的问卷题项在不同的国家进行测量(即翻译等价性),以及在不同的国家测量单位是否相同(即标度等价性)。

为了做到标度等价性,我们必须正确换算测量标准以便使它们具有可比性。例如,如果一个国家用摄氏度测量温度而另一个国家用华氏度,那么在翻译量表的时候,对有关温度的问卷题项就需要仔细换算。为了做到翻译等价性,研究者需要让一位能说双语的人把原始量表翻译成目标语言,并让另一位能说双语的人将翻译后的量表回译成原始语言。任何不一致的地方都表明翻译等价性有问题(Brislin, Lonner 和 Thorndike,1973; Berry,1980),而且必须在进行下一步研究工作之前将问题解决掉。一旦收集了数据,也需要保证相同的题项测量的是相同的构念。Buss 和 Royce(1975),以及其他人(如 Irvine & Carroll,1980),指出在进行定量比较之前,有必要运用因子匹配过程来确立组间因子结构的等价性。Douglas 和 Craig(1983)也建议考察因子模式的相似性,而且指出其他学者(如 Anderson, Engledow 和 Becker,1980)计算过因子一致性系数。

① 翻译和构念等价紧密相关,但是区分其概念和具体操作测量还是很有用的。

度量等价性

为了表明存在度量等价性，多组数据的心理测量特性必须呈现相同的连贯性或结构(Berry,1980)。也就是说，被试必须以相同的方式回答量表中的题目。在跨国研究中影响度量等价性的因素有两种：组间的记分不一致和标量不等价(Douglas 和 Craig,1983)。首先，一些国家的被试可能不像另一些国家的被试那样熟悉各种测量和记分形式或研究方法。结果可能导致记分不一致，这会影响量表的信度(Davis 等，1981；Douglas 和 Craig,1983；Parameswaran 和 Yaprak,1987；Bhalla 和 Lin,1987)。第二种影响度量等价性的因素与标量等价性或作答定式偏差有关(Prezeworski 和 Teune,1970；Cunningham，Cunningham 和 Green,1977；England 和 Harpaz,1983)。问题是不同国家的被试所评的分数是否具有相同的意思和解释(Douglas 和 Craig,1983)。分数差异可能是由于社会称许性、默认、避讳或谦虚等文化特点所致，所有这些都可能影响被试评分(Vijier 和 Poortinga,1982)。例如，Lee 和 Green(1991)怀疑他们在韩国和美国样本中使用的七点量表的度量等价性有问题，因为韩国人往往会避免走极端，他们更喜欢选择量表中间点附近的数字。标量等价性(作答定式偏差)上的差异可能会增加测量的系统误差，损害跨国比较的效度。一个与这些问题相关的方程式或许有帮助。测验理论的基本方程式是：

$$x_i = \tau_i + s_i + e_i$$

其中，x_i 是可观测变量，τ_i 是真实分数，s_i 是与真实分数不相关的系统方差，e_i 是随机误差项。[①] 信度取决于可观测分数的多少变异是由随机误差(e_i)造成的，而且信度高并不意味着效度高(Churchill,1979)。例如，重复用一个秤称重量或许可以得到一个可靠的重量值但是这个数值并不一定有效，如果这个秤称出的重量总是多 10 磅的话。重量的夸大是与真实分数(τ_i)无关的系统方差(s_i)，它会导致测量工具的无效(Bollen,1989)。第一种影响度量等价性的因素与信度和随机误差(e_i)有关。例如，如果来自某一国家的被试对量表不熟悉、对它的使用不清楚，他们可能回答得不一致，这会导致随机误差(e_i)，从而损害量表的信度。第二种影响度量等价性的因素是标量不等价，与效度和系统方差(s_i)有关。如果来自某一国家的被试在回答某一量表题项时存在系统性偏差，这一与真实分数(τ_i)无关的系统方差(s_i)会损

① 一些研究者(如 Bollen,1989)认为 s_i 是 τ_i 的一部分，但是另一些研究者(如 Churchill,1979)则认为 s_i 是 e_i 的一部分。

害量表的跨国效度。需要注意的是,测量等价性是确立跨国比较研究中使用的测量工具的信度和效度的必要条件而不是充分条件,因为还必须解决诸如构念和样本等价性等其他问题。

当前的诊断方法

国际商务文献建议研究者:(1) 用因子结构等价性来评价翻译等价性,(2) 用测量信度相等和标量等价性来评价度量等价性。表 1 总结了用于诊断测量等价性的各种方法。当前用于比较因子结构、信度和标量等价性的方法在几个重要方面存在缺陷。可以用于探究翻译等价性的方法包括因子模式相似性的目视检测(Douglas 和 Craig,1983)和因子结构同余检验(Douglas 和 Craig,1983; Buss 和 Royce,1975; Irvine 和 Carroll,1980),但是它们很少被使用而且有效性有限。目视检测不精确;而同余系数,由于种种原因(Gorsuch,1974, pp. 253—254),也不是一个判定组间因子结构相似性的理想方法(Buss 和 Royce,1975)。

表 1　诊断测量等价性

Ⅰ. 标度等价性
　1. 独立检查测量单位的换算
Ⅱ. 翻译等价性
　1. 翻译/回译,修正例外的题项(Brislin, Lonner 和 Thorndike,1973)
　2. 因子模式相似性的目视检测(Douglas 和 Craig,1983)
　3. 确立因子结构等价性(Buss 和 Royce,1975; Irvine 和 Carroll,1980; Douglas 和 Craig,1983)
　4. 使用多组 LISREL 来检验测量模型的共同形式和因子载荷等价性(λ)(Bollen,1989; Jöreskog 和 Sörbom,1989)
Ⅲ. 度量等价性
　A. 记分一致
　　1. 比较信度(Davis, Douglas 和 Silk,1981; Parameswaran 和 Yaprak,1987)
　　2. 用多组 LISREL 检验测量误差的方差相等(δ)(Bollen,1989; Jöreskog 和 Sörbom,1989)
　B. 标量等价性
　　1. 多重测量方法(Douglas 和 Craig,1983)
　　2. 用剖面分析考察作答定式偏差(Morris 和 Pravett,1992)
　　3. 用优化测量数据来检验题项类型之间的基础度量的平行间距
　　4. 用多组 LISREL 检验测量误差的方差相等(δ)(Bollen,1989; Jöreskog 和 Sörbom,1989)

Davis 等(1981)、Parameswaran 和 Yaprak(1987)提出了诊断跨国信度差异的方法。他们的研究表明相同的量表在不同的国家可能具有不同的信度,这可能会混淆结果的比较,因为测量不可靠可能会减弱或加强参数估计和统计检验。Parameswaran 和 Yaprak (1987)强调只有在确立了市场间一致的信度之后,才能进行研究发现的比较,以免得出错误的结论。他们建议针对每个测量题项的克隆巴赫系数(Cronbach's α)进行组间比较,但是他们指出尚没有统计检验来实现这种比较，而建议这一重要问题留待以后的研究来解决。

目前有两种检验标量等价性或作答定式偏差的方法。多重测量方法（Campbell 和 Stanley，1966；Berry，1980；Brislin，1980）可以用来评价度量等价性（Douglas 和 Craig，1983），但是耗时、耗钱（Boddewyn，1981）。这种方法虽然合适，但是由于财务负担以及比较研究中存在的其他一些困难，而很少被使用。Morris 和 Pavett（1992）建议把剖面分析作为分析作答定式偏差的另一种方法。运用这种方法，将某一构念的每一个测量方法所得的均值绘于图中并用线段连接（见图 1）。剖面分析检验的是图 1 中的线段是否平行（Johnson 和 Wichern，1982；Bray 和 Maxwell，1985）。Morris 和 Pavett（1992）指出线段不平行“表明两个数据集之间的差异不是由系统性的作答偏差引起的。”虽然剖面分析可能有助于研究者探究作答定式偏差，但是它并不能说明组间的均值差异是由变量之间的真实差异引起的还是由作答定式偏差引起的。不过，即使图形中的线段平行，均值差异也可能不全是由作答定式偏差造成的。遗憾的是，还没有可用的诊断方法来有把握地评价标量等价性的跨国差异。

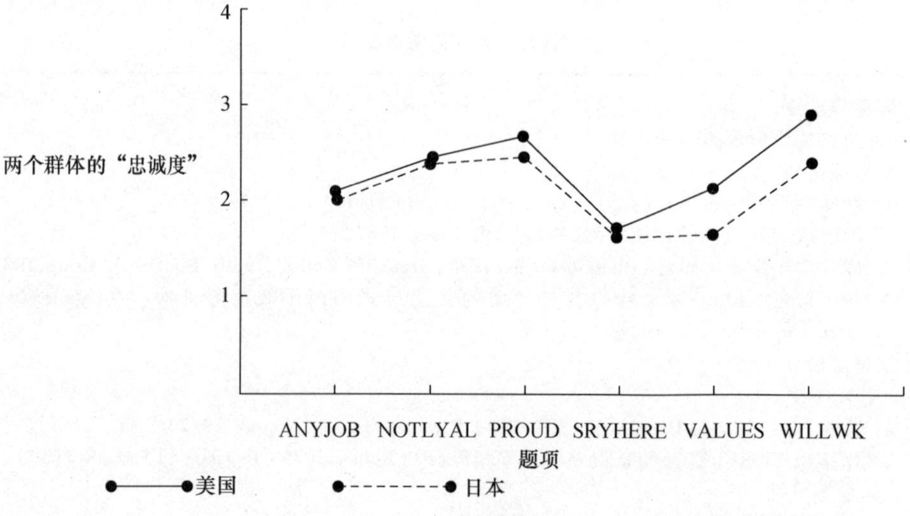

图 1　剖面分析

注：数据来源于论文后的实证案例（见表 3）。

跨国研究方法文献中的这些局限性说明需要另外的实证方法来考察影响测量等价性的因素。没有准确、可靠的变量测量，理论科学的发展几乎是不可能的（Churchill，1979；Kerlinger，1986）。本文强调了这些问题并填补了这部分的文献空白。

优化测量分析

相关测量理论

商业研究者常常使用有序分类(定序)量表而不是连续(定距)量表来测量潜变量,主要是为了回答者方便使用(Perreault 和 Young,1980; Srinivasan 和 Basu,1989)。李克特类型的量表在跨国研究中使用得最为广泛(Albaum 和 Peterson,1984);最近的例子见 Seringhaus, Rolf 和 Botschen(1991)以及 Gray, Radebaugh 和 Roberts(1990)。尽管李克特量表在美国研究中得到了广泛的应用和接受,这种量表"在其他市场也许不能引出相同的回答方式"(Onkvisit 和 Shaw,1989, p. 344)。Prezeworski 和 Teune(1970)指出知觉测量的均值的跨国比较很有风险,因为它们对文化作答偏差非常敏感。正如 Adler(1983)所指出的,除非用等价的量表来测量,否则均值差异可能无法解释。

国际商务研究中的大多数统计方法都假定定距或更高层次的测量。例如,为了比较均值,研究者更喜欢定距或更高层次的数据(Kerlinger,1986; Lodge,1981)。严格来说,应该使用中位数来测量定序数据的集中趋势(Kerlinger,1986; Churchill,1987),因为这类数据中的间距并不总是相等(Jones,1960; Martilla 和 Carvey,1975; Perreault 和 Young,1980; Young,1981; Didow, Keller, Barksdale 和 Franke,1985; Bechtel 和 Ofir,1988)。在实践中,由多个题项组成的量表能提供更高质量的测量。大量支持这一做法的文献着力解决了复合测量工具的信度和效度问题(如 Churchill,1979; Peter,1979, 1981)。在国内研究中,把定序测量当做定距测量一般没有问题。Srinivasan 和 Basu(1989)表明即使某个题项的测量间距不相等,如果量表构建得好,最终损失的信息也极少。然而,这是假定基础度量的结构在回答者之间是等价性。基础度量表明作为一个群体,被试如何回答量表。Srinivasan 和 Basu 的研究所提出的问题是在已知人群之间是否存在度量等价性。如果一个定序量表的基础度量结构在组间是相同的,那么在比较分析中将其假定为定距测量的做法应该不会造成问题。然而,如果人群间的基础度量存在差异,这种差异会增加可观测变量(x_i)的系统方差(s_i),而这会损害测量的跨国效度。为了确立度量等价性,我们必须说明不同的国家群体间等级次序和测量值之间的距离保持不变,而且测量误差是对称的。

用 PRINCIPALS 进行优化测量分析

交替最小二乘优化测量(优化测量)考察的是从不同的已知人群收集的数据的基础度量。优化测量过程是一种用于对定性、度量型或混合度量型数据进行定量分析的心理测量方法(Young, Takane 和 de Leeuw,1978)。Perreault 和 Young(1980)将优化测量介绍给了商业研究者。他们把优化测量描述成一个过程,通过这个过程"在符合一组测量限制条件的情况下,数据中的定类或定序变量转化成定距尺度的数值"(p.2)。①

PRINCIPALS② 是优化测量法中的一种数据分析过程。它可以用作考察度量等价性的方法。PRINCIPALS 是主成分分析的通用扩展,用于分析非度量或混合度量型数据(Young 等,1978)。用 PRINCIPALS 进行优化测量可以被看做在主成分分析中将所有的测量题项的二元散点图线性化,其中载荷矩阵由指导研究的概念模型预先设定。概念模型反映在使用了哪套题项测量潜变量。在既定的概念模型和初始测量特点(即如果数据是定序的,等级次序必须保持不变)下,拟合函数迭代调整数据以减少概念模型和测量值之间的"压力",同时保持均值不变。在对测量进行优化调整时,进行主成分模型参数的条件最小二乘估计,然后保持不变。然后在估计主成分模型的新的条件参数估计值时,这些新估计的测量值保持不变。这个迭代过程得到的是既定测量模型和测量特点下,基础度量的最佳定距数值估计值。

值得注意的是调整后数据的均值与原始数据的均值相等。基础度量的最佳估计取决于均值,而不是均值取决于被估计的度量。换言之,对数据进行优化测量并不解决均值是否"正确"的问题;这个过程只是在既定的测量模型和数据特点下估计基础度量。因此,调整后的数值能够使研究者解决度量等价性的问题,但是不能解决绝对值或"事实"的问题。

对于用 PRINCIPALS 进行优化测量来说,可以将数据拆分成互斥且完备的子集。这些子集分别由所收集数据中的独立人群组成。单独的优化测量或数据转换可以揭示每个子集各自的基础度量结构。如果等级次序和测量值之间的距离在各个子集之间相同,那么存在标量等价性。通过这种方式,可以直接考察不同群体间测量是否具备可比性或缺乏可比性。

---

① Young(1981)对优化测量分析的方法论和理论基础进行了非常好的综述。

② Didow, Perreault 和 Williamson(1983)以及 Didow 等(1985)演示了 PRINCIPALS 的使用。第一个研究是在评价混合型度量和非度量数据而且"不知道"回答的背景下使用这个方法;第二个研究通过使用这种方法用调整后的数值代替原始值来改善数据的测量质量。例如,当用优化调整后的数值代替原来的回答类型后,结果显示克隆巴赫系数单调升高。

多组 LISREL

结构方程模型的最新发展使它能够用来同时分析和比较多组测量模型(Bollen,1989;Jöreskog 和 Sörbom,1989)。“多组 LISREL”适合用来比较来自经过清楚区分的、相互排斥的被试群体的测量模型(Jöreskog 和 Sörbom,1989)。理论上看,这是一个探究来自不同群体的被试是否用相同的方式将可观测测量和潜在构念联系起来的好方法。在结构方程术语中(遵循 Jöreskog 和 Sörbom,1989),一组群体的潜变量的测量模型被定义为参数矩阵 $\Lambda_x^{(g)}$,$\Theta_\delta^{(g)}$ 和 $\Phi^{(g)}$,其中(g)指的是第 g 组,$g = 1, 2, \cdots, G$。具有 $x = \Lambda_x + \delta$ 形式的结构方程测量模型,在所有群体内的测量特性是相同的,如果:

$$\Lambda_x^{(1)} = \Lambda_x^{(2)} = \cdots = \Lambda_x^{(g)}$$

$$\Theta_\delta^{(1)} = \Theta_\delta^{(2)} = \cdots = \Theta_\delta^{(g)}$$

第一组等式要求 λ 在组间等价。这是对因子载荷等价性的检验。它有助于诊断翻译等价性。第二组等式要求 δ 在组间等价。参考检验理论的方程式,我们有:

$$x = \tau + s + e$$

根据 Bollen (1989),结构方程测量模型可以写成如下形式:

$$x = \Lambda_x \xi + s + e$$

其中 s 是与 ξ 和 e 无关的系统方差成分向量,e 是测量误差向量,并且 $\delta = s + e$。因此,检验组间 δ 相等指的是联合检验随机误差的方差(e)和系统“误差”的方差(s)相等。① 组间随机误差相等的检验解决的是非一致记分的信度问题,而系统“误差”的方差相等的检验解决的是标量等价性的效度问题。如果这些测量等价性成立,那么任何剩余的组间差异都表现为潜变量分布的差异(Jöreskog 和 Sörbom,1989)。

测量等价性的总体假设是测量模型在群体间保持不变。在这些模型中存在等价性层级,包含两个相互重叠的维度:模型形式和参数估计值的相似性(Bollen,1989)。Bollen(1989)以及 Jöreskog 和 Sörbom(1989)建议根据分析目的,使用多组 LISREL 开发多层检验。

为了比较测量模型,检验模型形式等价性假设($H_{形式}$)是最低要求的检验(Bollen,1989)。

---

① 前文把 s 描述成与真实分数无关的系统方差。这里指的是相同的系统方差,但是由于它包含于测量误差的方差 δ 中,所以被称为系统“误差”的方差。

$H_{形式}$检验的是对于所有群体来说因子数目是否都是相同的，但是该检验并不表明在各个参数之间有任何等式约束（Jöreskog 和 Sörbom，1989）。如果每一组的模型具有相同的 $\Lambda_x^{(g)}$，$\Theta_\delta^{(g)}$ 和 $\Phi^{(g)}$ 矩阵，且矩阵中固定、自由和受约束参数的位置和维度相同，那么测量模型就具有相同的形式。既然 $H_{形式}$是最低的约束条件（Bollen，1989），如果模型拟合得很差，就没有道理检验更高要求的假设。假定 $H_{形式}$成立，下一个假设（$H_{\Lambda x}$）检验的是将潜变量和可观测变量联系起来的系数（λ）是否在组间相等。假定 $H_{形式}$和 $H_{\Lambda x}$成立，最后一个假设（$H_{\Lambda x\Theta}\delta$）检验的是测量误差的方差（$\delta$）是否在组间相等（Bollen，1989）。表 2 总结了上述用来检验测量等价性的假设的层级。[①] 表中 $H_{形式}$指的是假设两个构念的模型形式等价，这两个构念分别用 3 个和 6 个指标在两组中进行测量。$H_{\Lambda x}$和 $H_{\Lambda x\theta}\delta$ 可以一起检验，也可以分别检验，这取决于你的兴趣。

表 2　多组 LISREL：测量等价性的假设检验层级

$H_{形式}$：相同的形式——在两个组中有两个相关的共同因子，因子模式如下：

$$\Lambda_x = \begin{bmatrix} * & 0 \\ * & 0 \\ * & 0 \\ 0 & * \\ 0 & * \\ 0 & * \\ 0 & * \\ 0 & * \\ 0 & * \end{bmatrix}$$

$H_{\Lambda x}$：$\Lambda_x^{(1)} = \Lambda_x^{(2)}$

$H_{\Lambda x\Theta}\delta$：$\Lambda_x^{(1)} = \Lambda_x^{(2)}$，$\Theta_\delta^{(1)} = \Theta_\delta^{(2)}$

注：其中，(g) 指的是由来自不同国家的互斥个体组成的第 g 组。
资料来源：改编自 Jöreskog 和 Sörbom（1989，p. 259）以及 Bollen（1989，p. 360）。

要同时分析来自每个互斥组的样本协方差矩阵。对于定序测量，如李克特量表、多分格相关矩阵及其渐近方差和协方差看似总体相关的最一致的估计量（Bollen，1989；Jöreskog 和 Sörbom，1988），而且应该与加权最小二乘拟合函数（F_{WLS}）一起使用（Bollen，1989）；要了解更多细节，见 Bollen（1989）以及 Jöreskog 和 Sörbom（1989）。卡方差异检验可以用来评价受更多

① Bollen（1989）以及 Jöreskog 和 Sörbom（1989）指出，可以持续这个过程来检验潜变量的协方差是否也在组间相等。最后的这个强检验（即 ϕ 相等）是一个高度约束的假设。如果潜变量的协方差相等，结果说明在组间运行的是相同的模型（Bollen，1989）。然而，最后这个检验完全超越了测量问题，成为检验感兴趣的理论构念是否在群体间存在差异，因而没有将其包含在诊断测量等价性的检验层级中。

限制的模型的相对拟合情况，因为在假设检验层级中它们嵌套在受较少限制的模型里（Bollen，1989）。

举例

数据

采用 Lincoln 和 Kalleberg（1985）对美国和日本员工进行的大型调查中的数据来展示评价测量等价性的新方法。该研究从工作或工作相关的角度测量了满意度和组织承诺（忠诚度）等概念。3 个满意度题项使用的是三点量表，6 个职业承诺题项使用的是五点李克特量表。Lincoln 和 Kalleberg 在许多维度上比较了样本，发现从参与公司和员工方面来说这些样本是可比的。日本样本（$n = 3\ 735$）和美国样本（$n = 4\ 567$）分别被随机分出一个包括 400 名被试的互斥子样本来用于本文举例。

优化测量分析及结果

使用最近由 SAS 软件研究所开发的软件进行 PRINCIPALS 分析（1988）。[1] 使用由 Perreault 和 Young（1980）以及 Young（1981）推荐的 Kruskal（1964）的次级最小二乘单调转换对定类和定序数据进行转换。对于每一个子样本，用 PRINCIPALS 运算法则分别分析满意度和忠诚度量表，从而得到针对每个题项的每个回答类型的基础定距度量的独立最优估计。表 3 概括了进行优化测量分析的各个步骤。

表 4 展示了美国和日本样本中经过优化测量的代表性数值（OSV）。最左边一栏是原始的定序类别。经过转换的或者说经过优化测量后的数值列在每个题项的缩写词下面。现在可以针对每个原始类别比较每个题项的优化测量值。美国样本中 NOTLOYAL 题项的优化测量值所展现出来的模式提供了很有用的见解。原始回答类别 1、2、3 都调整成了优化测量值 2.65。“非常反对”、“反对”和“既不同意也不反对”这三个回答类别都落到了相同的优化测

① 使用 SAS 6.03 或以后的版本，见 SAS 技术报告 P-179（SAS 软件研究所，1988）。这个例子所使用的 SAS 编码由作者提供。

量值上。美国被试显然不区分这些回答类别。

表 3　优化测量过程指南

第一步:确定测量模型。你需要知道每个构念由哪些题项来测量。在本文的例子中,我们有两个构念——工作满意度和忠诚度,分别用 3 个和 6 个题项来测量(见表 4)。
第二步:将数据按照国家分成互斥的数据集。我们把日本被试和美国被试分到不同的数据集中,这样就可以对他们进行单独考察。
第三步:针对每一个潜变量和每一个国家,分别对数据进行优化测量。有 3 个题项是测量满意度的。分别针对日本和美国数据集,使用 PRINCIPALS 对这 3 个题项的回答类别进行优化测量。然后,分别针对每一个国家,对测量忠诚度的 6 个题项进行优化测量。
第四步:考察结果。针对每一个题目,比较日本样本的优化测量值和美国样本的优化测量值。把来自两个国家的优化测量值画在纵轴上,把原始分数画在横轴上,我们发现这很有用。每个题项画一个图,可以手工画,也可以用电子制表软件或 SAS 软件画。如果这些线平行(见图 2 中工作满意度题项的图形),则说明回答模式相似,量表具有标量等价性。如果这些线不平行(见图 3 中忠诚度题项的图形),则说明回答模式在国家间不同。也就是说,基础度量不相同,标量等价性不存在。

表 4　经过优化测量的数据

忠诚度						
美国样本, $N=400$						
原始分数	Tanyjob	Tnotloyal	Tproud	Tstyhere	Tvalues	Twillwk
1	2.29	2.65	2.77	1.66	2.16	2.70
2	2.29	2.65	2.77	1.66	2.16	2.70
3	2.58	2.65	2.93	3.02	2.73	2.95
4	3.49	3.19	3.62	3.35	3.69	3.76
5	6.10	6.00	5.51	6.06	6.45	5.28
日本样本, $N=400$						
1	0.74	0.83	0.36	0.60	0.53	0.62
2	2.12	2.24	2.07	2.40	2.31	2.01
3	3.01	2.84	3.20	3.14	3.05	3.24
4	4.11	4.06	3.97	3.74	3.87	3.92
5	4.49	4.94	4.80	4.53	3.87	4.88

工作满意度						
	美国样本, $N=400$			日本样本, $N=400$		
原始分数	Tjbchoic	Tjbrec	Tsizeup	Tjbchoic	Tjbrec	Tsizeup
0	0.30	0.09	-0.21	0.10	0.20	-0.01
1	0.85	0.92	1.11	0.79	0.80	1.02
2	2.02	2.01	1.89	2.11	2.18	1.88

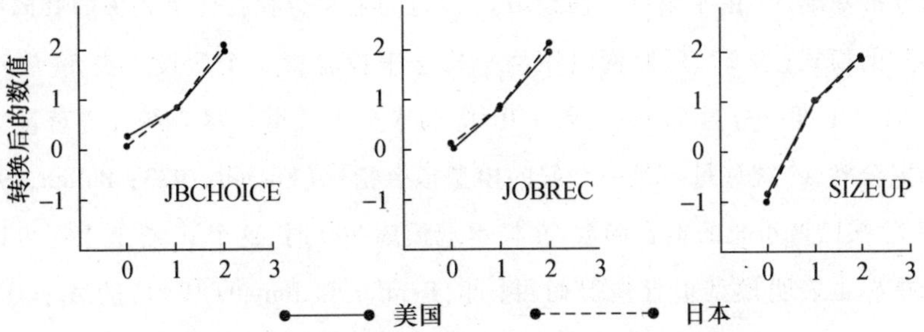

图 2　度量等价性的图形分析——满意度题项

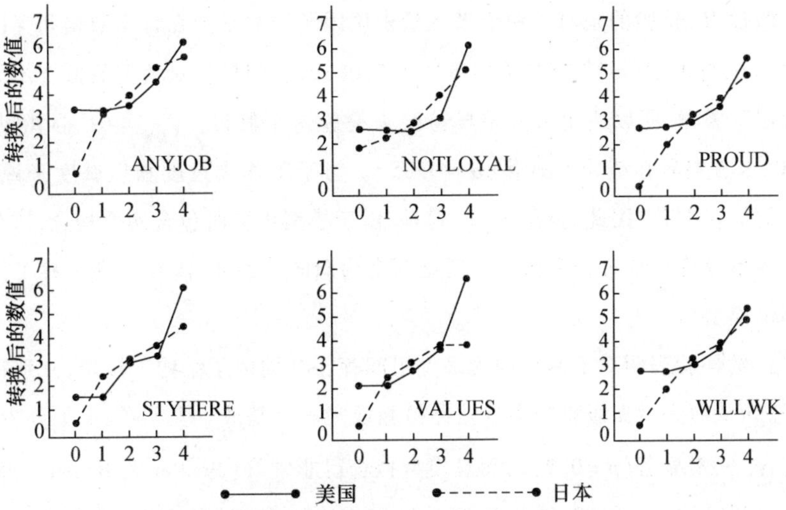

图 3　度量等价性的图形分析——忠诚度题项

图 2 和图 3 展示了针对每个题项所进行的度量等价性图形分析。结果表明忠诚度题项的回答在两个国家间没有表现出标量等价性，不具有直接的可比性。但是，满意度题项的回答表现出了相似的基础度量，所以具有度量等价性。

多组 LISREL 分析及结果

在 PRELIS 软件中分别用日本和美国数据生成多分格相关矩阵及其渐近方差和协方差，然后将其作为多组 LISREL 的输入（Jöreskog 和 Sörbom，1988）。在 LISREL VII 软件中，用 F_{WLS} 拟合函数进行多组分析。可观测变量被假定为定序变量，量表中包含 5 个类别。假设层级

(见表2)是分析基础。① 由于第一个假设 $H_{形式}$ 检验的是是否存在两个相关的共同因子具有固定且自由参数的模式(表2),所以同时用两个构念来检验第一个假设。表5a展示了分析结果:$\chi^2=75.76$,自由度(df)为52,该结果在0.02的水平上显著。尽管统计显著性关注的是模型对数据的拟合度,χ^2 统计量不是一个好的模型拟合指标(Fornell,1983; Bollen,1989)。由于 χ^2 等于 $(N-1)$ 乘以最小化的拟合函数,在样本规模为800时,这个 χ^2 看上去还可以。其他几个模型拟合指标也表明模型拟合情况尚可[即,Bentler 和 Bonett(1980)的 $\Delta_1=0.98$, Bollen(1986)的 $\rho_1=0.97$,以及 McDonald 和 Marsh(1990)的 RNI = 0.99]。结果支持了对两组和两个构念来说模型形式等价的假设。

第二个假设 $H_{\Lambda x}$ 检验的是对于两个潜变量来说因子载荷是否在日本数据和美国数据间等价。$\chi^2=137.86$,自由度(df)为59,单尾概率为0.00,这表明模型对数据的拟合不好。由于假设层级包含嵌套模型,所以使用卡方差异检验来检验这个假设。$\chi^2_{差异}=61$,自由度为7,单尾概率为0.00,卡方差异在统计上显著($\alpha=0.05$)。对于工作满意度和忠诚度来说,日本数据和美国数据的 λ 不等价,因此,拒绝 $H_{\Lambda x}$。但是,由于模型中同时包含两个构念,该分析并不能告诉我们测量不等价是针对一个构念的还是两个构念的。因此,需要分别考察工作满意度和忠诚度的测量模型。

上述 $H_{形式}$ 的检验表明对于两个构念来说组间存在共同因子结构。接着,分别针对每一个构念分析 $H_{形式}$,从而为后面假设的卡方差异检验设定一个基准。表5b展示了分析结果:对于工作满意度,$\chi^2_{1.59,1}$ 不显著($p=0.21$),而且模型拟合得非常好[Bentler 和 Bonett(1980)的 $\Delta_1=0.99$, Bollen(1986)的 $\rho_1=0.99$,以及 McDonald 和 Marsh(1990)的 RNI = 0.99];对于忠诚度,$\chi^2_{9.53,10}$ 也不显著($p=0.48$),而且模型拟合得也非常好[Bentler 和 Bonett (1980)的 $\Delta_1=0.99$, Bollen (1986)的 $\rho_1=0.98$,以及 McDonald 和 Marsh (1990)的 RNI = 1.00]。针对每一个构念的不显著的 χ^2 值以及模型拟合指标证实了前文的结果,即 $H_{形式}$ 得到支持,而且为评价后面的假设提供了基础。

对于 $H_{\Lambda x}$,工作满意度的 χ^2 是4.31(自由度为2),统计结果不显著,这说明模型拟合得好;$\chi^2_{差异}$(2.72,1)不显著,支持因子载荷等价的假设;但是忠诚度的 χ^2 为141.78(自由度为29),结果显著,说明模型对数据的拟合不好;$\chi^2_{差异}$(131,19)极显著,说明限制 λ 在组间等价损害了模型拟合。针对忠诚度这一构念的 $H_{\Lambda x}$ 必须被拒绝,表明在日本和美国数据集间忠诚度的测量模型不同。

① 这个例子中的典型的 PRELIS 和 LISREL 编码由作者提供。

因此,只检验工作满意度的第三个假设 $H_{\Lambda x\Theta}\delta$。$\chi^2(6.60,5)$ 不显著,表明模型对来自两个群体的数据拟合得非常好。$\chi^2_{差异}(1.75,3)$ 不显著,说明工作满意度这一构念的 $H_{\Lambda x\Theta}\delta$ 成立。这些发现有力地证实了工作满意度的测量模型在两个样本间是相同的。

表 5　结果:用多组 LISREL 诊断测量等价性

假设	χ^2	概率	自由度	$\chi^2_{差异}$	自由度	概率
a. 同时考察工作满意度和忠诚度						
$H_{形式}$	75.76	0.02	52			
$H_{\Lambda x}$	137.86	0.00	59	61.33	7	0.00
b. 分别考察工作满意度和忠诚度						
$H_{形式}$						
工作满意度	1.59	0.21	1			
忠诚度	9.53	0.48	10			
$H_{\Lambda x}$						
工作满意度	4.31	0.12	2	2.72	1	0.10
忠诚度	141.78	0.00	29	131.25	19	0.00
$H_{\Lambda x\Theta}\delta$						
工作满意度	6.06	0.30	5	1.75	3	0.63

结果表明工作满意度在日本和美国数据集间存在测量等价性,但是忠诚度的测量等价性不成立。该研究发现与优化测量分析的结果类似。优化测量分析的结果表明工作满意度在样本间存在度量等价性,但是忠诚度的度量等价性不成立。

讨论

研究发现总结

实证举例一致证实工作满意度这一构念的测量等价性成立,而忠诚度的测量等价性不成立。第一种分析方法的结果表明优化测量有助于探究标量等价性,因为它允许研究者查看相同题项在各个群体里的基础度量。第二种分析方法的结果表明多组 LISREL 有助于确定相同的测量模型是否在不同的群体里都成立。优化测量表明满意度这一潜变量的问卷题项具有标量等价性，而多组 LISREL 表明这些问卷题项呈现出相同的整体测量模型。因此，在假定其他与跨国研究相关的问题被充分解决的条件下，由这些题项计算出的均值和其他关联测量具有可比性。与此相反，优化测量结果显示忠诚度这一构念的题项在日本被试和美国被试间具有非常不同的基础度量结构。与此相类似，多组 LISREL 表明相同的测量模型在两个群体的数据中不成立。总之，忠诚度题项不具有标量等价性，而且没有呈现出相似的测量模型。正因如此，对于这两个群体间的跨文化比较来说，这些题项不是可靠、有效的测量。

恰当使用与局限性

为了诊断测量等价性，不管是优化测量还是多组 LISREL 都要求用多个题项来测量构念，但是这一局限性并不像第一眼看上去那么严重。"硬"变量，如人口统计学变量，不会给信度带来很大风险（Davis 等，1981），而且可以用单个题项来测量。测量等价性对于"软"构念或概念性构念来说是一个更严重的问题，而且我们知道，只要可能，应该用多个题目来测量这些潜变量（Jacob，1978；Churchill，1979），这使本文提出的方法适用于精心设计的研究。不幸的是，使用单个题项测量潜变量的研究者仍然必须使用传统方法，如重复检验（Davis 等，1981）或多重测量方法（Campbell 和 Stanley，1966；Berry，1980；Brislin，1980），来解决测量等价性问题。

优化测量的一个重要局限是没有统计检验来确定经过优化测量的数值是否等价。尽管这种方法的应用简单直接，但是结果的解释却取决于研究者的判断和经验。本文推荐的启发性方法是按题目逐一把结果用图形画出来（见图 2 和 3）。如果来自不同群体的基础度量的图形平行，则量表表现出标量等价性。值得注意的是，线段之间的距离不重要；倒是间距应该在某种程度上保持不变（即线段不应该相交或转向分开）。为了得到稳定的结果，样本规模应该大于 25 个观测值，而且 50 或 50 个以上观测值更好（Didow 和 Mullen，1992）。

多组 LISREL 的数据要求可能是一个局限。加权最小二乘拟合函数（F_{WLS}）的运算量很大。F_{WLS}收敛的样本规模要求可能大于其他拟合函数（Bollen，1989），因为几乎没看到过中小样本的分析。总的来说，LISREL 的样本规模要求取决于需要估计的参数的数量（关于此问题的讨论，见 Bagozzi，1980；Bollen，1989）。如果小样本导致收敛问题，或许需要一次只诊断一个构念的测量等价性，以便同时估计较少的参数。然而，如果是使用五点或更多点的量表测量题目，那么皮尔森相关和拟合函数可能会在较小计算难度和较小样本下产生令人满意的结果（Bollen，1989）。缺失数据可能也会引发 LISREL 出现问题。成对删除有缺失值的数据会导致不稳定的参数估计和标准误。只有当数据是随机缺失的,成列删除才能给出可靠的结果;否则,结果可能有偏差。

本文提出的方法能够使研究者发现并证实测量等价性。这个积极的发现使研究者可以为他们的研究结果排除一个重要的竞争性假设——即研究结果是测量假象。然而,应该承认这两种方法的局限性。不管是以前的研究(如 Davis 等,1981; Parameswaran 和 Yaprak,1987)还是本研究都没有提供一个补救办法来帮助研究者在信度和效度受到威胁时能够直接比较均值。此外,即使研究者能够证实测量等价性,只有当文献中讨论的其他问题,如构念和样本等价性,已经被充分解决后,跨国比较才会可靠、有效。

诊断建议

总的来说,诊断测量等价性的首选方法是多组 LISREL,而不是其他方法的组合。与其他方法相比,多组 LISREL 提供了一个更为全面的测量等价性诊断,而且可以对假设进行统计检验。然而,LISREL 比优化测量或当前使用的其他方法要求的样本规模大。这对预备研究来说尤其有问题。为了用小样本诊断测量等价性,可以选用其他方法的组合(见表 1)。翻译等价性的评价可以通过使用因子匹配过程来比较因子结构或通过目测表面等价性的模式。可以计算并比较每组的克隆巴赫,从而检查每组被试在记分一致性上的差异,而且可以对数据进行优化测量处理以诊断标量等价性。这些步骤可以帮助研究者在预备研究阶段识别具有可比性和不具有可比性的问卷题目,从而可以在开展最终研究之前添加或删除量表题目。对于最终的测量等价性分析,如果可能的话,研究者应该使用多组 LISREL。

在收集数据之前

只要是在一个以上的国家或文化下研究潜变量,测量等价性就是一个潜在问题。有几种使不等价和数据不可靠性最小化的方法。可以特别关注量表的描述和标定(Zhang 和 Dadzie,1991)。举例也可以帮助被试以同样的方式回答量表。Sekaran(1983)建议在每个国家采用相同的数据收集过程;Sekaran 和 Martin(1982)建议用同一个人来调查数据。Bhalla 和 Lin(1987)建议编写的题目量为问卷所需题目量的两倍或三倍,然后使用传统的精炼、删除法来删掉不可靠的题目。李克特量表的替换形式是量级比例,它提供的是定比数据(Lodge,1981)。它能使研究者避免定序数据所要求的一些有问题的假定,而且能使研究者使用那些可靠性更高、置信度更高的高效统计方法。

在收集数据之后

有几种用于度量等价性仍然是一个问题时的数据处理建议。Cunningham 等(1977)推荐自比化①,但是他们指出“为了使用自模测量,研究者必须有一个先验理由去怀疑不同的样本间存在作答定式差异”(1977, p.383)。优化测量能够帮助研究者在使用自模测量之前考察作答定式偏差。Douglas 和 Craig(1983)也建议对数据进行标准化或正态化以实现某种程度的等价。这些方法很有用,因为它们把定标因素从测量中剔除了,这样在一个国家中变量之间的关系可能能够与在另一个国家中变量之间的关系相比较。然而,这些补救方法使直接的均值差异比较变得毫无意义。Kotabe, Duhan, Smith,和 Wilson(1991)对这种方法进行了变换。他们按被试而不是按变量对数据进行标准化,从而得到每个群体在每个题目上的相对均值。②这些标准化的均值用于变量的相比而非绝对比较。Bhalla 和 Lin(1987)建议根据经验用不同的换算率系数来调整来自不同国家的分数。例如,与意大利人和西班牙人相比,西德人较少可能夸大他们的购买意愿。因此,相比于德国人,应该向下调整意大利人和西班牙人的购买意愿分数。如果研究者发现他们的测量工具在国家间不存在相似的信度,Davis 等(1981)建议(而且证实)调整信度差异。

结论

未来研究

实证举例发现三点量表(工作满意度)比五点量表(忠诚度)更具有等价性,尽管后者从

① 自比数据的数学定义是“任何具有如下特性的分数矩阵:每个实体在所有属性上的得分之和是一个常数”(Clemans,1956)。自比化(Ipsatization)是一个复杂过程。首先,必须按列对原始数据矩阵进行标准化。然后,对标准分数矩阵进行自比化。然后将自比分数按列转换成标准分数。

② 按行而不是按列对数据矩阵进行标准化。这样,每个被试在所有题项上的平均分是0。然后,针对每一个群体,对标准化后的数据矩阵按列求平均,从而得到各个变量的相对均值。

题目设计的角度看上去更可取。① 这个发现引出了一个很有趣的问题。点数(即回答者的可选类别)较少的量表产生的等价性问题也较少吗?由于选择类别受到限制,点数较少的量表比较不容易存在系统性偏差吗?如果是这样,在设计题目的时候就需要在更准确地捕获方差和较难受到作答偏差的影响之间进行权衡。这值得更多的研究。只有在有证据支持的情况下,Bhalla 和 Lin(1987)所建议的根据经验调整来自不同国家的分数的做法才有帮助。他们的研究是基于专有数据的。因此,有关国家和文化效应的元分析对于识别系统和随机误差成分会非常有帮助。

开发解释优化测量结果的统计检验也将是一个对比较研究的重要贡献(一个方法,见 Mullen, Milne 和 Didow,1995),如同开发一个过程来调整从几种文化下收集的数据一样,这样它们就可以直接进行比较了。另一个重要贡献将会是比较和评价用于处理存在度量等价性问题的数据的几种不同的方法。例如,可以产生具有已知心理测量特性的数据,以便比较和对比标准化(按变量和按被试)、正态化和自比化等方法。此外,将有关等价性的跨国文献拓展到比较研究的其他领域(如丈夫和妻子,或黑人、白人和拉美裔)也会作出重要的贡献。

贡献

国际商务研究者经常设法比较来自不同国家的研究发现。测量等价性的缺乏会损害结果的信度和效度。本文介绍了优化测量和多组 LISREL 来帮助诊断测量等价性。实证举例的发现表明本文提出的两种方法是有用的诊断工具。未来研究将会从中受益因为它们比传统方法,如重复检验和多重测量方法,既省时又省钱。此外,本文还讨论了几种可能的方法,用于减少测量等价性出问题的可能性以及当那些问题持续存在时对之加以解决。

参考文献

Adler, Nancy J. 1983. A typology of management studies involving culture. *Journal of International Business Studies*, 14(3): 29—47.

---

① 未来研究的前两个重要领域是由一位评审人提出的。

Adler, Nancy J., Nigel Campbell & Andre Laurent. 1989. In search of appropriate methodology: From outside the PRC looking in. *Journal of International Business Studies*, 20(1): 61—74.

Agarwal, Sanjeev. 1993. Influence of formalization on role stress, organizational commitment, and work alienation of salespersons: A cross-national comparative study. *Journal of International Business Studies*, 24(4): 715—739.

Albaum, Gerald & Robert A. Peterson. 1984. Empirical research in international marketing, 1976—1982. *Journal of International Business Studies*, 15(1): 161—173.

Anderson, Ronald D., Jack L. Engledow & Helmut Becker. 1980. Advertising attitudes in West Germany and the U. S. A.: An analysis over age and time. *Journal of International Business Research*, 9(3): 27—38 (*cited in* Douglas & Craig [1983]).

Aulakh, Preet S. & Masaaki Kotabe. 1993. An assessment of theoretical and methodological developments in international marketing: 1980—1990. *Journal of International Marketing*, 1(2): 5—28.

Bagozzi, Richard P. 1980. *Causal models in marketing.* New York: Wiley.

Barksdale, Hiram C. & L. McTier-Anderson. 1982. Comparative marketing: A review of the literature. *Journal of Macromarketing*, 2(1): 57—62.

Bechtel, G. G. & C. Ofir. 1988. Aggregate item response analysis. *Psychometrika*, 53(March): 93—107.

Bentler, Peter M. & D. G. Bonett. 1980. Significance tests and goodness-of-fit in the analysis of covariance structures. *Psychological Bulletin*, 88: 588—600.

Berry, J. W. 1980. Introduction to methodology. In H. C. Triandis & W. Lonner, editors, *Handbook of cross-cultural psychology: Methodology*, Vol. 2, 1—28. Boston: Allyn and Bacon.

Bhalla, Gaurav & Lynn Y. S. Lin. 1987. Cross-cultural marketing research: A discussion of equivalence issues and measurement strategies. *Psychology & Marketing*, 4(4): 275—285.

Boddewyn, Jean J. 1981. Comparative marketing: The first twenty-five years. *Journal of International Business Studies*, 12(1): 61—79.

Bollen, Kenneth A. 1986. Sample size and Bentler and Bonett's normed fit index. *Psychometrika*, 51: 375—377.

Bollen, Kenneth A. 1989. *Structural equations with latent variables.* New York: John Wiley.

Bray, James H. & Scott E. Maxwell. 1985. *Multivariate analysis of variance*. Newbury Park, Calif.: Sage Publications.

Brislin, Richard W. 1980. Translation and content analysis of oral and written materials. In H. C. Triandis & W. Lonner, editors, *Handbook of cross-cultural psychology: Methodology*, Vol. 2, 389—444. Boston: Allyn and Bacon.

Brislin, Richard W., Walter J. Lonner & Robert M. Thorndike. 1973. *Cross-cultural research methods.* New York: John Wiley.

Buss, Allan R. & Joseph R. Royce. 1975. Detecting cross-cultural commonalities and differences: Intergroup factor analysis. *Psychological Bulletin*, 82(1): 128—136.

Campbell, Donald T. & J. C. Stanley. 1966. *Experimental and quasi-experimental design for research.* Chicago: Rand McNally.

Capon, Noel, Chris Christodoulou, John U. Farley & James M. Hulbert. 1987. A comparative analysis of the strategy and structure of United States and Australian corporations. *Journal of International Business Studies*, 18(1): 51—74.

Churchill, Gilbert A. 1979. A paradigm for developing better measures of marketing constructs. *Journal of Marketing Research*, 16(February): 64—73.

Churchill, Gilbert A. 1987 (fourth edition). *Marketing research, methodological foundations.* Ft. Worth Tex.: The Dryden Press.

Clemans, William V. 1956. An analytical and empirical examination of some properties of ipsative measures. *Psychometric Monographs.* 14 [*referenced in* Cunningham, Cunningham & Green (1977)].

Cunningham, William, Isabella C. M. Cunningham & Robert T. Green. 1977. The ipsative process to reduce response set bias. *Public Opinion Quarterly*, 41(Fall): 379—394.

Davis, Harry L., Susan P. Douglas & Alvin J. Silk. 1981. Measure unreliability: A hidden threat to cross-national marketing research? *Journal of Marketing*, 45(2): 98—109.

Didow, Nicholas & Michael R. Mullen. 1992. Sample size effects on the stability of optimal scaling estimates—A preliminary investigation. In R. P. Leone & V. Kumar, editors, *Enhancing knowledge development in marketing*, Vol. 3, 290—295. (American Marketing Association Educator's Proceedings).

Didow, Nicholas M., Kevin Lane Keller, Hiram C. Barksdale, Jr. & George R. Franke. 1985. Improving measure quality by alternating least squares optimal scaling. *Journal of Marketing Research*, 22(February): 30—40.

Didow, Nicholas M., William D. Perreault Jr. & Nicholas C. Williamson. 1983. A cross-sectional optimal scaling analysis of the index of consumer sentiment. *Journal of Consumer Research*, 10(December): 339—347.

Douglas, Susan P. & C. Samuel Craig. 1983. *International marketing research.* Englewood Cliffs, N. J.: Prentice Hall.

England, George W. & Itzhak Harpaz. 1983. Some methodological and analytic considerations in cross-national comparative research. *Journal of International Business Studies*, 14(3): 49—59.

Fornell, Claes. 1983. Issues in the application of covariance structure analysis: A comment. *Journal of Consumer Research*, 9(March): 443—448.

Gorsuch, R. L.. 1974. *Factor analysis.* Toronto: W. B. Saunders [*cited in* Buss and Royce (1975)].

Gray, Sidney J., Lee H. Radebaugh & Clare B. Roberts. 1990. International perceptions of cost constraints on voluntary information disclosures: A comparative study of U. K. and U. S. multinationals. *Journal of International Business Studies*, 21(4): 597—622.

Green, Robert T. & Philip D. White. 1976. Methodological considerations in cross-national consumer research. *Journal of International Business Studies*, 7(3): 81—87.

Harpaz, Itzhak. 1990. The importance of work goals: An inter-national perspective. *Journal of International Business Studies*, 21(1): 75—93.

Irvine, Sid H. & William K. Carroll. 1980. Testing and assessment across cultures: Issues in methodology and theory. In H. C. Triandis & W. Lonner, editors, *Handbook of cross-cultural psychology: Methodology*, 181—244. Boston: Allyn and Bacon.

Jacob, Jacob. 1978. Consumer research: A state of the art review. *Journal of Marketing*, 42(April): 87—96.

Johnson, Richard A. & Dean W. Wichern. 1982 (second edition). *Applied multivariate statistical analysis.* Englewood Cliffs, N. J.: Prentice Hall.

Jones, L. V. 1960. Some invariant findings under the method of successive intervals. In O. Gulliksen & S. Messick, editors, *Psychological scaling: Theory and applications.* New York: John Wiley.

Jöreskog, Karl G. & Dag Sörbom. 1989. *LISREL VII user's reference guide.* Mooresville, Ind.: Scientific Software.

Jöreskog, Karl G. 1988. PRELIS: A preprocessor for LISREL. Mooresville, Ind.: Scientific Software.

Kerlinger, Fred N. 1986. *Foundations of behavioral research.* Fort Worth, Tex.: Holt, Rinehart and Winston.

Kotabe, Masaaki, Dale F. Duhan, David K. Smith & R. Dale Wilson. 1991. The perceived veracity of PIMS strategy principles in Japan: An empirical inquiry. *Journal of Marketing*, 55(1): 26—41.

Kotabe & Janet Y. Murray. 1990. Linking product and process innovations and modes of international sourcing in global competition: A case of foreign multinational firms. *Journal of International Business Studies*, 21(3): 383—425.

Kruskal, J. B. 1964. Multidimensional scaling by optimizing goodness of fit to a nonmetric hypothesis. *Psychometrika*, 29(1): 1—27.

Lee, Chol & Robert T. Green. 1991. Cross-cultural examination of the Fishbein behavioral intentions model. *Journal of International Business Studies*, 22(2): 289—305.

Lincoln, James R. & Arne L. Kalleberg. 1985. Work organization and workforce commitment: A study of plants and employees in the U. S. and Japan. *American Sociological Review*, 50(December): 738—760.

Lodge, Milton. 1981. *Magnitude scaling, quantitative measurement of opinions.* Beverly Hills, Calif.: Sage Publications.

Martilla, John A. & Davis W. Carvey. 1975. Four subtle sins in marketing research. *Journal of Marketing*, 39(January): 8—15.

Mayer, Charles S. 1978. Multinational marketing research: The magnifying glass of methodological problems. *European Research*, 6(March): 77—83.

McDonald, Roderick P. & Herbert W. Marsh. 1990. Choosing a multivariate model: Noncentrality and goodness of fit. *Psychological Bulletin*, 2(March): 247—255.

Morris, Tom & Cynthia M. Pavett. 1992. Management style and productivity in two cultures. *Journal of International Business Studies*, 23(1): 169—179.

Mullen, Michael R, George Milne & Nicholas Didow. 1995 (forthcoming). Determining cross-cultural metric equivalence in survey research: A statistical test. In T. Madsen, editor, *Advances in international marketing.*

Mullen, Michael R., George Milne & Patricia Doney. 1995. An international marketing application of outlier analysis for structural equations: A methodological note. *Journal of International Marketing*, 3(1): 45—62.

Nason, Robert W. 1989. From the editor: Building block. *Journal of Macromarketing*, 9(1): 3—4.

Onkvisit, Sak & John J. Shaw. 1989. *International marketing: Analysis and strategy.* Columbus, Ohio: Merrill.

Parameswaran, Raji & Attila Yaprak. 1987. A cross-national comparison of consumer research measures. *Journal of International Business Studies*, 8(1): 35—49.

Perreault, William D., Jr. & Forrest W. Young. 1980. Alternating least squares optimal scaling: Analysis of nonmetric data in marketing research. *Journal of Marketing Research*, 27(February): 1—13.

Peter, J. Paul. 1979. Reliability: A review of psychometric basics and recent marketing practices. *Journal of Marketing Research*, 16(February): 6—17.

Peter, J. Paul. 1981. Construct validity: A review of basic issues and marketing practices. *Journal of Marketing Research*, May, 133—145.

Prezeworski, Adam & Henry Teune. 1970. *The logic of comparative social inquiry.* London: Cambridge University Press.

Reitsberger, Wolf D. & Shirley J. Daniel. 1990. Japan vs. Silicon Valley: Quality-cost trade-off philosophies. *Journal of International Business Studies*, 21(2): 289—300.

SAS Institute Inc. 1988. SAS technical report P. 179: Additional SAS/STAT procedures, release 6.03. Cary,

N. C. : SAS Institute.

Sekaran, Uma. 1983. Methodological and theoretical issues and advancements in cross-cultural research. *Journal of International Business Studies*, 14(2): 61—73.

Sekaran, Uma. & Harry J. Martin. 1982. An examination of the psychometric properties of some commonly researched variables in two cultures. *Journal of International Business Studies*, 13(1): 51—66.

Seringhaus, F. H. Rolf & Guenther Botschen. 1991. Cross-national comparison of export promotion services: The views of Canadian and Austrian companies. *Journal of International Business Studies*, 22(1): 115—133.

Srinivasan, Venkat & Amiya K. Basu. 1989. The metric quality of ordered categorical data. *Marketing Science*, 8(3): 205—230.

van Raaij, Fred W. 1978. Cross-cultural research methodology as a case of construct validity. In H. K. Hunt, editor, *Association for consumer research*, 5: 693—701.

Vijier, Van de & Y. H. Poortinga. 1982. Cross-cultural generalization and universality. *Journal of Cross-Cultural Psychology*, 13: 387—408.

Young, Forrest W. 1981. Quantitative analysis of qualitative data. *Psychometrika*, 46(4): 357—388.

Young, Yoshio Takane & Jan de Leeuw. 1978. The principal components of mixed measurement data: An alternating least squares method with optimal scaling features. *Psychometrika*, 43(June): 279—282.

Zhang, Li & Kofi Q. Dadzie. 1991. Developing more meaningful and accurate measurement models in global marketing research: An empirical illustration. In M. Gilly, editor, *Enhancing knowledge development in marketing*, *American Marketing Association Educators Proceedings*, 610—611.

作者简介

Michael R. Mullen 毕业于北卡罗来纳大学，获得博士学位。现任教于佛罗里达大西洋大学，其主要研究兴趣是国际贸易对经济发展和国际市场营销的影响。

作者感谢 Gerald Albaum, Nicholas Didow, Patricia Doney, George Milne, Gregory Osland, William Perreault, Saeed Samiee，参与 David Ricks 在南卡罗来纳大学举办的国际商务发展研讨会、美国市场营销协会（AMA）夏季营销学者会议国际市场营销研究分会场，以及其在密歇根州立大学举办的国际商务研究问题研讨会的人员，以及为本文前几稿提出宝贵意见和建议的审稿人。另外，还要感谢 Arne L. Kalleberg 和 James R. Lincoln 为本研究提供了数据集。

文化距离回顾:对文化差异更为严谨的概念化和测量*

Oded Shenkar

The Ohio State University

李倩倩　译

(上海大学管理学院)

李晓蓓　校

(华东理工大学商学院)

文化距离的构念在国际商务领域被广泛运用,包括对外投资扩张、进入模式选择和海外分支机构绩效等方面。本文对文化距离构念做了批判性回顾,指出其隐含假设并质询其理论和方法工具。文章提出针对这一构念的综合框架,并列出旨在增强严谨性的具体步骤。

鲜有概念如文化距离(cultural distance CD),一般在国际商务研究中被广泛接受,通常用来测量不同文化的相似或差异程度。该构念被应用于大多数企业管理领域,如管理、营销、财务和会计。在管理领域,文化距离被用作战略、管理、组织行为和人力资源管理中的关键变量。该构念涉及研究问题广泛,从创新和组织变革到海外扩张和技术转移(Gomez-Mejia 和 Palich,1997),从分支机构绩效到外派人员调适(Black 和 Mendenhall,1991)。受该构念影响最大的则是对外直接投资(FDI)领域。

回顾构念最初设定时意图捕捉的现象本质,对理解 CD 构念的吸引力有所帮助。由于复杂、无形和微妙,文化的概念化和测量异常困难(Boyacigiller, Kleinberg, Philips 和 Sackmann, 1996)。构建一个度量文化间"距离"的量表则更难。通过提供一个看似简单和标准化的文化差异量表,CD 构念提供了可以回避文化的复杂难懂的有形且便利的工具,产生了可以与其他"硬"数据结合使用的定量量表(Kogut 和 Singh,1988)。

---

* 原文刊于 *Journal of International Business Studies*,32(3):519—535,2001。

Cultural distance revisited: Towards a more rigorous conceptualization and measurement of cultural differences, Oded Shenkar, *Journal of International Business Studies*, 2001, volume 32, issue 3, 经 Palgrave Macmillan 授权出版。

不幸的是,CD 构念的吸引力略显不真实。它掩盖了概念化和测量中存在的严重问题,从没有获得支持的潜在假设到值得质疑的方法论工具,都降低了构念的有效性,并对理论作用和实际应用构成挑战。本文关注的即这些问题本身、它们意味着什么以及如何修正。

对外投资研究中的文化距离

近三十年,文化距离及相关概念被应用于诸多商业领域,从战略、组织行为到会计和审计,包括本土情境和国际情境。这一构念在国际商务领域最受推崇,包括对外直接投资(FDI)、总部与分部关系、外派人员筛选与调适。总体而言,FDI 为文化距离构念的应用提供了最广阔的舞台,通常以 Kogut 和 Singh(1988)根据 Hofstede(1980)的文化维度编制的一组指标为主。

在 FDI 研究中,文化距离有三大贡献:第一,可用来解释国外市场投资区位尤其是跨国企业的投资次序;第二,可用来预测国外市场的进入模式选择;第三,可以说明跨国企业海外机构的成功、失败因素和绩效。接下来是对以上三个贡献的简要回顾。

文化距离和对外投资的发起及次序

文化距离在 FDI 研究中的第一个应用是解释企业的海外投资决策。一个熟知的理论认为公司在有文化距离的市场投资的可能性较小。Yoshino(1976)和 Ozawa(1979)将日本与西方国家的文化距离视作日本在西方对外直接投资的约束因素。类似地,Davidson(1980)认为美国在加拿大和英国的大规模投资——在其市场规模、增长率、关税和相似性等可预测因素之外——源于文化的相似性。相反,Dunning(1988)认为母国和东道国更大的文化距离恰恰通过克服交易和市场失灵鼓励了对外直接投资。

CD 构念在扩张学派中另一个相关甚至更具影响的应用是预测进入多个海外市场的次序。这与 Johanson 和 Vahlne(1977)的研究密切相关,他们观察到瑞典公司日渐从母国基地向更大“心理距离”的国家扩张。这一观点后来被称为乌普萨拉过程模型(Uppsala process model),或“斯堪的纳维亚学派”(Scandinavian school)(Johanson 和 Wiedersheim-Paul, 1975; Luostarinen, 1980; Engwall, 1984; Welch 和 Luostarinen, 1988; Forgsren, 1989; Axelsson 和 Johanson, 1992)。斯堪的纳维亚观点(乌普萨拉过程模型)的支持有限(Thurnbull, 1987; Engwall 和 Wallenstal, 1988)。关于 Johanson 和 Vahlne 的观点,Benito 和 Gripsrud(1992)、Sullivan 和

Bauerschmidt(1990)的研究都未能发现文化距离是对外直接投资次序的预测变量。

文化距离和进入模式

斯堪的纳维亚学派还预测了从出口到对外直接投资的投资承诺程度逐步提升。尽管如此,更远的距离和更多的承诺这两个趋势是否先后发生还不能确定,这成为众多被忽略的问题之首。最后,对文化距离和对外直接投资方式关系的预测使之成为与交易成本理论(Williamson,1985)相似的理论。文化距离越大,跨国企业倾向于对海外运营施加更强的控制(Root,1987;Davidson 和 McFeteridge,1985;Kim 和 Hwang,1992)。控制用以形容介于特许经营和对外直接投资之间的选择,但更常被用于介于完全独资分支机构(wholly owned subsidiary, WOS)和部分控制的国际合资企业(international joint venture, IJV)的情况(Agarwal, 1994; Cho 和 Padmanabhan, 1995; Erramilli, 1991; Erramilli 和 Rao, 1993; Kogut 和 Singh, 1988; Larimo, 1993; Padmanabhan 和 Cho, 1994)。

在文化距离大的地点放松控制被视作降低不确定性和信息成本的一种方式(Alpander, 1976; Richman 和 Copen, 1972)。如 Goodnow 和 Hansz(1972,p.46)指出,"环境愈加不利,控制程度相应降低"。在预测进入模式时,交易成本理论将更大文化距离跟更高交易成本联系起来,由于信息成本及竞争力和技能转移困难(Buckley 和 Casson, 1976; Vachani, 1991)。在交易成本方面,内部化在以下情况中是急需的:市场代理商试图利用一家企业的有限知识,或者,不确定性和复杂性使未来交易的情况难以确定(Williamson, 1975; Beamish 和 Banks, 1987)。离开内部化,将不可能核实代理商的主张、降低运营的不确定性或逆转投资(Willimson, 1981)。

将文化距离引入交易成本论断的隐含而明显的假设是国际运营是高度不确定的。以此推测,核实具有文化距离的代理商的主张会更加困难,因为代理商是在不熟悉但被跨国公司限制又有所缓冲的环境下提出主张的。Roth 和 O'Donnell(1996)认为文化距离导致代理成本增加,因为获得代理商(分支机构)绩效的完全和精确信息更加困难且成本增加,导致总部更加依赖于分支机构。

Gatignon 和 Anderson(1988)认识到,文化距离与交易成本论断契合欠佳。逻辑上讲,该理论能够容纳文化距离—控制模式反向关系的预测。一个企业可能偏好低控制度以补偿其在高文化距离情境中的知识欠缺,依赖本土合作者贡献本土知识。或者,它可能选择高控制度,即完全独资分支机构,作为降低对行为难以理解的代理商依赖的一种方式。Anderson 和

Gatignon(1986)建议,当进入者方式具有交易专有优势而不易被其他企业模仿时,高控制度可能更加有效。“有时,与本土文化不适应的运营方式会形成令跨国企业与东道国本土企业竞争的必然优势(Anderson 和 Gatignon,1986,p.18)。”实际上,从资源基础观看(Barney,1991),正是克服文化距离的能力带来了独特优势。

关于文化距离对进入模式影响的实证结果并不一致(Benito 和 Grisprud,1992;Padmanabhan 和 Cho,1994)。Eramilli 和 Rao (1993)发现低文化距离导致低控制,尽管经验水平和资产专用性在该关系中起中介作用。Pan(1996)发现文化距离越大,在中国的国外合资企业中,国外合作者更可能拥有同等或更多的份额。Boyacigiller(1990)发现文化距离与控制程度(定义为美国企业在外国分支机构的占比)正相关。另外,Kogut 和 Singh(1988)、Kim 和 Hwang(1992)研究揭示了高文化距离中的低控制模式。Kogut 和 Singh(1988)发现,相较绿地全资子公司和并购现有企业的控股份额这两种方式,更高的文化距离提高了绿地国际合资企业的可能性。尽管相反的结果可部分归因于研究企业(Erramilli 和 Rao 及 Boyacigiller 研究中的服务型企业比 Kim 和 Hwang、Kogut 和 Singh 研究中的生产型企业拥有更低的控制成本),但似乎难以完全解释结果不一致的问题。

文化距离与分支机构绩效

在第三个应用中,文化距离主要被视作阻碍跨国企业及其分支机构绩效的因素。根据 Chang(1995)的研究,文化距离限制了跨国企业进入新地域时的寻租能力。但实证结果是不一致的。Li 和 Guisinger(1991)发现在美国,来自文化不相似的国家的合作者的分支机构更易失败。Barkema,Shenkar,Vermeulen 和 Bell(1997)发现,逐步进入更高文化距离区位的子公司较少使其分支机构过早终止;控制经验变量,国际合资企业的寿命随其与东道国的文化距离的增大而递减。Johnson,Cullen 和 Sakano(1991)报告,国际合资企业合作方的“文化聚合性”对日本合作方的感知成功没有影响,Park 和 Ungson(1997)发现,实际上更大的文化距离与更低的合资企业解散率相联系。

文化距离构念的隐含假设

在 FDI 三个领域不一致的结果可能是由于文化距离构念的概念或方法论特点导致。在该部分,将从运用文化距离构念的 FDI 文献抽出这些特点,并辅以文化、FDI 及相关领域更广泛的文献。这些特点以潜在假设的形式呈现,通常不被注意,但却不受逻辑或实证数据的支持。

潜在假设以两类呈现,一类来自该构念的概念特性,另一个则来自其方法论特性。概念特性产生了对于文化距离构念核心的错觉,并削弱了其在 FDI 理论情境中的有效性。方法论特性则显示了影响文化差异精确测量的工具和量表偏差;它们与 Kogut 和 Singh(1988)的指数联系最为密切,却凸显了更大的测量问题。两种特性相互交织,但代表了需要不同修正方案的具有明显差异的一系列问题,因而表现为不同类型。

概念特性

对称性之错觉。"距离",根据定义,是对称的:从点 A 到点 B 的距离与从点 B 到点 A 的距离是确定的。但是,在 FDI 情境中难以保证文化距离的对称。文化距离对称意味着母国和东道国文化的作用是确定的。例如,一个在中国投资的荷兰公司与在荷兰投资的中国公司面临相同的文化距离。这一假设缺乏支持。大量研究表明投资者文化在预测投资、进入模式和绩效上的重要性(例如,Pan,1996;Kogut 和 Singh,1988;Tallman,1988)。其他研究揭示了东道国文化的作用。尽管如此,并无研究显示两者之间的对称性也无理由假设其存在。相反,母国和东道国作用在性质上是不同的,前者被嵌入公司而后者则处于一国环境中。

稳定性之错觉。在单一时点测量,文化距离被隐含假定为常量,但文化随时间而变。在进入市场时测量的文化或许会在绩效测量时发生变化。进而,趋同理论(Webber,1969)预测,随着更多投资者聚集到某一市场,本土雇员更熟悉跨国企业的管理方法,文化距离会逐渐缩小(Richman 和 Copen,1972)。企业对某一市场了解越深,与该市场的文化距离越小。Stopford 和 Wells(1972)发现,当某企业在一国拥有更多经验时,它更倾向于选择全资子公司而非国际合资企业(Dubin,1975)。Hennart(1991)发现,在美国的经验使日本企业相较国际合资企业更青睐完全独资分支机构。国际经验也使企业更倾向于通过并购进行绿地投资(Caves 和 Mehra,1986),这虽不被控制论观点体现却显著影响完全独资分支机构和国际合资企业在投资中的有效性。

线性之错觉。距离的隐喻同样暗含了其对投资、进入模式和绩效的线性影响假设。文化距离越高:(a) 投资更易发生在投资序列的后期阶段;(b) 低控制度的进入模式会被选用;(c) 国外分支机构的绩效更差。这些都是可质疑的假设。相反,斯堪的纳维亚学派认为,扩张潮之间的时滞随学习曲线的差异而变动。Erramilli(1991)研究显示文化距离和经验交互作用对所有权产生非线性影响。Davidson(1980)提出,处于投资初级阶段的公司比在国际化高级阶段的企业更偏好选择文化相近的企业(Bilkey,1978)。Pan(1997)发现,当文化距离较大时,在合资企业中控股的国外合作者并无兴趣进一步增持股份。

Parkhe(1991)指出,文化距离如同其他"多样性变量",在战略选择和运营阶段起着不同的作用。在战略选择阶段,文化距离可能是协同效应的基础;而在运营阶段,则可能破坏母公司胜任力的本土适用性(Brown,Rugman 和 Verbeke,1989;Harrigan,1985,1988;Hergert 和 Morris,1988;Lorange 和 Roos,1991)。外派研究显示对外国文化的适应可能是 U 形的(Black 和 Mendenhall,1991),并且,对更为类似的文化的调适通常与对"有距离的"文化调适一样困难,因为差异是难以预计的(Brewster, 1995; O'Grady 和 Lane, 1996)。

因果性之错觉。多数文献隐含的假设是文化距离对 FDI 模式、次序和绩效有因果效应。其含义是,文化是与 FDI 相关的距离的唯一决定因素。早期研究一度回到这一问题并试图纳入非文化变量以测量更广泛的"距离",加以修正。Johanson 和 Vahlne(1977)界定了"心理距离"(psychic distance),即影响市场信息的"因素集合"。Goodnow 和 Hansz(1972)将"地理—文化距离"(geo-cultural distance)视为众多变量之一(还包括发展水平、政治稳定性),使一国的投资机会或"热"或"冷"。Richman 和 Copen(1972)关于"社会—文化距离"(socio-cultural distance)的测量包括本地管理者的国际教育等变量。

根据 Boyacigiller(1990,p.363)所提,"国家的关键特点,如主要宗教、商业语言、政府形式、经济发展和向美国移民的水平显示出一国与美国的文化距离"。语言(Buckley 和 Casson,1976)、政治稳定性(Thunnell,1977)、发展水平、市场规模和完善性(Davidson 和 McFetridge,1985)等因素都在"距离"形成中发挥作用。Barkema 等(1997),在对德国企业 FDI 的研究中发现,文化距离对发展中国家的国际合资企业有显著影响,这一效应在发达国家的国际合资企业中则并未发现。类似的观点还来自 Beamish(1993)对中国转型经济中的投资比较研究。Brown,Rugman 和 Verbeke(1989)认为经济和文化因素的结合产生企业专用资产,可能导致失败。

不和谐之错觉。关于文化差异导致"匹配"缺失进而成为交易的障碍的隐含假设也值得质疑。第一,并非每一文化差异对绩效都有关键影响。如 Tallman 和 Shenkar(1994,p.108)所言,"企业文化的不同方面主附不一、转移难度不一、对运营的作用不一"。第二,不同文化可能是互补的,进而对投资和绩效产生积极的协同效应。比如,由于全球运营同时要求绩效考量(男性的)和关系考量(女性的),两者可能相互支持(Hofstede,1989;Haspeslagh 和 Jemison,

1991)。相似的证据可以在 FDI(Barkema 和 Vermeulen,1998)、兼并和收购(Haspeslagh 和 Jemison,1991;Morosini,1998)以及国际合资企业研究(Shenkar 和 Zeira,1992)中发现。

方法特性

公司同质性假设。测量文化距离的指标依赖于国家文化量表并暗含了缺乏公司文化差异的假设,这是缺乏支持的(Hofstede,Neuijen,Ohavy 和 Sanders,1990)。Laurent(1986)提出公司文化可以修正受国家文化影响的行为和信念,这一主张被 Weber,Shenkar 和 Raveh(1996)关于国际兼并的研究支持。公司文化改变国家文化距离的活力,尽管不一定通过减弱它的影响实现。如 Schneider(1988)所言,"国家文化遇到强公司文化时可能扮演更重要的角色。适应性压力可能产生重申自主权和身份认同的需要,进而形成马赛克式的拼凑而非熔炉"。

空间同质性假设。测量一国文化到另一国文化的距离,文化距离指数假定国家内部具有一致性。实则不然,有证据显示文化内差异与文化间差异有相同甚至更多的解释力(Au,2000)。无论企业所处母国或东道国的空间位置,还是位置间的实际距离,都不会对文化距离量表的计算产生影响。这掩盖了实际投资条件,比如由被国界分开的接壤地区形成的"边界效应"(Mariotti 和 Piscitello,1995)。这一论断也适用于文化类产业的地区变化,如"文化产业"。

对等性假设。Kogut 和 Singh(1988)指数是 Hofstede(1980)所提维度的简化集合,因此针对 Hofstede 提出的批评对其亦适用,如不彻底性、依赖单一公司数据等(Schwartz 和 Bilsky,1990;Schwartz,1994;Drenth,1983;Goodstein 和 Hunt,1981)。但这一指数通过两个重要方式加重了 Hofstede 框架中涉及的问题。

第一,这一指数未将 Hofstede 和他人的后期工作纳入以更新,例如,作为第五维度的儒家动力或长期导向(Long Term Orientation,LTO)(Hofstede 和 Bond,1988)。源自一个中国的测量,该维度捕捉了对公司战略至关重要的一个方面。由于与儒家的关系,包括东亚国家的文化距离量表,例如,日本 FDI 的研究中所用量表(Yoshino,1976;Ozawa,1979;Li 和 Guisinger,1991),尤其受到挑战。

第二,也是最重要的一点,Kogut 和 Singh 的量表之所以放大了 Hofstede 研究中的测量问题,在于其做出了无效的对等性假设。Hofstede(1989)指出某些文化差异比其他文化差异的破坏性更小,并且由于它们对风险、正规化之类的容忍度不同,不确定性规避的差异可能是国际合作中潜在的最大问题。Kogut 和 Singh(1988)分别用指数检验了不确定性规避的作用。

Barkema 等(1997)和 Barkema 和 Vermeulen(1998)都支持了 Hofstede(1989)的论点,发现不确定性规避在预测 FDI 成功时比其他维度更重要。其他研究表明个人主义对 FDI 有特殊的影响(Hamel,Doz 和 Prahalad,1989;Shane,1992;Dickson 和 Weaver,1997)。集合的量表可能导致对有意义的文化差异的误读。

整合与构念发展

文化距离构念在概念和方法上的明显不足也为理论和研究带来重要的启示。例如,对称性之错觉指出了不同类型的交易成本,以及由于合作者分别寻求最小化成本而不管另一方成本导致的可预见的冲突,这使交易和议价模型的收敛成为必要。通过显示特定文化结合会产生协同效应而非潜在分裂,不相和之错觉可能会解释交易费用论断得出的控制和绩效有关的不一致结果。因果性之错觉可能解释文化距离与 FDI 次序研究的不一致结果。例如,Benito 和 Gripsrud(1992)提出他们缺乏对逐步扩张观点的支持或许是由属于同一文化簇的国家在劳动力成本上的相似性导致。空间同质性假设或许可以解释对同一组国家研究得出的不一致结果。

接下来,旨在修正文化距离构念的综合框架被提出。从集中于讨论是何区分文化的现有隐喻出发,我们还考虑缩小文化距离的机制。之后,我们纳入现有文化距离概念中被忽视的关键因素,即交易方的互动及产生的摩擦。综合起来,这两者成为提出文化距离修正综合框架的基础。

缩小文化距离

运用隐喻的一个作用是可以作为表达的参考框架(Morgan,1986)。在文化距离一例中,"距离"隐喻的含义更注重将文化区分开来而非结合起来。对社会实体关系的更均衡的分析应该同时考虑开放和缩小机制。以下是关于缩小文化距离的几个关键机制。

全球化和趋同。它是日益增强的沟通和互动通过鼓励文化体系的趋同而构建文化距离的桥梁(Webber,1969)。这暗含了文化距离随时间缩小的趋势,尽管在全球范围内速度不同。《世界竞争力报告(2000)》公布了对国外影响开放度的指数,表明了相对开放的国家(如荷兰)与相对封闭的国家(如法国和韩国)之间的固有差异。

地理相近。它常与文化距离混淆(如关于加拿大成为东部和中西部美国企业对外投资首选的事例)。由于运输和信息处理的原因,地理相近降低了进入壁垒(Buckley 和 Casson, 1979;同见 Mariotti 和 Piscitello)。地理相近降低了管理协调和控制成本以及监管代理商的费用。这也方便了知识和其他资源有效地转移相关的个人联系(Vachani,1991)。

国外经验。现有研究提出了国外经验作为缩小文化距离机制的重要性。尚不清楚的是:国外经验指国际经验还是在东道国文化中的经验,以及在多大程度上管理者的个人经验可以取代公司经验。后者对小企业尤为重要(同见文化适应部分)。

文化适应。文化适应被定义为,"文化要素的双向扩散引起的系统内变化"(Berry, 1980)。文化适应通常被假设可降低与东道国的文化距离。有趣的是,当解释观察到的逐步卷入模式的一个例外(在新市场成立的销售分支结构)时,Johanson 和 Vahlne(1977)解释说,该案例中的决策制定者曾在另一国家受过一定教育。文化适应也不依赖实际经验。Black, Mendenhall 和 Oddou(1991,p. 310)提出"个人在真正遇到新情况之前就会做出预期调试"。实际上,公司可能也一样,缩小与一国的文化距离甚至先于在该国的运营。另一个有趣的问题是 Adler(1981)描述的重返综合征是否能够运用于公司层面。

文化吸引力。某些文化被认为比其他文化更具吸引力。一种国外文化的感知特点可能是潜在合作者和东道国对其表现出偏好的主要原因(Gould,1966)。从认知观点来看(Sackmann,1983;Boyacigiller 等,1996),即便缺乏吸引力,对类似文化的调适通常与"远距离"文化的调适一样困难。外派研究对此的解释是,外派人员对相似文化的差异缺乏预见(Brewster, 1995;O'Grady 和 Lane,1996)。

人员安置。人员安置不仅是控制的方式,也是群体或个人将其文化特质带入某系统的通道。Shenkar(1992)讨论了雇员群体在影响某国际合资企业中国家和公司文化距离中发挥的作用。例如,国外母公司外派人员同时带来母公司所在的国家文化和公司文化,而国外母公司雇用的第三国公民则带来更多的是公司文化而非国家文化。兼并和收购研究显示,这一类高管对其他雇员的流动具有重要影响,并且对在更多成员中形成和传播公司文化信号有最显著的作用(Weber,Shenkar 和 Raveh,1996)。双文化背景者对缩小国外和东道国的文化距离尤为重要。得益于对两种文化的熟悉,他们扮演着特使、根植于文化的符号和行为的翻译者角色,将两个国家联系起来。公司中该类尤其是处于高管位置的员工的存在,成为一种缩小文化距离的机制。

文化互动之摩擦

尽管文化距离的开放和缩小机制可以纳入“距离”的隐喻中，对 FDI 现实的进一步考量则将互动看做关键问题。毕竟，如果不把某些文化带入与其他文化的互动中，一种文化与另种一文化的差异大小就意义甚微。因此，我们提出用“摩擦”取代“距离”的隐喻，这一短语曾被 Williamson(1975)在交易成本理论的原始阐述中运用。关于“摩擦”，我们指互动的文化的交界面的规模和实质，以及这些体系运行时交界面产生的“障碍”。

举例来说，让我们考虑一个国际合资企业和国际并购之间在文化交界面上的差异。根据定义，国际合资企业指独立于母公司的实体。尽管专利也维持了直接联系，大量的互动则通过与母公司独立活动的国际合资企业调节。母公司之间的文化差异只依其在新实体的卷入程度而产生摩擦。母公司中没有参与国际合资企业运营的个人和部门不会造成摩擦。相反，兼并将双方的整体运营结合在一起，至少在最初，会造成更多的摩擦。在许多并购案中，整合是一个关键目标(Weber,1996)。大量互动使其更具戏剧性，随之而来的冲突更凸显了差异(Sales 和 Mirvis,1984)。Weber 等(1996)发现被收购公司的高管会向收购组织做预期调整。相对地，收购方的员工则鲜有理由这么做。

明显地，摩擦在并购群体中也不尽相同。当被收购公司的目标、战略选择和其他运营事项由收购公司确定时，可以预料会有更多的摩擦，但这种摩擦会比每个公司各自为政的情况下更快减少。“文化适应模式”，如整合、同化、分离、去文化(Nahavandi 和 Malekzadeh, 1988)会影响冲突的水平。由于类似原因，摩擦也可能在收购和绿地投资间存在差异。在收购中，潜在摩擦更甚，因为被收购公司已有自己的企业文化。实际上，相对于绿地投资，低文化距离会增加并购几率(Dubin,1975)，而高文化距离则是日本投资者在美国偏好绿地投资的原因，且部分通过完全收购的方式完成(Hennart,1991)。Li 和 Guiginger(1991)等学者表明，美国公司的国外收购比绿地投资更易失败，这可能是文化摩擦的结果。

文化体系间的摩擦也是战略目标的产物，即公司希望将其他体系置于本公司体系的何种位置。控制越紧，潜在摩擦越多。因此，控制(广义而言即进入模式)不仅是文化“距离”的产物，也是文化摩擦的潜在诱因。进而，文化本身是控制的一种方式(Schneider,1988)。从理论上讲，强公司文化会降低交易成本，因为子公司与母公司更加相似，尽管 Laurent(1986)提出公司文化实际上使国家文化的差异更加明显。

建议

以上理论发展的努力最终会产生新的文化距离量表,现在则可采取如下所述一系列关键步骤。第一,Kogut 和 Singh(1988)指数需将长期导向(儒家动力论)纳入以补充,尤其当涉及东亚国家时。集合指数的应用必须从理论上进行修正,适当的时候,应理论和研究领域之需,代之以分别计算的五个维度的一个或多个的文化距离量表。综合或单一维度的量表应来自 Schwartz 等(1994)的多重量表或其他分类方式,可能的时候加以应用。

第二,一般文化相似性的量表,如 Ronen 和 Shenkar 的量表(1985,具体应用参见 Barkema 等,1997;Park 和 Ungson,1997;Vachani,1991),未假设线性、可加性和正态分布,应该与其他量表结合使用。关于文化距离与挑选的国家集群的治理之间的关系研究结果(Gatingnon 和 Anderson,1988)表明,可用文化多样性量表对现有方法补充,如 Gomez-Mejia 和 Palich(1997)关于集群内和集群间多样性的量表。

第三,国家层面的数据应以认知的文化距离量表补充(Sullivan 和 Bauerschmidt,1990)。例如,在 Boyacigiller(1990)的研究中,高管被要求对其过去工作过的国家中遇到的调适困难进行排序。在得出该类认知量表时,回溯数据应该考虑在内。有证据显示此类数据在十年内的准确率不会随时间降低(Finkelstein,1992;Huber 和 Power,1985),对并购等凸显了文化和文化差异的大型事件尤其有效。该类事例也可在 Veiga,Lubatkin,Calori 和 Very(2000,同见 Veiga,Lubatkin,Calori,Very 和 Tung,2000)的研究中发现。可行的时候应补充以定性的情境内的数据。

第四,用各种方式作为文化距离缩小机制的手段,如文化吸引、文化适应、国外经验、地理距离(Balabanis,2000)语言、发展水平、母国市场和公司规模(Erramilli,1996),它们都被发现与文化距离相关或在文化距离对 FDI 的影响中起中介或调节作用。在公司层面控制文化距离,采用常见的公司文化工具时,应注意工具设计(Geringer,1998)和两个水平的交互效应(Weber 等,1996)。

第五,CD 不仅可以视为预测 FDI 治理、次序和绩效(或根据不同情况涉及的其他变量)的解释变量,而且也是一个结果变量。CD 是进入模式的结果,也几乎就是其产物,FDI 次序甚至绩效都可能对距离感知有影响。同时,还可将文化视为改变环境和战略变量之间关系形式(若不是)强度的准调节变量。

第六，文化差异有可能同时产生协同效应和破坏效应（Morosini，1998；Parkhe，1991）。这一点不能被夸大，因其有赖于FDI、外派调适、审计和其他国际商务带来的战略逻辑和所遇到的运营挑战的相互作用。由此，用“摩擦”替代“距离”作为文化差异的隐喻是自然的一步。这不仅是就语义而言，也显示了关注实体之间的互动而非空间的转变。

参考文献

Adler, N. J. 1981. Re-Entry: Managing Cross-Cultural Transitions. *Group and Organization Studies*, 6: 341—356.

Agarwal, S. 1994. Socio-Cultural Distance and the Choice of Joint Ventures: A Contingency Perspective. *Journal of International Marketing*, 2(2): 63—80.

Alpander, G. G. 1976. Use of Quantitative Methods in International Operations by U. S. vs. Overseas Executives. *Management International Review*, 16(1): 71—77.

Anderson, E. & H. Gatignon. 1986. Modes of Foreign Entry: A Transaction Cost Analysis and Propositions. *Journal of International Business Studies*, 17(2): 1—26.

Au, K. Y. 2000. Inter-Cultural Variation as Another Construct of International Management: A Study Based on Secondary Data of 42 Countries. *Journal of International Management*, 6, 217—238.

Axelsson, B. & Johanson, J. 1992. Foreign Market Entry—The Textbook Versus the Network View. In. B. Axelsson & G. Easton (eds.), *Industrial Networks: A New View of Reality*. London, UK: Routledge, 218—234.

Balabanis, G. I. 2000. Factors Affecting Export Intermediaries' Service Offerings: The British Example. *Journal of International Business Studies*, 31, 1, 83—99.

Barkema, H., Shenkar, O., Vermeulen, F. & Bell, J. H. 1997. Working Abroad, Working with Others: How Firms Learn to Operate International Joint Ventures. *Academy of Management Journal*, 40, 2, 426—442.

Barkema, H. & Vermeulen, F. 1998. International Expansion through Start-Up or Acquisition: A Learning Perspective. *Academy of Management Journal*, 41(1): 7—26.

Barney, J. B. 1991. Firm Resources and Sustained Competitive Advantage. *Journal of Management*, 17 (1): 99—120.

Beamish, P. 1993. The Characteristics of Joint Ventures in the People's Republic of China. *Journal of*

International Marketing, 1, 2, 29—48.

Beamish, P. and Banks, J. C. 1987. Equity Joint Ventures and the Theory of the Multinational Enterprise. *Journal of International Business Studies* (Summer), 1—16.

Benito, R. G. & Gripsrud, G. 1992. The Expansion of Foreign Direct Investments: Discrete Rational Location Choices or a Cultural Learning Process? *Journal of International Business Studies*, 3, 461—476.

Berry, J. W. 1980. Social and Cultural Change. In Triandis H. C. & Brislin R. W. (Eds.), *Handbook of Cross-Cultural Psychology* (Volume 5, pp. 211— 279). Boston: Allyn & Bacon.

Bilkey, W. J. 1978. An Attempted Integration of the Literature on the Export Behavior of Firms. *Journal of International Business Studies*, 9, 33—46.

Black, J. S. & Mendenhall, M. 1991. The U-Curve Adjustment Hypothesis Revisited: A Review and Theoretical Framework. *Journal of International Business Studies*, 22, 2, 225—247.

Black, J. S. & Mendenhall, M., & Oddou, G. 1991. Toward a Comprehensive Model of International Adjustment: An Integration of Multiple Theoretical Perspectives. *Academy of Management Review*, 16, 291—317.

Boyacigiller, N. 1990. The Role of Expatriates in the Management of Interdependence. *Journal of International Business Studies*, 21(3): 357—381.

Boyacigiller, N., Kleinberg, M. J., Philips, M & Sackmann, S. 1996. Conceptualizing Culture. In B. J. Punnett & O. Shenkar, *Handbook for international Management Research.* Cambridge, MS: Blackwell.

Brewster, C. 1995. Effective Expatriate Training. In Selmer, J. (Editor), *Expatriate Management: New Ideas for International Business.* Westport, CN: Quorum.

Brown, L. T., Rugman, A. M. & Verbeke, A. 1989. Japanese Joint Ventures with Western Multinationals: Synthesizing the Economic and Cultural Explanations of Failure. *Asia Pacific Journal of Management*, 6: 225—242.

Buckley, P. J. & M. Casson. 1976. *The Future of the Multinational Enterprise.* London: MacMillan.

Buckley, P. J. & M. 1979. A Theory of International Operation. In J. Leontiades & M. Ghertman (eds), *European Research in International Business.* Amsterdam/London: North-Holland.

Caves, R. E. & Mehra, S. K. 1986. Entry of Foreign Multinationals into U. S. Manufacturing Industries. In Michael E. Porter, editor, *Competition in Global Industries.* Boston: Harvard Business School.

Chang, S. J. 1995. International Expansion Strategy of Japanese Firms: Capability Building through Sequential Entry. *Academy of Management Journal*, 38, 383—407.

Cho, K. R. & P. Padmanabhan. 1995. Acquisition Versus New Venture: The Choice of Foreign Establishment Mode by Japanese Firms. *Journal of International Management*, 1(3): 255—285.

Chowdhury, J. 1992. Performance of International Joint Ventures and Wholly Owned Foreign Subsidiaries: A Comparative Perspective. *Management International Review*, 32(2): 115—133.

Davidson, W. H. 1980. The Location of Foreign Direct Investment Activity: Country Characteristics and Experience Effects. *Journal of International Business Studies*, 11, 2, 9—22.

Davidson, W. H. & McFeteridge, D. J. 1985. Key Characteristics in the Choice of International Technology Transfer Mode. *Journal of International Business Studies*, 16 (Summer), 5—22.

Davidson, W. H., 1980. The Location of Foreign Direct Investment Activity: Country Characteristics and Experience Effects. *Journal of International Business Studies*, 11, 2, 9—22.

Dickson, P. H. & Weaver, K. M. 1997. Environmental Determinants and Individual-Level Moderators of Alliance Use. *Academy of Management Journal*, 40, 2, 404—425.

Drenth, P. J. D. 1983. Cross-Cultural Organizational Psychology: Challenges and Limitations. In Irvine, S. H., & Berry, J. W. (Eds.), *Human Assessment and Cultural Factors*. NY: Plenum press.

Dubin, M. 1975. Foreign Acquisitions and the Spread of the Multinational Firm. D. B. A. thesis, Graduate School of Business Administration, Harvard University.

Dunning, J. H. 1988. The Eclectic Paradigm of International Production: A Restatement and Some Possible Extensions. *Journal of International Business Studies*, 19, 1—31.

Engwall, L. 1984 (ed.). *Uppsala Contributions to Business Research*. Uppsala, Sweden: Acta Universitatis Upsaliensis.

Engwall, L. &Wallenstal, M. 1988. Tit for Tat in Small Steps: The Internationalization of Swedish Banks. *Scandinavian Journal of Management*, 4(3/4):147—155.

Erramilli, M. K. 1991. The Experience Factor in Foreign Market Entry Behavior of Service Firms. Journal of *International Business Studies*, 22(3): 479—501.

Erramilli, M. K. 1996. Nationality and Subsidiary Patterns in Multinational Corporations. *Journal of International Business Studies*, 27, 225—248.

Erramilli, M. K. & C. P. Rao. 1993. Service Firms' International Entry Mode Choice: A Modified Transaction-Cost Analysis Approach. *Journal of Marketing*, 57(July): 19—38.

Finkelstein, S. 1992. Power in Top Management Teams: Dimensions, Measurement, and Validation. *Academy of Management Journal*, 35: 505—538.

Forgsren, M. 1989. Managing the Internationalization Process: The Swedish Case. London, UK: Routledge.

Gatignon, H. & E. Anderson. 1988. The Multinational Corporation's Degree of Control Over Foreign Subsidiaries: An Empirical Test of a Transaction Cost Explanation. *Journal of Law, Economics, and Organization*, 4(2): 305—336.

Geringer, J. M. 1998. Assessing Replication and Extension. A Commentary on Glaister and Buckley: Measures of Performance in UK International Alliances. *Organization Studies*, 19, 1, 119—138.

Gomez-Mejia, L. R. & Palich, L. 1997. Cultural Diversity and the Performance of Multinational Firms, *Journal of International Business Studies*, 309—335.

Goodnow, J. D. & Hanz, J. E. 1972. Environmental Determinants of Overseas Market Entry Strategies. *Journal of International Business Studies*, 3, 33—50.

Goodstein, L. D. & Hunt, J. W. 1981. Commentary: Do American theories Apply Abroad? *Organizational Dynamics*, 10(1): 49—62.

Gould, P. 1966. On Mental Maps. Discussion paper No 9, Department of Geography, University of Michigan.

Hamel, G., Doz, Y. L. & Prahalad, C. K. 1989. Collaborate with Your Competitors—And Win. *Harvard Business Review*, 67(1): 133—139.

Harrigan, K. R. 1985. Strategies for Joint Ventures. Lexington, MA: Lexington Books.

Harrigan, K. R. 1988. Strategic Alliances and Partner Asymmetries. In F. J. Contractor & P. Lorange (eds.). *Cooperative Strategies in International Business.* Lexington, MA: Lexington Books, 205—226.

Haspeslagh, P. C. & Jemison, D. B. 1991. *Managing Acquisitions: Creating Value Through Corporate Renewal.* New York: Free Press.

Hennart, J-F. 1991. The Transaction Costs Theory of Joint Ventures: An Empirical Study of Japanese Subsidiaries in the United States. *Management Science*,37(4): 483—497.

Hergert, M. & D. Morris. 1988. Trends in International Collaborative Agreements. In F. J. Contractor & P. Lorange (eds.). *Cooperative Strategies in International Business.* Lexington, MA: Lexington Books, 99—100.

Hofstede, G. 1980. *Culture's Consequences.* New York: Sage.

Hofstede, 1989. Organizing for Cultural Diversity. *European Management Journal*, 7(4):390—397.

Hofstede, G. & Bond, M. H., 1988. The Confucius Connection: From Cultural Roots to Economic Growth. *Organizational Dynamics*, 16(4):4—21.

Hofstede, G., Neuijen, B., Ohavy, D. D., and Sanders, G. 1990. Measuring Organizational Cultures: A Qualitative and Quantitative Study Across Twenty Cases. *Administrative Science Quarterly*, 35: 286—316.

Huber, G. P. & Powder, D. J. 1985. Retrospective Reports of Strategic Level Managers: Guidelines for Increasing their Accuracy. *Strategic Management Journal*, 6:171—180.

Johanson, J. & J. E. Vahlne. 1977. The Internationalization Process of the Firm: A Model of Knowledge Development and Increasing Foreign Market Commitments. *Journal of International Business Studies*, 8 (Spring/Summer): 23—32.

Johanson, J. & F. Wiedersheim-Paul. 1975. The Internationalization of the Firm: Four Swedish Cases. *Journal of Management Studies*, 12(3): 305—322.

Johnson, J. L., Cullen, J. B. & Sakano, T. 1991. Cultural Congruency in International Joint Ventures: Does it Matter? *Proceedings of the Eastern Academy of Management Fourth Biennial International Conference*, Nice, France (June).

Kim, W. C. & Hwang, P. 1992. Global Strategy and Multinational Entry Mode Choice. *Journal of International Business Studies*, 23, 1, 29—53.

Kogut, B. & Singh, H. 1988. The Effect of National Culture on the Choice of Entry Mode. *Journal of International Business Studies*, 19(3): 411—432.

Larimo, J. 1993. *Foreign Direct Investment Behaviour and Performance: An Analysis of Finnish Direct Manufacturing Investments in OECD countries.* Acta Wasaensia, No. 32. Faasa, Finland: University of Vaasa.

Laurent, A. 1986. The Cross-Cultural Puzzle of International Human Resource Management. *Human Resource Management*, 25, 1, 91—102.

Li, J. T. & S. Guisinger. 1991. Comparative Business Failures of Foreign-Controlled Firms in the United States. *Journal of International Business Studies*, 22(2): 209—224.

Lorange, P. & J. Roos. 1991. Why Some Strategic Alliances Succeed and Others Fail. *The Journal of Business Strategy*, (January/February): 25—30.

Luostarinen, R. 1980. *Internationalization of the Firm.* Helsinki: The Helsinki School of Economics.

Mariotti, S. & Piscitello, L. 1995. Information Costs and Location of FDIs Within the Host Country: Empirical Evidence from Italy. *Journal of International Business Studies*, 26, 4, 815—841.

Morgan, G. 1986. *Images of Organization.* Beverly Hills: Sage Publications.

Morosini, P. 1998. *Managing Cultural Differences.* UK: Pergamon.

Nahavandi, A. & Melekzadeh, A. 1988. Acculturation in Mergers and Acquisitions. *Academy of Management Review*, 13, 79—90.

O'Grady, S. & Lane, H. W. 1996. The Psychic Distance Paradox. *Journal of International Business Studies*, 27, 2, 309—333.

Ozawa, Terutomo. 1979. International Investment and Industrial Structure: New Theoretical Implications from the Japanese Experience. *Oxford Economic Papers*, 31, 1, 72—92.

Padmanabhan, P. & Cho, K. R. 1994. Ownership Strategy for a Foreign Affiliate: An Empirical Investigation of Japanese Firms. *Management International Review*, 36(1): 45—65.

Pan, Y. 1996. Influences on Foreign Equity Ownership Level in Joint Ventures in China. *Journal of*

International Business Studies, 77, 1, 1—26.

Park, S. H. & Ungson, G. R. 1997. The Effect of National Culture, Organizational Complementarity, and Economic Motivation on Joint Venture Dissolution. *Academy of Management Journal*, 40, 2, 279—307.

Parkhe, A. 1991. Interfirm Diversity, Organizational Learning, and Longevity in Global Strategic Alliances. *Journal of International Business Studies*, 22(4): 579—600.

Richman, B. M. & Copen, M. 1972. *International Management and Economic Development NY*: McGraw-Hill.

Ronen, S. & Shenkar, O. 1985. Clustering Countries on Attitudinal Dimensions: A Review and Synthesis. *Academy of Management Review*, 10, 3, 435—454.

Root, F. 1987. *Entry Strategies for International Markets.* Lexington, MA: Lexington Books.

Roth & O'Donnell. 1996. Foreign Subsidiary Compensation Strategy: An Agency Theory Perspective. *Academy of Management Journal*, 39(3): 678—703.

Sackmann, S. A. 1983. Organizations-kltur-Die Unsichtbare Einflussgrosse (Organizational Culture—The Invisible Influence). *Gruppendynamick*, 14: 393—406.

Sales, M. S. & Mirvis, P. H. 1984. When Cultures Collide: Issues in Acquisitions. In J. R. Kimberly & R. E. Quinn (Eds), *Managing Organizational Transitions.* Homewood, IL: Irwin.

Schneider, S. C. 1988. National vs. Corporate Culture: Implications for Human Resource Management. *Human Resource Management*, 27: 231—246.

Schwartz, S. H. & Bilsky, W. 1990. Toward a Theory of the Universal Content and Structure of Values: Extensions and Cross-Cultural Replications. *Journal of Personality and Social Psychology*, 58(5): 878—891.

Schwartz, S. H. & Bilsky, W. 1994. Beyond Individualism/ Collectivism: New Cultural Dimensions of Values. Individualism and Collectivism: Theory, Method, and Applications, 85—119. Sage Publications Inc, Thousand Oaks, CA.

Shane, S. A. 1992. The Effect of National Cultural Differences in Perceptions of Transaction Costs on National Differences in the Preferences for Licensing. *Academy of Management Best Papers Proceedings.*

Shenkar, O. 1992. The Corporate/National Culture Matrix in International Joint Ventures. Paper presented at the AIB annual meeting. Brussel, Belgium.

Shenkar, O. and Zeira, Y. 1992. Role Conflict and Role Ambiguity of Chief Executive Officers in International Joint Ventures. *Journal of International Business Studies*, Vol. 23: 55—75.

Stopford, J. M. & L. T. Wells Jr. 1972. *Managing the Multinational Enterprise: Organisation of the Firm and Ownership of the Subsidiaries.* New York: Basic Books.

Sullivan, D. & Bauerschmidt, A. 1990. Incremental Internationalization: A Test of Johanson and Vahlne's Thesis. *Management International Review*, 30, 19—30.

Tallman, S. B. 1988. Home Country Political Risk and Foreign Direct Investment. *Journal of International Business Studies*, 19(2): 219—234.

Tallman, S. B. & Shenkar, O. 1994. A Managerial Decision Model of International Cooperative Venture Formation. *Journal of International Business Studies*, 25(1), 91—114.

Thunnell, L. H. 1977. *Political Risk in International Business.* NY: Praeger.

Turnbull, P. W. 1987. A Challenge to the Stages Theory of the Internationalization Process. In Reid, S./Rosson, P. (eds.). *Managing Export Entry and Expansion*, New York: Praeger, 21—40.

Vachani, S. 1991. Distinguishing Between Related and Unrelated International Geographic Diversification: A Comprehensive Measure of Global Diversification. *Journal of International Business Studies*, 22(2): 307—322.

Veiga, J., Lubatkin, M., Calori, R. & Very, P. 2000. Measuring Organizational Culture Clashes: A Two-Nation PostHoc Analysis of Cultural Compatibility Index. *Human Relations*, 53, 4, 539—557.

Veiga, J., Lubatkin, M., Calori, R., Very, P. & Tung, Y. A. 2000. Using Neutral Network Analysis to Uncover the Trace Effects of National Culture. *Journal of International Business Studies*, 31,2, 223—238.

Webber, R. 1969. Convergence or Divergence? *Columbia Journal of World Business*, 4, 3.

Weber, Y., Shenkar, O. & Raveh, A. 1996. National and Corporate Cultural Fit in Mergers/Acquisitions: An Exploratory Study. *Management Science*, 42, 8, 1 215—1 227.

Welch, L. S. & Luostarinen, R. 1988. Internationalization: Evolution of a Concept. *Journal of General Management.* 14, 2, 34—55.

Williamson, O. 1985. *The Economic Institutions of Capitalism.* New York: The Free Press.

World Competitiveness Yearbook. 2000.

Yoshino, Michael Y. 1976. *Japan's Multinational Enterprises.* Cambridge, MS: Harvard University Press.

作者简介

Oded Shenkar 从哥伦比亚大学获得博士学位,是俄亥俄州立大学 Fisher 商学院全球商务管理的福特汽车教席教授。

国外市场进入模式选择:所有权、区位以及内部化因素的影响*

Sanjeev Agarwal
Sridhar N. Ramaswami
Iowa State University
汪金爱　译　秦一琼　校
(华东理工大学商学院)

准备服务于国外市场的企业通常面临着进入模式的艰难选择。企业的可行性选择包括出口、特许授权、合资和独资企业模式。既往文献已经指出了一些决定特定市场进入模式的影响因素。这些因素可以归结为三种类型:企业的所有权优势、市场区位优势,以及一体化交易的内部化优势。本研究检验了这些因素对于进入模式选择的独立影响和联合影响。为验证假设效应,分析中采用了多元逻辑回归模型。

引言

正在谋求进入国外市场的企业必须进行一项重要的战略选择,即确定选择以何种模式进入市场。四种最为常见的海外市场进入模式包括出口①、特许授权、合资和独资。尽管四者间存在差异,但由于所有的进入模式均包含资源承诺,没有大量的时间和资金投入则很难对特定模式的初始选择进行改变(Root,1987)。因此,进入模式选择即使不是关键的,也应是非常重要的一项战略选择。

---

* 原文刊于 *Journal of International Business Studies*,23(1):1—27,1992

Choice of foreign-market entry mode—impact of ownership, location and internalization factors, Sanjeev Agarwal & Sridhar N. Ramaswami, *Journal of International Business Studies*, 1992, volume 23, issue 1, 经 Palgrave Macmillan 授权出版。

作者感谢 Jean J. Boddewyn、Farok J. Contractor、Hubert A. Gatignon、V. Kumar、Sameer Sikri、Rajendra K. Srivastava,以及三位匿名评审对于早期版本的宝贵意见。两位作者对本文具有同等贡献并对任何内容和其余疏漏负全部责任。

① 本研究仅检验了一种出口模式,即未向东道国进行资产投资的直接出口。一些国际营销渠道的研究文献发现直接出口与间接出口之间存在一定差异,因此我们的一些假设及其后的原理应用到间接出口情境时需要作出一定的调整。

国际贸易、工业组织和市场不完备等领域的既往研究已经识别出了一些影响目标市场进入模式选择的影响因素。综合这些不同领域的观点，Dunning(1977,1980,1988)提出了一种综合性理论框架，明确指出目标市场进入模式受到三种决定性因素的影响，即企业的所有权优势、市场的区位优势，以及企业内部集中交易的国际化优势。一些实证研究尝试直接或间接地应用Dunning范式来解释合资和独资企业的选择决策(Kogut和Singh,1988)、特许授权和独资(Caves,1982; Davidsonand和McFetridge,1985)、国外直接投资的程度(Cho,1985;Dunning,1980;Kimura,1989;Sabi,1988;Terpstra和Yu,1988; Yu和Ito,1988)，以及收购公司与全部子公司的比例(Wilson,1980)。

尽管这些研究为我们理解企业进入模式的选择行为做出了实质性贡献，然而实证文献中的一个重要空白是，这些决定因素之间的相互关系如何影响企业的进入选择?① 检验相互关系的重要性来自以下事实，即可以解释影响因子独立效应无法捕捉到的企业行为变化。例如，所有权优势较低的企业会被预期不进入海外市场或者选择一种类似出口的低风险进入模式。然而，可以看到许多这种类型的企业却通过合资企业形式和特许授权安排进入了国外市场，尤其是在高市场潜力的国家(Talaga,Chandran和Phatak,1985)。这种类型的企业行为可以通过检验企业的所有权优势和市场的区位优势更好地加以解释。本研究的一项关键主题正是通过评估一系列决定性因素的联合影响来检验企业的海外市场进入行为。

本研究的方法论方面采取了问卷调查技术来获取决定性因素的相关信息。与大多数研究者们采取的替代变量相比，这一技术的最大优势在于对区位和内部化因素提供了直接度量。通过评估管理者的感知来获得直接度量，即市场潜力和投资风险感知(区位优势)、合同的制定和执行成本、服务质量的恶化风险，以及知识传播的风险(内部化优势)。感知度量对于内部化优势的测量更为有用，既往经验证明这一概念更加难以量化。与区位优势不同，时至今日，内部化优势的指标在进入模式的相关文献中还未得到恰当的验证。②

管理者感知也与特定国家的区位优势评估有关。尽管先前研究已经假定区位优势是外

① 我们所知道的唯一一篇检验交互效应的文章来自Gatignon和Anderson(1988)。他们检验了资产专属性和国家风险对合资与独资选择的影响。尽管这些概念在一定程度上分别类似于所有权和区位因素，但他们的研究是基于Williamson的交易成本框架；而且，需要指出的是他们并未发现显著的交互效应。

② 由于依赖于人口学或者客观度量方法，实证研究在有关内部和外部交易的成本收益和风险度量的替代指标方面已经面临一定的困难。例如，Cho(1985)使用"资产和负债/企业总资产"以及企业设立分支办公室的"离岸市场数量"作为国际化优势。很明显这些指标并没有度量成本收益或者风险。更为困惑的是这些指标也曾被其他研究用作公司所有权优势[参见Caves和Mehara(1986)；Kogut和Singh(1988)]。Dunning(1980)也遇到了类似的操作化问题。本研究中，我们通过直接度量特定东道国市场交易中不同类型合同风险的管理者感知，最终克服了这些困难。

生性的①，因而在给定东道国公司间保持不变，而我们的研究允许将这些变量设成管理者感知的函数。需要指出的是，由于经理人在这些国家或其他国家过去的经历，对于这一国家的知识水平、个人偏差等差异导致感知可能存在不同。决策中的管理感知的重要性在组织行为文献中得到了广泛支持（Cyert 和 March，1963）。

接下来文章将分成三部分：第一部分通过回顾相关文献来导出假设；第二部分详细描述研究情境、操作化度量、数据收集和研究方法；最后一部分提供了结果，以及对管理、理论和公共政策重要影响的讨论。

文献回顾与假设

规范性决策理论（normative decision theory）指出国外市场进入模式的选择应该基于风险和回报的权衡来确定。一般来说，企业通常选择风险调整后投资回报率最高的进入模式。然而，企业行为表明进入选择也会由资源可获得性和控制需求来决定（Cespedes，1988；Stopford 和 Wells，1972）。资源可得性指企业服务于特定海外市场的财务和管理能力；控制则指企业在海外市场影响系统、方法和决策的需要（Anderson 和 Gatignon，1986）。控制有助于提升企业的竞争地位并最大化其资产和能力回报。较高的运营控制力来自海外企业更高比例的所有权。由于假定了决策责任性和较高的资源承诺，这导致风险也随之增长。

进入模式的选择通常是以下四种类型的折衷。出口模式是低资源（投入）同时也是低成本/回报选择，这种模式尽管给企业提供了运营控制，但对市场寻求型企业而言缺乏关键的营销控制；相反地，独资模式是高投入因而也是高风险/回报模式，它为投资企业提供了高度控制权；合资企业模式包括相对较低的投入，因而为投资企业提供了与股权参与程度相对等的风险、回报和控制权；最后，特许授权模式是一种低投资、低风险/回报模式，并为许可方提供了最低限度的控制权。

在这些标准（控制权、回报、风险和资源）的基础上，Dunning（1977，1980，1988）增加了对这些标准有影响作用的企业特定因素和市场特定因素，发展出了一个分析框架用来解释出口、特许授权、合资企业和独资企业模式间的选择（见图 1）。这些因素的主要效应概述如下，

① 许多先前研究在度量东道主区位优势中，使用背景变量如 GDP、人口数量、识字率、城市人口数量等来测量市场潜力和国家限制作为投资风险的度量。对于特定东道国，这些变量的取值在所有企业和行业间保持不变。

并将其用来验证本研究结论的有效性。本研究的主要突破在于检验这些独立因素的相互关系效应。下一节将对这些效应进行详细的讨论。

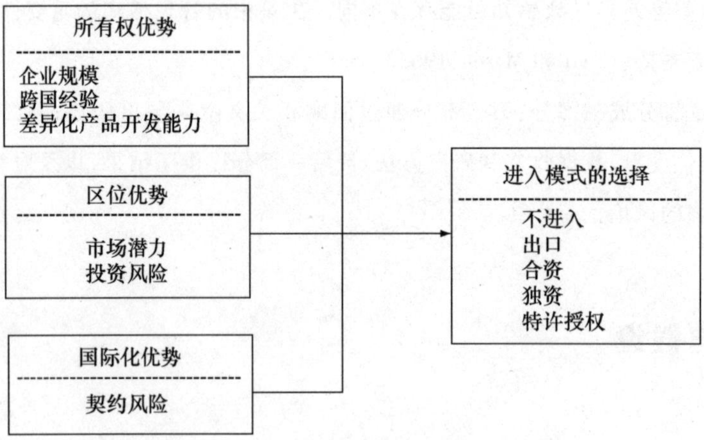

图1　进入模式影响因素的概略示意图

所有权优势

为了与东道国企业同场竞技,进入企业必须拥有足够的技能和资产以赢得足够的经济租金来弥补服务于这些市场的高额成本。企业的资产实力反映在企业规模和跨国经验,以及差异化产品开发能力等方面。

拥有开发差异化产品能力的企业,如果将这些知识与东道国企业分享,将面临着损失长期收益的风险。因为东道国企业可以获得这些知识,并在将来某一天决定是否独立运营。由于组织间基础较为松散、容易频繁变化,跨越国界后更是薄弱,跨国交易中这种风险尤为明显(Van de Ven 和 Poole,1989)。因此,当企业拥有这些技能时,较高控制权的模式可能更为有效。大量实证研究支持了高产品差异化伴随着高控制权模式的论断(Anderson 和 Coughlan,1987; Caves,1982; Coughlan,1985; Coughlan 和 Flaherty,1983; Davidson,1982; Stopford 和 Wells,1972)。

企业需要资产力量来从事国际扩张,进而成功应对东道国企业的挑战。为此,它们需要必备的资源来消化高额的市场成本、执行专利和合同,以及获取规模经济(Hood 和 Young,1979)。企业规模反映了其消化这些成本的能力(Buckley 和 Casson,1976; Kumar,1984)。实证结果表明公司规模正向影响外商直接投资(Buckley 和 Casson,1976; Cho,1985; Caves 和 Mehra,1986; Yu 和 Ito,1988; Terpstra 和 Yu,1988; Kimura,1989)。换言之,企业规模通常与海外市场进入倾向正相关,尤其会选择独资和合资企业模式。选择独资企业模式并不令人意外,而合资企业模式选择可以通过如下事实加以解释,即较之规模较小的组织,大型组织不用过多担心被东道国伙伴盘剥的潜在可能(Doz,1988)。

另一种资产力量,即企业的跨国经验已经被证实会影响进入模式的选择。缺乏国际经验的企业在管理海外运营时面临着巨大的困难。研究发现,它们会高估海外市场的潜在风险而低估潜在回报,促使这些企业更有可能选择非投资模式(Caves 和 Mehra,1986; Gatignon 和 Anderson,1988; Terpstra 和 Yu,1988)。相反,具有丰富跨国经验的企业则更加钟情于投资进入模式。

区位优势

由于在海外市场获取高回报的几率得以提高,对开拓海外市场感兴趣的企业往往采用选择性策略以进入更具吸引力的市场。市场的吸引力程度可以用市场潜力和投资风险来表述。①

市场潜力(规模和增长率)已被认为是影响海外投资的重要决定性因素(Forsyth,1972; Weinstein,1977;Khoury,1979; Choi,Tschoegl 和 Yu,1986; Terpstra 和 Yu,1988)。通过追求规模经济和相应的低边际生产成本,投资模式较之非投资模式在高市场潜力的国家给企业带来了更高的长期利润率(Sabi,1988)。由于可以为企业建立长期的市场表现机会,即使规模经济并不明显,企业仍会选择以投资模式进入。

东道国投资风险反映了对东道国现有经济和政治状况以及政府政策等延续性的不确定性,这些因素对于企业在该国运营的存续和利润率至关重要。政府政策的变化可能产生与收益划拨相关的问题,极端情况下资产会被东道国征收(Root,1987)。研究者认为东道国的限制性政策会阻碍外国投资的流入(Rugmari,1979; Stopford 和 Wells,1972)。企业最好选择不要进入这些国家;一旦选择进入,应该选择非投资模式。

内部化优势(契约风险)

低控制权模式在许多交易中更为可取,因为这些模式允许企业在享受市场化规模经济收

---

① 本研究关注的焦点是市场寻求型企业而非资源寻求型企业。因此,我们没有将资源丰富性水平作为特定东道国的区位影响因素。

益的同时，又避免了伴随集中化而来的官僚主义劣势（Williamson，1985）。然而与资产和技能集中于企业内部的模式相比，如果管理者无法预见到未来的意外变化（有限理性/外部不确定性问题），或者市场不能提供竞争性的替代方案（小数问题/机会主义），低控制权模式则具有很高的成本。给定有限理性的假设，较高的外部不确定性会使企业在制定和执行那些详细罗列了所有不测结果和应对措施的合同时付出高昂的代价（Anderson 和 Weitz，1986）。类似地，由于企业可能难以找到其他的合作伙伴，小数问题使得契约的执行失去意义甚至无效。在这种情形下，由于资产和技能保留在企业内部，出口和独资模式提供了更好的控制权。

决定性因素间的相互关系效应

规模/跨国经验和市场潜力

上述主效应讨论说明，当出现以下情况时投资模式更加可取：(a) 公司规模较大和公司的跨国经验丰富；(b) 国家具有高市场潜力。因此，我们期望当两种因素都较高时，它们的联合影响会导致对投资模式的偏好；两种因素都较低时，则这种偏好不会卷入太多。除了强化每个因素的直接效应外，这种期望对于企业行为并未增加任何新的信息，因此显得微不足道。更为有趣的问题是大型企业和更为国际化的企业如何在低市场潜力或者相反情况的国家进行回应。对企业实际选择的粗略回顾表明，大型跨国企业在低市场潜力国家或者小型低国际化企业在高市场潜力国家都有可能选择投资模式。

可以预见，低市场潜力国家通常很难吸引到国外公司。然而具有地区或者国际经验的大型企业为了增长和利润目标可能对这些市场产生兴趣。例如，发展中国家，如巴西和印度并不如发达国家那样具有吸引力，但仍然具有足够的潜力和战略重要性值得跨国企业关注。由于呈现出更高的市场不完备性，这些目标市场的额外收益则是高回报机会（超出承担的风险）。种群生态模式预测只有大企业具有承受进入低潜力市场风险的资源（Lambkin，1988）。

如果这些公司确实决定进入低潜力市场，它们很有可能选择独资模式来满足全球协作活动的战略需要（Bartlett，1986；Bartlett 和 Ghoshal，1986；Doz，Prahalad 和 Hamel，1988）。全球战略的研究证实，这类企业将要或者应该更加关注全球战略定位，而不是关注与给定市场相关的交易成本（Porter 和 Fuller，1986）。尽管从降低风险的视角来看，出口和合资企业安排对于低潜力市场更为合适,但却难以提供长远的全球竞争力所需的战略性控制、变革和灵活性。尤其是合资企业伙伴的出现,为战略协调制造了障碍。它们的动机通常与投资企业并不一致,从而导致明显的困难(Prahalad 和 Doz,1987)。另外,通过挖掘一体化运作带来的战略选择,企业可以获得竞争优势(Kogut,1989)。它们能够识别出超越个体运作视野的机遇和威胁,能够倾其全力来应对所选择的竞争者或市场,能够轻松地在国家间调动资源,能够将在一个国家获得的经验运用到另一个相关的国家上。

除了以上战略优势,由于整体利润最大化要求其海外企业能够稳固地从属于母公司,全球一体化企业更加偏爱于完全控制其海外运营。因此,

假设 1:规模较大和跨国经验较丰富的企业,更有可能选择独资模式进入低市场潜力国家。

可以预见规模较小和跨国经验较匮乏的企业缺乏充足的资源和技能进入海外市场。因此它们会应用选择性战略将精力集中到高市场潜力的海外市场。这是因为在这类市场,它们获取较高收益的机会更佳。另外,与行业领先者相比,资源限制(包括规模)使得它们更加倾向于适当比例的合资模式(Contractor 和 Lorange,1988; Fayerweather,1982; Stopford 和 Wells,1972)。合资模式使其与东道国合作伙伴共享成本与风险,以及互补性的资产和技能(Harrigan,1985)。与纯粹的层级方式或市场方式相比,这种运作可以较低的成本降低企业的长期不确定性(Beamish 和 Banks,1987)。

假设 2: 规模较小和跨国经验较匮乏的公司,更有可能选择合资模式进入高市场潜力国家。

所有权优势和投资风险

对于高投资风险的环境,主效应结果显示,企业最好不要进入该市场;如果确实要选择进入,企业应该选择出口而不是投资模式。然而,企业处理投资风险的能力依据其所有权优势而不尽相同。拥有进入市场所需的高价值资产和技能的企业尤其能够与东道国政府讨价还价,来争取对方的特许权,确保企业免受投资风险的威胁(Leontiades,1985)。特许权未得到保证时,它们不愿意进入此类市场。实证结果表明拥有专利产品或专利技术的企业能够增强与政府的讨价还价能力(Lecraw,1984; Vernon,1983)。另外,企业规模和跨国经验不一定能够提供这种讨价还价优势(Fagre 和 Wells,1982)。对于这种差异的最主要解释是政府能够获得资本的替代来源,却不能轻易地找到技术的替代来源。这意味着即使在高投资风险国家,

企业拥有对方需要的技术可以获得高影响力和议价地位(Ting,1988)。

另外,降低风险的考虑促使拥有专利产品或技术的企业选择高控制权模式。这种模式可以确保企业对投资进行修正,降低了东道国政府征用该资产后的盈利情况(Eaton 和 Gersovitz,1983)。如果缺乏这种控制权,当东道国政府在未来出台有利于本国企业的政策变动时,企业将面临着全面的威胁。因此,

假设 3:具有开发差异化产品较高能力的企业更有可能选择独资模式进入高投资风险市场;同时,规模较大和跨国经验较丰富的企业选择以独资模式进入这类国家的可能性较低。

所有权优势和契约风险

内部化优势的主效应表明,如果企业感知到知识扩散、服务质量下降合同制定和执行成本较高等风险时,它们将避免进入这一国家。尤其当企业拥有专门化知识,保护它们具有重要优先权时,对于企业而言这一选择十分关键(Hill, Hwang 和 Kim,1990)。然而,正如这一因素的主效应所指出的,这些企业对于最大化它们所拥有知识的经济租金也很感兴趣。这一决策情境下知识保护的需要将与潜在回报进行权衡。长远来看,缺乏保护使得共享专门化知识充满风险,尤其限制了企业适应未来发展的灵活性。由于灵活性安排在契约情境中很难达成,可以预见拥有专门化知识的企业将会选择内部组织的方式。另外,当契约风险较低时,企业更愿意分享其专门化知识。因为当扩散风险下降时,取代内部市场的双边互惠协议安排的机会开始上升(Rugm an,1981)。在制定和执行契约成本较低的国家,这种机会也较高。对于不具备专门化知识的企业,契约风险并不是关键问题。即使存在较高的契约风险,这些企业也愿意选择合同约定方式(Rugman,1982)。因此,

假设 4:具有开发差异化产品较高能力的企业更有可能选择独资模式进入高契约风险的国家;同时,即使当这种风险很高时,不具备这种能力的企业也会选择契约模式。

契约风险对于来自规模和跨国经验的企业所有权优势的威胁,并不如基于知识的所有权优势那么高,因而不在此考虑。

市场潜力和投资风险

高市场潜力的直接效应预示着选择进入,而低市场潜力的直接效应则意味着选择不进入。另外,高投资风险的直接效应表明最好不进入,而低投资风险则应选择投资模式。因此,

市场潜力和投资风险的综合效应如下:高/低组合应该选择投资模式,而低/高组合应该选择不进入。然而,在同时具有高市场潜力和高投资风险特征的国家选择哪种模式却并不清楚。我们出于直觉感到这些交互效应应该很有意义,但文献回顾并未提供出任何理论依据,实证结论也未能帮助我们发展出特定的假设。然而,我们推测在高市场潜力国家确立市场表现的需要应该与最小化投资风险的需要进行权衡。因此企业选择出口或者合资不仅在一定程度上可以隔离投资风险,也会提供进入市场的机会。在出口情形中,开发海外市场的投资是在母国做出的,因而规避了东道国的投资风险;在合资模式情形中,部分风险转移到了东道国的合作伙伴,合作伙伴有助于与东道国的协商,因此降低了企业的投资风险。

假设 5: 在具有高市场潜力和高投资风险的国家中,企业更加偏好于以出口和合资模式进入。

研究方法

研究情境

为了检验以上假设,本研究选择了美国设备租赁行业(一种服务行业)。尽管 FDI 理论最初的发展用于解释海外生产,然而在服务业也被证实同样适用(Boddewyn, Halbrich 和 Perry, 1986)。这一模型已在酒店业(Dunning 和 McQueen,1981)、银行业(Cho,1985; Gray 和 Gray, 1981; Sabi,1988; Yannopoulos,1983)和广告业 Terpstra 和 Yu,1988)用于解释国际化。

租赁是所有类型有担保的设备融资一个通用的术语。任何类型的设备都可以通过租赁获得融资;一些典型的租赁设备包括飞机、农业设备、汽车、计算机、容器、保健设备和轮船。尽管传统上租赁在美国、英国、德国和日本较为流行,近年来租赁在巴西、委内瑞拉、朝鲜、中国香港地区和菲律宾等国家和地区也开始变得越来越重要。在北美以资本形式计算的租赁普及率从 1978 年估计的 14.7% 增长到了 1982 年的 25.5%;同期全球范围的整体普及率从估计的 9.2% 增长到了 15.0%,这表明在全球范围内各国以资本形式计算的租赁在持续增长之中(Clark,1985)。

国际租赁业务可以划分为两种基本类型:(a) 跨境(或出口)租赁;(b) 通过国外分支机构/子公司的海外租赁。跨境租赁类似于出口,包括将一国企业拥有的设备租赁给其他国家的企业,并通常在租约到期时承租方购买该设备。在许多国家,这类跨境租赁获得了类似于直接出口设备的政府融资或担保(Meidan,1984)。

海外租赁包括根据合约和投资相应地设立分支机构或子公司。这些分支机构或子公司借鉴母公司的经验和知识来服务于东道国所在的市场。例如,美国国际租赁公司在澳大利亚、巴西、哥伦比亚、厄瓜多尔、约旦、马来西亚、墨西哥、菲律宾和瑞典适用契约模式;在英国采取独资模式;而在日本则是合资模式。契约模式中企业所拥有的技术和管理技能授权给了国外企业。合资或独资安排中,通过对该市场的直接投资,企业尝试开拓海外市场。租赁企业通过投资获得设备以便在东道国开展租赁。它们可以独立运作或者与本土企业建立合作关系。尽管生产不在租赁公司开展,它们所采用的组织结构与生产企业并无差异。

操作化度量

本研究为了设计操作化度量方法,对十四家租赁企业进行了工具性的研究前访谈。这在将先前文献中使用的量表改编到国际租赁情境中显得尤为重要。

所有权优势

差异化产品开发能力。差异化产品开发能力通过直觉感知到的企业创造新颖和创造性的结构化租赁交易,以及企业为了开展租赁交易所进行的员工培训项目质量来度量。通过培训获得的知识和技能已经被认为是创造差异化产品的重要因素(Hood 和 Young,1979)。这一测量的信度系数为0.51。

企业规模。企业规模用销售额来度量。研究者们使用了其他一些度量方法,如总资产(Dubin,1975; Kogut 和 Singh,1988; Yu 和 Ito,1988)、股权和存款(Cho,1985)、员工数量(Norburn 和 Birley,1986),以及国内市场销售(Kimura,1989)。由于预期到这些变量间的高度相关性,我们选择企业的总销售额作为企业规模的指标。

企业的跨国经验。本研究使用了三项指标来度量跨国经验:海外运营带来的总收益比例、感知到的国际化程度、感知到的处理国际业务的准备程度。这一度量的信度系数为0.81。

区位优势

市场潜力。这一度量的指标包括管理者感知到的东道国市场规模、增长潜力、租赁作为融资工具的接受度，以及东道国政府对于国外企业的总体态度和对租赁行业的态度评估。最后两项指标的重要性在于租赁产业的潜力关键依赖于东道国政府的法律（会计流程和税法）是否将租赁作为具有吸引力的融资工具。五个项目间的相关系数表明存在较好的相关性。这一度量的信度系数为0.81。

投资风险。投资风险包括东道国政府阻挠利润汇出和对外国资产的控制风险、国际贸易中的破产风险，以及东道国政府的投资政策风险（Herring，1983）。这些风险通过测量东道国政府关于利润的转换和汇出、资产的征用，以及东道国政治、社会和经济状况的稳定性程度的管理者感知来获得。这一度量的信度系数为0.90。

内部化优势

契约风险。内部化优势的评估基于与东道国企业共享资产和技能与企业内部集中运用之间的相对成本（风险）比较。由于这种成本难以估算（Buckley，1988），研究者们建议契约风险的度量与企业资产和技能的共享有关（Dunning，1980）。使用契约带来的风险包括与美国相似的海外国家的合同制定和执行成本、专利知识的扩散风险，以及与东道国合作伙伴联合运营或者特许授权时产生的服务质量恶化的风险。研究发现这一度量的信度系数为0.58。

除了企业的销售和海外收入外，以上所有题项都采用相应的七点量表法。题项列表置于附录之中。这些题项的独立评估来自与每家企业相关的三个国家，即英国、日本和巴西。选择这些国家是因为它们代表了不同的政治、经济体系。

进入模式

因变量是针对特定国家的进入模式选择。被调查者针对本研究的三个国家（英国、日本和巴西），在不进入、出口、特许授权、合资、独资五种备选项中作出偏好选择。

数据搜集

四家租赁公司的董事长和三位学者对包含以上量表的初始问卷进行了讨论。基于他们的评价，问卷的部分题项进行了修改；然后将修订后的问卷在十家随机挑选的企业中进行了预测试，目的是确保题项清晰易懂；根据预测试的评价，再次对问卷进行了修订。

1986 年的美国租赁企业共有 1196 家。剔除国外企业拥有的企业、业务局限于某一城市和乡镇范围甚至不能算作地区或国家性的企业,以及使用租赁来支撑其主营业务的企业(如投资银行)后,总数下降为 550 家。剔除预测试中使用的企业后总数进一步削减为 536 家。本研究所需信息的关键信息提供者指定为企业的董事长或 CEO。

预测试阶段与高管们的讨论使我们确信,只有 CEO 或董事长才拥有本研究所需要的全部知识。因此,我们努力使得这些关键信息提供者尽可能代表真实情境来提供信息。本研究严格遵照 Huber 和 Power(1985)提供的指导,为使信息提供者的动机与研究更为协调一致,使用了单一信息提供者、对问题的其他描述方式进行评估并采用了结构化问题。最终问卷邮寄到了研究样本中的董事长或 CEO。第一批寄出了 536 家企业,随后的第二批寄出了 250 家企业,共收到 119 家企业问卷,回收率 22.8%。119 家企业中 22 家由于包含大量缺失值被剔除,导致最终样本为 97 家企业。由于每家企业提供了关于三个国家的选择和评估,统计分析可用的总有效观测值为 285(由于数据缺失,6 家企业的选择被忽略)。

研究方法

因子分析被用作评估研究变量的心理计量特征。由于规模和跨国经验指标高度相关(与假设关系相符),它们合并形成了单一因子。确认构念的单维度属性后,通过检验估计的 α 系数来进一步评估题项间的内部一致性,总体间低相关题项被剔除。最后,通过因子分析再次检验删减后的题项集,证实了所获构念的单维度属性(Nunnally,1978)。因子载荷结构用来确定五个构念在每个企业的因子得分。所有量表题项在所代表的因子(构念)上具有较高的载荷,而在其他因子上载荷较低。五个因子解释了样本中 73.3% 的总变异(见表 1)。

由于因子得分以标准化得分呈现,这为乘积交互项带来了问题。例如,低/低组合将产生一项巨大的正项,使得低/低和高/高组合难以区分。交互项只有在低/低组合较高/高组合占据较小的数量时才具有可解释性。我们采用了 Cooper 和 Nakanishi(1983)的建议对原始因子得分进行了转换,进而计算出交互项来解决这一问题。它利用如下公式来确定 ξ_{ij} 平方值:

$$\begin{cases} 1 + Z_{ij}^2, \text{如果 } Z_{ij} > 0 \\ \dfrac{1}{1 + Z_{ij}^2}, \text{如果 } Z_{ij} < 0 \end{cases}$$

其中,Z_{ij} 为变量 j 在企业 i 上的标准化因子得分。这一转换使得交互项的下界为零、上界为无穷大。

表 1　度量的心理测度特征

	因子 1	因子 2	因子 3	因子 4	因子 5
A. 产品差异化					
培训项目质量	-0.14	0.03	-0.04	0.01	0.80
创新潜力	0.12	-0.06	0.18	-0.01	0.78
B. 规模和跨国经验					
企业规模	-0.05	0.06	0.68	0.06	0.20
海外收入/总收入	-0.07	0.08	0.81	-0.07	-0.09
感知到的国际化	-0.07	0.12	0.88	-0.09	-0.09
感知到的处理国际扩张的能力	0.06	0.10	0.81	-0.16	0.23
C. 市场潜力					
租赁作为财务工具的接受度	0.76	0.43	0.05	-0.14	0.05
市场潜力	0.84	0.36	-0.14	-0.05	-0.02
增长潜力	0.74	0.28	0.10	0.04	0.01
政府态度					
租赁产业	0.80	0.24	0.00	-0.13	0.00
国外企业	0.58	0.13	0.01	-0.22	-0.04
D. 投资风险					
波动性	0.33	0.87	0.16	-0.24	0.03
收入的转换/汇入风险	0.36	0.90	0.07	-0.20	-0.04
资产征用风险	0.40	0.91	0.10	-0.33	0.01
E. 契约风险					
合同的制定和执行成本	-0.06	-0.41	-0.14	0.56	0.07
质量标准的维系	-0.09	-0.31	-0.08	0.81	-0.17
知识被征用的风险	-0.18	-0.09	0.00	0.77	0.09
特征值	3.30	3.17	2.68	1.90	1.45
解释的方差(%)	19.40	18.70	15.80	11.20	8.60

然后运用多元逻辑回归来获得主效应和交互项的极大似然估计参数。分别估计了三个模型:(1)“不进入”作为基础情形用于解释偏离(模型 1);(2) 排除“不进入”选项并用“出口”作为基础情形(模型 2);(3) 排除“不进入”和“出口”选项,并使用合资模式作为基础情形(模型 3)。三种模型都很好地拟合了数据(见表 2)。总计 62.5%、68.0% 和 70.3% 的观测值分别正确归类到三种模型之中,对比之下只可预见到由于偶然性而产生的 34.0%、48.0% 和 56.6%。此外,估计了包括和排除交互项的两个逻辑回归模型用来确定交互项的整体相关性。包含六个交互项的模型 1、2、3 使得对数似然比分别下降了 51.81、44.28 和 5.31。

表 2 多元逻辑回归估计报告

	主效应					交互效应					
	SM	PD	MP	IR	CR[1]	MP * SM	MP * PD	IR * SM	IR * PD	CR * PD	MP * IR
模型 1:与不进入比较											
不进入	0	0	0	0	0	0	0	0	0	0	0
出口	1.45*	1.34**	-1.74*	-0.47	1.07***	-0.23	0.27	0.17	-0.84	-2.53*	0.51*
合资模式	1.18*	-0.05	0.01	-1.15*	-1.08*	0.16	0.36***	-0.17	-0.05	-0.02	-0.03
独资模式	1.79*	0.15	0.63***	-1.51*	-0.84*	0.23	0.15	-0.11	0.07	-0.07	-0.20
对数似然值(带交互项) = -242.99											
卡方(带交互项) = 216.41											
自由度 = 30											
显著水平 = 0.32 E-13											
正确分类率 = 62.5%											
概率修正 = 34%											
N = 285											
模型 2:与出口比较											
出口	0	0	0	0	0	0	0	0	0	0	0
合资模式	-0.27	-1.59**	1.74*	-0.40	-1.83*	0.41	0.32	-0.32	0.66	2.54*	-0.63**
独资模式	0.35	-1.38***	2.44*	-0.81	-1.64*	0.47	0.10	-0.26	0.79	2.49**	-0.80**
对数似然值(带交互项) = -123.01											
卡方(带交互项) = 90.84											
自由度 = 20											
显著水平 = 0.24 E-12											
正确分类率 = 68%											
概率修正 = 48%											
N = 188											

（续表）

	主效应					交互效应					
	SM	PD	MP	IR	CR[1]	MP * SM	MP * PD	IR * SM	IR * PD	CR * PD	MP * IR
模型 3:与合资比较											
合资模式	0	0	0	0	0	0	0	0	0	0	0
独资模式	0.62**	0.18	0.67**	-0.37	0.22	0.08	-0.21	0.04	0.15	-0.05	-0.17
对数似然值(带交互项) = -100.77											
卡方(带交互项) = 40.80											
自由度 = 10											
显著水平 = 0.12 E-04											
正确分类率 = 70.3%											
概率修正 = 56.6%											
N = 175											

注:① PD = 差异化产品开发能力；SM = 规模和跨国经验；IR = 投资风险；CR = 契约风险。

② *、**、*** 分别代表在 0.01、0.05、0.10 水平上显著。

另外，包含交互项的模型1、2、3导致卡方值变化了103.62、88.56和10.64，自由度相应地也变化了18、12和6。模型1和2中的卡方值在0.001水平显著，稳健支持了包含交互项的选择模型；模型3在0.101水平显著，适度支持了包含交互项的选择模型。

多元逻辑回归分析的结果呈现在表2之中。逻辑回归结果评估了同时高或低的交互变量效应。然而，它们不能识别交互变量其中之一取高值而另一变量取低值的效应。因此，将每个交互变量样本划分为高和低类别后，这些效应使用了卡方分析进行评估（见表3）。

表3　交互变量的低/高水平和选择模式的关系

规模/跨国经验（SM）和市场潜力（MP）				
	不进入	出口	合资企业	独资企业
低SM和高MP	31	1	25	12
高SM和低MP	12	7	21	27
低SM和低MP	34	3	26	11
高SM和高MP	21	2	19	34

注：卡方（自由度为9）=37.47，$p=0.000$

结果

主效应

除了其中一项不同之外，主效应确认了已有的进入模式文献中的实证发现。规模较大和具有更多跨国经验的企业更加倾向进入海外市场（模型1和模型2）。尽管它们可能选择多种进入模式，但如果选择投资模式，与合资模式相比它们更加偏爱独资模式（模型3）。具有较高差异化产品开发能力的企业更有可能进入海外市场，但倾向于选择非投资模式（模型1和模型2）。除了最后一个结论，其余主效应结果支持了之前研究假设的所有权优势。

对应于区位优势，我们发现企业偏爱以投资模式进入高潜力市场（模型1和模型2），而且在选择投资的市场，企业偏爱以独资模式进入感知到的高潜力市场（模型3）。另外，企业倾向避免高投资风险市场（模型1、2和3），因而仅选择以出口模式进入高契约风险市场（模型1、2和3）。

交互效应

逻辑回归(表2)和列联交叉表(表3)用来评估交互效应。回归提供了关于交互变量中高/高和低/低组合的显著性信息,而列联表则对交互变量中高/低和低/高组合进行了检验。结果按照每个假设单独说明。

假设1:表3说明规模较大和跨国经验较丰富的企业更有可能选择独资和合资模式,在低市场潜力国家很少选择不进入,假设1得到支持。这证实了我们的预想,即这些企业更多地通过战略思考来指导行动而不是市场中的成本—收益权衡。

假设2:表3也表明规模较小和跨国经验匮乏的企业更有可能选择不进入或者通过合资模式进入高潜力市场,假设2得到支持。这些企业对进入高潜力市场感兴趣但它们自身却缺乏必要的资源。

假设3:表2说明具有较高产品差异化开发能力的企业,在高投资风险市场并未显示出任何特定的进入模式,假设3未能得到支持。模型2中独资和合资模式的系数为正(尽管不显著),表明相对于出口这些企业可能在这些市场对于投资模式具有较弱的偏好。

假设4:正如假设所示在感知到的高契约风险市场,具有较高产品差异化开发能力的企业偏爱以投资模式进入该市场。注意到契约风险的主效应对投资模式并无偏好,这暗示企业重视保留控制权而不是有价值的资产和技能。

假设5:在高潜力但也被感知为高投资风险的市场,企业显示出对出口模式的偏爱,部分支持了假设5。结果说明企业对进入这类市场感兴趣,但也要降低投资损失带来的风险。

结果讨论和启示

本研究的主要目标是对海外市场进入模式选择中企业的所有权(开发差异化产品的能力、规模和跨国经验)、区位(市场潜力和投资风险)和内部化(契约风险)优势间相互关系效应进行检验。实证结果对所提出的相互关系假设提供了广泛支持,同时也支持了先前发现的各种决定性因素的单独效应。

本研究发现揭示,企业尽管喜欢通过海外国家的直接投资建立市场形象,但它们的行动却受到规模和跨国经验的制约。另外,结果尽管支持了企业只在高潜力市场采取投资模式的定见,但也说明部分企业(大型跨国企业)由于其战略目标也会在较低潜力的市场进行投资。然而企业对它所认为的风险性市场的进入则较为迟疑;这种谨慎可以理解。即使在没有高风险的市场,任何海外投资的长期收益需要大量的管理和金融资源的投入。高风险情境下企业的风险规避选择导致不会进入该市场。

除了大型跨国企业在低潜力市场偏好投资模式的发现外,本研究也发现了一系列其他有趣的交互效应。第一,跨国经验有限的小企业偏好以合资模式进入感知到的高潜力市场。这一结论表明跨国经验较匮乏的小型企业应该弥补资源的不足,以满足服务于海外高潜力市场的需要。正如在假设章节所指出的,成本和风险共享使得这类企业能够更为有效地减少长期的不确定性(Beamish 和 Banks,1987)。第二,在感知到的高契约风险国家,具有较高差异化产品开发能力的公司关注企业优势的可能损失。它们在这种市场厌恶以出口模式进入,但却情愿选择投资模式。这种行为可以归结为以下事实,即海外市场中长期的租赁运作的成功,高度依赖于企业促使承租方或合作企业履行合同义务的能力。在与一家领先跨国租赁企业的私人访谈中,该企业表示不希望将设备出口到某一中东国家,因为无论合同的性质如何,设备最终会成为该国统治者的财产。因此在该国以投资方式从事租赁活动,并且在该国法律框架内从事运营有可能更为安全。第三,结论揭示尽管企业对进入高潜力市场感兴趣,然而投资风险的存在使得它们又避开了投资模式。在这些国家企业偏好单纯的出口模式。值得指出的是,尽管投资风险的主效应建议选择不进入,但市场潜力的主效应却提议以投资模式进入。联合效应指出企业应该采取风险规避的态度,并选择有限度地介入此类市场。

从进入模式视角来看,以下方式较出口更受欢迎:(a) 如果企业有能力开发差异化产品并且契约风险较高时选择不进入(企业开发差异化产品的能力很大程度上会削弱这一效应);(b) 契约风险高时选择合资模式;(c) 契约风险高时选择独资模式。另外,高潜力市场中对出口模式的偏好相对较低,表明在这类市场高回报/高风险模式更为可取。这些结果暗示当其他模式的潜在回报较高时应该避免以出口模式进入,而当其他模式的潜在风险较高时才选择出口模式。

规模较大和跨国经验较为丰富的企业偏好合资模式,但在高潜力市场这一模式也受到规模较小和跨国经验较匮乏企业的追捧。另外,当契约和投资风险(即使在高市场潜力国家)较高时,这种模式并不受欢迎。企业有能力开发差异化产品时,它们偏好以这一模式进入高潜力市场和高契约风险的市场。尽管后一结论证实产品差异化能力的出现降低了契约风险,然而这一结论令人费解。

高潜力市场和大型跨国企业也偏好独资模式(较之合资模式有过之而无不及)。契约和投资风险较高时，即使在高潜力市场所在国家的企业也一般不会选择独资模式。但当企业有较高差异化产品开发能力时，它们可能采取这一模式进入感知到的高契约风险市场。这意味着企业以高水平的产品差异化来抵消这些风险。这说明企业较高的市场力量不是来自规模而是产品差异化获得的优势。

全球化趋势意味着不仅跨国企业需要以全球化视野来审视其战略，国家也开始意识到其经济发展战略必须立足于全球化维度。本研究表明高度偏爱投资进入模式的企业对投资/契约风险的相关因素较为敏感。因此，东道国政府不仅需要使其政策更具吸引力以促使国外企业投资，更为重要的是，应该允许利润调回、控股权、技术/产品的专利保护和合同执行等方式降低国外企业的风险感知。从政府角度来看，需要指出的是无论国家处于经济发展的哪个阶段，可以降低风险的政策变量对于外商直接投资的进入和技术转移具有积极影响。

近期趋势表明发展中国家正在朝此迈进，通过放松投资控制和投资激励条款，包括更好的产权保护和契约执行、创造更为适宜的投资环境。在此背景之下，首先进入这些国家的高所有权优势企业可以赢得先行者收益(pioneering benefits)。例如，百事可乐公司通过复杂的合同约定(39.9%股权的合资企业)获准进入印度市场。正如百事可乐国际公司董事长兼首席执行官 Robert H. Beeby 所说，"我们如此深入印度市场是要确保在市场发展期得以及早地进入"(Spaeth 和 Naj，1988)。这使得百事公司成功进入了巨大的市场而在履行合同方面的风险却会逐渐降低。

局限性和结论

本研究的主要目标是检验所有权、区位和内部化优势间相互关系对于海外市场进入模式选择的影响。研究支持了绝大多数假设关系，说明了包括交互效应等在进入选择模型中的重要性。未来研究应该在其他行业来检验这些交互效应，以及提出其他相关的交互作用。本研究的新颖之处在于使用管理者感知来度量解释变量。本研究表明这种操作化方法尤其适用于对迄今未曾定量化的构念，并将其进行数量化。另一个重要的研究方向是对那些题项间一致性相对较低的构念开发出更好的调查问卷度量。

本研究的结果和启示应该参照所采用的研究方法加以评估。我们所观察到的一些不一致可能来自样本属性。样本来自于单一行业导致结果的一般性受到限制。由于使用了横截面数据，研究中的因果推论务必谨慎。横截面数据的设计限制了我们对替代因果推理的排除。像进入模式这样的动态过程研究也许应该要求有集中的时间段，因此，纵向设计更为合理。尽管存在这些局限性，本研究成为首次检验到三类优势和其交互效应的开创性研究。为了更好地理解管理者如何对进入模式进行决策，其他学者可以使用我们的研究作为基础来拓宽这一领域的研究。

附录　测量题项

所有权优势

企业规模

1. 上一财务年度贵公司的总业务销售量是多少？

差异化产品开发能力

2. 从帮助员工从事租赁交易来讲，您如何评价贵公司的培训项目？
3. 您如何评价贵公司在开发新颖和创造性的结构化租赁交易方面的潜力？

跨国经验

4. 请估算贵公司总收入中有多少比例来自海外市场？
5. 请用运营国家的数量来评价您认为的贵公司国际化程度是多少？
6. 从技术、管理和财务能力的角度来评价贵公司处理国际化扩张的能力有多大？

区位优势

市场潜力

7. 您认为在(国家名)从事租赁业务的市场潜力如何？
8. 您认为在(国家名)从事租赁业务的增长潜力如何？
9. 您认为在(国家名)将租赁作为金融工具的一般接受度如何？
10. 您认为在(国家名)政府对租赁行业的态度如何？
11. 您认为在(国家名)政府对国外企业的总体态度如何？

投资风险

12. 您认为在(国家名)政治、社会和经济状况的总体稳定性如何?

13. 您认为在(国家名)进行收入转换和划回的风险如何?

14. 您认为在(国家名)企业被征用的风险如何?

内部化优势

契约风险

15. 与美国相比,您如何评价在(国家名)制定和执行合同的成本?

16. 如果在(国家名)与一家本土企业合资经营,多大程度上您能确信贵公司的服务标准能够继续维持?

17. 如果在(国家名)与一家本土企业合资经营,您如何评价贵公司专利知识被扩散或滥用的风险?

注:(除了题项 1 和 5 之外),所有题项均使用七点量表法评估。

参考文献

Anderson, Erin & Anne T. Coughlan. 1987. International market entry and expansion via independent or integrated channels of distribution. *Journal of Marketing*, 51 (January): 71—82.

Anderson, Erin & Hubert Gatignon. 1986. Modes of foreign entry: A transaction cost analysis and propositions. *Journal of International Business Studies*, 17(Fall):1—26.

Anderson, Erin & Barton Weitz. 1986. Make or buy decisions: A framework for analyzing vertical integration issues in marketing. *Sloan Management Review*, 27 (*Spring*):3—19.

Bartlett, Christopher A. 1986. Building and managing the transnational: The new organizational challenge. In Michael E. Porter, editor, *Competition in global industries*. Boston: Harvard Business Press.

Bartlett, Christopher A. & Sumantra Ghoshal. 1986. Tap your subsidiaries for global reach. *Harvard Business Review*, November—December: 87—94.

Boddewyn, Jean J., Marsha B. Halbrich & Anne C. Perry. 1986. Service multinational: Conceptualization, measurement and theory. *Journal of International Business Studies*, 17 (Fall): 41—58.

Beamish, Paul W. & John C. Banks. 1987. Equity joint ventures and the theory of the multinational enterprise. *Journal of International Business Studies*, 18 (Summer): 1—16.

Buckley, Peter J. 1988. The limits of explanation: Testing the internalization theory of the multinational enterprise. *Journal of International Business Studies*, 19 (Summer): 181—194.

Buckley, Peter J. & Mark C. Casson. 1976. *The future of multinational enterprise.* New York: Holmes & Meier Publishers.

Caves, Richard E. 1982. *Multinational enterprise and economic analysis.* New York: Cambridge University Press.

Caves, Richard E. & Sanjeev K. Mehra. 1986. Entry of foreign multinationals into U. S. manufacturing industries. In Michael E. Porter, editor, *Competition in global industries.* Boston: Harvard Businesss Press.

Cespedes, Frank V. 1988. Control vs. resources in channel design: Distribution differences in one industry. *Industrial Marketing Management*, 17: 215—227.

Cho, Kang Rae. 1985. *Multinational banks: Their identities and determinants.* Ann Arbor: UMI Research Press.

Choi, Sang-Rim, Adrian E. Tschoegl & Chwo-Ming Yu. 1986. Banks and the world's major financial centers, 1970—1980. *Welwirtschaftliches Archive*, 1: 48—64.

Clark, Tom M. 1985. An international movement in leasing. In *World Leasing Yearbook.* London: Hawkins Publishers Ltd.

Cooper, Lee G. & Masao Nakanishi. 1983. Standardizing variables in multiplicative choice models. *Journal of Consumer Research*, 10(June): 96—108.

Contractor, Farok J. & Peter Lorange. 1988. Competition vs. cooperation: A benefit/cost framework for choosing between fully-owned investments and cooperative relationships. *Management International Review*, Special Issues: 5—18.

Coughlan, Anne T. 1985. Competition and cooperation in market channel choice: Theory and application. *Marketing Science*, 4(2):110—129.

Coughlan, Anne T. & M. Theresse Flaherty. 1983. Measuring the international marketing productivity of U. S. semiconductor companies. In David Gautschi, editor, *Productivity and distribution.* Amsterdam: Elsevier Science Publishing Co.

Cyert, Richard M. & James G. March. 1963. *A behavioral theory of the firm.* Englewood Cliffs, NJ: Prentice-Hall.

Davidson, William H. 1982. *Global strategic management.* New York: John Wiley.

Davidson, William H. & Donald G. McFetridge. 1985. Key characteristics in the choice of international transfer mode. *Journal of International Business Studies*, 16(Summer):5—22.

Doz, Yves L. 1988. Technology partnerships between larger and smaller firms: Some critical issues. *International Studies of Management and Organization*, 17(4): 31—57.

Doz, Yves L. C. K. Prahalad & Gary Hamel. 1988. Competitive collaboration. In Farok J. Contractor & Peter Lorange, editors, *Cooperative strategies in international business.* Lexington, Mass.: Lexington Books.

Dubin, Michael. 1975. Foreign acquisitions and the spread of the multinational firm. D. B. A. thesis, Graduate School of Business Administration, Harvard Business School.

Dunning, John H. 1977. Trade, location of economic activity and the MNE: A search for an eclectic approach. In Bertil Ohlin et al., editors, *The international allocation of economic activity*, Preceedings of a NobleSymposium held in Stockholm, London: Macmillan.

Dunning, John H. 1980. Toward an eclectic theory of international production: Some empirical tests. *Journal of International Business Studies*, 11(Spring/Summer): 9—31.

Dunning, John H. 1988. The eclectic paradigm of international production: A restatement and some possible extensions. *Journal of International Business Studies*, 19 (Spring): 1—31.

Eaton, Jonathan & Mark Gersovitz, 1983. Country risk: Economic aspects. In Richard J. Herring, editor, *Managing international risk.* Cambridge: Cambridge University Press.

Fagre, Nathan & Louis T. Wells, Jr. 1982. Bargaining power of multinationals and host governments. *Journal of International Business*, 13(Fall):9—24.

Fayerweather, John. 1982. *International business strategy and administration.* Cambridge: Ballinger.

Forsyth, David J. C. 1972. *U. S. investment in Scotland.* New York: Praeger Press.

Gatignon, Hubert A. & Erin Anderson. 1988. The multinational corporation's degree of control over foreign subsidiaries: An empirical test of a transaction cost explanation. *Journal of Law, Econimics and Organization*, 4(2):305—336.

Gray, Jean & Peter H. Gary. 1981. The multinational bank: A financial MNC. *Journal of Banking and Finance*, 5: 33—63.

Harrigan, Kathryn R. 1985. *Strategies for joint ventures.* Lexington, Mass: D. C. Health & Co.

Herring, Richard J. 1983. *Managing international risk.* Cambridge: Cambridge University Press.

Hill, Charkes W. L., Peter Hwang & W. Chan Kim. 1990. An eclectic theory of the choice of international entry mode, *Strategic Management Journal*, 11: 117—128.

Hood, Neil & Stephen Young. 1979. *The economics of multinational enterprise.* London: Longman Group Ltd.

Huber, George P. & Daniel J. Power. 1985. Retrospective reports of strategic - level managers: Guidelines for increasing their accuracy. *Strategic Management Journal*, 6: 171—180.

Khoury, Sarkis, J. 1979. International banking: A special look at foreign banks in the U. S. *Journal of International Business Studies*, 10 (Winter): 36—52.

Kimura, Yui. 1989. Firm specific strategic advantages and foreign direct investment behavior of firms: The case of Japanese semi-conductor forms. *Journal of International Business Studies*, 20 (Summer): 296—314.

Kogut, Bruce. 1989. A note on global strategies. *Strategic Management Journal*, 10: 383—389.

Kogut, Bruce. & Harbir Singh, 1988. The effect of national culture on the choice of entry mode. *Journal of International Business Studies*, 19 (Fall): 411—432.

Kumar, Manmohan S. 1984. *Growth, acquisition, and investment: An analysis of the growth of industrial firms and their overseas activities.* Cambridge: Cambridge University Press.

Lambkin, Mary. 1988. Order of entry and performance in new markets. *Strategic Management Journal*, 9: 127—140.

Lecraw, Donald J. 1984. Bargaining power, ownership, and profitability of subsidiaries of transnational corporations in developing countries. *Journal of International Business*, 15 (Spring/Summer): 27—44.

Leontiades, James C. 1985. *Multinational corporate strategy: Planning for worldwide markets.* Lexington, Mass.: Lexington Books.

Meidan, A. 1984. Strategic problems in international leasing. *Management International Review*, 24(4): 36—45.

Norburn, David & Sue Birley. 1988. The top management team and corporate performance. *Strategic Management Journal*, 9: 225—237.

Nunnally, Jum C. 1978. *Psychometric theory.* New York: McGraw Hill.

Parrish, Karl M. 1983. International leasing. In William H. Baughn & Donald R. Mandich, editors, *The international banking handbook.* Homewood, [1].: Dow Jones-Irwin.

Porter, Michael E. & Mark B. Fuller. 1986. Coalitions and global strategy. In Michael E. Porter, editor, *Competition in global industries.* Boston: Harvard Business Press.

Prehalad, C. K. & Yves L. Doz. 1987. *The multinational mission: Balancing local demand and global vision.* New York: Free Press.

Root, Franking R. 1987. *Entry strategies for international markets.* Lexington, Mass.: D. C. Health.

Rugman, Alan M. 1979. *International diversification and the multinational enterprise.* Lexington, Mass.: D. C. Health.

Rugman, Alan M. 1981. *Inside the multinationals: The economics of internal markets.* New York: Columbia University Press.

Rugman, Alan M. 1982. Internalization and non-equity forms of international involvement. In Alan M. Rugman, editor, *New theories of the multinational enterprise.* London: Groom Helm.

Sabi, Manijeh. 1988. AN application of the theory of foreign direct investment to multinational banking in LDCs. *Journal of International Business Studies*, 19 (Fall): 433—448.

Spaeth, Anthoy & Amal K. Naj. 1988. PepsiCo accepts tough conditions for the right to sell cola in India. *Wall Street Journal*, September 20: 42.

Stopford, John. M. & Lois T. Wells. 1972. *Managing the multinational enterprise: Organization of the firm and ownership of the subsidiaries.* New York: Basic Books.

Talaga, James, Rajan Chandran & Arvind Phatak. 1985. An extension of the eclectic theory of foreign direct investment. A paper presented at the Annual Meeting of the Academy of International Business, New York.

Terpstra, Vern & Chwo-Ming Yu. 1988. Determinants of foreign investment of U. S. advertising agencies. *Journal of International Business Studies*, 19 (Spring): 33—46.

Ting, Wen Lee. 1988. *Multinational risk assessment and management.* New York: Quorum Books.

Van de Ven, Andrew H. & Marshall S. Poole. 1989. Paradoxical requirements for a theory of organizational change. In Andrew H. Van de Ven, Harold L. Angle & Marshall S. Poole, editors. *Research on the management of innovation: The Minnesota studies.* Cambridge: Ballinger.

Vernon, Raymond. 1983. Organizational and institutional responses to international risk. In Richard J. Herring, editor, *Managing international risk.* Cambridge: Cambridge University Press.

Weinstein, Arnold, K. 1977. Foreign investments by service firms: The case of the multinational advertising agency. *Journal of International Business Studies*, 8 (Spring—Summer): 83—91.

Williamson, Oliver E. 1985. *The economic institution of capitalism.* New York: The Free Press.

Wilson, Brent D. 1980. *Disinvestment of foreign subsidiaries.* Ann Arbor: UMI Press.

Yannopoulos, George. 1983. The growth of transnational banking. In Mark Casson, editor, *The growth of international business.* London: George Allen & Unwin.

Yu, Chwo-Ming & Kiyohiko Ito. 1988. Oligopolistic reaction and foreign direct investment: the case of the U. S. tire and textile industries. *Journal of International Business Studies*, 19(Fall): 449—460.

作者简介

Sanjeev Agarwal 从俄亥俄州立大学获得博士学位，是爱荷华州立大学市场营销系的助理教授。他的研究兴趣包括多国营销战略、销售团队管理和环境问题。其文章见诸 *Advance in International Marketing* 和 *International Trade Journal*，以及国内外会议论文集等。

Sridhar N. Ramaswami 从得克萨斯大学奥斯汀分校获得博士学位，是爱荷华州立大学市场营销系的助理教授。他的研究兴趣包括多国营销战略、组织适应与有效性、组织间关系，以及营销人员的自我管理行为。其文章见诸 *International Journal of Research in Marketing*、*Technology Forecasting and Social Change*，以及国内外会议论文集等。

制度、文化和交易成本对市场进入模式选择及其绩效的影响*

Keith D. Brouthers
University of East Longon

侯丽敏（华东理工大学商学院）
唐振（亚利桑那大学 Eller 商学院） 译

侯丽敏 汪金爱 校
（华东理工大学商学院）

本文研究了一组欧盟企业的国外市场进入模式选择及其企业绩效问题。我们从财务绩效和非财务绩效两个方面考察了基于交易成本、制度环境和文化情境等变量选择进入模式的企业绩效是否优于选择其他进入模式的企业绩效。我们发现进入模式的选择确实会影响企业绩效。根据扩展后的交易成本理论模型来选择进入模式的企业，其财务和非财务绩效都显著优于进入模式选择难以用该模型预测的企业。最后，我们讨论了本研究对后续研究的启示。

国际市场进入模式选择的研究逐渐地聚焦于交易成本理论的解释（Makino 和 Neupert, 2000; Taylor, Zou 和 Osland, 1998; Cleeve, 1997; Padmanabhan 和 Cho, 1996; Erramilli 和 Rao, 1993; Hennart, 1991; Gatignon 和 Anderson, 1988; Anderson 和 Gatignon, 1986）。然而，最近一些学者，例如，Brouthers 和 Brouthers (2000) 以及 Delios 和 Beamish (1999)，在原有的交易成本变量的基础上加入了文化情境和制度环境的变量，进而扩展了交易成本的进入模式理论。

学者们（Roberts 和 Greenwood, 1997; North, 1990; Kogut 和 Singh, 1988）认为，把制度环境和文化情境变量加入交易成本理论可以在两个方面加深我们对国际市场进入模式选择的

---

* 原文刊于 *Journal of International Business Studies*, 33(2): 203—221, 2002。

Institutional, cultural and transaction cost influences on entry mode choice and performance, Keith D. Brouthers, *Journal of International Business Studies*, 2002, volume 33, issue 2, 经 Palgrave Macmillan 授权出版。

本文作者感谢 Patricia Plugge 和 Alfonso Dozzi 对本研究提供的帮助，BUREAU van DIJK 提供的 AMADEUS 数据库支持，并感谢 Tom Brewer 和匿名评审人的建设性意见。

理解:第一,根据 Delios 和 Beamish (1999, p.917)的论述,制度环境变量对交易成本理论是一个有价值的扩展,因为制度环境变量“涉及侵犯产权和增加交易风险的情形”;第二,Brothers 和 Brouthers (2000)指出,文化情境变量需要加入交易成本的市场进入模型,因为文化情境会影响管理成本和对目标市场中不确定性的评估。

尽管进入模式理论不断发展,但却很少考察国外市场进入模式选择对绩效的影响(Brouthers, Brouthers 和 Werner, 1999; Woodcock, Beamish 和 Makino, 1994)。个别研究检验了全资模式(收购或绿地投资)和合资模式(例如, Nitsch, Beamish 和 Makino, 1996; Pan 和 Chi, 1999; Pan, Li 和 Tse, 1999; Shrader, 2001; Simmonds, 1990; Woodcock 等, 1994)之间的绩效差别。然而,Shaver (1998)指出类似的研究存在内生性问题,如不同进入模式绩效的比较没有考虑到具体的投资决策特征的影响。

近期两篇研究在检验进入模式绩效时尝试对内生性进行控制。Shaver (1998)根据此前研究中的变量,研究了企业多元化模式的选择(全资收购或绿地投资)对绩效的影响。该研究发现符合模型预测的多元化模式的绩效优于不符合该模型预测的模式的绩效。Brouthers 等(1999)根据邓宁的折衷范式检验了选择不同进入模式(全资、合资、持许授权和出口)的企业绩效。该研究表明符合折衷理论的进入模式绩效显著优于采用其他进入模式的企业绩效。

本研究的目的是加深我们对于交易成本、制度环境和文化情境对国际市场进入模式选择及其绩效的影响的理解。一方面,我们基于交易成本、制度环境以及文化情境和变量确定进入模式选择,为 Brouthers 和 Brouthers (2000) 以及 Delios 和 Beamish (1999)的研究提供了理论和实证两个方面的扩展。另一方面,在 Brouthers 等(1999)和 Shaver (1998)研究的基础上,我们通过比较由扩展交易成本模型预测的模式选择与其他模式选择在财务和非财务方面的绩效,探讨了扩展交易成本模型的规范价值。

进入模式选择

之前关于国际市场进入模式选择决策的研究较多地采用交易成本理论作为解释依据(例如,Makino 和 Neupert, 2000; Taylor 等, 1998; Cleeve, 1997; Erramilli 和 Rao, 1993; Hennart, 1991; Gatignon 和 Anderson, 1988; Anderson 和 Gatignon, 1986)。交易成本变量关注在企业内部整合一项业务的成本与该业务由国外市场的外部组织运作所产生的成本之间的比较(Williamson,1985)。交易成本主要包括寻找合适的交易伙伴并与之谈判的成本,以及监督交易伙伴绩效的成本(Makino 和 Neupert, 2000; Agarwal 和 Ramaswami, 1992; Erramilli 和 Rao, 1993; Hennart, 1991; Hill,1990; Gatignon 和 Anderson, 1988; Williamson, 1985)。

交易成本理论认为寻找潜在交易伙伴、同潜在交易伙伴谈判和监督潜在交易伙伴的成本会影响进入模式的选择(Taylor 等, 1998; Agarwal 和 Ramaswami, 1992; Erramilli 和 Rao, 1993; Hennart, 1991; Hill, 1990; Williamson, 1985)。该理论认为以市场为基础的模式通常更为可取,因为企业可以享受到市场带来的规模经济利益(Williamson, 1985)。然而,企业在寻找和商谈市场性合约时可能会面临较高的成本,因为:(1) 在合约中估计和囊括未来所有可能的情况是非常困难的;(2) 由于信息不对称导致难以获得公允价格(Taylor 等, 1998; Williamson, 1985)。而且,由于距离远、沟通不畅或缺少可测量的产出标准等问题,这使得监督和履行市场合约也变得困难(Hill, 1990; Williamson, 1985)。

学者们发现当寻找、协商和监督潜在的合作伙伴的交易成本较低时,企业倾向于依靠市场来实现所需要的目标市场利益。但是当上述交易成本上升时,企业倾向于选择更为层级化的模式,例如,全资子公司(例如,Taylor 等, 1998; Erramilli 和 Rao, 1993; Hennart, 1991; Gatignon 和 Anderson, 1988; Anderson 和 Gatignon, 1986)。因此,根据交易成本理论:

假设 1:当企业感知到一个市场上存在较高的交易成本(较高的发现、协商和监督成本)时,倾向于采用全资模式;而当企业感知到交易成本较低时,倾向于采用合资模式。

企业专有技术(资产专属性)也会影响企业进入模式的选择,因为拥有较多专有技术的企业需要花费更多的交易成本来保护己方的技术不被侵占(Hennart, 1991; Gatignon 和 Anderson, 1988; Williamson, 1985)。资产专属性指在其他应用中失去价值的资产(Williamson, 1985)。由于机会主义行为的存在,资产专属性会产生合约风险(Hill, 1990; Williamson, 1985)。合作组织利用另一方对其所具有的依赖性而进行的逃避责任、搭便车或者技术扩散时,导致机会主义行为的产生(Hennart, 1991; Hill, 1990; Gatignon 和 Anderson, 1988; Williamson, 1985)。为了保护专有资产不受潜在的机会主义行为的侵害,企业运用具有更强控制力的治理结构,例如,全资公司这一市场进入模式(Makino 和 Neupert, 2000; Hennart, 1991; Gatignon 和 Anderson, 1988)。产品和服务涉及较少专有资产的企业则会对机会主义行为和技术保护等问题关注较少,而会更加注重进入模式的效率。交易成本理论认为当机会主义行为的威胁较弱时,一体化程度较低的进入模式是更具效率的组织结构(Hill, 1990; Williamson, 1985)。因此,根据交易成本理论:

假设2:专有资产投资较多的企业在进入市场时倾向于采用全资模式,而专有资产投资较少的企业则倾向于采用合资模式。

North (1990)指出制度理论必须要与交易成本理论相结合,因为交易是发生在制度的结构之中。制度[①]定义了"游戏的规则",并且包含了东道国的法律和法规(Davis, Desai 和 Francis, 2000; Oliver, 1997; North, 1990)。交易成本理论假定支撑企业行为的制度结构的存在(Williamson, 1985; Meyer, 2001)。市场性合约之所以能发挥作用是因为目标市场国家的法律赋予了合约强制执行的可能性(North, 1990; Williamson, 1985)。然而,并不是所有国家提供了这种安全的制度结构(North, 1990; Meyer, 2001)。

在一些国家中,制度结构可能会使符合交易成本理论的进入模式并非优选。Roberts 和 Greenwood (1997, p.361) 指出企业可能会"面临采用具有社会政治合法性的制度设计的压力",因而不会根据交易成本理论来选择进入模式。例如,制度结构可能提供了诸如所有权的法律限制等进入模式障碍(Delios 和 Beamish, 1999; North, 1990; Gomes-Casseres, 1990; Gatignon 和 Anderson, 1988)。基本上,东道国政府会对国外企业的进入模式加以限制以提高东道国企业所有权。这样的法律可能限制企业采用符合交易成本理论的进入模式来开发或加强自身实力的能力(Roberts 和 Greenwood, 1997; Gatignon 和 Anderson, 1988)。当存在法律限制时,企业倾向于采用一体化程度较低的进入模式,来同时寻求合法性和效率(Delios 和 Beamish, 1999)。因此,制度理论表明企业开发或加强自身实力的能力随着不同国家的制度情境而变化,因此:

假设3:当企业进入对进入模式很少有法律限制的国家时,倾向于选择全资模式;而当企业进入对进入模式有很多法律限制的国家时,则倾向于选择合资模式。

Brouthers 和 Brouthers (2000, p.91) 认为"文化情境有助于界定与特定市场进入相联系的利润潜力或者风险"。国家文化是文化情境的一部分,文化情境更为广泛。它包括了与东道国的经济、法律、政治和文化系统,市场吸引力有关的投资风险(Brouthers and Brouthers, 2000; Agarwal, 1994; Dunning, 1993, Agarwal 和 Ramaswami, 1992)。企业倾向于选择和进入更具吸引力且风险更小的市场(例如,文化相似且经济、社会和政治环境稳定的国家)。从战

---

① Scott (1995)把制度的影响力归为三个不同的类别:约束性、规范性和认知性。约束性力量包括法律和规则,规范性力量包括价值观和规范,认知性力量包括意义建构的框架或现实的概念。约束性力量源自经济学,而规范性和认知性力量则源自社会学(Peng 和 Heath, 1996)。在本研究中,我们关注制度理论中的经济方面的影响力(约束性),因为这种影响力在市场进入模式的研究中最为常见(Brouthers 和 Brouthers, 2000; Delios 和 Beamish, 1999; Gomes-Casseres, 1990)。

略上来看，企业会通过全资模式来进入这些市场以获得更高的回报（Erramilli 和 Rao，1993；Kim 和 Hwang，1992）。然而，企业倾向于选择合资模式来进入具有较高投资风险的市场。

投资风险会带来对当地知识的需求和资产受损的风险。Beamish 和 Banks（1987）指出，当投资风险增加时，企业会通过与本土企业合资的形式以获得当地知识。他们认为，在高风险的国家采取合资模式能通过信息获取的优势实现更低的长期成本。其他学者（例如，Delios 和 Beamish，1999；Erramilli 和 Rao，1993；Kim 和 Hwang，1992）认为企业在进入高投资风险的市场时采取合资模式可以减少企业的资源投入，进而降低企业面临的这些风险的程度。基于上述对文化情境中投资风险预期反应的论述，我们可以假设：

假设 4：企业进入低投资风险的市场时倾向于采取全资模式，而进入高投资风险的市场时倾向于采取合资模式。

由于其会影响市场容量和机会成本，文化情境中的市场潜力（利润潜力）也会影响进入模式的选择（Brouthers 和 Brouthers，2000；Agarwal 和 Ramaswami，1992；Kim 和 Hwang，1992）。首先，拥有较大市场潜力的国家能够吸收额外的产能，为公司提高效率提供了机会。不景气或者萎缩的市场可能会存在产能过剩，使得企业不愿意做大规模的投资。同时，在高速发展的市场上，存在较多实现增长的机会和获取超额定价的机会，因此机会成本会更高；由于增长以及定价策略的限制，而在增长较慢的市场，机会成本会较低。

以往的研究表明，在高速增长的市场上，企业倾向于采取全资模式，因为：(1) 可以获得规模经济，从而降低单位产品的成本；(2) 建立长期的市场存在（Agarwal 和 Ramaswami，1992）。在增长较为缓慢的市场，企业会发现较少一体化的方式会提供更多机会，因为：(1) 这样的做法不会增加产能，因此不会严重地影响竞争者的定价策略；(2) 基于低预期收益最小化资源投入可以获得更好的投资回报；(3) 如果产品/服务销售量较低，这将降低市场退出的转换成本（Kim 和 Hwang，1992）。这些文献表明：

假设 5：企业进入高速增长的市场时倾向于采取全资模式，而当企业进入增速较低的市场时倾向于采取合资模式。

模式选择和绩效

进入模式理论假设企业会选择投资回报率最高的进入模式（Brouthers 等，1999；Woodcock 等，1994）。Williamson（1985）和其他学者（Shrader，2001；Shelanski 和 Klein，1995；

Masten, 1993)认为根据交易成本理论选择的进入模式能给企业带来最优(最少的成本)的结果。因此,基于交易成本理论的进入模式能带来最优的绩效,“因为特定的组织形式之所以能存在就是因为其相对于包括市场机制在内的其他替代形式更具效率”(Roberts 和 Greenwood, 1997, p.349)。企业选择其他模式(低效率的模式)会损害绩效并且最终会因为竞争而被淘汰(Roberts 和 Greenwood, 1997; Chiles 和 McMackin, 1996)。

此外,Poppo 和 Zenger (1998, p.854) 认为基于交易成本理论的进入模式可以带来更好的绩效,因为交易成本理论为经理人提供了一种通过“协调交易(具有不同的特征)与治理结构(具有不同的绩效)来最大化绩效”的方法。Shrader (2001) 和 Hill (1990, p.501) 也同意上述观点,他们指出基于交易成本理论的解决方案比较了交易成本和“管理交易的官僚成本”。因此,基于交易成本理论的模式选择可以带来更好的绩效,因为这种选择既考虑了交易成本,又考虑了组织内部协调和控制的成本。

其他学者则认为基于交易成本理论的模式选择不一定能带来最优的绩效,正如 Ghoshal 和 Moran (1996, p.16) 指出的那样,“……这种选择可能会对绩效产生不利的影响”。Dyer (1997) 、Zajac 和 Olsen (1993) 指出基于交易成本理论不一定能得到绩效最优的模式选择,因为交易成本理论关注的是成本最小化,而没有考虑到价值提升方面的因素。这一类研究认为基于交易成本的进入模式选择并不一定能带来最优的绩效,因为:(1) 交易成本理论忽略了区位特定成本 (Tse, Pan 和 Au, 1997) ①;(2) 交易成本理论没有比较不同选择方案的潜在收益(Contractor, 1990; Brouthers 等, 1999) 。这些学者认为企业应该同时考虑不同进入模式的效率和价值提升两个方面的因素。因此,企业应该选择能带来最大整体收益的模式,而不是仅仅带来最优效率的模式。

本文所描述的扩展交易成本模型同时考虑了进入模式的效率变量(一般交易成本和资产专有性)和有关进入模式的价值提升潜力的变量,例如,区位特定成本(投资风险和制度环境)和与文化情境(市场潜力)相关的收益潜力。

在模型中加入文化情境方面的变量使得模型考虑到了投资的市场潜力和区位特定成本,进而扩展了交易成本理论模型。Agarwal 和 Ramaswami (1992) 认为在市场潜力巨大的国家,企业采取全资模式时可以获得规模经济,进而降低其边际成本,提升绩效;在市场潜力较低的

---

① 尽管有学者如 Tse, Pan 和 Au (1997),指出交易成本理论忽略了区位特定成本,但是 Williamson (1985)确实考虑到了不同区位的成本差异:(1) 在讨论寻找交易伙伴、同交易伙伴谈判和执行合同时;(2) 讨论区位相关的资产专属性的时候。我们把寻找交易伙伴、同交易伙伴谈判和执行合同时的成本归入交易成本变量。然而,交易成本理论中的区位专有资产同本研究所说的区位特定成本并不一样,本研究关注的是国家特有的投资风险、市场潜力和对进入模式选择有约束的法律、法规。

国家,合资模式能够带来更好的绩效。文化情境考虑到了与国家层面的投资风险相关的区位特定成本。Brouthers, Brouthers 和 Werner (2000)认为投资风险会影响进入模式的选择及其绩效,因为投资风险会影响控制机制和资源投入所需的成本。他们的研究发现根据风险理论选择进入模式的企业绩效显著优于采用其他进入模式的企业的绩效。这些文献表明同时考虑文化情境变量和交易成本变量可以导致绩效更高的进入模式。

制度变量检验了一个企业在特定的市场上扩展或加强其竞争优势的能力,进而拓展了交易成本理论。由于组织能力的类型和运用,以及与进入模式选择间的关联性,Davis, Desai 和 Francis (2000)和其他学者 (Chatterjee 和 Singh, 1999; Roberts 和 Greenwood, 1997) 认为制度环境可能对进入模式的绩效有着显著的影响。制度结构可能限制企业的进入选择,违反制度结构的企业会削弱存在的合法性并最终消亡(Davis 等, 2000)。Roberts 和 Greenwood (1997) 指出企业同时追求制度合法性和交易成本效率时,其绩效会更好。Oliver (1997) 也同意上述观点并指出,符合制度约束可以让企业更好地适应环境进而提高其绩效。该研究指出,企业采取既符合制度要求又顾及交易成本效率的进入模式会比采取其他进入模式的绩效更好。

因此,我们提出一个国际市场进入模式选择的模型,该模型同时考虑了成本最小化和价值提升两个方面。我们认为企业如果能如上文描述的那样,根据交易成本、制度环境和文化情境变量选择进入模式,那么其绩效将优于未考虑上述因素的企业的绩效。

假设 6:符合交易成本、制度环境和文化情境的进入模式会比其他进入模式绩效更好。

研究方法

为了检验上述假设,我们通过一个光盘数据库(AMADEUS),选择了 1 000 家最大的欧盟企业。AMADEUS 数据库包含超过 100 000 家欧盟公司的企业和财务信息,这些企业有私人企业和公众企业、制造企业和服务企业。数据收集始于 1995 年年初。根据欧盟 12 个成员国(在 1995 年欧盟扩张以前)对 1993 年(最近的一个财务年度)年度销售数据的调查来确定最大的欧盟企业。

我们一共回收了 213 份问卷(21%),提供了 178 个进入外国市场的信息(余下的 35 份问卷拒绝参加本项研究)。其中,121 个来自制造业,57 个来自服务业。109 个(61%)进入模式是全资模式,47 个(26%)是合资模式,10 个(6%)是特许授权,另外 12 个(7%)是出口模式。所进入的外国市场有 27 个(大多数是发展中国家和转型经济体),只有两个国家吸收的投资超过10%。因为我们的理论中已经包含有关目标市场国家特征的变量(文化情境、制度环境等变量),所以我们不再对每个目标国家进行单独的控制。

所收集的数据经过了无应答偏差和同源方差的检验。首先,通过 t-检验比较了样本和应答企业的全球平均销售总额和全球平均雇员数据,该检验没有发现显著的无应答偏差。接着,Podsakoff 和 Organ (1986)指出,如果一个研究中所有的变量都加载在一个因子上,或者有一个因子解释了大多数的方差,就可能产生同源方差问题。通过对本研究中的所有变量进行因子分析发现,所有变量可以归入四个因子,最大的因子仅仅解释了19%的方差,这表明我们的数据不存在同源方差问题。

本研究包含两个因变量。第一,为了检验模式选择的扩展交易成本模型,我们的因变量——进入模式,包含了两个类型:(1) 全资子公司;(2) 合资企业。特许授权模式和出口模式因为回收数量过小而被丢弃。研究全资模式和合资模式的做法同以往交易成本的研究(Makino 和 Neupert, 2000; Taylor 等, 1998; Cleeve, 1997; Padmanabhan 和 Cho, 1996; Hennart, 1991)和市场进入模式绩效的研究(Shrader, 2001; Nitsch 等, 1996; Sim-monds, 1990; Woodcock 等, 1994)相一致。进入模式数据来自询问受访者:其企业最近一次国际市场进入采用了何种进入模式,受访者需要从以下四种模式中进行选择:全资模式(95%及以上的所有权)、合资模式(5%—94%的所有权)、独立模式(如特许授权模式)和出口模式。

第二个因变量——模式绩效,采用主观测量。对绩效的主观测量(管理评价)通常运用于对非财务绩效的测量或者客观绩效数据无法获得的情形(Dess 和 Robinson, 1984; Geringer 和 Hebert, 1991)。以往基于调研的研究发现企业通常不愿意提供关于其海外子公司的客观绩效数据,因此建议采用主观测量的方法(例如, Brouthers 等, 1999; Woodcock 等, 1994)。此外,在类似本研究的跨国研究中,对绩效的客观测量由于报告和会计实务差异以及汇率波动等问题的影响而导致翻译错误(Brouthers 等, 2000; Brouthers 等, 1999)。主观测量可以克服财务或非财务标准的多元化问题(Dess 和 Robinson, 1984)。以往进入模式的研究对财务绩效(Shrader, 2001; Pan 和 Chi, 1999; Pan 等, 1999; Nitsch 等, 1996; Simmonds, 1990; Woodcock 等, 1994)和非财务绩效(Brouthers 等, 2000; Brouthers 等, 1999)都进行过检验。

绩效的主观财务测量可以提供关于企业层面经济目标完成情况的富有价值的信息。但是财务绩效测量的价值也具有一定的局限性,因为:(1) 子公司的设立可能并不是为了获取财务绩效(例如,研发子公司);(2) 因为时间性差异(例如,财务绩效往往是在公司设立之后的一段时间才能显现)(Glaister 和 Buckley, 1998; Anderson, 1990; Geringer 和 Hebert, 1991)。

本文研究的是样本企业最近一次的海外市场进入行为,因此时间性差异意味着财务测量对本研究的重要性有限。

主观非财务绩效测量可以提供关于企业战略性和竞争性目标的重要信息(Anderson, 1990)。经理人倾向于根据事先设定的目标去判断一个项目的成功或失败(Anderson, 1990)。因此,即便是在项目初期,经理人也会倾向于根据事先设定的目标来评价项目的进展。尽管有关战略性和竞争性绩效测量的共识较少,但以往相关的进入模式的研究通常关注四个方面的因素:市场占有率、市场营销、声誉和市场准入(Brouthers 等, 1999; Brouthers 等, 2000)。对我们所研究的企业样本,这些主观非财务绩效的测量可以提供有关子公司执行母公司目标进展情况的重要信息。

为了获得进入模式绩效的主观测量信息,受访者需要评价进入模式的三项财务绩效度量,即销售水平、盈利水平和销售增长;以及四项非财务绩效度量,包括市场占有率、市场营销、声誉和市场准入,所有的这些测量均选取自以往的研究(Brouthers 等, 1999; Brouthers 等, 2000; Dess 和 Robinson, 1984; Geringer 和 Hebert, 1991)。受访者在评价每一个模式绩效时,用“1”代表“完全没有达到期望的水平”,“10”代表“完全达到了期望的水平”。通过因子分析确定了两种绩效维度划分的合理性:财务($\alpha=0.82$)和非财务($\alpha=0.87$)。

本研究通过两个不同的变量来测量交易成本。其一,一般交易成本的测量包括两个李克特量表式问题,这些问题用来测量,同本国市场相比时在目标市场上寻找潜在交易伙伴和同交易伙伴谈判的成本,以及制定和执行合同的成本(Cronbach $\alpha=0.73$)。其二,资产专属性通过研发费用占销售收入的比例来测量(Delios 和 Beamish, 1999; Hennart, 1991)。

有学者(Delios 和 Beamish, 1999; Gatignon 和 Anderson, 1988)指出使国际市场进入选择有别于国内市场进入选择的主要制度环境变量是外资所有权的法律限制水平。同 Anderson 和 Coughlan (1987) 的研究一致,本研究中法律限制通过单一李克特量表式问题来测量,即“在你们进入该国市场时,该国家否有关于进入模式选择的法律限制?”(从“1”——“有非常多的限制”到“5”——“没有限制”)。

本研究中有两个关于文化情境的变量:市场潜力和投资风险。市场潜力通过单一李克特量表式问题测量,即直接询问(受访者)目标市场的市场潜力(Taylor 等, 1998)。投资风险通过四个李克特量表式问题来测量,包含了对当地知识和最小化资源投入的需求(Beamish 和 Banks, 1987)。这些问题测量了:(1) 转移和输送利润的风险;(2) 国有化风险;(3) 文化相似性;(4) 目标市场政治、社会和经济状况的稳定性($\alpha=0.72$)。

本研究中有三个控制变量:企业规模、国际经验和行业部门。企业规模通过全球范围内该企业的雇员数量来测量(Erramilli 和 Rao, 1993; Gatignon 和 Anderson, 1988);国际经验通过该企业在母国市场以外经营的年数来测量(Brouthers 等, 1999)。为了控制不同行业产生的影响,我们询问受访者在目标市场上的企业属于制造业还是服务业。同 Kogut 和 Singh (1988) 相一致,我们采用一个二元变量来测量所属行业部门,“1”代表制造业,“2”代表服务业。

本研究运用一份问卷来收集数据。两个母语分别为法语和德语的人将问卷翻译为法语和德语。其他两个人则把问卷翻译回英语。这个过程一直持续到法语和德语问卷中问题的意思同英语问卷中的意思一致为止。

法语问卷被发放到位于法国、比利时和卢森堡的企业;德语问卷被发放到位于德国的企业;英语问卷被发放到位于其他欧盟国家的企业。每个企业都被要求根据最近一次的国外市场进入行为来完成问卷。样本中 1 000 家企业的 CEO 都收到了一封询问该企业国际市场进入方面负责人姓名的信件。问卷然后直接邮寄给上述个人。对于没有提供负责人信息的企业,信件直接邮寄给处于相似职位的个人(国际业务主管)。因此,本研究利用企业总部的关键知情人来提供有关进入模式决策标准和绩效评价的信息。

三封邮件邮寄给每个没有回复的公司,每封邮件的发送间隔一个月。邮件中包含一个用相应的语言写成的介绍信,介绍了本研究的目的和表明寻求帮助的意愿。

研究发现

我们运用 Logistics 回归来检验进入模式选择的扩展交易成本模型的假设(假设 1—假设 5)(Hennart, 1997; Hair, Anderson, Tatham 和 Black, 1995)。在进行 logistics 回归之前,我们需要进行相关性检验来判断变量之间是否存在多重共线性(表 1)。从表 1 中我们可以看出变量之间有若干显著的统计关系。但是其中任何一个关系都不足以导致多重共线性(Hair 等, 1995)。

表 2 为进入模式选择的 Logistics 回归结果。Logistics 回归结果显著($p < 0.01$)并且解释了 76.19% 的进入模式选择,显著高于 57% 的几率(Hennart, 1997)。

表 1　进入模式选择的相关系数矩阵

变量	1	2	3	4	5	6	7	8	9
均值	25.8	45.9	0.10	-0.02	-0.03	-0.08	-0.04	1.20	0.70
标准差	29.3	29.2	1.00	0.92	1.04	0.98	0.98	0.41	0.46
企业规模	—								
国际经验	0.10	—							
一般交易成本	-0.10	-0.28*	—						
市场潜力	0.10	0.18	-0.01	—					
资产专属性	0.14	0.01	-0.21	0.23	—				
投资风险	0.13	0.25	-0.04	-0.01	0.14	—			
法律约束	-0.05	0.06	-0.18	-0.09	0.09	-0.47*	—		
行业部门	-0.10	0.04	0.16	0.00	-0.13	-0.06	0.08	—	
进入模式	-0.06	-0.01	0.24	0.16	-0.05	-0.01	-0.32*	-0.21	—

注：* $p<0.01$。

表 2　进入模式选择的 Logistics 回归

交易成本	
一般交易成本	0.69* (0.31)
资产专属性	0.19 (0.32)
制度环境	
法律约束	-0.98** (0.34)
文化情境	
投资风险	-0.64* (0.35)
市场潜力	0.44 (0.30)
控制变量	
企业规模	-0.34 (0.26)
国际经验	0.32 (0.28)
行业部门	-1.37* (0.61)
常数项	2.60**
样本数量	105
卡方	27.75**
正确分类百分比	76.19

注：** $p<0.01$，* $p<0.05$，括号内为标准误差，全资所有模式 = 1。

Logistics 回归为我们的一些假设提供了支持。首先,交易成本的基本假设(假设 1)得到了支持,即企业感知到较高的交易成本时会采取全资模式;其次,制度环境的假设得到了支持(假设 3),即企业进入有较多法律限制的市场时倾向于采取合资模式;最后,文化情境的一个假设(假设 4)得到了支持,即感知到较多投资风险的企业倾向于采取合资模式。同以往的交易成本的研究相一致(Delios 和 Beamish, 1999; Taylor 等, 1998; Cleeve, 1997; Hennart, 1991),资产专属性的假设(假设 2)和市场潜力的假设(假设 5)没有得到支持,尽管这两个变量的影响方向与假设一致。在三个控制变量中,只有行业部门显著,即制造业倾向于选择全资模式。

为了检验模式绩效假设(假设 6),我们采用了 Shaver (1998)介绍的并被 Brouthers 等(1999, 2000)引用的两阶段技术。这些学者指出如果要检验一个进入模式决策模型是否规范,企业必须被分成两组,然后比较两组的绩效。在第一阶段的模型中,运用 Logistics 回归将企业分为两组。1 组中的企业其进入模式同扩展交易成本模型的预测相匹配(匹配组);2 组中的企业其进入模式同上述模型的预测不匹配(不匹配组)。基于上述分析,我们引入一个哑变量(称为"进入模式匹配")。进入模式同扩展交易成本模型预测相匹配的企业(匹配组企业)的哑变量值为"0";进入模式同扩展交易成本模型预测不匹配的企业(不匹配组企业)的哑变量值为"1"。

在第二阶段的模型中,我们进行了两个多元回归检验,一次针对于财务绩效,一次针对于非财务绩效。在每个回归检验中,我们加入了"进入模式匹配"这一哑变量和若干控制变量。通过这一方法,我们可以判断进入模式与扩展交易成本模型预测匹配的企业(匹配组)的进入模式绩效是否显著优于进入模式与该模型预测不匹配的企业(不匹配组)的进入模式绩效。

在每一个回归中,我们通过方差膨胀因子(VIF)检验来确定是否存在多重共线性。所有 VIF 值均不高于 2.9,这表明我们的数据不存在多重共线性问题(Hair 等, 1995)。

之前关于进入模式和绩效的研究表明,至少在全资模式和合资模式的情形下,企业的财务绩效与进入模式存在联系(Shrader, 2001; Pan 和 Chi, 1999; Pan 等, 1999)。然而,也有一些学者指出用财务绩效来评价新企业并不合适(Glaister 和 Buckley, 1998; Anderson, 1990)。回归模型 1(表 3)表明进入模式的财务绩效同进入模式匹配($p<0.01$)、市场潜力($p<0.10$)和进入模式类型($p<0.10$)显著相关($p<0.0291$, $r^2=0.16$)。特别是,我们发现符合扩展交易成本模型预测的企业的进入模式绩效较高,即当企业进入拥有较高市场潜力的市场,并采用全资进入模式时,进入模式的绩效较高。

表 3　绩效回归分析

	1　财务绩效	2　非财务绩效
企业规模	-0.12	-0.26*
	(0.12)	(0.11)
国际经验	0.01	0.01
	(0.11)	(0.09)
市场潜力	0.19+	0.22*
	(0.11)	(0.09)
投资风险	0.15	0.23*
	(0.11)	(0.10)
进入模式类型（全资模式=1）	0.68+	0.81*
	(0.42)	(0.38)
进入模式匹配（一致=0）	-1.1**	-1.1**
	(0.40)	(0.37)
常数项	0.19	0.34+
样本量	83.00	73.00
F 检验的显著性	0.0291	0.0005
R^2	0.16	0.29

注：** $p<0.01$，* $p<0.05$，+ $p<0.10$。括号内为标准误差。

有学者指出企业进入国外市场不一定仅仅是为了增加财务绩效(Anderson, 1990; Kim 和 Hwang, 1992)。他们指出财务绩效增长可能需要在进入国外市场若干年之后才会显现,但是关于绩效的其他测量可以有助于评价国外市场进入的效果(Anderson, 1990; Geringer 和 Hebert, 1991)。模型 2(表 3)检验了进入模式匹配和五个控制变量对进入模式的非财务绩效的影响。模型 2 结果显著($p<0.0005$),并且 r^2(0.29)高于进入模式的财务绩效的回归分析。

当采用的进入模式与扩展交易成本模型相匹配的时候($p<0.01$),企业的非财务绩效更高。即当市场潜力较高($p<0.05$)、企业选择全资模式($p<0.05$)、投资风险较高($p<0.05$),以及企业规模较小时($p<0.05$)时进入模式的非财务绩效较高。

研究结论、局限和应用

企业进入国外市场的模式选择会影响到企业的绩效吗？这一重要问题至今仍未得到解答。虽然关于进入模式选择的研究在不断增加,但是多数研究只关注交易成本的相关变量。进一步看,这些研究只关注了用来选择进入模式的标准,但却忽视了绩效影响。而少数研究企业绩效和进入模式选择关系的文献则受到了内生性问题(没有包含模式选择标准)的影响,并且主要只关注财务绩效的测量。本研究则试图克服这些局限以扩展我们对国外市场进入模式选择及其绩效的理解。

根据我们的分析,扩展交易成本模型可以很好地预测进入模式的选择。尽管并不是所有的交易成本和文化情境变量对国际市场进入模式选择的预测都显著,但我们的研究结论表明市场进入模式的选择受到一般交易成本特征、制度环境(法律约束)和文化情境(投资风险)等因素的共同驱动。因此,本研究对有关学者的论述提供了额外支持,即引入制度环境和文化情境方面的变量可以提升模式选择的交易成本模型的解释力(Brouthers 和 Brouthers, 2000; Delios 和 Beamish, 1999; North, 1990; Kogut 和 Singh, 1988)。

另外,本研究着眼于回答进入模式选择对企业绩效的影响。我们发现在财务和非财务模式绩效,采用由扩展交易成本模型预测的企业的模式绩效显著优于不能由扩展交易成本模型预测的企业的模式绩效。此外,我们还发现进入模式(全资模式和合资模式)和市场潜力同我们的两种绩效测量显著相关。最后,我们发现,EU1000 中"较小的"企业和进入的市场具有较高的投资风险的企业所报告的非财务绩效要优于规模较大的企业和进入市场具有较小投资风险的企业的绩效,但是在财务绩效方面则没有显著区别。财务绩效和非财务绩效模型的上述差别可能源自时间性差异,因为,新开展的国际投资的财务绩效往往难以测量。

我们同样要指出本研究存在着一系列的局限。第一,因为本研究只选取了大型的欧盟企业作为研究样本,我们的研究发现可能并不适用于中小型企业或者欧盟以外的企业。未来的研究可以包括不同规模的和来自其他国家的企业,以扩展本研究的适用性。

第二,因为我们的研究只关注了大型的、高度国际化的企业,因而我们只观察到了相对极端的市场进入行为(高风险的、发展中的市场),因为样本企业已经在很多年之前就已经进入了低风险的(较为发达的)市场。因此,我们的研究结论可能因为所进入的目标国家而存在偏差,同时我们的研究也可能不能代表发达的、大型国际市场的进入模式对绩效影响。未来的研究可以通过收集发达市场的进入模式和绩效方面的数据来开展比较研究。

在方法方面的另外一个局限性是数据收集的时机把握。尽管我们关注的是样本企业最近一次的国际市场进入行为,以最小化市场进入行为与本研究的调研之间的时间跨度,但是在很多案例中,上述时间跨度达到一年或者更长。因此,我们的调研数据可能存在回忆和记忆的偏差。同以往的市场进入模式研究一样(例如, Agarwal 和 Ramaswami, 1992; Brouthers 等, 1999),本研究通过从关键知情人那里获取信息的方法降低上述问题的影响。但是未来的研究可以在市场进入模式选择的决策过程中研究该问题,从而降低时间相关的偏差。

本论文基于 Brouthers 和 Brouthers (2000) 及 Delios 和 Beamish (1999) 的研究，通过把制度环境和文化情境的理论引入交易成本理论，检验了一个市场进入模式选择的扩展交易成本模型。还有其他的理论也提供了关于市场进入模式选择及其绩效的类似的或互补的解释。例如，Pan 和 Chi (1999) 指出市场进入时机影响企业绩效；Yan 和 Gray (1994) 指出国际合资企业(IJV)的合作伙伴的活动会影响其绩效。还有学者，例如，Kim 和 Hwang (1992) 指出企业战略目标也会影响企业市场进入模式的选择。未来的研究可以借鉴上述理论或把上述理论引入本研究中的模型以增进我们对市场进入模式选择及其绩效的了解。

而且，本研究把国际经验的度量作为一个控制变量。一些最新的研究(Padmanabhan 和 Cho, 1999) 表明某一种特定的市场进入模式相关的经验也会影响模式的选择。未来的研究可以从理论或者实证的角度，探讨不同类型的市场进入模式(全资公司、合资企业等)的成功或失败的经验如何影响市场进入模式的选择。

本文研究了运用国际市场进入模式选择的扩展交易成本模型在进入模式绩效方面的影响。未来的研究可以运用同样的一组变量来检验其他关系。例如，运用结构方程模型可以探究变量、市场进入模式类型和绩效之间的关系。这一工具有助于发现本研究没有检验的调节效应，进而加深我们对市场进入模式选择及其绩效的理解。

同以往基于交易成本理论的市场进入模型研究一样，本研究并没有考虑经理人的风险偏好以及不同的风险偏好对国际市场进入模式选择的影响。交易成本理论假设风险中立 (Williamson, 1985)。然而，有学者，如 Chiles 和 McMackin (1996)，指出经理人并不一定是风险中立的。他们认为风险规避的经理人和风险偏好的经理人会做出不同的决定。未来的研究可以关注这一重要的问题，即构建和检验包含了不同管理者风险偏好的市场进入模式选择的交易成本模型。这样的研究可以加深我们对市场进入模式选择和决策制定的理解。

本文关于绩效测量的一个不足之处在于不同的企业对绩效的测量可能有不同的规范。同样是对绩效给予"5"的评价，不同的企业可能在传达不同的含义。未来的研究应该通过同时收集市场进入模式绩效的主观和客观数据来减少这一潜在的差异。此外，未来研究可以在问卷中加入数字化的绩效水平测量以标准化受访者的评价。

尽管我们的研究结论总体上支持了引入制度环境和文化情境变量的扩展交易成本模型的规范性价值，但仍然需要很多后续研究的进一步检验。我们采用了 Shaver (1998) 所描述的并在之前的市场进入模式研究中(Brouthers 等, 2000；Brouthers 等, 1999)采用的一种分析方法。Drazin 和 Van de Ven (1985)、Masten (1993) 提供了决定绩效影响的权变模型的替代方法。未来研究可以通过采用其他分析方法来研究市场进入模式的模型/绩效问题，以验证本文研究发现的稳健性。

最后，还有另外一个重要问题有待解答，即同其他变量相比，企业如何决定每一个变量在市场进入模式选择过程中的重要性？如果一个变量表明应该采取全资模式，而另外一个变量显示需要采取合资模式，企业如何划分这两个变量的权重？未来的研究可以关注经理人在不同市场进入模式选择指标之间的权衡，这样的研究可以大大扩展我们对市场进入模式决策的了解。

在管理实践方面，本研究至少有两点贡献：第一，尽管仍需要进一步研究，但是通过引入制度环境和文化情境的变量以扩展国际市场进入模式选择的交易成本模型的做法可以提高该模型在国际市场领域的应用价值。交易成本理论可以很好地预测企业在有关能力开发和企业效率方面的决策。但是，关注于价值增加和能力提升的企业应该同时考虑制度环境和文化情境以及交易成本的相关因素以获得一个更符合以价值提升为目标的决策。

第二，本研究关注了市场进入模式选择的规范性。同早期 Shaver (1998) 和 Brouthers 等 (1999, 2000) 的研究类似，本研究指出经理人选择符合理论预测的市场进入模式将会获得更高的绩效。我们的研究表明根据交易成本效率指标和制度环境及文化情境方面的价值提升指标选择市场进入模式的企业将会取得更高的财务绩效。此外，如果企业同时考虑不同进入模式的效率(交易成本)和价值提升(制度环境和文化情境)的潜力，企业的非财务绩效也会提高。

参考文献

Agarwal, S. 1994. Socio-cultural Distance and the Choice of Joint Ventures: A Contingency Perspective. *Journal of International Marketing*, 2(2): 63—80.

Agarwal, S. & S. N. Ramaswami. 1992. Choice of Foreign Market Entry Mode: Impact of Ownership, Location and Internalization Factors. *Journal of International Business Studies*, 23(1): 1—28.

Anderson, E. 1990. Two Firms, One Frontier: On Assessing Joint Venture Performance. *Sloan Management Review*, 29(Winter): 19—30.

Anderson, E. & A. T. Coughlan. 1987. International Market Entry and Expansion via Independent or Integrated Channels of Distribution. *Journal of Marketing*, 51(1): 71—82.

Anderson, E. & H. Gatignon. 1986. Modes of Foreign Entry: A Transaction Cost Analysis and Propositions. *Journal of International Business Studies*, 17(Fall): 1—26.

Beamish, P. W. & J. C. Banks. 1987. Equity Joint Ventures and the Theory of the Multinational Enterprise. *Journal of International Business Studies*, 18(2): 1—16.

Brouthers, K. D. & L. E. Brouthers. 2000. Acquisition or Greenfield Start-up? Institutional, Cultural and Transaction Cost Influences. *Strategic Management Journal*, 21(1): 89—97.

Brouthers, L. E., K. D. Brouthers, & S. Werner. 2000. Perceived Environmental Uncertainty, Entry Mode Choice and Satisfaction with EC-MNC Performance. *British Journal of Management*, 11: 183—195.

Brouthers, L. E., K. D. Brouthers, & S. Werner. 1999. Is Dunning's Eclectic Framework Descriptive or Normative? *Journal of International Business Studies*, 30(4): 831—844.

Chatterjee, S. & J. Singh. 1999. Are Tradeoffs Inherent in Diversification Moves? A Simultaneous Model for Type of Diversification and Mode of Expansion Decisions. *Management Science*, 45(1): 25—41.

Chiles, T. H. & J. F. McMackin. 1996. Integrating Variable Risk Preferences, Trust, and Transaction Cost Economics. *Academy of Management Review*, 21(1): 73—99.

Cleeve, E. 1997. The Motives for Joint Ventures: A Transaction Costs Analysis of Japanese MNEs in the U. K. *Scottish Journal of Political Economy*, 44(1): 31—43.

Contractor, F. J. 1990. Contractual and Cooperative Forms of International Business: Towards a Unified Theory of Model Choice. *Management International Review*, 30: 31—54.

Davis, P. S., A. B. Desai & J. D. Francis. 2000. Mode of International Entry: An Isomorphism Perspective. *Journal of International Business Studies*, 31(2): 239—258.

Delios, A. & P. W. Beamish. 1999. Ownership Strategy of Japanese Firms: Transactional, Institutional, and Experience Influences. *Strategic Management Journal*, 20: 915—933.

Dess, G. G. & R. B. Robinson. 1984. Measuring Organizational Performance in the Absence of Objective Measures: The Case of the Privately-held Firm and Conglomerate Business Unit. *Strategic Management Journal*, 5: 265—273.

Drazin, R. & Van de Ven, A. H. 1985. Alternative Forms of Fit in Contingency Theory. *Administrative Science Quarterly*, 30(4): 514—539.

Dunning, J. H. 1993. *Multinational Enterprises and The Global Economy*. England: Addison-Wesley Publishers.

Dyer, J. H. 1997. Effective Interfirm Collaboration: How Firms Minimize Transaction Costs and Maximize Transaction Value. Strategic Management Journal, 18(7): 535—556.

Erramilli, M. K. & C. P. Rao. 1993. Service Firms' International Entry-mode Choice: A Modified Transaction-cost Analysis Approach. *Journal of Marketing*, 57(July): 19—38.

Gatignon, H. & E. Anderson. 1988. The Multinational Corporation's Degree of Control Over Foreign

Subsidiaries: An Empirical Test of a Transaction Cost Explanation. *Journal of Law, Economics, and Organization*, 4(2): 305—336.

Geringer, J. M. & L. Hebert. 1991. Measuring Performance of International Joint Ventures. *Journal of International Business Studies*, 22(2): 249—263.

Ghoshal, S. & P. Moran. 1996. Bad for Practice: A Critique of the Transaction Cost Theory. *Academy of Management Review*, 21(1): 13—47.

Glaister, K. W. & P. J. Buckley. 1998. Measures of Performance in UK International Alliances. *Organization Studies*, 19(1): 89—118.

Gomes-Casseres, B. 1990. Firm Ownership Preferences and Host Government Restrictions: An Integrated Approach. *Journal of International Business Studies*, 21(1): 1—22.

Hair, J. F. Jr., R. E. Anderson, R. L. Tatham, & W. C. Black. 1995. *Multivariate Data Analysis*. New Jersey: Prentice Hall.

Hennart, J. F. 1991. The Transaction Costs Theory of Joint Ventures: An Empirical Study of Japanese Subsidiaries in the United States. *Management Science*, 37(4): 483—497.

Hennart, J. F. 1997. Binomial Logistic Models, Transaction Costs, and Joint Ventures: A Methodological Note. In M. Ghertman, J. Obadia & J. L. Arregle, editors, *Statistical Models for Strategic Management*, Boston: Kluwer Academic Publishers.

Hill, C. W. L. 1990. Cooperation, Opportunism, and the Invisible Hand: Implications for Transaction Cost Theory. *Academy of Management Review*, 15(3): 500—513.

Kim, W. C. & P. Hwang. 1992. Global Strategy and Multinationals' Entry Mode Choice. *Journal of International Business Studies*, 23(1): 29—54.

Kogut, B. & H. Singh. 1988. The Effect of National Culture on the Choice of Entry Mode. *Journal of International Business Studies*, (Fall): 411—432.

Makino, S. & K. E. Neupert. 2000. National Culture, Transaction Costs, and the Choice Between Joint Venture and Wholly Owned Subsidiary. *Journal of International Business Studies*, 31(4): 705—713.

Masten, S. E. 1993. Transaction Costs, Mistakes, and Performance: Assessing the Importance of Governance. *Managerial and Decision Economics*, 14: 119—129.

Meyer, K. 2001. Institutions, Transaction Costs, and Entry Mode Choice in Eastern Europe. *Journal of International Business Studies*, 32(2): 357—367.

Nitsch, D., P. Beamish, & S. Makino. 1996. Entry Mode and Performance of Japanese FDI in Western Europe. *Management International Review*. 36(1): 27—43.

North, D. C. 1990. *Institutions, Institutional Change and Economic Performance*. Cambridge: Cambridge

University Press.

Oliver, C. 1997. The Influence of Institutional and Task Environment Relationships on Organizational Performance: The Canadian Construction Industry. *Journal of Management Studies*, 34(1): 99—124.

Padmanabhan, P. & K. R. Cho. 1999. Decision Specific Experience in Foreign Ownership and Establishment Strategies: Evidence from Japanese Firms. *Journal of International Business Studies*, 30(1): 25—43.

Padmanabhan, P. & K. R. Cho. 1996. Ownership Strategy for a Foreign Affiliate: An Empirical Investigation of Japanese Firms. *Management International Review*, 36(1): 45—65.

Pan, Y. & P. S. K. Chi. 1999. Financial Performance and Survival of Multinational Corporations in China. *Strategic Management Journal*, 20: 359—374.

Pan, Y. S. Li & D. K. Tse. 1999. The Impact of Order and Mode of Market Entry on Profitability and Market Share. *Journal of International Business Studies*, 30(1): 81—103.

Peng, M. W. & P. S. Heath. 1996. The Growth of the Firm in Planned Economies in Transition: Institutions, Organizations, and Strategic Choice. *Academy of Management Review*, 21(2): 492—528.

Podsakoff, P. M. & D. W. Organ. 1986. Self-reports in Organizational Research: Problems and Prospects. *Journal of Management*, 12(4): 531—544.

Poppo, L. & T. Zenger. 1998. Testing Alternative Theories of the Firm: Transaction Cost, Knowledge-based, and Measurement Explanations for Make-or-buy Decisions in Information Services. *Strategic Management Journal*, 19: 853—877.

Roberts, P. W. & R. Greenwood. 1997. Integrating Transaction Cost and Institutional Theories: Toward a Constrained-efficiency Framework for Understanding Organizational Design Adaptation. *Academy of Management Review*, 22(2): 346—373.

Scott, W. R. 1995. Institutions and Organizations, Thousand Oaks: CA, Sage Publishing.

Shaver, J. M. 1998. Accounting for Endogeneity When Assessing Strategy Performance: Does Entry Mode Choice Affect FDI Survival? *Management Science*, 44(4): 571—585.

Shelanski, H. A. & P. G. Klein. 1995. Empirical Research on Transaction Cost Economics: A Review and Assessment. *Journal of Law, Economics and Organization*, 11(2): 335—361.

Shrader, R. C. 2001. Collaboration and Performance in Foreign Markets: The Case of Young High-technology Manufacturing Firms. *Academy of Management Journal*, 44(1): 45—60.

Simmonds, P. G. 1990. The Combined Diversification Breadth and Mode Dimensions and the Performance of Large Diversified Firms. *Strategic Management Journal*, 11: 399—410.

Taylor, C. R., S. Zou & G. E. Osland. 1998. A Transaction Cost Perspective on Foreign Market Entry Strategies of US and Japanese Firms. *Thunderbird International Business Review*, 40(4): 389—412.

Tse, D. K., Y. Pan & K. Y. Au. 1997. How MNCs Choose Entry Modes and Form Alliances: The China Experience. *Journal of International Business Studies*, 28(4): 779—805.

Williamson, O. E. 1985. *The Economic Institutions of Capitalism*. NY: Free Press.

Woodcock, C. P., P. W. Beamish, & S. Makino. 1994. Ownership-based Entry Mode Strategies and International Performance. *Journal of International Business Studies*, 25(2): 253—273.

Yan, A. & B. Gray. 1994. Bargaining Power, Management Control, and Performance in United States-China Joint Ventures: A Comparative Case Study. *Academy of Management Journal*, 37(6): 1 478—1 517.

Zajac, E. J. & C. P. Olsen. 1993. From Transaction Cost to Transaction Value Analysis: Implications for the Study of Interorganizational Strategies. *Journal of Management Studies*, 30(1): 131—145.

作者简介

Keith D. Brouthers 是东伦敦大学的战略和国际管理学教授。他的研究兴趣主要有国际战略和战略决策制定,研究成果发表于顶级学术期刊,包括 *Journal of International Business Studies*, *Strategic Management Journal*, *Journal of Management*, *Management International Review* 和 *Journal of Business Research*。

跨国收购中的知识转移*

Henrik Bresman
Stockholm School of Economics
Julian Birkinshaw
London Business School
Robert Nobel
Stockholm School of Economics
郝　斌　译　曹毅然　校
（华东理工大学商学院）

本文采用多元方法对跨国收购中的知识转移进行了研究。基于问卷调查与数据分析，我们证明了沟通、访问与会议，以及收购后的时间长度都会促进技术性诀窍的转移，而专利的转移则与知识的可表述性、被收购公司的规模大小及收购发生的近因性紧密相关。通过案例分析，我们阐述了紧随收购后的一段时期内，知识转移是由收购方单方向地转移至被收购方，但是随着时间的推移，这种转移方式又会让位于高质量的双向传递。

跨国收购中的知识转移

在过去的几年中，学者们对于“企业知识管理”这一主题的关注度越来越高。一种普遍的观点认为我们已经从以资本为主要资源的工业时代过渡到了以知识为核心资源的时代。这意味着对于企业来说，通过对资产负债表上的资本和其他资产的再分配以获得并保持竞争优势变得越来越困难。同时，创新性的知识重构越来越普遍地成为企业在竞争中制胜的法宝。更为直接地说，种种证据表明，在未来竞争市场中的赢家将会是知识管理方面的大师（Nonaka

---

* 原文刊于 *Journal of International Business Studies*, 30(3): 439—462, 1999。

和 Takeuchi，1995；Arthur，1996）。

知识管理的重要内容之一是业务单元之间的知识转移过程。知识在两个部门或是同一国家的兄弟单位之间的转移绝对不是一件小事，然而知识转移所伴随的问题会随着地理距离和文化差异的增加而放大。就已有的研究来看，大部分关于知识转移问题的探讨也的确是在国际背景下进行的（Teece，1976；Mansfield 和 Romeo，1980；Zander，1991）。此外，跨国企业中知识转移的意义格外显著，因为海外市场总是能为公司提供新的思路和激励，并相应应用到其他国家中（Hedlund，1986；Bartlett 和 Ghoshal，1989；Sölvell 和 Zander，1995）。

在两个业务单元之间发生的国际性知识转移可能存在数种不同的模式。一方面，知识转移可以在同一企业的两个不同单元，即等级治理模式下进行；另一方面，转移也可能发生在两个相对独立的企业之间，以单纯的市场交易方式进行。知识转移同时也可能在混合的治理模式中进行（Borys 和 Jemison，1990），比如联盟、合资和特许授权。确实，许多现有文献已经关注到了这些中间模式。

作为混合治理模式的一种，合并与收购尚未受到知识转移研究的重视。然而，收购的一个重要原因即获取被收购公司的知识并将其转移至企业的其他部门。尤其是许多产业中的竞争速度已经使得这些产业的有机增长显得十分缓慢，许多经理已经开始将收购视为快速拓展企业知识基础的有效工具。然而，许多收购企业却发现，通过收购进行知识转移与利用是一项艰巨的任务。知识转移需要依靠对被收购单元的成功整合（Haspeslagh 和 Jemison，1991），然而大多数整合被收购单元的过程都以失败告终（Jemison 和 Sitkin，1986）。

本文旨在探究跨国收购中的知识转移现象。现有有关知识管理的文献已经将收购作为获取新知识的工具（例如，Huber，1991；Madhok，1997），而有关收购的文献也强调了收购中知识转移对价值创造的重要性（Haspeslagh 和 Jemison，1991；Capron，1996）。但我们发现，目前没有研究专门探讨跨国收购中的知识转移，特别是促进此类转移的因素。

我们采用了组合方法进行此项研究。第一，我们在 1992—1993 年采用问卷调研的方式对 42 个涉及知识转移的跨国收购案例进行数据收集，用于检验基于文献分析而提出的有关跨国收购中知识转移的相关假设。第二，我们对三个跨国收购案例进行深度分析。这些收购发生于 1988 年或 1989 年，而我们在 1991 年和 1996 年这两个时间点进行了数据收集。案例分析的目标是检验不同时间发展阶段下的知识转移模式。为了确保知识转移在我们所选案例中的重要性，我们将研究对象聚焦于研发（R&D）收购，即研发业务是公司被收购的主要原因。同时，出于可操作性的考虑，我们将研究对象限定于瑞典的母公司。

我们研究的目标有两个方面：其一是识别在跨国收购案例中知识转移的促进因素；其二是识别出在收购发生后的整合过程中国际知识转移的模式，包括由收购方向被收购方转移和被收购方向收购方转移。本文的主要安排如下：首先，我们回顾知识管理和收购的相关文献；其次，运用已有理论基础，建立一个概念框架以提出研究命题。再次，阐述研究方法。再其次，分析研究发现；最后，提出研究结论并讨论研究启示。

知识管理

近期，管理学者对于"企业间及企业内部的知识管理"这一主题进行了广泛研究。在很多产业内，经理们已经意识到开发自身能力以更好地利用企业所在网络中的知识的重要性。许多近年来流行的管理手段使得经理们对这一问题的认识越来越深刻。标杆管理已经展现出最佳实践转移所具有的巨大潜力。此外，一些企业裁员的失败案例也揭示了企业失去知识而因此付出的代价。授权和国际化已经催生了将本土知识运用到其他地方的潜力，信息技术也给个人带来了越来越差异化的知识，而这些知识也是公司总部所未知的。知识管理之所以重要，其中一个普遍认同的原因在于日趋加快的竞争速度（Hedlund，1994；Nonaka 和 Takeuchi，1995）。当所需的知识已经存在于组织中的其他部门时，重复的外部知识获取工作就成为一种严重的时间浪费。

一系列的跨国公司的组织模式已经解决了企业如何组织并运营其分散的知识的问题。其中较为突出的就是 Hedlund（1986）的变态分层结构（Heterarchy）以及 Bartlett 和 Ghoshal（1989）所提出的跨国组织。这些组织模式的一个共同特点是通过设计组织结构，以解决两个看似相互矛盾的需求：获取全球规模效应和将零散的知识应用于本地市场。一个重要的发现就是，在跨国公司广布的网络中，非常有必要为知识转移建立一个成熟的网络，以便在激烈的竞争中与对手并驾齐驱。Kogut 和 Zander（1992：383）则进一步发展了这一观点，他们指出企业转移知识的能力即是其存在的原因：

> "……企业比市场做得更好的地方，就是在组织的个人和团体之间分享并转移知识……我们观点的核心就在于，知识由个人所拥有，但也是通过规则性表述，并以此促进社区成员间的合作。"

"社区"这一概念的提出可以追溯到 Durkheim（1933），Etzioni（1965），Selznick 和 Ouchi（1980）。本质上，当团体中的个人共享一系列价值观和信仰并由此催生了用以降低机会主义风险的治理系统时，社区得以产生。从知识流的角度来说，我们认为只有与同伴共享一种认同感和归属感时，个体才会自愿参与知识交换。这一推理逻辑，以及随后 Kogut 和 Zander

(1995;1996)的文章,对企业交易成本理论提出了挑战,因为个体之间共享知识的需求而并非中间产品市场的失败被视为企业存在的目的。从本研究的角度来看,这一观点显得特别重要,因为收购意味着将两个社区融合起来,并在多年后(即收购后的整合过程)成为一个社区。如果 Kogut 和 Zander 的观点成立,那就意味着两个个体之间的知识流动在紧接着收购以后的几年内会十分有限,但是会随着单一社区的出现而逐渐增长。

不同治理模式下的知识转移

尽管收购中的知识转移尚未得到太多的注意,但是相关问题如单一公司内部、联盟和合资公司中的知识转移以及知识在两个独立企业之间转移已经引起了学者们的广泛关注。这里我们简要回顾关于这些主题的研究文献及其中的主要发现,以此作为我们探讨收购中知识转移的一个铺垫。

企业内部的知识转移

有关企业内部知识转移的研究已经历时很久,最早可以追溯到跨国技术转移模式选择的研究(Pavitt,1971; Mansfield 等, 1979;Vernon 和 Davidson, 1979)。但如果仔细推敲,可以发现这一研究所涉及的变量数量相当有限。其中,关于知识转移时间的系列研究揭示了产品引入、向分支机构的转移技术等问题上,知识转移速度得到了显著提升(Mansfield 和 Romeo, 1980; Davidson,1980,1983)。另外,对于转移成本的研究揭示了经验的重要影响(Teece, 1976, 1977; Mansfield 等,1979)。近期,Zander(1991)和 Szulanski(1996)采用了更加宽泛的路径来探究企业内部的知识转移。Zander(1991)发现,知识的隐性或显性程度对于转移是否顺利有着重要的影响。特别地,相比于显性知识,他发现隐性知识的转移更加难以完成。Szulanski(1996)则将注意力集中于企业内部最佳实践的转移,以及转移进程中的困难之处。他的研究得出了与 Zander 一致的结论。在对造成知识转移过程中困难的诱因进行分析时,Szulanski 发现,相比于其他的影响因素如动机,知识的显—隐性程度有着更加显著的影响。

联盟和合资企业中的知识转移

对于联盟和合资公司中的知识转移所开展的研究相对来说是较为新颖的。Kogut(1988)

最早明确地提出了组织学习是合资公司建立的重要驱动力。他指出,合资公司"是用以对不能通过诸如许可经营或市场交易的方式来轻易描绘出或表示出的组织性嵌入知识进行转移"(Kogut,1988:319)。大约在同一时间,Westney(1988),Hamel(1991)和Inkpen(1992)在关于联盟和合资公司怎样进行学习这一主题上发展了类似的观点。自此,学者们又对联盟和合资公司外的知识转移进行了拓展研究(Inkpen 和 Crossan, 1995; Doz, 1996; Mowery 等, 1996)。这些研究均显示,重新评估和学习的能力是成功的关键。

独立企业之间的知识转移

相较于之前所讨论的知识转移模式,独立企业之间的知识转移并有没受到足够的重视。显然,经理们并不希望本企业有价值的知识被转移至其他企业,但实际上,这一转移过程已经通过多种方式发生了,包括模仿、逆向工程、人员流动和商业情报等。例如,Mansfield(1985)发现公司开发新产品和新流程的决定会在12—18个月被竞争对手得知。Levin 等(1987)研究了模仿的成本,并发现"重大创新"会比"典型创新"产生更高的模仿成本。此外,Zander(1991)发现企业之间的知识转移的难度不一定代表了该公司进行模仿的难度。

收购中的知识转移

我们的文献回顾显示,关于收购中的知识转移的研究还相当匮乏。最相关的研究是所谓的"流程"学派,主要聚焦于通过收购后的整合而产生的价值创造(Lindgren, 1982; Shrivastava, 1986; Haspeslagh 和 Jemison, 1991; Hakanson, 1995; Greenwood 等, 1995)。例如,Haspeslagh 和 Jemison(1991)对知识转移的问题进行了探讨,但他们所关注的焦点是知识转移如何引起整体的价值创造而并非知识转移本身的促进因素。从总体水平来看,仍有部分学者认可资源的重新分配(如知识转移)对收购中价值创造的显著影响(Capron,1996),但是这些研究也没有将视角聚焦于资源再分配的进程上。最后,对于两个不同组织进行合并的问题,相关文献将目光聚焦于文化适应的过程(Berry,1983)。这类研究对于目前工作最大的贡献在于,两个合并组织的知识转移取决于双方合作关系的发展。

从这一简要的回顾中的一个重要发现是,收购中的知识转移与其他三种治理模式下的知识转移是截然不同的。尽管大多数知识转移的促进因素是大致相同的(如沟通、知识的可表述性),但随着收购整合过程的发展,这些因素的重要性程度以及过程本身都会发生显著的变化。正是因为治理模式的演化(从“市场”变为“层级制”)及其包含的各种问题,收购中的知识转移才更加值得我们去探究。

知识转移的定义

知识是一个难以理解的概念,不同学者分别从不同的角度对其进行分类和定义(如 Hedlund, 1994; Nonaka 和 Takeuchi, 1995)。考虑到本研究的目的,我们采用 Kogut 和 Zander 对于知识的界定,这一定义包含了“能使人更平稳且高效地做事的累积性实践技能或专家才能的隐性诀窍”(Kogut 和 Zander,1992),以及信息或“诀窍”等更为显性的知识维度。转移的概念也十分难以理解。关键问题在于,知识转移和新知识的创造之间没有明显的区别(如 Granstrand, 1982; Sahal, 1981)。正如 Zander(1991)所发现的一样,“知识接受者通常会投入大量的资源去同化、适应以及提升原有技术,对技术的修正和进一步的发展因此是转移中必不可少的部分”。Hayami 和 Ruttan(1971)根据转移期间知识改变的程度引入了不同种类转移之间的差异。因此,通过对文献的检索可以发现,一些学者称之为“知识转移”,而其他人则将其定义为“知识组合”、“知识创造”或是“学习”(Bartlett 和 Ghoshal, 1989; Westney, 1993; Hedlund, 1994; Nonaka 和 Takeuchi, 1995)。考虑到本研究的目的,我们只采用知识转移这一概念。知识转移可能以以下一种或两种方向进行:从收购方转向被收购方、从被收购方转向收购方。因此,在联合产品开发过程中,当知识在收购方和被收购方之间往复传递时,我们将其称为相互知识转移。相互知识转移在新竞争性产品和系统的知识创造中拥有很大的潜力。

本文中的知识转移所指的是成功的知识转移,即 Zander(1991)所指的知识获取方能够积累或同化所转移的新知识。有人可能会认为货币要素的转移可以作为一个替代性的因变量,例如,用联合产品开发的收入来衡量。若不考虑这一设计所固有的操作性困难,我们认为成功的知识转移是获得财务上成功的重要前提,因此知识转移更应被视为一个独立的因变量。这种看法与大多数学者的观点是一致的(如 Zander, 1991; Haspeslagh 和 Jemison, 1991)。

命题的提出

图 1 显示了有关跨国收购中的知识转移研究框架。我们重点关注收购方和被收购方之

间的相互作用方式及其对知识转移的影响，同时将知识属性（隐性或是显性）、收购时间长度，以及被收购单位的规模作为影响知识转移的附加因素。我们将知识转移作为一个双向的概念，即从收购方转向被收购方或是从被收购方转向收购方。企业通常因为其科技实力而被收购，在这一类的案例中，我们可以看到由被收购方向收购方进行的知识转移。但是反向情况也是一样的，在这些案例中，收购方认为可以通过转移其高端技术以提高被收购方的绩效。基于此，所有命题都会考虑两种转移的可能性。

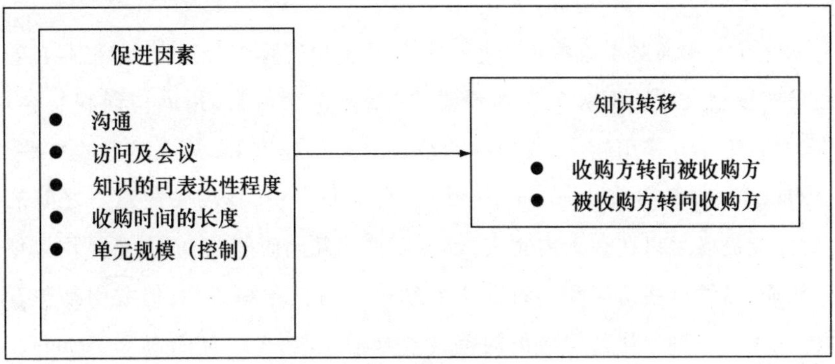

图 1　知识转移的促进因素

总体上说，我们的假设大多是有关知识沟通的模式，然而知识转移本身却能引导我们开发出具有归纳性的研究问题。

收购方和被收购方之间的沟通

我们这里假设，收购方和被收购方成员之间交流越频繁，知识转移的效果就越明显。沟通的产生往往源于两个既明显区别又相互交叉的过程。第一，作为一个整体，收购后整合过程的有效性有赖于大量且集中的沟通（Bastien, 1987; Buono 和 Bowditch, 1989; Haspeslagh 和 Jemison, 1991）。有学者认为，有效的沟通会缓解错误信息带来的焦虑情绪，促进收购公司和被收购公司内个体的相互交流，并确保整合中决策制定流程的清晰和透明。反过来，所有的这些因素也会催生一种支持性环境或“社区”，以使得双方的知识转移更为顺畅（Kogut 和 Zander, 1992）。第二，工作中也存在一种直接的知识转移流程，其中的某些知识转移活动（特别是包含隐性知识的活动）中存在大量的沟通，常常伴随着传输方和接收方之间为期几个月的频繁交流（Szulanski,1996）。例如，有关国际创新项目（Ghoshal, 1986; Ridderstrale, 1997）的研究表明，收购两方之间不断改善的沟通水平可能与高水准的相互知识转移有关。在另一项相似的研究中,Cohen 和 Levinthal(1990)使用"吸收能力"这一概念去形容企业对新知识的利用能力。他们发现,沟通是发展这一能力的一个重要先决条件。

假设1:在其他条件不变的情况下,收购双方之间的沟通(面对面沟通或是其他方式)与收购中的知识转移正相关。

更多关于相互作用的拓展模式

尽管个体之间的沟通对于收购后的整合过程及知识转移十分重要,但也存在着更多其他的相互作用模式以增强收购双方的关系质量,包括技术交流会、拓展访谈和联合培训项目。一般而言,我们认为相互作用越多,收购后的整合过程就越有效,知识转移的水平也越高(如 de Meyer, 1991; Haspeslagh 和 Jemison, 1991)。在本研究中,我们关注双方之间的访问和会议,这种面对面交流既可以在一天内完成,也可以持续几周时间,它们主要是用以解决特定问题或任务。然而,尽管这些访问和会议的主要动机是与任务相关的,但它们都包含着社交的成分,同时也代表了一种强化公司内部规范性整合的工具(Van Maanen 和 Schein, 1979; Ouchi, 1980)。

假设2:在其他条件不变的情况下,访问和会议的频率与收购中的知识转移(相互的)正相关。

知识的性质

正如前文所提到的,潜在知识的性质对知识转移的进程有重要影响。如果相关知识是隐性的,并且还没有以书面和符号的形式进行标识,其在收购方和被收购方之间的转移也会更加困难。这种转移会随着双方之间高频率的交往以及社区的产生而得以强化,但我们先决的考虑是希望隐性知识不容易被转移。相反,显性知识,比如专利和企业规划中的知识,可能直接得以在收购双方之间转移,因为这种转移并不依赖于双方之间较强的社会联系。因此:

假设3:在其他条件不变的情况下,企业知识的可表达性程度与收购中的知识转移(相互的)正相关。

收购后的时间长度

这里要说明的是,假设没有其他因素的影响,收购后的时间发展会逐渐促进知识转移。

随着时间的推移，收购所带来的不良反应和压力都会逐渐减少，持不合作态度的员工也会逐渐离职，而公司新招聘的员工并不知晓原本相互独立的实体之间的组织边界（Buono 和 Bowditch，1989；Haspeslagh 和 Jemison，1991）。当然，正如我们以上提出的，管理能够促进知识转移的过程，同时，这一过程又会随着时间的推移而更加被强化，因此会进一步推动相互的知识转移。

假设 4：在其他条件不变的情况下，收购后的时间长度与知识转移（相互的）正相关。

被收购方的规模

最后，我们有必要将企业规模作为知识转移过程中的一个控制变量。① 在其他条件不变的情况下，我们希望相较于小规模的收购，越大的收购规模会产生越大的知识转移量，因为更大的收购规模意味着更多的个体会参与到这一进程中来。我们下一部分的重点将聚焦于被收购企业的特点。因此：

假设 5：在其他条件不变的情况下，被收购企业的规模与知识转移（相互的）正相关。

知识转移模式

本文的第二个目标是要检验跨国收购中的知识转移模式。我们认为知识转移是一个复杂的过程，不能简单地通过测量转移的发生率去理解。我们希望在知识转移过程的不同阶段，被转移的知识类型、知识转移的方向（由收购方转向被收购方或由被收购方转向收购方）以及知识转移的质量会发生变化。然而，由于前期研究的匮乏，我们很难就这一问题提出具体的研究命题。因此，本文将聚焦于以下研究问题。

归纳性研究问题：在收购后的整合过程中，知识转移的模式（知识类型、转移方向、知识转移的质量）有哪些？

研究方法

我们采用两种互补的方法来收集数据（问卷调查法和案例分析法），因为相比于单一性方

① 我们同样也将收购企业和其所在国家作为可能的控制变量（哑变量），但是均不显著。

法，这样的方式更利于就我们感兴趣的问题找到令人满意的回答。因此，我们使用问卷调查法检验假设 1 到假设 5，然后采用案例分析法探究知识转移模式的问题。以下我们首先就两阶段的数据收集方法进行阐述。

问卷调查研究

在第一阶段的案例研究访谈后，我们于 1992 年形成了较为系统的调研问卷①，问卷调查对象包括 15 家瑞典大型跨国公司。在与公司管理层进行商议后，我们确定将 210 个研发部门作为研究对象。我们向每个部门的经理人员邮寄一封含有问卷的信件，并特意说明其所在的母公司对于这次调研的支持。对于未对我们进行反馈的经理们，我们会进行电话跟进并再次发送邮件。最终，我们共回收 110 份可用问卷。② 其中，有 42 家的收购方是来自瑞典的母公司，这些公司有利于我们收集关于被收购部门研发知识的信息。因此，本次研究中的样本数量为 42。③

我们通过结合以往研究中所使用的量表和第一阶段案例分析涉及的相关题项，形成了最初的调研问卷。随即，我们设立了一个专家小组，其中包括来自瑞典跨国公司的三位研发经理、皇家工程学院和瑞典科技发展署的代表以及其他一些领域的专家。这个小组的成员召开了两次会议，以对问卷中问题的有效性进行讨论，由此作出的所有有益的修改大大提升了问卷的质量。

我们所收集的企业样本主要包括在 1927—1990 年被收购的公司。就被收购公司的国别来看，10 家为美国公司，9 家为英国公司，德国、比利时和瑞典的公司分别有 5 家，芬兰、荷兰、意大利的公司分别有 2 家，挪威、瑞士的公司各有 1 家。这些被收购公司的母公司是 13 家来自瑞典的跨国公司，包括 Alfa Laval（9 个收购案例，以下均只列出案例数量）、ABB（8）、Volvo（7）、Atlas Copco（4）、Trelleborg（3）、Tetra Pak（2）、Ericsson（2）、Esab（2）、Nobel industries（1）、Kabi（1）、Sandvik（1）和 SKF（1）。关于本研究的具体问题描述请见以下进一步的阐述。需要

① 问卷既用于检验本研究中的新问题，也用于探究瑞典跨国公司海外分部之间的沟通模式（Håkanson 和 Nobel，1993；Nobel 和 Birkinshaw，1998）。

② 尽管我们的应答率超过了 50%，但仍可能无法消除无应答偏差。我们从两个维度（东道国公司和母公司）比较了应答者和无应答者，唯一明显的不同是在母公司方面，因为一些母公司应答较多（Alfa Laval 公司和 ABB 公司），而其他母公司的应答则偏少（Sandvik 和 SKF）。

③ 样本包括了五个案例，均为瑞典跨国公司收购瑞典本土公司。这些样本本应在国际收购的研究中予以排除，但因为这些样本有利于我们对于文化距离的测量，所以我们将其保留。

注意的是,这41(原文为42,经译者计算修正为41)个案例中,我们只收集了被收购公司的反馈问卷。我们将被收购业务的负责人作为联系人,因为他最为了解知识的流进和流出的程度。①

案例分析

我们的案例研究主要关注三家有收购经验的跨国公司,其收购的主要目的都是获取并利用被收购公司的研发知识,包括:生产自动化行业的 ABB 公司收购 Taylor 仪器业务的案例②,纸料化学品行业的 Eka Nobel 公司收购 Albright & Wilson 公司的案例,以及玻璃器皿行业的 Alfa Laval 公司收购 Sharples 公司的案例。Taylor 仪器和 Sharples 公司来自美国,而 Albright & Wilson 公司在被收购前总部在英国。我们选择这些案例是因为,在每个案例中被收购公司的研发能力均为收购方作出收购决定的主要原因。例如,在 ABB 公司的例子中,我们选择了 Taylor 仪器业务而不是 Combustion 工程业务作为被收购的案例对象,因为前者是因为其研发能力而被收购,而后者被收购的大部分原因是市场占有率。

数据收集方法。在我们开展第一阶段的数据收集时,收购均已经发生了 2—3 年。第一轮的访谈是在 1992 年夏天,地点位于瑞典各公司的总部;随后,我们又对被收购公司的研发部门进行了访谈(共有 19 次访谈)。我们采用的是半结构化的访谈方式。在访谈工作全部完成后,我们会向总公司的研发部门以及被收购公司的研发部门的所有人员各发放一份调查问卷,最终从 7 个研发部门共收取到 148 份问卷。问卷询问了员工们是如何看待收购对他们个人产生的影响,他们对于收购公司的印象,以及他们对公司中各种工作的看法。

1996 年,我们采用同样的方法开展了第二轮数据收集。本次共访问谈了 31 位公司员工,收集了 71 份问卷。定性和定量相结合的数据使我们能够如它展示的,从不同的视角去分析整合过程,也有利于对四年中不同阶段之间的变化进行较为客观的测量。

数据分析。三位研究者都参与了数据分析,并通过讨论协调了差异。分析结果以历史发展的形式呈现出来,并发送给主要被访人员以检验其准确性。尽管这一分析主要是用来解决知识转移模式的问题,但我们同时也可以发现可能存在的变量因果关系以及与随后的问卷结果相同的影响因素。

---

① 我们采用同一问题对总部经理进行了调查,但是他们无法回答特定单位的细节问题,所以我们没有采用他们的问卷。

② Taylor 被 Combustion 工程公司收购而成为其旗下子公司。

构念测量

知识转移。作为本次研究的核心概念，我们对于知识转移的测量十分谨慎。我们主要的测量工具是包含以下四题项量表①：

在1986—1991年期间，你所在的单位是否主动地将本单位的技术知识转移至公司中的其他制造或者研发部门？不，没有；是的，转移至瑞典本国部门，发生过______次；是的，转移至海外部门，发生过______次。

在1986—1991年期间，你所在的单位是否同样收到过其他研发部门所开发出的技术知识？不，没有；是的，转移自瑞典本国的部门，发生过______次；是的，转移自海外部门。发生过______次。

我们和专家小组一起花了大量时间斟酌这一问题，特别是围绕技术诀窍这一概念问题以进一步了解我们所感兴趣的各种知识形式。主动地转移这一概念以及5年的时间期限有助于消除随着时间推移所产生的各种影响。然而，我们必须认识到，由于概念的复杂性，这一方法在测量知识转移时仍存在局限性。对四个问题的数据分析结果清晰地显示，两个方向的知识转移（A→B以及B→A）在效度上并不存在明显的区别。实质上，向内知识转移较多的业务单元，其向外转移的知识量也相应较大。因此，我们将这四个题项作为一个系统的测量量表（Cronbach的α值为0.75）。

知识转移需要测量的第二个方面是在过去五年内被收购公司申请的专利数量②（即被收购方转移至收购方的技术知识）。显然，与技术诀窍相比，这一测量方式所涉及的是完全不同的知识管理内容（见表1中两者间的弱相关关系）。专利代表了可表达的知识形式，它的转移不需要像隐性知识那样通过人际交往才能有效地传递给他人。然而，我们仍需要对影响这种显性知识传递的因素进行研究。通过使用两种知识转移测量方法分别开展数据统计会析，并比较其结果，我们能够更深入地理解所关注的研究问题。

沟通。受访者被要求说出他们与当地市场（包括瑞典和其他国家）的其他研发单位进行内部交流的频率，并区分面对面交流和其他形式的交往（传真、电话等）。量表通过频率来予以体现，例如，7 = 每天，6 = 每周，5 = 每月，等等。我们原本是希望面对面交流和其他形式的

---

① 表格中列示的是最近五年所发生的收购，并按比例向上排列。

② 具体地说，我们要求他们回答在最近五年时间里研发单位所申请的专利数量。

交往会有所不同,但是分析结果却表明6个题项构成了一个具有较高信度的构念($\alpha=0.90$)。

访问及会议。受访者被要求说出他所在部门的人员每隔多久参加一次技术性会议(只会晤研发人员,还是与其他部门员工的会议),每隔多久走访其他研发部门一次,以及多久其他研发部门的人员来访本部门一次。将这些题项合并为一个构念后,结果具有很强的信度(Cronbach $\alpha=0.90$)。

知识的可表达性。借鉴 Zander(1991)的研究,我们创建了三个题项量表来测度知识的可表达性:(1) 新研发人员通过学习整套工作方案就可以轻松地掌握要领;(2) 新研发人员通过与富有经验的老员工交流就可以轻松地掌握工作要领;(3) 对新研发人员进行教育和培训是一项便捷的工作。量表信度也很好($\alpha=0.75$)。

收购后的时间长度。受访者被要求说明研发部门被收购后的时间。因此大多数人都会描述最近一次的收购。

被收购单位的规模。因为此次研究的重点是研发活动,我们只要求受访者说出在被收购单位中研发人员的具体数量。

研究发现

知识转移的促进因素

表1列出了所有变量之间的零阶相关系数,由此,我们得出了一系列的发现。第一,如前所讨论的,相比于技术诀窍,专利是一种更为书面化的知识形式,因为知识的可表达性程度与专利正相关(边际显著),与技术诀窍的转移呈负相关(边际不显著)。第二,沟通与访问、培训之间的高度相关关系中可能存在多重共线性问题($r=0.45$)。因此,我们对每个变量都进行了单独的回归分析。第三,描述性统计显示,专利变量并不是呈正态分布的,所以不合适对其进行 OLS 回归分析。为此,我们选择使用负二项分布(广义泊松分布)进行测算(Chacar, 1999; Hausman, Hall 和 Griliches, 1984)。

表1　零阶相关系数($N=42$)

变量	平均值	标准方差	2	3	4	5	6	7
1. 技术诀窍	2.49	1.12	-0.155	0.428*	0.614**	-0.067	0.241	0.193
2. 专利	21.00	76.30		0.288	0.171	0.259	-0.271	0.354*
3. 沟通	5.14	1.54			0.450**	-0.172	0.220	0.376*
4. 访问 & 转移	3.53	1.19				0.171	0.003	0.093
5. 知识可表达性程度	2.61	1.20					0.126	0.031
6. 收购的时间长度	2.48	0.94						0.303
7. 研发人员	75.90	165.70						

注：$^{+}p<0.10$，$^{*}p<0.05$，$^{**}p<0.01$，$^{***}p<0.001$。

表2列示了回归分析结果。模型1和模型2都以技术诀窍转移为预测变量，模型1中没有考虑访问对转移的影响，模型2则没有考虑沟通对转移的影响。模型3和模型4以专利作为因变量，两个模型中也是分别单独考虑沟通和访问对转移的影响。

表2　回归模型：知识转移的预测变量

知识转移的衡量因素	技术诀窍(OLS)		被收购方所申请专利(负二项分布)	
模型	1	2	3	4
沟通	0.382*		0.237	
访问及会议		0.643***		0.071
知识可表达性程度	-0.076	-0.209+	0.504+	0.308
收购的时间长度	0.174*	0.233*	-0.500*	-0.595
规模(研发人员)	-0.015	0.068	0.012*	0.013*
R^2	0.212	0.184		
F检验	2.020*	7.940***		
对数似然值			-84.540	-93.810

注：$^{+}p<0.10$，$^{*}p<0.05$，$^{**}p<0.01$，$^{***}p<0.001$。

通过对技术技巧转移影响因素的分析，我们发现假设1和假设2都得到了有力的支持，因为沟通、访问与转移的关系均十分显著；假设3没有得到验证，模型2也确实证明了负相关关系。这意味着，知识可表达性越小，技术诀窍的转移量就越大。我们会在后面对这一点进行解释。模型2为假设4提供了支持，说明收购时间的长短与技术诀窍转移的水平呈正相关关系。最后，涉及被收购单位规模的假设5没有通过检验。

当我们考虑涉及被收购方转出专利的模型3和模型4时，我们却发现了完全不一样的情况。沟通、访问及会议与专利转移之间的关系均不显著。值得注意的是，如果不考虑被收购单位规模作为控制变量的影响，这些关系将会是显著的。因此，假设1和假设2在这一分析中并没有得到支持。假设3得到了一定的支持，这意味着知识的可表达性程度与被收购方转出的专利显著相关。比较而言，由于明显的负向相关关系，假设 4 不成立。换言之，收购完成后的时间越长，被收购方向收购方转移的专利就越少。最后，关于被收购方规模的假设 5 得到了验证。

总的来说，数据分析的结果展示了比我们之前所作的假设更为丰富的内容。我们可以发现两种不同的知识模式。在收购全部完成后，越是隐性的知识（即技术诀窍），转移双方有着越频繁的沟通、访问及会议，其转移效果也越好。但是，如果知识是相对来说较为显性的，即专利形式，其转移效果与个体交往关系没有太大的关联，反而会受到被收购单位规模、知识的可表达性程度以及双方相对较低水平的整合的作用。

后面的一个发现似乎是违反直觉的，值得我们进一步的探究。关于我们所观察到的显性知识不断减少、隐性知识不断增加的模式，一种可以令人接受的解释是，随着社区的出现及相应整合程度的提升，选择异于隐性知识转移的其他手段变得更可行。而且，由于隐性知识的转移变得越来越便捷，从战略角度来看，它可能更胜于显性知识的转移，因为隐性知识更难被他人所复制。

第二种补充性解释是，在收购刚结束后的混乱时期内，管理的首要焦点是从书面化的知识中获取价值，即被收购方的专利。这一解释得到了案例分析结果的支持。在 ABB 公司收购 Taylor 仪器集团的案例中，ABB 公司在收购后立刻成立了一个产品委员会，由其一个资深经理所领导，并由每个公司各自派遣三名员工参与其中。这个新小组的任务之一就是评估研发部门的知识状况，包括辨别双方的重复性知识的获取与创造，寻找削减成本的可能，以及探索双方知识的协同利用。在这一阶段，尽管各种知识都会涉及协同利用，但书面化知识会得到格外的关注。通过筛选专利，任务小组努力寻求使双方技术能力相结合的机会。而且，被 Taylor 仪器集团的员工们认为过于缜密的 ABB 公司的人员积极地将 Taylor 仪器集团所有的专利进行归档。作为一种整合机制，产品委员会在几年后被解散。而为了推进专利归档的进行，Eka Nobel 公司建立了几个技术中心以促进与 Albright & Wilson 公司的整合。

知识转移的模式

本文的第二个目的是探究跨国收购中知识转移的模式。我们主要通过三家公司的案例分析以及针对这三家公司所收集的问卷来进行研究。因为之前并没有对收购中知识转移模式的纵向研究，所得到的发现因此是极具探索性的。

通过对三个案例的分析，我们发现收购中的知识转移可以被划分为两阶段。最初的 2—3 年一般属于“早期阶段”，其特征为知识由收购方向被收购方的强制性转移，而相反方向的知识转移则相对较少。之后的 3—6 年可以看做知识转移的“后期阶段”，这一阶段中两个方向的知识流动水平均很高，并相应出现了联合知识发展业务，我们称之为双向知识流动。表3很好地说明了这种解释，可以发现，不同类型的知识流动都可以被归并到两个阶段中。

表3 案例研究中企业知识转移次数

涉及公司 流动方向	早期阶段(1988—1991)			后期阶段(1992—1996)		
	Eka Nobel	Alfa Laval	ABB	Eka Nobel	Alfa Laval	ABB
知识流动，由收购方转向被收购方(即强制性转移)	4次小规模	2次大规模 2次小规模	2次大规模 1次小规模	3次小规模	2次小规模	
知识流动，由被收购方转向收购方				2次小规模	1次小规模	
相互的知识流动(如联合开发项目)	1次小规模		1次大规模 (部分成功)	3次小规模	2次大规模 2次小规模	3次大规模 2次小规模

注："大规模知识转移"指的是由三个以上被访对象提及的转移，"小规模知识转移"指的是至少有一个被访对象提及的转移。

早期阶段的知识转移。收购后的最初几年对于三家公司来说都很困难。在Eka Nobel公司收Albright & Wilson公司的案例中，尽管Albright & Wilson公司的经理对收购可以欣然接受，但却为公司在英国、荷兰和西班牙的研发业务增加了不确定性。Eka Nobel公司的管理层在最初的几个月内花了大量精力来建立业务关系。他们同时也向英国派遣了大批人员，并将自身的工作经验直接传授给Albright & Wilson公司。在Alfa Laval公司的案例中，由于Sharples公司的管理层并不支持Alfa Laval公司的收购，使得收购后最初的几年非常困难。双方之间的关系因此也十分冷淡，也因此没有进行共同研发的意愿。期间唯一发生的转移还是强制推动的：Alfa Laval公司向Sharples公司在美国的运营部门转移了生产技术、会计系统和销售人员训练方法。在ABB公司收购Taylor仪器集团的案例中，Taylor仪器集团对收购显得较为欢迎，但是该公司的员工们也担心他们的运营会被叫停(虽然实际上并没有发生)。ABB公司采取了试错的方法来对收购进行管理。瑞典总部向美国公司派遣了一个团队，并将其管理系统强制性地植入新单位中。此外，两公司也开始了大型的联合开发项目。虽然这一举措有利于知识的双向转移，但从实际情况来看，在最初的几年中瑞典和美国的单位并没有建立起很好的关系，期间所发生的知识转移也非常有限。

总的来说，在收购的早期阶段，知识总是由收购方强制性地向被收购方转移。我们认为，之所以早期阶段缺乏其他形式的知识转移，主要原因在于两单位的人员之间没有形成良好的个人关系，从而引起彼此之间在能力上的不信任。考虑到许多受访者都提及收购早期双方人员之间的误解，文化距离也是一个可能的影响因素。在Alfa Laval公司的案例中，收购前紧张的关系的确是引起知识转移不足的一个主要因素。

整合过程。我们试图在三个例子中探究被收购公司与收购公司之间的业务整合,并将这几个收购案例中所涉及的整合问题分为四类:(1) 收购方对被收购方所开展的持续的、可见性的指导;(2) 由收购方所主导的沟通过程;(3) 所采用的整合机制,比如人员调遣和联合开发;(4) 被收购方所保留的原有员工比例。表4是对于我们分析的一个总结,从中我们可以看出,Eka Nobel公司和ABB公司两家公司为了保障整合过程的顺利推进,开展了大量的工作,而Alfa Laval公司则显得努力不足(很大程度上也是因为被收购公司的不配合)。

整合过程所带来的影响十分明显。我们在1992年和1996年两个时间点,对收购方和被收购方的员工进行了民意调查,询问收购对他们个人所带来的影响,以及他们对彼此的印象,分析结果如表5所示。我们发现,在所有三个案例中,被收购方员工的态度随着时间的推移变得越来越积极,他们感觉到自己的处境得到了改善,对于收购方的印象也越来越好。①

表4　整合过程

	Eka Nobel/A&W	Alfa Laval/Sharples	ABB/Taylor
领导的可见性和持续性	非常高的可见性 研发经理是"非常优秀的沟通者";将第一年的大部分时间花在访问上	非明确指向性证据 派遣专门的团队去负责收购;但关键人物却在一年以后才参与进来 GB的经理在1994年即第二阶段时说:"没有人花时间来通知我们"	管理非常好 商业领域转向美国;三年中共有六支任务小组专门负责对进程进行管理 对责任进行了清晰的描述
整合中的沟通过程	"非常专业" "大部分的时间和精力都被投入到沟通上" "处理得非常好"	1992年:"没有充分的沟通";"我们深受被忽略之苦" 第二阶段(1994年):"我们之前从未进行过讨论"	在收购后紧接着就是一段"紧密沟通"的阶段;但是,"整合小组规模却很小" "有很多对Rochester的质疑声"
所使用的整合机制	国际性会议 共同研发会议 混合项目小组 共同研发人员培训项目 职位轮岗项目 文化培训研讨会	国际性会议 共同研发会议 共同研发人员培训项目	国际性会议 共同研发会议 混合项目小组 共同研发人员培训项目
被收购方的人员保持率	90%	100%	95%

① 有趣的是,收购方员工的态度并不是十分积极;实际上,有一些人认为他们的处境变得更差了,大部分人感觉他们对被收购方的印象变差了。这意味着这些人可能因过高的期望没有实现,才导致这种情况的产生。

通过对整合过程的讨论,能够有助于我们理解在1986—1996年发生的转变。就之前我们所讨论的沟通、访问及会议来看,三家公司都积极地推进着沟通的进程,并将访问及会议作为推进整合的工具。这些反过来又帮助公司改善了双方的关系(主要发生在在 Alfa Laval 公司的案例中)并很好地解决了跨国收购中的顽疾——跨文化障碍。此外,表5清晰地表明,整合过程显著地改善了被收购方员工对收购方的印象以及对于收购方员工的信任度。

表5 收购对于员工处境以及对另一方尊重的影响

	对员工处境的影响,1992年	对员工处境的影响,1996年	1992—1996年的变化	对另一方的尊重,1992年	对另一方的尊重,1996年	1992—1996年的变化
Eka Nobel						
收购方(SW)	4.14*	3.63*	-0.51*	3.69	3.44	-0.25
被收购方(GB)	4.19*	5.00*	+0.81*	4.55	5.05	0.50
Alfa Laval						
收购方(DK)	4.26	4.28	+0.02	3.75**	3.04**	-0.71**
被收购方(US)	3.29	3.69	+0.40	3.59*	4.47*	+0.88*
ABB						
收购方(SW)	4.48*	4.12*	-0.36*	3.68	3.78	+0.10
被收购方(US)	3.13	3.54	+0.41	3.53	3.88	0.35

个人境遇上的效应:我们请被试评价收购是否在以下方面对他们的个人境遇产生影响:(1) 任务与职责,(2) 薪资、养老金及其他福利,(3) 工作满意度,(4) 工作安全。量表:1 = 更加糟糕,4 = 没有变化,7 = 好很多。以上的得分是四个题项的均值。

对其他群体的尊重:我们请被试通过与自己公司进行对比,就以下方面评价其他公司的研发:(1) 技术胜任力,(2) 研发效率,(3) 市场联系,(4) 技术资源,(5) 合作的意愿与能力。量表:1 = 更加糟糕,4 = 没有变化,7 = 好很多。以上的得分为五个题项的均值。

** T 测试结果显示两者之间在 $P<0.05$ 的量级上具有显著差异;

* T 测试结果显示两者之间在 $P<0.1$ 的量级上具有显著差异。

后期的知识转移。整合过程后期中发生的知识转移模式与前期的模式有着明显的不同(如表3所示),因为这一过程更侧重相互知识转移。在 Eka Nobel 公司,研发业务尽管分布在瑞典和英国两地,但在两地公司之间有着大量的联合开发项目。在 Alfa Laval 公司,丹麦分公司和美国分公司的合作也比独立研发更受重视。该公司新研发经理的目标是建立一个地理位置涉及五个国家的"虚拟研发组织",并于1996年开始正式推动。在 ABB 公司的案例中,收购双方逐渐认识到了早期联合开发项目中的问题,并在第二阶段中引入了更高水平的国际性联合开发合作。例如,由于一个子项目的员工分别来自八个国家,在开始这个项目前,公司在美国对所有参与项目的员工进行了为期六周的文化培训。

案例分析的启示。案例分析对问卷数据构成了很好的补充,显示了知识转移模式在收购后的整合阶段如何随着时间的推移而发生变化。早期的转移过程一般是强制性的,主要是收购方为提高被收购方绩效所开展的即时调整,并且这一转移往往被认为是比较容易并且十分重要的。这些案例中企业所转移的知识都是操作性比较强的,比如项目管理系统和专利技术。后期阶段的转移更接近于大家所期待的单个企业内部的知识转移模式,其中涉及了更高水平的合作、资源共享,以及双方人员的互动。这种情况下所转移的知识比早期阶段转移的更为隐性。

这种转变解释了为何我们在问卷数据中无法区分两个方向的知识转移。我们所选取的收购案例均发生在五年以前,这些案例使我们能够发掘更复杂化的相互知识流动,而不是两个方向上的不同知识流。因此,我们不区分两个方向上知识转移的差别。

正如本文引言部分所介绍的,知识转移模式的变化可以归因于合并后公司中社区的出现。本文研究的三个案例公司的知识转移过程,代表了跨国公司致力于用一套共同的价值观和信仰去教育全球雇员的举措。这一过程即规范化整合或社会化过程(Etzioni, 1961; Van Maanen 和 Schein, 1985; Bartlett 和 Ghoshal, 1989)。

结论

本研究的主要贡献在于对收购中的知识转移问题研究所采用的组合方法。我们不仅利用 OLS 回归分析和负二项分布对 42 个跨国公司的研发组织中的知识转移的调查数据进行了分析,而且对三个国际收购案例开展了历时分析,从而使我们能够从多个角度解决所研究的问题。我们的首要目标是识别跨国收购中的知识转移影响因素。研究显示,沟通、访问及会议是技术诀窍转移的主要影响因素,而知识显性程度和收购的时间长度的影响则因知识转移种类的不同而不同。这一研究的一个重要发现在于,我们能够显著区分两种截然不同的知识转移模式,它们各自的影响因素也不尽相同。

我们的第二个目标是探究收购后整合中的知识转移模式。历时性案例分析结果显示,跨国知识转移随着时间的推移而变得频繁。有趣的是,除了转移次数的变化,我们发现转移的质量和类型也发生了变化。在早期阶段,知识转移通常是单向地由收购方向被收购方转移,而且通常都是强制性的。在较为后期的阶段,知识转移是双向的,而且相互的转移变得更加频繁。此外,在后期被转移的知识更为成熟。知识转移模式的改变是区分收购和其他知识转移模式的重要特征。

为此,我们可以得出一个重要结论:在双方快速发展的关系作用下,收购中的知识转移与其他治理模式下的知识转移有着显著的区别。在早期阶段,知识转移以相对较为等级制的方式进行,但随后又被更为互动性的过程所取代。随着时间的推移,知识转移的类型也会发生变化,即从相对显性的知识(如专利)变为更隐性的知识。这些发现已在前文进行讨论,我们这里想要说明的是,收购环境展示了一个与其他治理模式完全不同的情境。与之唯一可以比较的是战略联盟下的知识转移,在这种情形下,知识分享的路径也会随着联盟的演变而变化(如 Arino 和 de la Torre, 1998; Doz, 1996)。

本研究主要存在三点不足。第一,我们将范围限定于瑞典的跨国公司以及它们的研发收购。显然,这个案例框架不一定可以拓展至其他国家或者其他领域,但本研究仍然为进一步的探索奠定了基础。第二,我们研究的企业样本较小,这导致很多命题验证中的显著性并不十分强,尽管我们有理由相信它们之间有很强的相关关系。未来的研究有必要进行更大样本的验证分析,从而为本文中的变量关系提供更有力的实证支持。第三,知识转移的操作化还有待完善。通过采用两种不同的问卷测量和定性评估,我们将现象"三等分化",也确实取得了一些有意思的结果。但是,在总体水平上,对特定转移的研究能够获得比类似于本文中所采用的一般性测量更好的构念效度。

知识转移的问题对于国际商务领域的学者来说仍然很重要,我们关于收购的研究旨在对关于联盟、合资公司和公司内部知识转移的相关研究形成有力的补充。本文已经显示了不同治理结构下的知识转移之间存在着相似性,但也有各自的独特性。为了理解不同治理结构下知识转移进程的差异,进一步的研究可以更多地关注不同治理结构的特质。

参考文献

Allen, T. J. 1969. The differential performance of information channels in the transfer of technology. In W. H. Gruber & D. G. Marquis, editors, *Factors in the transfer of technology*. Cambridge: MIT Press.

Arino, A. and J. de la Torre. 1998. Learning from failure: Towards an evolutionary model of collaborative ventures. *Organization Science*. 9(3): 306—325.

Arthur, W. Brian. 1996. Increasing returns and the new world of business. *Harvard Business Review*, 74(4): 100—110.

Bartlett, Christopher & Sumantra Ghoshal. 1989. *Managing across Borders*, Boston: Harvard Business School Press.

Bastien, D. T. 1987. Common patterns of behaviour and communication in corporate mergers and acquisitions.

Human Resource Management, 26: 17—33.

Berry, T. W. 1983. Acculturation: A compartitive analysis of alternative forms. In R. J. Samuda & S. L. Woods, editors, *Perspectives in immigrant and minority education.* Lanham: University Press of America.

Birkinshaw, Julian M., A. J. Morrison & J. Hulland. 1995. Industry globalization: An examination of fit between structural and competitive determinants. *Strategic Management Journal*, 16(8): 637—655.

Borys, B. and D. Jemison. 1989. Hybrid organizations as strategic alliances: Theoretical issues in organizational combinations. *Academy of Management Review*, 14(1): 234—249.

Buono, A. F. & J. L. Bowditch. 1989. *The human side of mergers and acquisitions: Managing collisions between people and organizations.* San Francisco: Jossey Bass.

Capron, Laurence. 1996. Mechanism of value creation in horizontal mergers and acquisitions: A test of efficiency, market power and resource-based arguments. *Richard Ivey School of Business* working paper, 96—123.

Chacar, A. 1999. Organizing of technological innovation. The impact of geographical centralization. London Business School working paper.

Cohen, W. M. & D. A. Levinthal. 1990. Absorptive capacity: A new perspective on learning and innovation. *Administrative Science Quarterly*, 35(1): 128—152.

Davidson, W. H. 1980. *Experience effects in international investment and technology transfer.* Ann Arbor: UMI University Press.

Davidson, W. H. 1983. Structure and performance in international technology transfer. *Journal of Management Studies*, 20(4): 453—466.

Davies, H. 1977. Technology transfer through commercial transactions. *Journal of Industrial Economics*, 26(2): 161—172.

De Meyer, Arnoud 1991. Tech talk: How managers are stimulating global R&D communication. *Sloan Management Review*, 32(3):49—59.

Doz, Yves L. 1996. The evolution of cooperation in strategic alliances: Initial conditions or learning processes? *Strategic Management Journal*, 17 (Special issue): 55—84.

Durkheim, E. 1933. *The division of labor in society.* New York: Free Press.

Etzioni, A. 1961. *A comparative analysis of complex organizations.* New York: Free Press.

Fornell, Claes & F. Bookstein. 1982. A comparative analysis of two structural equation models: LISREL and PLS applied to consumer exit-voice theory. *Journal of Marketing Research.* XIX: 440—452.

Fornell, Claes and D. Larcker 1981. Evaluating structural equation models with unobservable variables and measurement error. *Journal of Marketing Research.* 18: 39—50.

Fornell, Claes, Peter Lorange & Johan Roos. 1990. The cooperative venture formation process: A latent variable structural modeling approach. *Management Science*, special issue on state of the art in theory and methodology in strategy research, 36(10): 1246—1255.

Gambardella, A. 1992. Competitive advantages from in-house scientific research: The U. S. pharmaceutical industry in the 1980s. *Research Policy*, 21(5): 391—408.

Ghoshal, Sumantra. 1986. *The innovative multinational: a differentiated netrwork of organizational roles and management processes.* Unpublished doctoral dissertation, Harvard Business School.

Granstrand, Ove 1982. *Technology, management and markets*, London: Frances Pinter.

Greenwood, R., C. R. Hinings, and J. Brown. 1994. Merging professional service firms. *Organization Science.* 5(2): 239—257.

Hamel, Gary. 1991. Competition for competence and inter-partner learning within international strategic alliances. *Strategic Management Journal*, 12: 83—104.

Haspeslagh, P. C. & D. B. Jemison. 1991. *Managing acquisitions: Creating value through corporate renewal.* New York: The Free Press.

Hausman, J. A., B. Hall and Z. Griliches. 1984. Econometric models for count data with an application to the patents-R&D relationship. *Econometrica.* 52: 909—938.

Hayami, Y. & V. Ruttan 1971. *Agricultural development and international perspective.* Baltimore: John Hopkins.

Hedlund, Gunnar. 1986. The hypermodern MNC—A heterarchy? *Human Resource Management*, 25: 9—36.

Hedlund, Gunnar. 1994. A model of knowledge management and the N-form corporation. *Strategic Management Journal*, 15(Summer special issue):73—91.

Håkanson, Lars. 1995. Learning through acquisitions: Management and integration of foreign R&D laboratories. *International Studies of Management and Organization*, 25 (1—2): 121—158.

Håkanson, Lars and Robert Nobel. 1993. Determinants of foreign R&D in Swedish multinationals. *Research Policy*, 22(5—6): 397—411.

Inkpen, Andrew. 1992. Learning and collaboration: An examination of North American-Japanese Joint Ventures. Unpublished doctoral dissertation, The University of Western Ontario.

Inkpen, Andrew and Mary Crossan. 1996. Believing is seeing: Joint ventures and organizational learning. *Journal of Management Studies.* 32(5): 595—618.

Jansson, Lena. 1994. Towards a dynamic model of post-acquisition cultural integration. In Sjögren, A. & Janson L., editors, *Culture and management in a changing Europe*, Stockholm: Mängkulturellt Centrum.

Jemison, D. B. & S. Sitkin. 1986. Acquisitions: The process can be a problem, *Harvard Business Review*, 64

(2): 107—111.

Johanson, Jan and Jan-Erik Vahlne. 1977. The internationalization process of the firm—A model of knowledge development and increasing foreign market commitments. *Journal of International Business Studies*, 8 (spring/summer): 23—32.

Johanson, Johny K. & George S. Yip. 1994. Exploiting globalization potential: US and Japanese strategies. *Strategic Management Journal*. 15: 579—601.

Kogut, Bruce. 1988. Joint ventures: Theoretical and empirical perspectives. *Strategic Management Journal*, 9: 319—322.

Kogut, Bruce & Udo Zander. 1992. Knowledge of the firm, combinative capabilities, and the replication of technology. *Organization Science*, 3 (3): 383—397.

Kogut, Bruce and Udo Zander. 1995. Knowledge of the firm and the evolutionary theory of the multinational corporation. *Journal of International Business Studies*. 26(4): 625—644.

Kogut, Bruce and Udo Zander. 1996. What firms do? Coordination, identity, and learning. *Organization Science*, 7 (5): 502—518.

Kogut, Bruce & H. Singh. 1988. The effect of national culture on the choice of entry mode. *Journal of International Business Studies*, 19(3): 411—432.

Lindgren, U. 1982. *Foreign acquisitions: Management of the integration process*. Stockholm: Institute of International Business.

Mansfield, E. 1985. How rapidly does new industrial technology leak out. *Journal of Industrial Economics*, 34: 217—223.

Mansfield, E. & A. Romeo. 1980. Technology transfer to overseas subsidiaries by U. S.-based firms. *Quarterly Journal of Economics*, 95: 737—750.

Mansfield, E., A. Romeo & S. Wagner. 1979. Foreign trade and U. S. research and development. *Review of Economics and Statistics*, 61: 49—57.

Morosini, P. 1994. Effects of national culture differences on post-cross-border acquisition performance in Italy. Doctoral Dissertation, The Wharton School, University of Pennsylvania.

Mowery, D. C., J. E. Oxley & B. S. Silverman. 1996. Strategic alliances and interfirm knowledge transfer. *Strategic Management Journal*, 17 (Winter special issue): 77—92.

Nobel, R. and J. M. Birkinshaw. 1998. Patterns of control and communication in international research and development units. *Strategic Management Journal*, 19(5): 479—498.

Nonaka, Ikujiro & Hirotake Takeuchi. 1995. *The knowledge-creating company*. New York: Oxford University Press.

Ouchi, W. G. 1980. Markets bureaucracies and clans. *Administrative Science Quarterly*, 25: 129—141.

Pavitt, K. 1971. The multinational enterprise and the transfer of technology. In J. H. Dunning, editor, *The multinational enterprise*. London: George Allen & Unwin.

Ridderstråle, Jonas. 1997. *Global innovation: Managing international innovation projects in ABB and Electrolux*. Published Doctoral Dissertation. Stockholm: Institute of International Business.

Sahal, D. 1981. *Patterns of technological innovation*, MA: Addison-Wesley.

Sales, A. L. &P. H. Mirvis. 1985. When cultures collide: Issues in acquisition. In J. R. Kimberley & R. E. Quinn, editors, *New futures: The challenge of managing organizational transition*. IL: Irwin.

Selznick, P. 1965. *TVA and the grass roots*. New York: Harper Torchbooks.

Shane, S. 1993. Cultural influences on national differences in rate of innovation. *Journal of Business Venturing*, 8(1): 59—74.

Shrivastava, P. 1986. Postmerger integration. *Journal of Business Strategy*, 7(1): 65—77.

Szulanski, Gabriel. 1997. Exploring internal stickiness: Impediments to the transfer of best practice within the firm. *Strategic Management Journal*, 17 (Summer special issue): 27—43.

Sölvell, Örjan & Ivo Zander. 1995. The dynamic multinational enterprise. *International Studies of Management and Organization*, 25 (1—2).

Teece, David J. 1976. *The multinational corporation and the resource cost of international technology transfer*, *Cambridge*, MA: Ballinger.

Teece, David. 1977. Technology transfer by multinational firms: The resource cost of international technology transfer. *Economic Journal*, 87: 242—261.

Van Maanen, J. & E. Schein. 1979. Toward a theory of organizational socialization. In B. M. Staw, editor, Research in organizational behaviour, Greenwich, CT: JAI Press.

Vernon, R. & W. H. Davidson. 1979. *Foreign production of technologyintensive products by U. S. -based multinational enterprises*. Washington DC: National Science Foundation.

Westney, D. Eleanor. 1988. Domestic and foreign learning curves in managing international cooperative strategies. In F. Contractor & P. Lorange, editors, *Cooperative strategies in international business*. San Francisco: New Lexington Press.

Westney, D. Eleanor. 1993. Institutionalization theory and the MNC. In S. Ghoshal & D. E. Westney, editors, *Organization theory and the multinational corporation*. New York: St. Martin's Press.

Zander, Udo. 1991. *Exploiting a technological edge: Voluntary and involuntary dissemination of technology*. Stockholm: Institute of International Business.

Zander, Udo & Bruce Kogut. 1995. Knowledge and the speed of the transfer and imitation of organizational capabilities: An Empirical Test. *Organization Science*, 6 (1): 76—92.

作者简介

Henrik Bresman 是斯德哥尔摩经济学院国际商务研究所的研究助理,并且是 MIT 斯隆商学院的博士生。他的研究关注大型企业的外部知识整合。

Julian Birkinshaw 是伦敦商学院战略和国际管理的助理教授。他之前在斯德哥尔摩经济学院国际商务研究所担任助理教授。他的研究关注跨国企业的战略和组织问题。

Robert Nobel 是斯德哥尔摩经济学院国际商务研究所的研究助理。他的研究关注大型企业的研发管理。

跨国公司知识转移、子公司吸收能力与人力资源管理*

Dana Minbaeva
Torben Pedersen
Copenhagen Business School

Ingmar Björkman
Swedish School of Economics

Carl F. Fey
Stockholm School of Economics

Hyeon Jeong Park
Cornell University

董临萍 译 梁玮 校
（华东理工大学商学院）

我们针对在美国、俄罗斯和芬兰运营的169个跨国公司的子公司展开调查，研究这些子公司的人力资源管理实践、吸收能力和知识转移之间的关系。首先，我们检验了人力资源管理实践与吸收能力之间的关系；其次，我们认为子公司的吸收能力可以被概念化为员工能力和员工动力；进一步，研究结论显示子公司的员工能力和员工动力（吸收能力）对于推动跨国公司内部的知识转移缺一不可。

引言

知识管理领域的研究显示，内部知识的创造和转移能力是跨国公司（MNCs）的主要竞争

---

* 原文刊于 *Journal of International Business Studies*, 34:586—599, 2003。

MNC knowledge transfer, subsidiary absorptive capacity, and HRM, Ingmar Björkman, Carl F. Fey, Dana Minbeava, Hyeon Jeong Park & Torben Pedersen, *Journal of International Business Studies*, 2003, volume 34, issue 6, 经 Palgrave Macmillan 授权出版。

优势之一。有学者将跨国公司视为“差异化网络”,知识在跨国公司的不同部门被创造出来,并在相关部门间转移(Hedlund,1986;Bartlett 和 Ghoshal,1989)。以“差异化网络”视角看待跨国公司,激发了学界近来有关跨国公司内部知识创造、吸收和扩散的研究,而这些研究都强调了子公司在此过程中的作用(Holm 和 Pedersen, 2000)。

有关知识转移的文献指出,知识接收方的吸收能力是跨国公司内部知识转移最重要的决定因素(Gupta 和 Govindarajan,2000)。子公司的吸收能力各不相同,这会影响跨国公司内部知识转移的水平。然而,尽管已有研究采用了多种方法对吸收能力进行概念化和操作化定义,但是这些方法往往未能体现出吸收能力的多面性。并且,鲜有研究关注组织能否培养和发展吸收能力。很显然,大部分研究并未将知识转移和吸收能力视为组织的内生变量(Foss 和 Pedersen, 2002),尽管人们普遍接受的观点是组织学习与组织的人力资源管理实践密切相关(Lado 和 Wilson, 1994)。例如,对于员工培训和发展方面的投资不足,可能会导致员工知识和技能水平不高,从而阻碍学习。Lane 和 Lubatkin(1998)有关吸收能力和组织间学习的研究指出,薪酬管理和组织结构都与吸收能力和组织间学习正相关。然而,我们对于人力资源管理(HRM)如何影响跨国公司内部知识转移,以及对子公司的吸收能力的了解还有待进一步深入。

本文的贡献主要表现在以下两个方面:第一,我们采用新的方法将吸收能力概念化,把员工动力和员工能力视为组织吸收能力的重要方面;第二,很多研究都侧重于探讨吸收能力对于知识转移的重要性(Lyles 和 Salk, 1996;Lane 和 Lubatkin, 1998; Lane 等, 2001),本研究则进一步探索提升吸收能力的组织机制。与以往研究不同,我们并不仅仅探索吸收能力对于知识转移的影响,我们将吸收能力视为内生变量,并进一步研究其发展问题。本文结构如下:在下一部分,我们首先对跨国公司知识转移和吸收能力进行文献综述。在此基础上,我们提出有关两方面的假设:(1) 吸收能力的不同方面——员工能力和员工动力——与知识转移水平之间的关系;(2) HRM 实践与员工能力和员工动力。最后我们介绍本文采用的研究方法,并对数据处理结果进行讨论,提出本研究的实践意义和理论价值。

跨国公司内部知识转移

跨国公司内部的知识来源和知识转移问题受到学者越来越多的关注(Gupta 和 Govindarajan,2000)。跨国公司已经不再仅仅被视为带有母国公司印记的子公司集合,而是一种有助于知识在子公司间转移并有利于知识发展的工具(Holm 和 Pedersen, 2000)。研究人员在这个领域所达成的共识是跨国公司能够在一个地点开发知识,却能在其他地点利用这些知识,这实际上意味着知识在跨国公司内部的转移。因此,跨国公司所拥有的竞争优势取决于它们推动和管理子公司间知识转移的能力。例如,Hedlund(1986)、Bartlett 和 Ghoshal(1989),侧重于研究如何组织与构造跨国公司,才能推动其内部知识的流动和转移。

Szulanski(1996)强调"组织内部知识的运动过程是非常明显的,而非渐进的传播"(P28)。根据他的观点,知识转移是知识来源方和接收方之间的双向交换(dyadic exchange)过程,包括初始、执行、跃升和整合四个阶段。前两个阶段包括所有导致知识转移的决策,以及从来源方到接收方实际的知识流动的所有事件;后两个阶段始于接收方开始利用转移过来的知识。显然,如果接收方不利用新知识,纯粹的知识转移就没有任何实用价值。知识转移过程中的关键要素并非传递的知识(本身),而是接收方在多大程度上获得潜在有用的知识,并在运营过程中运用这些知识。知识转移可能会直接导致接收方在行为上的某些改变,也可能会导致接收方形成新的观念,进而表现出新的行为(Davenport 和 Prusak, 1998)。这与文献中提出的组织学习的定义是一致的,组织学习包括了组织绩效的改变(Fiol 和 Lyles,1985)。因此,我们将组织单元之间的知识转移定义为一个过程,这一过程包括始于界定知识有关知识实际传递过程一直到接收方运用这些知识的多个阶段。在跨国公司,组织单元包括公司总部和各子公司,接收方则是指特定的子公司。

知识转移并不是一个随机过程,组织能够通过建立各种内部政策、架构和流程等来促进学习(Inkpen,1998)。近来有关公司内部知识转移的实证研究大都侧重于探索阻碍或激发知识转移的不同因素[参见 Argote(1999)第五章]。Ghoshal 和 Bartlett(1988)提出组织单元(organization units)之间的沟通能推动跨国公司内部的知识流动。Simonin(1999)则指出知识模糊性是解释变量(如默契度、过往经验、复杂性、文化距离和组织距离)与转移成果之间的关键中介变量。这些效应都受到公司对学习的支持能力的影响。Gupta 和 Govindarajan(2000)发现,子公司知识的流入,往往与其传送渠道的丰富性、获得知识的动机以及吸收知识的能力正相关。

Szulanski(1996)研究知识转移障碍的视角稍有不同。他在一个折衷模型测量全套因素对知识转移的相对影响(内部黏滞)。他发现除了因果的模糊性,以及知识来源方和知识接收方之间的关系以外,知识接收方缺乏吸收能力是阻碍公司内部知识转移的最主要因素。在其他许多研究中,知识接收方的吸收能力同样也是知识转最重要的决定因素(Lane 和 Lubatkin, 1998; Gupta 和 Govindarajan, 2000)。

吸收能力

Cohen 和 Levinthal(1990)在他们影响深远的著作中,将吸收能力定义为“认识新的外部信息的价值,透彻理解它,并将其运用于商业用途的能力”(p. 128)。Cohen 和 Levinthal(1990)假设一个公司的吸收能力是累积式发展的,是路径依赖的,并且以现有知识为基础:“当一个公司希望开拓的知识领域与其现有的知识基础密切相关时,通常该公司的吸收能力会在公司日常运营过程中得到维持和发展”(p. 150)。

基于吸收能力的概念,Lyles 和 Salk(1996)研究了国际合资企业的学习能力对其从国外母公司获取知识的影响,他们发现“学习能力,主要指灵活性和创造力(p. 896),是影响国际合资企业知识获取的重要指标”。在 Lyles 和 Salk 的研究基础上,Lane 等(2001)修订了 Cohen 和 Levinthal 提出的吸收能力,他们认为“吸收能力的前两个要素:理解外部知识和消化知识两个能力是相互依赖的,但与第三个要素即运用知识的能力有区别”(p. 1156)。

Lane 和 Lubatkin(1998)对此概念进一步重新界定为相对吸收能力,认为其是一个对偶构念,而不是一个企业层面的构念。Lane 和 Lubatkin(1998)以及随后的 Lane 等(2001)发现了支持相对吸收能力这一概念的证据。事实上,Lane 和 Lubatkin(1998)将传统的吸收能力测量方式[研发费用占销售额的比例(Cohen 和 Levinthal, 1990)],与他们的相对吸收能力的测量方式(包括三个对知识的测量变量和五个知识处理相似性的变量),进行了比较测试。结果发现传统的吸收能力测量方式只能解释组织间学习 4% 的变异,而知识相似性变量则解释了 17% 的变异,五个知识处理相似性变量解释了其余 55% 的变异。从这些研究中可以得出几个重要结论。第一,吸收能力应该放在特定情境下去理解,这意味着在某些情况下,吸收能力是一个对偶构念,而非公司层面的变量。第二,传统的对吸收能力的测量方式(如研发投入)仅仅描述了这个对偶构念的部分特征。因此相对吸收能力“比绝对吸收能力对于组织间学习更为重要”(Lane 和 Lubatkin, 1998,473)。然而,将 Lane 和 Lubatkin(1998)的研究结论推而广之还是有点局限性的,因为所有这些研究[Lane 和 Lubatkin(1998)及 Lane 等(2001)]都是在国际合资企业的情境下展开的,知识转移过程只涉及两个独立的公司。而在本研究中,知识转移发生在同一企业的不同组织单位间。因此与相互独立的公司相比,两个组织单元的组织结构、组织体系以及运营实践具有更大的相似性。因此,相对吸收能力在跨国公司内部知识转移的情境下相对而言不太重要。

在最近的一篇论文中，Zahra 和 George（2002）综述了吸收能力方面具有代表性的实证研究，他们认为吸收能力包括四个维度：获得、消化、转移和利用；其中前两个维度表示潜在吸收能力，后两个维度表示实际吸收能力。他们认为后两个维度更值得人们花时间去研究，因为实际吸收能力强调的是公司利用先前所吸收知识的能力（Zahra 和 George，2002）。正如 Zahra 和 George（2002）所提出，“企业能够获取和消化知识，但有可能不具备转移和利用知识以创造利润的能力”（p. 191）。他们批评目前的研究中所运用的测量指标（如研发投入强度、研发部门科学家人数等）是“不成熟的，且不能充分反映吸收能力这一构念的丰富内涵（p. 199）”。这种视角忽略了组织中个体的作用，而个体对于知识的开发和利用极其重要。

本文主要从以下两个方面进一步拓展吸收能力的研究：（1）概念：关于吸收能力的概念化和测量，本文基于近来的研究成果（Zahra 和 George，2002），侧重于研究企业开发和利用以往所获得知识的能力，我们将员工能力和员工动力作为推动企业内部知识转移的吸收能力的关键方面；（2）开发：我们认真考虑了有助于吸收能力开发的不同组织实践，并检验这些实践对吸收能力的可能影响，这些在以往的文献中并不多见。除此之外，我们还指出了管理者可以用来开发组织吸收能力的常用人力资源管理实践。

吸收能力的概念

公司的吸收能力是一个组织层面的构念，存在其员工队伍中。吸收能力具有两个要素：先前的知识基础和努力强度（Cohen 和 Levinthal, 1990；Kim，2001）。“先前的知识基础指组织内部现存的个体知识单位”（Kim，2001，p. 291）。因此，员工的能力、教育背景，以及与工作相关的技能就代表了“先前的相关知识”，这是组织需要消化和利用的（Cohen 和 Levinthal，1990）。然而，除了先前的相关知识，组织还需要有一定水平的“组织激情（抱负）”，其特点是组织致力于创新的努力程度（Cohen 和 Levinthal, 1990）。正如 Kim（2001）所指出，“努力强度是组织成员解决问题时消耗的能量”（p. 271）。

员工的努力强度在期望—效价理论这样的认知过程理论中已经得到充分研究（Vroom，1964）。积极性高的员工乐意为组织效能作出贡献。即使组织可能由许多擅长学习的员工组成，“但是如果员工动力不足或者干脆缺乏动力，这个组织利用所吸收知识的能力也会很弱”（Baldwin 等，1991，p. 52）。“能够做”反映了员工完成某项任务的潜力（Vroom，1964，p. 198），而“愿意做”则反映了员工的动力。先前的知识基础（员工能力）和努力强度（员工动力）与潜在和实际吸收能力相关，因为组织潜在吸收能力与其员工能力密切相关，而组织实际吸收能力则与员工动力密切相关。

行为科学方面的研究指出员工能力和员工动力对于组织行为都非常重要。无论在个体、团队还是组织层面，为了取得高绩效，员工必须具备高效工作的能力和动力(Baldwin, 1959)。实证研究结果显示员工能力和员工动力对绩效的影响是相互的，而非简单累加(French, 1957; Fleishman, 1958; Heider, 1958; O'Reilly 和 Chatman, 1994)。将此交互作用的概念运用到知识转移的问题上，我们认为如果知识接收方同时具有吸收外部新知识的能力和动力，那么知识利用的效率会更高。据此我们提出如下假设：

假设1：员工能力和员工动力之间的交互作用能够提升子公司知识转移的水平。

吸收能力的开发

已有研究较少关注企业吸收能力是如何建立并发展的，而想当然地认为这个过程自然而然地发生了。为了更好地理解企业吸收能力的来源，Cohen 和 Levinthal 着重研究了"组织与外部环境之间，组织内部各单位之间的沟通结构，以及组织内部专业知识的特征和分布"(p. 132)。这些因素强调了环境的重要性和研发投入方面的变化，但是对其他内部组织安排，以及这些安排对吸收能力创建和发展方面所起作用却鲜有涉及。例如，我们并不太了解管理实践是如何提升吸收能力，并有助于企业内部知识扩散的。少量已经关注到组织特征的研究(Lane 和 Lubatkin, 1998; Gupta 和 Govindarajan, 2000)呼吁未来应进一步关注"组织单位的学习能力"，"推动知识转移的组织机制"等。根据我们对吸收能力的定义，我们倾向于认为吸收能力的开发是一个内生变量，组织机制(如 HRM 实践)塑造了组织的吸收能力。

HRM 实践

Huselid(1995)在其最具影响力的研究——"高绩效工作实践"对组织流动率、生产率和公司财务绩效的影响中，采用因子分析的方法将一系列 HRM 实践分为两类：影响员工能力类和影响员工动力类。Huselid(1995)强调两类 HRM 实践间的交互作用。其他学者也有类似的研究结论(Arthur, 1994; Ichniowski 等, 1997; Delaney 和 Huselid, 1996)。

正如 Huselid(1995)所强调的，HRM 实践通过帮助企业获取和开发人力资本来影响员工的技能和能力。企业的竞争优势取决于人力资源所拥有的相关能力类型。对于企业不同岗位所需能力的分析，以及对企业现有员工能力的分析，有助于组织雇用到合适的具有企业所需知识和技能的员工。此外，绩效评估(或绩效管理)系统能为员工提供有关其绩效和能力的反馈，也能指导员工如何增强能力以满足公司需求。大多数绩效评估系统中不可或缺的一部分内容是为员工的自我发展和培训确立目标和任务。有足够的证据表明，对员工培训方面的投资能够提升企业的人力资本，通常能提升组织绩效（Delaney 和 Huselid, 1996；Koch 和 McGrath, 1996）。因此，我们提出如下假设：

假设 2：能力/绩效评估系统和员工培训系统与员工能力正相关。

即使是高技能水平的员工，如果没有被充分地调动起工作积极性，其工作效能也是有限的（Huselid,1995,p.637）。而某些 HRM 实践可以通过激发员工表现出恰当的工作行为来提升员工的工作绩效。这些激励系统包括绩效薪酬制、内部晋升机制以及帮助员工克服职业发展的壁垒等（Huselid,1995）。大部分研究都将绩效薪酬制作为高绩效 HRM 实践的一部分（Arthur, 1994；Huselid, 1995；MacDuffie, 1995；Delery 和 Doty, 1996）。

尽管根据期望理论，个人努力程度必须与奖励机制存在密切联系，但是从公平理论（组织公平）的视角来看，关键还在于员工是否认为所获奖励是基于他们为组织所作的贡献而定。这些理论视角都说明了绩效薪酬系统与员工努力程度之间存在正相关关系。内部晋升体系也能够激励员工更加努力地工作（Pfeffer, 1994；Lepak 和 Snell, 1999）。内部晋升暗示着公司愿意在员工身上投资并愿意对员工的未来发展作出承诺。早前的研究显示如果员工被告知更多有关企业的信息时，他们会更具有工作积极性。例如，与员工分享有关公司战略和绩效的信息，能够让员工相信组织认为他们是值得信任的。除此之外，让员工充分了解企业的相关信息非常重要，因为这样员工才能充分利用这些信息（Pfeffer, 1998）。因此，组织内部的全面沟通也可能调动员工的积极性。根据上述讨论，我们提出如下假设：

假设 3：绩效薪酬、内部择优晋升以及内部沟通系统与员工动力正相关。

图 1 所示为本文的概念模型。

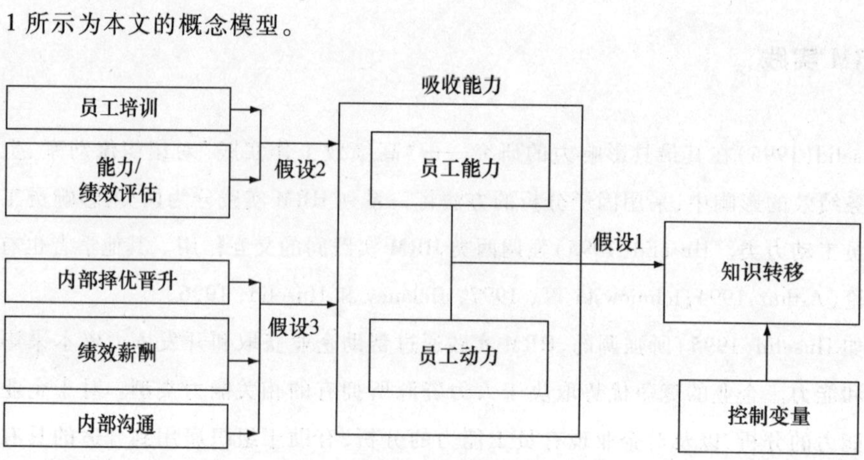

图 1　理论模型

数据收集与研究方法

本文所检验的外资子公司分别位于芬兰、俄罗斯和美国三个国家。这些国家在历史、文化和管理风格方面各不相同,这为我们在不同情境下检验组织内部知识转移的相关假设提供了极好的样本。这些子公司的跨国公司总部分别位于瑞典、德国、日本、美国和芬兰五个国家。我们之所以选择这些国家,一方面是因为这些国家代表了在俄罗斯和芬兰的最积极的投资国,同时它们也分别代表了北美、欧洲和亚洲三个地区的多元化样本。

我们从日本、德国、瑞典和芬兰驻美国大使馆的外资商务部门,获得这些国家的跨国公司在美国经营的子公司名单。我们从这些名单中随机选择了320家子公司,并通过电话方式与这些子公司的人力资源经理或总经理取得联系,并询问他们是否能够参与这项研究。其中有28家公司未满足我们在公司年限或规模方面的抽样标准。最终,我们在美国获得了292家子公司的样本,我们随后给这些公司邮寄了问卷,并对未即时回复问卷的公司在两周内又联系了三次,最终收到79家公司的回复,总回复率为27%。我们在芬兰也采用类似的抽样手段,总共获得188家满足公司年限和规模等抽样标准的样本企业,最终有62家公司接受调查,总回复率为33%。然而在俄罗斯,可能人们并不习惯填答问卷,并且非常担心信息泄露,因此我们特意在问卷调查的同时还对管理者进行了访谈。在一些情况下,应管理者的要求留下了问卷,几天后再进行回收。最终我们在俄罗斯调查的357个企业中有100个接受了调查,总回复率为28%。

最终在我们调查的241个子公司中,62个位于芬兰,100个位于俄罗斯,79个位于美国。然而由于数据缺失的问题,最终只有168个样本(其中55个在芬兰,81个俄罗斯,32个在美国)。平均而言,这些子公司的成立年限为15年,员工数为173人,其中7名是外派人员。每个跨国公司平均在40个不同国家中拥有子公司。

被调查者中有70%为公司的总经理或副总经理,30%为人力资源经理,我们并未发现两类回答者之间的显著差异,因此根据Guest(1997),我们把数据合并成一套数据加以分析。总体上,被调查者有26%年龄在30岁以下,33%在30—39岁,32%在40—49岁,9%超过50岁。

我们精心设计了本研究所使用的调查问卷。本研究使用的题项/量表都来自已有研究(Gardner等,2001;Huselid, 1995;Wright等,1998;Zander,1991)。此外,我们还邀请了本研究领域的五个专家审阅问卷并给出反馈意见。然后我们将问卷分发给10名经理人员(并非来自样本)进行预调研,并根据他们的反馈,形成了最终问卷。在美国和芬兰,我们采用问卷的英语版本,而俄罗斯的被调查者则可以根据情况选择俄语版或英语版。为了确保俄语版本调查问卷的有效性,我们采用了回译程序。

根据 Podsakoff 和 Organ(1986),我们采用了 Harman 的单一因素测试来检验数据中的同源误差。主成分因子分析结果显示,10 个因子的特征值大于 1,总共解释了 69% 的变异。第一和第二位因子解释的变异较小(只有 15% 和 12%),这意味着本研究并未受到同源误差的影响(Podsakoff 和 Organ, 1986)。

数据测量

本研究中所运用的所有数据来自问卷调查的结果,所有变量在数据处理之前都进行了标准化。

知识转移

我们预期知识接收方承担新知识的吸收和使用,并根据知识接收方对知识的利用程度定义知识转移的水平。因此我们询问被调查者,子公司在多大程度上利用那些来自母公司或跨国公司其他单位的知识。本问题采用五点李克特量表,其中 1 表示没有运用知识,5 表示大量运用知识。本量表信度系数为 0.64。

员工能力

本构念涵盖了员工的潜力和能力,且并非指个体员工的能力,而是对子公司员工整体能力的测量。我们采用七点李克特量表,请被调查者比较公司员工与同行业竞争对手的员工在整体能力、与工作相关的技能以及教育水平等方面的差异,其中 1 表示“远远低于平均水平”,7 表示“远远高于平均水平”,本量表信度系数为 0.77。

员工动力

本构念包含五个题项,主要测量子公司员工整体的动机水平,而非单个员工。有两个题项采用七点李克特量表,请被调查者比较公司员工与同行业竞争对手的员工在动机水平和工作努力程度方面的差异,其中1表示“远远低于平均水平”,7表示“远远高于平均水平”。另外三个题项则采用五点李克特量表法,请被调查者回答:(1) 员工行为是否有利于提高公司绩效;(2) 员工是否乐意为公司绩效作出积极贡献;(3) 与母公司相比,子公司员工是否工作积极性很高。1表示“非常不同意”,5表示“非常同意”。本量表信度系数为0.75。

员工培训

本题项的测量基于两个数据:子公司中管理层和非管理层员工每年接受正式培训的天数。本量表信度系数为0.83。

能力/绩效评估

第一个题项测量定期接受正式绩效评估的员工占公司员工总数的比例,第二个题项测量经过正式工作分析的岗位占总工作岗位数目的比例,第三个题项测量在招聘前就已经进行了详细的个人技能/能力/个性特征分析的工作岗位占总工作岗位的比例。本量表信度系数为0.66。

内部择优晋升

本量表包含三个题项,运用五点李克特量表测量。第一个题项测量胜任的员工是否有机会被提拔到收入更高或承担更大职责的岗位上,1表示“没有机会”,5表示“有许多机会”,第二个题项测量子公司在作出晋升决策时,是否主要考虑员工的业绩,1表示“完全不”,5表示“很大程度上”。第三个题项测量子公司高层职位的空缺是否从内部提拔,1表示“从来不”,5表示“很大程度上”。本量表信度系数为0.63。

绩效薪酬

本量表用三个题项测量。第一个题项测量能获得个人、群体或公司范围内奖金(红利)的员工占公司员工总数的比例(百分比);另外两个题项采用五点李克特量表,请被调查者指出,公司是否运用绩效薪酬，1 表示“从来不”，5 表示“经常”；以及公司的薪酬体系是否与子公司的财务绩效密切相关，1 表示“完全不”，5 表示“很大程度上”。本量表的信度系数为 0.61。

内部沟通

本量表包括三个题项，采用五点李克特量表法。本文所指的沟通主要包括：(1) 不同部门间员工的沟通；(2) 非管理层员工与管理者之间的沟通；(3) 人力资源部门与高层管理团队之间的沟通。1 表示“完全没有”，5 表示“经常沟通”。本量表的信度系数为 0.72。

控制变量

子公司司龄。之所以将子公司司龄作为控制变量，是因为成立时间越长的子公司越具有自主权，从而也越具有创新精神(Foss 和 Pedersen，2002)。越具有创新精神的子公司，可能越少依赖跨国公司其他部门的知识。另外，越具有创新性的子公司，也可能越有兴趣与跨国公司其他部门之间进行知识交换。子公司司龄根据其在东道国运营的年份数来计算。

子公司规模。与子公司司龄所起作用的逻辑一样，我们认为相比小型子公司而言，越大型的子公司，从跨国公司其他部门获取的知识越少，因为它们自身能够创造更多的知识。本文用子公司员工总数的对数来测量规模。

子公司的相对规模。本变量是指与跨国公司其他部门相比而言，子公司的规模大小，主要测量子公司的战略重要性。根据 Birkinshaw 和 Hood(1998)、Holm 和 Pedersen(2000)的观点，子公司相对规模越大，其越能够彰显在跨国公司内部的战略地位。强势的战略地位意味着子公司更容易获取来自跨国公司其他部门的知识和资源。相对规模用子公司员工总人数除以跨国公司员工总数的比值来衡量。

外派人员比例。跨国公司往往将外派人员视为从母公司向子公司转移知识的媒介，子公司中外派人员越多，知识转移也越多(Downes 和 Thomas，2000；Bonache 和 Brewster，2001)。本变量用外派人员占子公司员工总数的百分比来衡量。

战略使命。正如 Lyles 和 Salk(1996)指出，员工对于公司战略使命的清晰理解和分享有助于知识转移，因为员工理解哪种类型的知识是重要的。为了控制这个变量，我们要求被调查者指出子公司在多大程度上拥有充分沟通并为组织各层级员工理解的战略使命。调查采用五点李克特量表，1 表示“完全没有”，5 表示“完全拥有”。

文化相关性。Lane 和 Lubatkin(1998)认为吸收能力是一个对偶构念,取决于知识来源方和接收方知识基础、组织结构、薪酬制度和主流价值观的相似性或差异性,我们运用 Kogut 和 Singh 根据 Hofstede 的四维度文化差异改编而成的指标,来衡量母国与子公司所在东道国之间的文化相关性(Kogut 和 Singh, 1988)。

母国与东道国。我们预期当地环境的差异(包括经济、政治、技术及社会文化四个方面)会影响知识转移的过程。因此我们将跨国公司的母国(芬兰、德国、日本、瑞典和美国),以及子公司所在东道国(芬兰、俄罗斯和美国)作为控制变量。

行业。根据 Gupta 和 Govindarajan(2000),考虑到某些行业更为全球化,其知识转移的水平更高,所以我们控制了行业特征:将所有子公司分为六个行业,即金属与电子行业、食品与造纸行业、化工行业、金融服务行业、批发零售业,以及旅馆与运输业。

数据处理结果

本文的三个假设可以归纳为以下三个基本的方程:

(1) 员工能力 = 能力/绩效评估 + 员工培训 + 随机误差

(2) 员工动力 = 内部晋升 + 绩效薪酬 + 内部沟通 + 随机误差

(3) 知识转移 = 员工能力 + 员工动力 + 员工能力 × 员工动力 + 控制变量 + 随机误差

由于上述等式所代表的决策是相互依赖的,所以使用单一方程模型可能会导致有偏差的结果,并掩盖有趣的理论发现。此外,同时满足所有决策的最优选择,也可能会导致单个决策的次优化。统计上,等式间的互赖意味着三个方程中随机误差项之间的高度相关。为了解决这一问题,我们采用三阶段的最小二乘模型,使用工具性变量(外生变量),获得预测的内生变量的值(本文指知识转移、员工能力和员工动力)。由于变量值变动范围比较大,所有变量在分析之前都进行了标准化处理(均值 =0,标准方差 =1)。

表 1 是所有外生变量的描述性数据(均值、标准方差、最大值和最小值)。所有变量的描述性数据均未进行变换(亦即标准化处理)。表 2 显示的是相关系数。正如我们预期的,三个东道国虚拟变量之间(-0.34、0.28、-0.67),文化相关性与国家虚拟变量(包括东道国和母国)之间均存在较高的相关性。这在很大程度是可以用本研究所采用的测量方法来解释的。然而,这些变量之间显示无多重共线性(即 r 大于 0.5)(Hair 等,1995)。并且,删除某些相关变量后再运行这个模型,并未增加主要变量的解释力度。因此,我们认为对于不同模型的结

果是非常稳定的(见表3)。

表1 变量描述性统计结果

	均值	标准方差	最小值	最大值
(1) 知识转移	3.51	0.83	1.5	5
(2) 员工能力	5.19	0.80	3	7
(3) 员工动力	5.04	0.79	2.88	7
(4) 员工培训	1.42	1.09	1	5
(5) 绩效评估	3.32	1.44	1	5
(6) 晋升	3.80	0.62	1.67	5
(7) 绩效薪酬	3.62	0.96	1.05	5
(8) 沟通	3.61	0.68	1	5
(9) 子公司司龄	14.50	17.20	1	110
(10) 子公司规模	154	495	5	6 000
(11) 外派人员	9.80	18	0	100
(12) 子公司的相对规模	4.69	12.60	0.01	86.70
(13) 战略使命	3.56	1.08	1.00	5.00
(14) 文化相关性	3.44	2.28	0.51	7.33
母国虚拟变量				
(15) 德国	0.25	0.43	0	1
(16) 日本	0.32	0.47	0	1
(17) 芬兰	0.18	0.39	0	1
(18) 瑞典	0.13	0.33	0	1
(19) 美国	0.13	0.33	0	1
东道国虚拟变量				
(20) 俄罗斯	0.48	0.50	0	1
(21) 芬兰	0.33	0.47	0	1
(22) 美国	0.20	0.40	0	1
行业虚拟变量				
(23) 金属与电子行业	0.22	0.42	0	1
(24) 食品与造纸业	0.10	0.30	0	1
(25) 化工业	0.16	0.37	0	1
(26) 金融服务业	0.08	0.28	0	1
(27) 批发零售业	0.27	0.45	0	1
(28) 旅馆与运输业	0.16	0.37	0	1

表 2　相关系数矩阵表

	1	2	3	4	5	6	7	8	9	10	11	12	13	14	15	16	17	18	19	20	21	22	23	24	25	26	27
(1)	1.00																										
(2)	0.12	1.00																									
(3)	0.36***	0.48***	1.00																								
(4)	0.37***	0.20**	0.22**	1.00																							
(5)	0.32***	0.19*	0.31***	0.27**	1.00																						
(6)	0.21**	0.27**	0.34***	0.17*	0.09	1.00																					
(7)	0.28**	0.20**	0.35***	0.25**	0.32***	0.34***	1.00																				
(8)	0.31***	0.19*	0.42***	0.29***	0.25**	0.41***	0.27**	1.00																			
(9)	-0.07	0.03	-0.03	-0.24**	-0.07	0.01	0.04	-0.16*	1.00																		
(10)	-0.15*	0.03	-0.07	-0.20**	-0.06	0.09	0.06	-0.13+	0.41***	1.00																	
(11)	0.16*	-0.09	0.05	0.07	0.05	-0.14+	-0.09	-0.07	-0.01	-0.35***	1.00																
(12)	-0.14+	-0.09	-0.08	0.05	0.04	-0.02	-0.17*	-0.04	-0.08	0.14*	-0.09	1.00															
(13)	0.21**	0.33***	0.43***	0.21**	0.18*	0.32***	0.23**	0.39***	-0.02	0.01	-0.18*	-0.03	1.00														
(14)	0.25**	0.02	0.11	0.32***	0.13	0.11	0.15*	0.14+	-0.36***	-0.32***	0.13+	-0.06	-0.03	1.00													
(15)	-0.05	0.005	0.02	0.07	0.02	-0.01	0.01	0.09	0.01	0.01	-0.23**	0.01	0.11	-0.41***	1.00												
(16)	0.21**	-0.34***	-0.05	-0.02	0.12	0.16*	0.08	-0.08	-0.06	-0.25***	0.45***	-0.15*	-0.23**	0.32***	-0.39***	1.00											
(17)	-0.19*	0.14+	-0.03	-0.10	-0.09	-0.01	-0.01	-0.07	0.09	0.17*	-0.18*	0.01	0.17*	-0.44***	-0.28**	-0.32***	1.00										
(18)	0.01	0.15*	0.12	-0.05	-0.03	0.13+	-0.04	0.05	0.13	0.14+	-0.14+	0.01	0.02	0.09	-0.22**	-0.26**	-0.18*	1.00									
(19)	-0.02	0.15+	-0.04	0.11	-0.06	0.11	-0.07	0.03	-0.16*	0.02	-0.13+	0.19*	-0.03	0.52***	-0.22**	-0.26**	-0.18*	-0.14+	1.00								
(20)	0.33***	0.07	0.14+	0.42***	0.24**	0.08	0.25**	0.23**	-0.39***	-0.37***	0.06	-0.01	0.12	0.75***	-0.17*	0.17*	-0.18*	-0.08	0.28**	1.00							
(21)	-0.21**	-0.06	-0.03	-0.36***	-0.31***	0.03	-0.09	-0.07	0.22**	0.23**	-0.27***	0.01	0.16*	-0.61***	0.30***	-0.28**	N.A.	-0.11	-0.15+	-0.67***	1.00						
(22)	-0.10	0.21**	-0.03	0.08	-0.17+	0.14	-0.09	-0.07	-0.16+	-0.01	0.21*	0.30**	-0.02	0.67***	-0.19*	-0.36***	-0.16+	0.18+	N.A.	-0.28**	-0.34***	1.00					
(23)	0.03	-0.07	0.09	0.09	0.03	-0.01	0.11	0.02	0.02	-0.07	0.05	-0.02	0.12	-0.04	0.06	0.07	-0.03	-0.11	-0.03	0.02	0.11	-0.09	1.00				
(24)	-0.03	0.13	-0.02	0.12	0.03	0.02	-0.02	-0.01	0.12	0.15*	-0.10	0.12	0.01	-0.05	-0.06	-0.14	0.15+	0.11	-0.01	0.03	-0.02	0.01	-0.18*	1.00			
(25)	-0.10	0.08	0.06	-0.03	-0.05	-0.06	-0.04	0.01	-0.10	0.20**	-0.11	0.06	-0.03	-0.08	-0.03	-0.05	0.08	0.18*	-0.17*	-0.16*	-0.03	-0.19	-0.24**	-0.15+	1.00		
(26)	0.14+	0.17*	0.09	0.07	0.03	0.05	-0.02	0.06	-0.05	-0.09	0.19*	-0.09	-0.02	0.01	0.03	0.03	-0.03	0.02	-0.05	0.06	-0.12	-0.07	-0.16*	-0.10	-0.13+	1.00	
(27)	-0.04	-0.20**	-0.05	-0.17*	0.11	-0.03	0.05	-0.07	0.09	-0.08	-0.04	-0.09	-0.07	0.05	-0.02	0.22**	-0.09	-0.11	-0.07	-0.03	-0.03	-0.06	-0.33***	-0.20**	-0.27**	-0.18*	1.00
(28)	0.03	0.01	-0.15*	-0.03	-0.17*	0.07	-0.13+	0.02	-0.09	-0.07	0.04	0.03	-0.02	0.11	0.01	-0.19*	-0.04	-0.02	0.32***	0.10	0.04	0.43***	-0.24**	-0.15+	-0.19*	-0.13	-0.27**

注:变量名称对应表 1 中的相关数字;***、**、* 和 +,分别表示显著性水平在 0.001,0.01,0.05 和 0.1。

表 3　对联立方程模型的三阶段最小二乘估计

	员工能力	员工动力	知识转移
常数项	-0.10 -(0.07)	-0.01 (-0.07)	-0.01 (-0.09)
员工培训	0.18 (0.07)***		
绩效评估	0.10 (0.06)+		
晋升		0.08 (-0.07)	
绩效薪酬		0.21 (0.07)***	
内部沟通		0.29 (0.07)***	
员工能力			0.91 (-0.73)
员工动力			0.31 (-0.44)
能力*动力			0.33 (0.12)***
控制变量			
子公司司龄			0.03(0.12)
子公司规模			0.07(0.12)
外派人员			-0.11(0.12)
子公司的相对规模			-0.02(0.11)
战略使命			-0.11(0.14)
文化相关性			0.02(0.29)
母国虚拟变量(4)			yes[a]
东道国虚拟变量(2)			yes[a]
行业虚拟变量(5)			yes[a]
F 值	5.34***	18.00***	1.84*
R^2	0.06	0.25	0.22
N	167	167	167

注：***、**、*和+，分别表示显著性水平为 0.001，0.01，0.05 和 0.1；

[a] 意味着母国虚拟变量(4)和东道国虚拟变量(2)以及行业虚拟变量(5)都包含在模型中，尽管这 11 个参数并未在表格中显示出来。

总体来说,包括三个方程的模型验证结果较好,能够解释知识转移近三分之一的变异(加权 $R^2=0.32$)。我们校正了 R^2 值,因为我们采用了工具变量,即第一阶段预测值被内生回归量替换了,所以回归平方和与残差平方和并不等于校正后的总平方和。因此,总的 R^2 值可能要大于每个方程的 R^2 值。系统的加权 R^2 值是衡量整个模型拟合度的最好指标。接下来,我们看看假设检验的情况。

假设 2 指出能力/绩效评估系统和员工培训(HR 实践)与子公司员工能力之间存在正相关关系。这个假设得到验证(见表 3 第 1 栏)。员工培训与员工能力之间显著相关($P<0.01$)。绩效评估对员工能力的影响边际显著($P<0.10$)。这意味着以开发和提升员工技能为目的的 HRM 实践投资(如员工培训),比间接的(也是长期的)能力和绩效评估实践,对于员工能力所产生的影响更大。由于这些变量已经标准化了,两个系数 0.18 和 0.10 也显示了这两个变量对员工能力影响力的差距。

假设 3 检验了内部晋升、绩效薪酬、内部沟通(HR 实践)与员工动力之间的关系。只有两个变量之间的正相关关系显著,才能使假设 3 得到部分验证(见表 3 第 2 栏)。绩效薪酬和内部沟通与员工积极性之间的关系显著性非常高($P<0.001$)。这意味着要提升员工工作积极性,更有效的办法是使用绩效薪酬和组织内部的信息分享,而非采用内部晋升。

假设 1 主要涉及子公司吸收能力的两个方面:员工能力和员工动力,以及两者的交互作用对于跨国公司内部知识转移的促进作用。员工能力和员工动力对于知识转移的主效应尽管是正的,但并不显著,而两者的交互作用则高度显著($P<0.001$,见表 3 第 3 栏)。这意味着无论是员工能力还是员工动力,单独来看,两者本身并不能促进知识转移。而两者显著的交互作用意味着要促进知识转移,吸收能力的两个方面(员工能力和员工动力)都必不可少。结果显示模型中所有的控制变量都不显著。

结论

本文主要研究跨国公司子公司的 HRM 实践、吸收能力同知识转移之间的关系。我们发现子公司吸收能力有利于跨国公司各部门间知识转移这一假设总体得到验证的支持。吸收能力越强,知识转移程度越高。而且,本研究最重要的发现在于,吸收能力的两个方面(员工能力和员工动力)必须同时发挥作用才能促进知识转移。仅仅依靠员工能力或员工动力中的某一方都不能实现知识转移。这一结论与最近的一些研究成果一致,如 Zahra 和 George

(2002),他们主要研究潜在吸收能力(预期较高的员工能力)和实际吸收能力(预期较高的员工动力)。以前有关吸收能力的研究仅仅聚焦在吸收能力的能力方面,我们的研究则显示能力是必要的,但并不充分。

学界有关HRM与组织绩效之间的研究已经很多,并且还在不断增加(Becker和Gerhart, 1996;Guest, 1997;Becker和Huselid, 1998)。而以往的研究将不同的HRM实践归为两类:决定员工能力类和决定员工动力类。然而,有别于以往HRM和公司绩效关系的研究,本文将跨国公司内部知识转移整合进来。研究结果显示对于员工能力和动力方面的投资(通过不同的HRM实践)有助于跨国公司的知识转移。员工能力和员工动力构成了公司的吸收能力,这在以往的文献中很少被作为内生变量。以往的研究很少关注吸收能力是如何创建和发展起来的,本研究的实践价值在于指出管理者能通过开展特定的针对员工能力(员工培训和绩效评估)和员工动力(绩效薪酬和内部沟通)的HRM实践,提升组织的吸收能力。

未来的研究应该从多个不同的被调查者收集数据,以使同源误差最小化。由于本研究仅仅在每个子公司调查一个人,因此有关员工能力和员工动力的数据有效性受到影响,这是大多数国际化研究中的弱点。未来的研究同样还要检验HRM方面的投资对于员工能力、员工动力,以及知识转移的滞后影响作用。最后,检验知识转移的其他影响因素,诸如双方的关系、知识来源方的特质,以及被转移的知识特征等,都需要未来进一步确认。尽管本研究对于我们理解HRM、员工能力、员工动力以及跨国公司的知识转移之间的关系有重要贡献,但是未来还需要更多知识管理领域的研究。

参考文献

Argote, L. 1999. *Organizational Learning: Creating, Retaining and Transferring Knowledge*, Kluwer Academic Publisher: Boston.

Arthur, J. B. 1994. Effects of human resource systems on manufacturing performance and turnover, *Academy of Management Journal*, 37(3): 670—687.

Baldwin, A. L. 1959. The Role of an "Ability" Construct in a Theory of Behavior, in D. C. McClelland, A. L. Baldwin, U. Bronfenbrenner and F. L. Strodtbeck (eds.) *Talent and Society*, Van Nostrand: Princeton.

Baldwin, T., Magjuka, R. J. and Loher, B. T. 1991 The perils of participation: effects of choice of training on trainee motivation and learning, *Personnel Psychology*, 44: 51—65.

Bartlett, C. and Ghoshal, S. 1989. *Managing Across Borders*, Harvard Business School Press: Boston.

Becker, B. and Gerhart, B. 1996. The impact of human resource management on organizational performance: progress and prospects, *Academy of Management Journal*,39(4): 779—801.

Becker, B. and Huselid, M. 1998. High performance work systems and firm performance: a synthesis of research and managerial implications, *Research in Personnel and Human Resource Management*, 16: 53—101.

Birkinshaw, J. and Hood, N. 1998. Multinational subsidiary development: capability evolution and charter change in foreign-owned subsidiary companies, *Academy of Management Review*, 23(4): 773—795.

Bonache, J. and Brewster, C. 2001. Knowledge transfer and the management of expatriation, *Thunderbird International Business Review*, 43(1): 145—168.

Cohen, W. M. and Levinthal, D. A. 1990. Absorptive capacity: a new perspective on learning and innovation, *Administrative Science Quarterly*, 35: 128—152.

Davenport, T. and Prusak, L. 1998. *Working Knowledge: How Organizations Manage What They Know*, Harvard Business School: Boston.

Delaney, J. T. and Huselid, M. 1996. The impact of human resource management practices on perceptions of organizational performance, *Academy of Management Journal*, 39(4):949—969.

Delery, J. E. and Doty, H. 1996. Models of theorizing in strategic human resource management: tests of universalistic, contingency, and configurational performance predictions. *Academy of Management Journal*, 39(4): 802—835.

Downes, M. and Thomas, AS. 2000. Knowledge transfer through expatriation: the U-curve approach to overseas staffing, *Journal of Management Issues*, 12(2): 131—149.

Fiol, M. C. and Lyles, M. A. 1985. Organizational learning, *Academy of Management Review*, 10(4): 803—813.

Fleishman, E. A. 1958. A relationship between incentive motivation and ability level in psychomotor performance, *Journal of Experiential Psychology*, 56: 78—81.

Foss, N. and Pedersen, T. 2002. Transferring knowledge in MNCs: the roles of sources of subsidiary knowledge and organizational context, *Journal of International Management*, 8: 49—67.

French, E. 1957. Effects of interaction of achievement, motivation, and intelligence on problem solving success, *American Psychologist*, 12: 399—400.

Gardner, T. M., Moynihan, L. M., Park, H. J. and Wright, P. M. 2001. Beginning to unlock the black box in the HR firm performance relationship: the impact of HR practices on employee attitudes and employee outcomes, in *Working Paper for The Center for Advanced Human Resource Studies*, Cornell University: Ithaca, NY.

Ghoshal, S. and Bartlett, C. 1988. Creation, adoption, and diffusion of innovations by subsidiaries, *Journal of International Business Studies*, 19(3): 365—388.

Guest, D. 1997. Human resource management and performance: a review and research agenda, *The International Journal of Human Resource Management*, 8: 263—276.

Gupta, A. and Govindarajan, V. 2000. Knowledge flows within MNCs, *Strategic Management Journal*, 21: 473—496.

Hair, J. F., Anderson, R. E., Tatham, R. L. and Black, W. C. 1995. *Multivariate Data Analysis*, Prentice-Hall: New Jersey.

Hedlund, G. 1986. The hypermodern MNC — a heterarchy?, *Human Resource Management*, 25(1): 9—35.

Heider, F. 1958. *The Psychology of Interpersonal Relations*, Wiley: New York.

Holm, U. I. F. and Pedersen, T. 2000. *The Emergence and Impact of MNC Centres of Excellence*, Macmillan Press: London.

Huselid, M. 1995. The impact of human resource management practices on turnover, productivity, and corporate financial performance, *Academy of Management Journal*, 38:635—672.

Ichniowski, C., Shaw, K. and Prennushi, G. 1997. The effects of human resource management practices on productivity: a study of steel finishing lines, *The American Economic Review*, 87(3): 291—313.

Inkpen, A. C. 1998. Learning and knowledge acquisition through international strategic alliances, *Academy of Management Executive*, 12(4): 69—80.

Kim, L. 2001. Absorptive Capacity, Co-operation, and Knowledge Creation: Samsung's Leapfrogging in Semiconducters, in I. Nonaka and T. Nishiguchi (eds.) *Knowledge Emergence-Social, Technical, and Evolutionary Dimensions of Knowledge Creation*, Oxford University Press: Oxford, pp: 270—286.

Koch, M. J. and McGrath, R. G. 1996. Improving labor productivity: human resource management policies do matter, *Strategic Management Journal*, 17(5): 335—354.

Kogut, B. and Singh, H. 1988. The effect of national culture on the choice of entry mode, *Journal of International Business Studies*, 19(3): 411—432.

Lado, A. and Wilson, M. C. 1994. Human resource systems and sustained competitive advantage: a competency-based perspective, *Academy of Management Review*, 19(4): 699—727.

Lane, P. and Lubatkin, M. 1998. Relative absorptive capacity and interorganizational learning, *Strategic Management Journal*, 19(5): 461—477.

Lane, P., Salk, J. E. and Lyles, M. A. 2001. Absorptive capacity, learning and performance in international joint ventures, *Strategic Management Journal*, 22(12): 1139—1161.

Lepak, D. P. and Snell, S. A. 1999. The human resource architecture: towards a theory of human capital allocation and development, *Academy of Management Review*, 24(1): 31—48.

Lyles, M. A. and Salk, J. E. 1996. Knowledge acquisition from foreign partners in international joint ventures, *Journal of International Business Studies*, 27(5): 877—904.

MacDuffie, J. P. 1995. Human resource bundles and manufacturing performance: flexible production systems in the world auto industry, *Industrial & Labor Relations Review*, 48(2): 197—221.

O'Reilly, C. A. and Chatman, J. A. 1994. Working smarter and harder: a longitudinal study of managerial success, *Administrative Science Quarterly*, 39: 603—627.

Pfeffer, J. 1994. *Competitive Advantage through People: Unleashing the Power of the Work Force*, Harvard Business Press: Boston.

Pfeffer, J. 1998. *The Human Equation: Building Profits by Putting People First*, Harvard Business Press: Boston.

Podsakoff, P. M. and Organ, D. 1986. Self-reports in organizational research: problems and prospects, *Journal of Management*, 12(4): 531—544.

Simonin, B. L. 1999. Transfer of marketing know-how in international strategic alliances: an empirical investigation of the role and antecedents of knowledge ambiguity, *Journal of International Business Studies*, 30(3): 463—490.

Szulanski, G. 1996. Exploring internal stickiness: impediments to the transfer of best practice within the firm, *Strategic Management Journal*, 17: 27—43.

Vroom, V. 1964. *Work and Motivation*, John Wiley and Sons, Inc: New York, London and Sydney.

Wright, P. M., McMahan, G. C., Snell, S. A. and Gerhart, B. 1998. Comparing line and HR executives perceptions of HR effectiveness: services, roles, and contributions, in *Working Paper for The Center for Advanced Human Resource Studies*, Cornell University: Ithaca, NY.

Zahra, S. A. and George, G. 2002. Absorptive capacity: a review, reconceptualization, and extension, *Academy of Management Review*, 27(2): 185—203.

Zander, U. 1991. *Exploiting a technological edge: voluntary and involuntary dissemination of technology*, Doctoral dissertation Institute of International Business: Stockholm.

作者简介

Ingmar Björkman 是芬兰赫尔辛基的瑞典经济学院组织与管理学教授。2003—2004 年，担任欧洲工商管理学院(INSEAD)的客座教授。他的论文发表在 *Journal of International Business Studies*, *Journal of Management Inquiry*, *International of Human Resource Management*, *Organizational Studies*, *Scandinavian Journal of Management* 等期刊上。他的主要研究兴趣是国际人力资源管理;同时他也致力于研究跨国公司的知识管理和跨国并购的整合。

Carl F. Fey 是瑞典斯德哥尔摩经济学院国际商务研究所的助理教授。他还帮助斯德哥尔摩经济学院在俄罗斯圣彼得堡建立了致力于高管人员开发和研究工作的分校,并在分校担任副院长。他的研究方向主要为战略人力资源管理的国际化、组织文化与效能,以及知识转移。他已经在包括 *Journal of International Business Studies* 和 *Organization Science* 等在内的期刊上发表了 25 篇论文。

Dana Minbaeva 是哥本哈根商学院国际经济与管理系的研究助理。她的博士论文主题是人力资源管理实践对跨国公司知识转移的作用。

Hyeon Jeong Park 是康奈尔大学人力资源研究系的博士生。她的研究兴趣在于人力资本和社会网络对于组织绩效的影响。她最近在战略人力资源管理领域的研究,侧重于探索跨国公司的人力资源实践对公司绩效的影响机制。

Torben Pedersen 是哥本哈根商学院国际经济与管理系的国际商务教授。他已经出版了跨国公司战略与管理方面近 40 篇论文与专著。他的论文发表在 *Strategic Management Journal*, *Journal of International Business Studies*, *Management International Review*, *International Review of Law and Economics* 等期刊上。

国际商务战略的制度基础观:聚焦新兴经济国家*

Mike W. Peng
University of Taxas at Dallas
Denis YL Wang
Chinese University of Hong Kong
Yi Jiang
California State University

宋渊洋(华东理工大学商学院)
陈扬(上海海事大学交通运输学院) 译
秦一琼 校
(华东理工大学商学院)

通过整合近期关于新兴经济国家的研究,本文认为国际商务战略的制度基础观已经崭露头角。制度基础观(institution-based view)被定位为支撑"战略三脚架"(strategy tripod)的三个重要支柱之一(另外两个支柱是产业基础观和资源基础观)。然后,我们从大量相关研究中选取了四个不同的研究领域进行文献回顾。这四个领域是:(1) 作为进入壁垒的反倾销;(2) 在印度国内和国外的竞争;(3) 企业在中国的成长;(4) 新兴经济国家的公司治理。总体上,我们认为制度基础观不仅有助于与产业基础观和资源基础观一起支撑起"战略三脚架",而且能为国际商务面临的最根本问题,比如"什么因素决定了企业在国际商务中的战略和绩效"提供重要启示。

引言

在国际商务中,企业战略的驱动因素是什么?是什么决定了企业在全球范围的成功和失

---

* 原文刊于 *Journal of International Bussiness Studies*,39(5):920—936,2008。

An institution-based view of international business strategy: a focus on emerging economies, Mike W. Peng, Denis YL Wang & Yi Jiang, *Journal of International Business Studies*, 2008, volume 39, issue 5, 经 Palgrave Macmillan 授权出版。

败？这些都是国际商务领域面临的最根本问题(Peng, 2004a)。目前,有两种较为传统的研究视角探讨了上述问题。以 Porter(1980)为代表的产业基础观认为产业内部条件在很大程度上决定了企业的战略和绩效。以 Barney(1991)为代表的资源基础观认为企业异质性的资源是企业战略和绩效的重要决定因素。这两种颇具影响力的研究视角都起源于战略管理。国际商务和战略是两个密切相关的研究领域(Peng, 2006; Ricart, Enright, Ghemawat, Hart 和 Khanna, 2004),那么国际商务研究对增进我们对上述问题的理解又有什么贡献呢?

尽管产业基础观和资源基础观都很有见解,但由于两者在很大程度上忽略了产业之间和企业之间竞争所嵌入的正式和非正式的制度情境而广受批评(Kogut, 2003)。换而言之,它们想当然地将制度假定为研究的“背景”。这并不令人感到意外,因为产业基础观和资源基础观都主要基于企业在美国竞争的相关研究发展而来。在这类研究中,假定一个基于市场的、相对稳定的制度框架似乎是合理的。然而,一旦研究企业在全球范围的竞争,我们将面对一个与美国截然不同的研究情境,这已经得到国际商务领域过去几十年的相关研究的佐证。即使在发达经济国家之间,竞争的方式也有很大差异(Hall 和 Soskice, 2001; Lewin 和 Kim, 2004; Redding, 2005; Ring, Bigley, D'Aunno 和 Khanna, 2005; Whitley, 1994)。近年来,随着研究者日益关注与发达经济国家在制度情境方面有显著差异的新兴经济国家,越来越多的研究者认识到:被称为“游戏规则”(North, 1990)的正式和非正式制度在新兴经济国家内对本土和外资企业的战略形成和绩效有重要的影响(Hoskisson, Eden, Lau 和 Wright, 2000; Wright, Filatotchev, Hoskisson 和 Peng, 2005)。发表在本期刊的多篇影响力很大的“视角”论文(London 和 Hart, 2004; Meyer, 2004; Ramamurti, 2004; Ricart 等, 2004)是学界对于新兴经济国家国际商务战略的研究兴趣日益高涨的有力证据。

本“视角”论文直接基于之前发表的多篇“视角”论文展开,它们来自 Leung, Bhagat, Buchan, Erez 和 Gibson(2005)、London 和 Hart(2004)、Meyer(2004)、Ramamurti(2004)、Redding(2005)、Ricart 等(2004)及 Teegen, Doh 和 Vachani(2004)。在这些论文中,Leung 等(2005)和 Redding(2005)强调国际商务研究应该更多地关注制度情境。然而,除了引入实验方法(Leung 等, 2005)和强调增加丰富的描述(Redding, 2005)之外,他们并没有提出如何运用制度基础观来解释国际商务面临的根本问题的新方法,即是什么因素决定了企业的战略和绩效。Teegen 等(2004)探讨了全球制度环境中的一股非常重要,但又常常被忽视的力量——非政府组织(NGOs)。虽然他们呼吁国际商务研究者要和其他领域的研究者一样将非政府组织纳入研究范畴(Teegen 等, 2004: 473),但是他们对新的非政府组织研究如何对国际商务的核心理论作出(除了“丰富”这种理论以外的)直接贡献并不清楚。Ricart 等(2004)探讨了一个重要问题，“为什么不同国家或地区是有差异的”，并建议用一种“根本不同的方式”来思考国际商务战略。然而，他们没有明确地指出这种新的方式是什么。London 和 Hart(2004)，Meyer(2004)及 Ramamurti(2004)都聚焦于新兴经济国家，但他们没有很好地整合最新研究，并在此基础上明确地指出某种新的理论视角已经诞生。我们将通过以下两方面工作进一步推进现有研究：(1) 明确指出关于国际商务战略的制度基础观已经出现；(2) 把制度基础观看做支撑“战略三脚架”的一大支柱（另外两个支柱是产业基础观和资源基础观）。

由于新制度主义最近几十年在整个社会科学领域得到了长足发展（Hall 和 Soskice, 2001; March 和 Olsen, 1989; North, 1990; Oliver, 1997; Scott, 1995; Williamson, 2000）[①]，“制度是重要的”这一命题既不新颖也很难引起争议。[②] 一个更有趣的问题（Davis, 1971; Smith, 2003）是，制度是如何发挥作用的？国际商务战略研究，特别是近期关于企业在新兴经济国家竞争的研究为回答上述问题提供了宝贵的机遇，也为支撑“战略三脚架”贡献了一个新的支柱——制度基础观[③]。

以下本文将首先概述国际商务战略研究中的制度基础观，并提出一个核心问题。然后，我们以四个不同领域的研究为例，指出制度基础观这一新的研究视角对于增进我们的理解有哪些贡献：(1) 作为进入壁垒的反倾销；(2) 在印度国内和国外的竞争；(3) 企业在中国的成长；(4) 新兴经济国家的公司治理。

“战略三脚架”的第三个支柱

虽然使用新兴经济国家这一新的研究情境来检验和拓展现有理论在国际商务研究中有悠久的历史传统，但是国际商务研究也有必要致力于对更广泛的商学研究和社会科学研究的理论发展作出明确的贡献（Meyer, 2006, 2007）。具体而言，我们认为聚焦新兴经济国家的相

① 例如，我们发现政治学家已经研究政府组织几十年（March 和 Olsen, 1989）。当然，政治学中也存在新制度主义学派，并且该学派与国际商务战略的制度基础观有很多共同点。尽管如此，管理学者（主要在商学院）与政治学系和政策学院的组织研究者之间的交流实在太少。管理学者可以更好地与以政府组织为主要研究对象的学者之间建立联系（Ring 等, 2005）。

② McMillan(2007)认为“制度是重要的这一观念与经济学研究一样古老”，我们可以追溯到亚当·斯密，他认为国家应该界定产权并保证契约执行。

③ “企业战略的制度基础观”一词由 Peng(2002)首次提出，并被 Peng(2006)推广。更进一步的阐述可参考 Lee 等(2007)、Meyer 和 Peng(2005)、Peng(2003)、Peng 和 Delios(2006)、Peng 等(2005)以及 Wright 等(2005)。

关研究有助于促进一个与传统的产业基础观和资源基础观并行的制度基础观的兴起。①

制度的准确含义是什么？在制度是“游戏规则”这个比喻的基础上，North（1990：3）更正式地将制度定义为“人类设计的、型塑人际互动的约束”。与之类似，Scott（1995：33）将制度定义为“规制、规范和认知的结构和活动，这些结构和活动能为社会行为提供稳定性和意义”。在这种意义上，制度可以被粗略地划分为正式的和非正式的两个方面。制度在政治（如腐败、透明度）、法律（如经济自由化、管理制度）和社会（如道德规范、对于创业的态度）等领域影响社会交换。政治风险的相关研究强调一个国家政治环境的重要性（Butler 和 Joaquin，1998；Kobrin，1982；Nigh，1985）。不同国家的政治风险有较大的差异，它会影响市场的稳定性（Simon，1984）。

相当多的国际商务研究集中于探讨文化（Leung 等，2005）。那么，文化与制度又是什么关系呢？尽管描述它们之间的关系不在本文的范围之内，但引用 Hofstede，Van Deusen，Mueller，Charles 和 Business Goals Network（2002：800）的观点来说明还是有帮助的，他们认为文化是“制度安排的基石”。在本文中我们将遵循这种观点。② 具体而言，在非正式制度是“正式制度的支撑”的前提下［Redding（2005：123），也可以参见 Hofstede（2007）、Singh（2007）］，我们可以将文化看做非正式制度的一部分。

本文关注制度的政治、法律和社会方面。为说明制度基础研究模型的法律方面，我们讨论国际商务中的两个重要议题：作为进入壁垒的反倾销以及新兴经济国家的公司治理。为突出制度基础研究模型的政治和社会维度，我们关注已经成为全球经济重要成员的两个国家：印度和中国。

可以肯定的是，长期以来“环境”对企业经营的影响（Lawrence 和 Lorsch，1969）在产业基础观和资源基础观中受到了相应的重视。然而，主导这些研究的是“任务环境”的观点，它主要关注经济变量，如市场需求和技术变迁（Dess 和 Beard，1984）。直到最近，研究者仍没有越出任务环境的范畴去探讨制度、组织和战略选择的互动［正如 Narayanan 和 Fahey（2005）、Teegen 等（2004）的批评］。相反，基于市场的制度框架被认为是理所当然的，正式制度（如法律和法规）和非正式制度（如习俗和认知）由于被假定为“背景”条件而被排除在分析范围之外。尽管某些研究者认为，即使在发达经济国家，把制度当做背景条件的处理方法也会导致我们

① 选择新兴经济国家作为重点研究对象并不意味着制度基础观不适用于发达经济国家。近期发表的将制度基础观应用于发达经济国家的研究包括 Ingram 和 Silverman（2002）、Lewin 和 Kim（2004）、Oliver（1997）以及 Ring 等（2005）。

② 尽管我们知道很多人强调国际商务将来的研究重点是文化而不是制度（正如第一位审稿人所指出），然而我们并不想在本文中涉足这一争论。

难以充分、深入地理解企业战略行为和绩效(Ingram 和 Silverman, 2002; Lewin 和 Kim, 2004; Oliver, 1997),当在新兴经济国家开展研究时这种不足显得更为突出(Narayanan 和 Fahey, 2005)。

换言之,正如 McMillan(2007)所指出的,在市场运行顺畅的发达经济国家,“支撑市场的制度几乎是无形的”;然而在市场制度运行不良的新兴经济国家,“(健全的正式)制度的缺位是非常明显的”。这个问题很早就已经被意识到了。Kiggundu, Jorgensen 和 Hafsi(1983)在早期回顾了 94 项 1956—1981 年发表的、将主流组织和管理理论应用于发展中国家的研究,得出两个有趣的结论:第一,与技术内核(组织任务和技术)相关的研究最有可能发现将主流理论应用于发展中国家不会遇到明显的问题;第二,关于组织与更广泛外部环境的关系的研究——该类研究在近期发表的论文中被称为“基于情境”的研究(Kogut, 2003; Leunget 等, 2005; Peng, 2002, 2003, 2006; Redding, 2005; Teegen 等,2004)——更可能发现将主流理论应用到发展中国家会遇到严重的困难,这意味着有必要对主流理论进行大幅调整(Kiggundu 等, 1983)。

随着新兴经济国家在全球经济中的地位不断上升,越来越多的研究者开始对这些国家感兴趣(Hitt, Ahlstrom, Dacin, Levitas 和 Svobodina, 2004; Hitt, Dacin, Levitas, Arregle 和 Borza, 2000; Lyles 和 Salk, 1996; Meyer, 2004; Newman, 2000; Peng 和 Heath, 1996; Ramamurti, 2004)。大部分上述研究对 Kiggundu 等(1983)很早就提出的见解产生了共鸣,认为需要寻找诸如我们正在讨论的制度基础观这样的新理论工具来反映新兴经济国家复杂和快速变化的组织与环境的关系。时至今日,国际商务领域已经比早期更多地意识到制度与组织之间关系的重要性。

战略研究中的制度基础观把制度作为自变量,集中于探讨制度与组织之间的动态互动,并认为战略选择是这种互动的结果(Peng, 2003, 2006)。具体而言,战略选择不仅受到产业条件和企业能力的影响,而且是管理者所处的特定制度框架中正式和非正式制度约束的反映(Bruton, Dess 和 Janney, 2007; Carney, 2005; Chelariu, Bello 和 Gilliland, 2006; Delios 和 Henisz, 2000; Hill, 2007; Khanna 和 Palepu, 2000, 2006; Lee 和 Oh, 2007; Lee, Peng 和 Barney, 2007; Lu 和 Yao, 2006; Ma, Yao 和 Xi, 2006; Meyer 和 Nguyen, 2005; Ring 等, 2005; Rodriguez, Uhlenbruck 和 Eden, 2005; Teegen 等, 2004; Wan 和 Hoskisson, 2003; Zhou, Tse 和 Li, 2006)。

换言之,制度不仅仅是背景条件。相反,“制度直接决定了企业在制定和执行战略以及构建竞争优势的过程中能做些什么”(Ingram 和 Silverman, 2002: 20)。上述命题的有效性已经被基于发达经济国家的相关研究所支持(Ring 等, 2005),比如最近关于政治(非市场)战略(Clougherty, 2005)、民族国家对战略变革和创新的影响(Lewin 和 Kim, 2004),以及制度对多元化战略的影响(Peng, Lee 和 Wang, 2005; Wan, 2005)的相关研究。然而,将制度基础观推向战略研究的最前沿,并使之成为"战略三脚架"的第三个支柱(另外两个支柱是产业基础观和资源基础观)(见图1)恰恰是有关新兴经济国家的相关研究。这是因为新兴经济国家和发达经济国家在制度框架的巨大差异迫使研究者在产业基础观和资源基础观涉及的因素之外更多地关注制度差异的影响(Chacar 和 Vissa, 2005; Doh, Teegen 和 Mudambi, 2004; Hafsi 和 Farashahi, 2005; McMillan, 2007)。例如,最近关于跨国公司子公司绩效的影响因素的研究发现:(1) 在发达经济国家中,企业(特有)因素对解释国外子公司绩效的变异更重要(这与资源基础观一致);(2) 在新兴经济国家中,国家效应(制度差异的代理变量)的影响更显著(这支持制度基础观)(Makino, Isobe 和 Chan, 2004: 1028)。

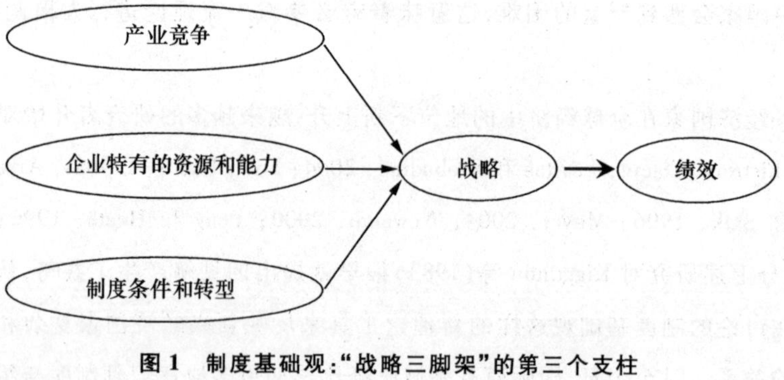

图1　制度基础观:"战略三脚架"的第三个支柱

资料来源:Peng, M. W., 2006, *Global Strategy*, Cincinnati: South-Western Thomson, p. 15.

从两组发表在顶级期刊特刊上的、对后续研究很有影响的论文中,我们可以发现制度基础观正在兴起并成为新兴经济国家企业战略和国际商务研究的主流理论视角。2000年,《美国管理学会学报》(*Academy of Management Journal*)出版了关于新兴经济国家战略研究的特刊,由 Hoskisson 等(2000)编辑,特刊收录的13篇论文中有7篇(54%)主要基于制度理论展开讨论。因此,制度理论被 Hoskisson 等(2000)认为是在新兴经济国家开展研究的三大最有洞见的理论视角之一(另外两个是交易成本经济学,以及代理理论和资源基础观)。不过,Hoskisson 等(2000)预测随着新兴经济国家的不断发展,制度理论的重要性会下降。但是,这种预测已经为不断增多的运用制度理论探讨新兴经济国家的国际商务战略问题的研究所驳斥。五年之后,就是在2005年,《管理研究期刊》(*Journal of Management Studies*)出版了关于新兴经济国家战略研究的特刊,特刊的编辑是《美国管理学会学报》特刊的两位编辑以及两位新的编辑(Wright 等, 2005),该特刊的8篇论文中有7篇(88%)与制度相关。《美国管理学会学报》和《管理研究期刊》特刊刊载的论文探讨了内容广泛的国际商务和战略管理议题,例如:

(1) 企业集团(Chang 和 Hong, 2000; Guillen, 2000; Khanna 和 Palepu, 2000; Wan, 2005; Yiu, Bruton 和 Lu, 2005);

(2) 私有化(Filatotchev, Buck 和 Zhukov, 2000; Uhlenbruck 和 De Castro, 2000);

(3) 对外投资战略(Child 和 Tsai, 2005; Chung 和 Beamish, 2005; Delios 和 Henisz, 2000; Hitt 等, 2000; Isobe, Makino 和 Montgomery, 2000; Meyer 和 Nguyen, 2005);

(4) 在新兴经济国家的国内/本土战略(Peng 和 Luo, 2000; White, 2000);

(5) 新兴经济国家企业的国际化扩张战略(Brouthers, O'Donnell 和 Hadjimarcou, 2005)。

值得指出的是,《美国管理学会学报》和《管理研究期刊》关于新兴经济国家的特刊对特定的理论视角并没有先入为主的偏好。相反,战略和国际商务领域的研究者所受过的训练往往驱使让他们在众多理论工具中寻求最相关和最富有洞见的工具来解决所面临的理论和实证问题(而不是成为特定理论流派的"奴隶")。在这种情况下,制度理论成为最常用的理论工具这一事实彰显出该理论视角对于理解新兴经济国家的企业竞争大有裨益(Hafsi 和 Farashahi, 2005)。该方面的研究通过促进"战略三脚架"第三个支柱的形成(见图1)对新兴经济国家这一特定的研究范围之外更为广泛的研究领域也有重要贡献。

核心问题

新制度主义思潮在社会科学领域的兴起可以追溯到20世纪70年代(Scott, 1995)。而新制度主义渗入到国际商务和战略研究中则是90年代出现的新现象[早期的例子参见 Oliver (1997),以及 Peng 和 Heath(1996),近期的论述参见 Dunning(2004: 19)和 Mahoney(2005: 223)等]。学界对于制度理论与日俱增的研究兴趣有明显的路径依赖(或历史巧合)。与此同时,新兴经济国家在世界舞台的崛起为制度基础观的延伸和发展提供了前所未有的宝贵机遇(Meyer 和 Peng, 2005)。由于不同领域的新制度主义研究者探讨的问题不同,辨识国际商务和战略研究的核心问题显得极为重要(Peng, 2004a)。

尽管制度在任何国家都永远处于某种程度的转型之中(例如,在"9·11"恐怖袭击和"安然事件"之后的美国,以及2005年7月"伦敦爆炸案"之后的英国),然而新兴经济国家与发达经济国家之间的一个巨大差别在于新兴经济国家正在经历更多的“影响作为参与者的企业正式和非正式游戏规则的根本和全面的变化”，这种制度变化被称为“制度转型”（Peng，2003：275）。事实上，部分新兴经济国家（包括中国、匈牙利和俄罗斯在内的前东方集团）进行了从共产主义制度向市场经济制度的转型，这种转型是如此重大和广泛，以至于它们被统称为转型经济国家（Meyer 和 Peng，2005；Roth 和 Kostova，2003）。因此，对处于新兴经济国家的本土和外资企业而言，它们面临的核心问题是：当游戏规则是变化而不完全可知时，如何进行游戏？

新兴经济国家的国际商务战略

尽管目前我们对上述核心问题的回答仍然较不成熟，本节以四个不同领域的研究为例，进一步说明基于新兴经济国家相关研究发展起来的制度基础观将如何增进我们对于国际商务战略的理解。这四个领域是：(1) 作为进入壁垒的反倾销；(2) 在印度国内和国外的竞争；(3) 企业在中国的成长；(4) 新兴经济国家的公司治理。尽管选择这四个领域的部分原因是这些领域的研究文献与日俱增，然而也有其他方面的考虑。具体而言，这种选择也遵循了以下原则：首先，尽可能全面地覆盖新兴经济国家的公司在国际化（跨国界）过程中可能遇到的问题（反倾销）；其次，关注与两个领先的新兴经济国家（印度和中国）相关的重要议题；最后，关注国际性不太强，但是对新兴经济国家的企业极为重要的战略议题（公司治理）。当然，其他一些研究领域①和其他地区②也存在大量可以为我们所使用的例子［参见 Hafsi 和 Farashahi（2005）对这些文献的全面回顾］。根据 Leung 等（2005：358），“追求面面俱到并不是我们的目标，我们的目标是聚焦少数几个有前景的研究领域”，这些领域既具有适度的多样性又相对

① 一个有趣的研究领域的例子是世界银行最近对世界各国设立新企业的时间和金钱成本的研究（Djankov，La Porta，Lopez-de-Silanes 和 Shleifer，2002）。总体上，发达经济国家政府规定的手续较少，总成本更低。相反，创业者在经济欠发达国家需要面对很多苛刻的制度负担。正如我们的预期，一个国家的正式制度越是对创业者友善，创业活动越兴盛，该国的经济越发达，反之亦然（Le，Venkatesh 和 Nguyen，2006；Lee 等，2007）。另外一个例子是关于企业集团和联合企业的研究（Chang，2006；Chung，2006；Dieleman 和 Sachs，2006；Guillen，2000；Khanna 和 Palepu，2000；Li，Ramaswamy 和 Petitt，2006a；Lu 和 Yao，2006；Ma 等，2006；Peng 和 Delios，2006；Ramaswamy 等，2004；Yiu 等，2005）。

② 另外一个吸引了大量研究关注的地区是中东欧，例如，Puffer 和 McCarthy（2003）、Rona-Tas（1994）、Sedaitis（1998）、Spicer 等（2000）、Stark（1996）以及 Uhlenbruck 和 De Castro（2000）。Meyer 和 Peng（2005）已经对这些文献进行了全面回顾。

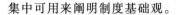

集中可用来阐明制度基础观。

作为进入壁垒的反倾销

决定一个产业竞争力的"五力"之一是进入壁垒的高度(Porter, 1980)。在国际商务中,进入壁垒是如此显著,以至于"外来者劣势"(liability of foreignness)一词由此兴起(Zaheer, 1995)。然而,关于进入壁垒的大多数研究集中于探讨诸如规模经济和产品细分这类基于市场的变量。在国际商务中,明确地把非市场的、制度性变量(如反倾销法)作为进入壁垒的研究较少。

美国对于倾销的法律定义是:(1) 一家出口商在国外以低于成本的价格销售产品;(2) 计划在消除当地竞争者之后提高价格。基于上述定义考虑下面的两个场景。第一,一家位于美国俄亥俄州坎顿市的钢铁生产商进入得克萨斯州这一新市场。该企业在得克萨斯州以低于俄亥俄州的价格销售,使其在得克萨斯州获得了10%的市场份额。此时,得克萨斯州的企业有两种选择。第一种选择是以"掠夺性定价"(等价于国内的反倾销)起诉来自俄亥俄州的企业。然而,很难证明:(1) 俄亥俄州的企业以低于成本的价格销售产品;(2) 该企业目前的定价策略意味着在消除竞争者后会提高价格(法律上称为"试图垄断",这是一种被反垄断法惩罚的行为)。在美国反垄断法的框架下,这样的案件几乎没有胜诉的可能性。因此,得克萨斯州企业只能采取第二种策略——压低其产品在俄亥俄州的价格,以牙还牙地报复竞争对手。这会导致在得克萨斯州和俄亥俄州的产品价格更低,使这两个地区的消费者得利(Peng, 2006)。

现在我们来看第二个场景,在这个场景中"入侵"的企业不是来自俄亥俄州坎顿市,而是来自中国的广州市(Canton,译注:这是广州市的英语旧称,现在译为 Guangzhou)。在所有其他因素不变的情况下,得克萨斯州的钢铁企业会控诉中国企业倾销,并且声称这种倾销造成了销售、利润和就业下降等"实质性"损害。同样的事实在前例中既不支持反垄断申诉,更无从获得反垄断法的救助,但根据美国反倾销法,得克萨斯州钢铁企业这次"几乎肯定会得到法律援助"(Lipstein, 1997: 408)。值得指出的是,将反倾销的责任强加给中国钢铁出口企业将削弱得克萨斯州的钢铁企业进入中国市场以进行反击的动机,导致得克萨斯州和中国的钢铁价格更高,最终消费者受损。上述两种情景都很符合现实。正如经合组织(OECD)1996年的一份报告指出,90%在澳大利亚、加拿大、欧盟和美国被指控为"不公平"倾销的实践如果被本国企业在国内采用的话,企业根本就不会面临本国反垄断法的指控。简而言之,外国企业常常在很多国家被当地的正式制度歧视(Peng, 2006)。

在反倾销的实际调查中也存在十分明显的歧视。一个反倾销诉讼往往由本地企业向相关政府部门提出。这些政府机构将向被指控的国外企业发出一份冗长的问卷,要求它们提供全面的、不对外公开的成本数据。如果这是发生在美国,则要求被指控企业在45天内按照美国一般公认会计准则(GAAP)用英语回答。由于不熟悉美国的一般公认会计准则,许多国外被告企业往往难以按期提供相关数据。

这种反倾销调查可能有四种结果。第一,如果国外被告没有提供任何数据,那么起诉的企业提供的数据将成为证据,原告将轻易获胜。第二,如果国外企业确实提供了成本数据,起诉的企业仍可以声称这些从事"不公平"竞争的国外企业在撒谎——"它们的成本不可能如此之低!"例如,在美国路易斯安那州和中国小龙虾养殖企业的诉讼中,中国工人每周9美元的平均工资的真实性成为争议的焦点。第三,即使低成本的数据被证实是客观的(正如中国小龙虾养殖企业所提供的),美国(和欧盟)的反倾销法仍允许原告质疑这些数据是否"公平"。在上述例子中,原告可以声称由于中国仍然是"非市场"经济国家,中国企业的成本由于受到政府干预而被严重扭曲。因此,只有按照市场经济国家中的假定养殖成本来计算才是"公平"的(在上述案例中,由于一些莫名其妙的理由,西班牙被选为供参照的市场经济国家)。由于西班牙的成本与路易斯安那州的成本相当,尽管中国养殖企业强烈反对,还是被认定为倾销(即以低于西班牙的成本在美国销售)。结果,中国的小龙虾养殖企业不得不承受110%—123%的进口关税。第四,被告可能获胜,但这几乎是不可能的(Robin 和 Sawyer, 1998; Schuler, Rehbein 和 Cramer, 2002)。

总之,当产业基础和资源基础的武器失效时,上述讨论对于那些面临来自进口商品竞争压力的本地企业有重要启示:它们可以发射以制度为基础的"导弹",即提起反倾销诉讼(Schuler 等, 2002)。一项研究发现,在美国简单地提起一项反倾销诉讼(无论结果如何)会导致美国上市公司的股价显著上升1%(市值平均增加4600万美元)(Marsh, 1998)。对美国企业而言,资本市场很清楚美国政府是站在它们这边的。因此,反倾销在全球大行其道就不足为奇了。美国和欧盟提起的诉讼数量最多(由于它们是世界最大的进口国,因此并不奇怪),让人感到惊奇的是就单位美元的进口货物而言,许多新兴经济国家最热衷于建立反倾销壁垒。每一单位美元的进口货物,阿根廷和南非的反倾销诉讼数量高出美国20倍,印度和巴西分别高出美国7倍和5倍(Finger, Ng 和 Wangchuk, 2001)。中国企业在全球被指控倾销的数量最多,达到全球的15%。近年来中国也开始建立应对机制,于1999年开始执行自己的反倾销法。

在21世纪,随着关税壁垒为世界大部分地区所不容,非关税壁垒(如反倾销制度)变得越来越重要(Schuler 等, 2002)。本土企业可以得到政府的援助,通过反倾销制裁"入侵"者。"入侵"的企业可能确实通过"倾销"(以低于成本的价格销售)来攫取市场份额,不过它们可以通过"跳跃"来应对反倾销税,即使用对外直接投资等方法绕开反倾销壁垒(Blonigen, 2002)。总之,双方可以使用倾销、反倾销和绕过关税壁垒等一系列策略。我们的结论是国际商务战略研究,特别是有关进入国外市场的研究,需要更多地关注反倾销这一进入壁垒,因为反倾销会给国外企业带来基于制度的外来者劣势。不幸的是,使用"倾销"和"反倾销"在文章篇名和摘要中在线检索 JIBS 自 1970 年创刊以来 35 年间发表的所有论文时,只检索到一篇论文(Flowers, 1976)。[①] 因此,如果国际商务研究不想与全球实践脱节,新一阶段开展的围绕制度基础观的进入战略研究需要更多地关注反倾销这一重要的战略议题。

在印度国内和国外的竞争

社会层面的制度以一种复杂、变化的方式影响着企业战略(Dacin, Goodstein 和 Scott, 2002)。印度政治、法律和社会变迁对在印度国内和国外竞争的印度和非印度企业的战略有重要影响。关于印度最近在信息技术和相关服务方面如何捷足先登成为全球引领者已经有不少研究(Kapur 和 Ramamurti, 2001)。随着软件、信息技术服务和商业流程之间的界限变得越来越模糊,"信息技术"这个术语显得似乎过于狭窄,一个新的术语"业务流程外包"(BPO)应运而生。

为什么印度的信息技术(业务流程外包)产业能成为仅次于美国的全球第二强?现存的大部分回答基于产业基础观和资源基础观,强调该产业具有可以不在委托人所在地区完成的特殊性,以及某些印度企业具有令人羡慕的结合低成本和高水平的能力(Ethiraj, Kale, Krishnan 和 Singh, 2005; Garud, Kumaraswamy 和 Sambamurthy, 2006; Copal, Sivaramakrishnan, Krishnan 和 Mukhopadhyay, 2003)。尽管这些回答肯定是有洞见的,但它们并没有描绘出一幅完整的图画。在各种因素中,制度基础观会强调政治、法律和社会制度的变迁。制度变迁之

---

① 本文一个早期版本于 2004 年 9 月在第二届 AIB/JIBS 关于"国际商务新兴的研究前沿"的研讨会中报告,在讨论中 Alan Rugman 指出 JIBS 没有发表关于反倾销的论文是 JIBS 审稿过程的一个"系统性失败"。基于他本人在 1988—1991 年的四篇基于加拿大 20 世纪 80 年代数据关于反倾销的论文被拒稿的个人经历,他认为主导 JIBS(大概也主导了 AIB)主流的产业基础和资源基础的研究范式对很多诸如反倾销这样制度方面的重要研究问题忽略和边缘化。被 JIBS 拒稿的这些论文随后发表在国际法方面的期刊(如 Rugman 和 Verbeke, 1990)。

一是印度政府在早期决定对前5%具有大学入学资格的学生进行教育投资。① 一个制度层面的解释还会探究印度在法律和法规方面进行的大量改革的影响，正是这种改革促进了印度经济自1991年以来开始走向自由化。印度1991年以后的经济改革使开放、竞争和鼓励创业的国内环境成为可能（Kedia，Mukherjee 和 Lahiri，2006）。除了印度本身的良好环境之外，20世纪90年代有利于全球化的国际环境也功不可没。

然而，随着政治气候的改变，印度企业的显著成功最近在西方越来越频繁地受到正式和非正式的攻击。在正式方面，为保障就业，美国许多州最近开始通过立法禁止印度企业承接政府合同。在非正式方面，民众的不满情绪与日俱增。由于预期到就业机会明显减少，发达经济国家的许多政治家、记者、工会活动家和被取代的工人深感不满，并要求政府采取保护措施。

与此同时，西方跨国企业，如思科、通用电气、IBM、微软、SAP和德州仪器，越来越欣赏印度信息技术（业务流程外包）企业所做的工作的质量和价值（Lewin 和 Peeters，2006）。更有甚者，这些外国企业已经在印度大幅度投资，让它们的子公司和印度信息技术（业务流程外包）企业一样能让印度的人才来为它们服务。西方跨国企业进入印度反过来促使印度信息技术（业务流程外包）企业变得更有竞争力。虽然这种竞争互动受到产业和资源相关因素的影响，然而它们无疑也是在印度政府推进市场开放的相关改革的背景下才成为可能。另外，从制度基础观的视角来看，西方政府鼓励FDI流出的政策仍没有得到充分认识。当下民众抗议的主要目标是要为国外企业印度信息技术（业务流程外包）企业进入西方市场设置很高的进入壁垒，但却没有关注为西方跨国企业设置退出壁垒，以阻止这些公司削减本地投资、雇员人数，以及将资金、技术和专业知识从母国转移到印度。对FDI流出进行资本限制也不是不可想象的，美国政府和英国政府就曾分别于20世纪60年代和70年代限制对FDI流出。换言之，相对不受限制的FDI流出已经持续了三十多年。然而，由于FDI流出（从发达经济国家流向印度等国家）现在是如此广泛，西方政府实施的促进FDI流出的市场支持等制度已经被认为是理所当然和几乎是“不可见的”（McMillan，2007）。虽然这种市场支持制度可能是不可见的，但肯定是存在的，并且对西方跨国公司采用FDI策略起到了促进作用。理论上，西方面临的足够强的政治压力（如对FDI流出导致的就业机会减少的担忧）可能导致促进FDI流出的政策产生逆转，尽管这在近期内可能难以付诸实施。

总之，一方面，一个更加友好的国内和国际环境使印度信息技术（业务流程外包）企业兴

---

① 我们感谢主编 Arie Lewin 对于该点的建议。

盛起来，这使得它们不仅被西方的客户赏识，而且迫使它们在西方跨国企业逐步投资印度时变得更加强大。另一方面，发达经济国家不太友善的制度环境可能阻碍印度信息技术（业务流程外包）企业的进一步成长。换言之，制度之于国际商务既有促进作用，也存在着约束和限制。而且，制度并不是静止的。这些随着时间不断变化和转型的制度已经影响信息技术（业务流程外包）企业在印度国内外竞争的成败（Khandwalla, 2002）。因此，除了产业基础和资源基础因素之外，一个更加全面、也是更好的关于印度信息技术（业务流程外包）企业在国际上成功（或失败）的解释不可避免地要将国内和国际制度框架对这些企业的影响纳入考虑范围（Khanna 和 Palepu, 2004；Ramaswamy, Li 和 Petit, 2004）。

企业在中国的成长

一个长期以来被接受的观点认为强劲的经济增长很难发生在制度不完善的经济体中。然而，一方面中国的正式制度相对不太完善（如缺乏有效的法律体系）[①]，另一方面中国经济却在过去三十多年实现了持续增长。学者们对此感到惊讶："中国经济为何能在如此的制度环境中保持高速增长？"（Boisot 和 Child, 1996: 607）。鉴于经济的增长是企业成长的荟集，国际商务和战略管理的研究者试图为这个有趣的难题提供一个企业层面的答案。在众多答案中，一个部分的解答是管理者努力形成的人际关系网络（在中国称为"关系"）可能是对正式制度的一种非正式替代（Peng 和 Heath, 1996）。换言之，管理者之间的微观人际关系可以转化成一种依赖网络和战略联盟实现企业成长的组织间宏观战略，从而形成微观上企业的成长与宏观上经济的增长之间的联系（Peng 和 Luo, 2000；Chung, 2006；Li, 2005；Wu 和 Leung, 2005）。总之，这些研究支持和拓展了一个核心的制度命题：正式和非正式制度框架的结合决定了战略选择（North, 1990），当正式制度较弱时，非正式制度（如治理人际关系的规范）会对企业战略和绩效产生更强的影响（Peng 和 Heath, 1996）。

尽管某些研究者认为之所以能在中国观察到很强的社会网络和关系，是因为中国独特的文化（Redding, 1990），然而相关研究发现社会网络和关系在阿根廷（Guillen, 2000）、智利（Khanna 和 Palepu, 2000）、捷克共和国（Newman, 2000）、匈牙利（Rona-Tas, 1994；Stark,

---

① 这并不意味着中国没有大量法律和法规。中国当然有。例如，世界贸易组织（WTO）于 2006 年第一期关于中国的定期贸易政策评论（通常所说的"同行评论"）表明，WTO 成员国赞扬中国广泛修改 2 000 多部法律法规以满足它对 WTO 的承诺的努力。然而，很多成员国表示尽管中国作出了巨大努力，但在法律的执行方面仍然存在问题（WTO, 2006）。

1996)、印度(Kedia 等, 2006)、波兰(Spicer, McDermott 和 Kogut, 2000)、俄罗斯(Guriev 和 Rachinsky, 2005; Perotti 和 Gelfer, 2001; Puffer 和 McCarthy, 2003)和韩国(Chang 和 Hong, 2000)等国家的制度转型过程中也变得更为普遍。因此,Peng(2003: 284)基于上述全球一致的研究证据指出:

> 企业在一系列拥有不同文化传统和转型轨道的国家不约而同地采用基于网络的战略这一现象不大可能是由于国家文化这个单一因素导致,而更有可能是由于这些国家共同的制度特征导致——具体而言,这些国家在转型过程中缺乏正式的市场制度。

更值得指出的是,在中国和其他新兴经济国家不仅本土企业热衷于使用基于网络的战略,正如外资企业与本土企业建立大量国际战略联盟(Hitt 等, 2000, 2004; Li, 2005; Luo & Peng, 1999; Xu, Pan, Wu, & Yim, 2006)这一现象所表明,大量进入中国的外资企业也非常热衷于构建组织间关系网络。

要拓展和深入理解企业在像中国这样的新兴经济国家进行战略选择的制度驱动因素,一个有趣的方法是在宏观社会层面追踪组织网络和组织关系的长期演化。一方面,如果国家文化是企业战略选择的主要驱动力,那么对人与人之间关系的深度依赖会持续很长时间,或者至少不会随着市场化改革的深化而出现显著下降,因为文化的变迁是相对缓慢的(Hofstede, 2007)。另一方面,如果是制度的发展程度决定了企业战略选择,那么随着正式市场支持制度的逐渐被实施,人与人之间关系的作用会下降,企业会更依赖基于市场的能力(Ahlstrom, Bruton 和 Yeh, 2007; Dieleman 和 Sachs, 2006; Li, Sun 和 Liu, 2006b; White, 2000; Xu 等, 2006; Zhou 和 Peng, 2006; Zhou, Li, Zhao 和 Cai, 2003)。由 Peng(2003)整合相关研究发展起来的制度基础观得到了实证研究的支持,成为一种正在兴起的研究视角。例如,Guthrie (1998)报告了中国的管理者认为人与人之间关系的作用正在下降。Peng 和 Luo(2000)发现关系是企业取得好的绩效的必要但不充分的条件,基于市场的能力是影响企业绩效更重要的因素。合资企业有助于国外进入企业充分利用当地合作伙伴在理解制度特性方面的优势,但很强的实证证据表明(特别是在国际商务的进入模式研究领域),企业建立合资企业(进而获得这种优势)的可能性正随着中国近期在制度方面的转型而下降,外资企业建立的全资子公司不仅在数量上超过了合资企业,而且增长幅度更快(Child 和 Tse, 2001)。2001 年,60% 新进入中国的 FDI 采用全资子公司形式,34% 采用合资企业形式,全资子公司与合资企业的比例略低于 2:1;2005 年,新进入中国的 FDI 采用全资子公司形式和合资企业形式的比例分别是74%和24%，两者的比例超过3:1(《中国商业评论》, 2006: 65)。

新兴经济国家的公司治理

以往公司治理的研究重点是发达经济国家，特别是美国和英国，这些国家统称为英美系统。在代理理论的支撑下，这些研究长期以来基于两个假设：股权分散，以及控制权和所有权高度分离。在这种情况下，公司内部的关键冲突是股东和管理者之间的委托—代理冲突(Jensen和Meckling, 1976)。正如Morck(2000: 11)的观察，“事实上，我们教给学生的任何东西都源于这个假设”，他继续指出“似乎这个假设在美国国内和国外都成立，但这很大程度上是因为这个领域最重要的标准教科书都是美国人写的”。然而，股权分散“事实上是一种例外，而不是世界的普遍现象……世界上大部分公司被家族或国家控制，它们的重要特征是股权集中”(La Porta, Lopez-de-Silanes和Shleifer, 1999: 498)。新兴经济国家更是如此。最近的研究发现新兴经济国家的公司治理的主要冲突不是委托—代理冲突，而是两类委托人之间的委托人—委托人冲突，即控股股东(往往是家族或国家)和中小股东之间的冲突(Young, Peng, Ahlstrom, Bruton和Jiang, 2008; Chang, 2006; Jiang, 2006)。

不能正确理解新兴经济国家企业内委托人—委托人冲突的制度本质将导致公司治理改革的政策变得毫不相关、事与愿违，甚至导致灾难性的后果。例如，一个重要的内部治理机制是董事会。改善公司治理的一个标准药方是增加董事会中的外部(假设是独立的)董事的数量，因为外部董事被假定能提高企业绩效。然而，基于中国(Peng, 2004b)和俄罗斯(Peng, Buck和Filatotchev, 2003)的实证研究并没有发现外部董事和企业财务绩效之间有显著关系。董事会一般有三个主要功能：控制、服务(即为CEO提供建议)，以及获取资源。英美企业强调董事会对管理层的控制和监督职能。但是，控制职能在新兴经济国家通常只是一个装饰，因为控股股东(通常是家族或国家)并不真正希望与任何人分享控制权(Bruton, Ahlstrom和Wan, 2003)。在这种情况下，董事的重要功能表现为服务和获取资源，即获取嵌入在董事的社会网络和关系中的资源(Filatotchev, Lien和Piesse, 2005; Morck, Wolfenzon和Yeung, 2005; Yeung, 2006; Young等, 2001, 2008)。

由于英美公司股权高度分散，并且往往只有少量大股东，这可能导致管理层有过高的实际控制权。因此，另外一个建议是增加大股东的持股比例(大股东通常被界定为持股比例超过5%的主体)。这个建议如果在新兴经济国家实施很可能会导致灾难性的后果。因为，新兴经济国家公司治理的主要问题是控股股东已经拥有太过集中的所有权和控制权，而这使他们可能剥夺中小股东的权益(Chang, 2003)。因此,新兴经济国家的公司治理改革需要寻找降低(肯定不是增加)控股股东太过集中的股权的方法(Morck 等, 2005; Young 等, 2008)。

总之,在新兴经济国家,研究者应该更多地关注公司治理的制度前因和后果,而不是简单地将英美关于所有权和控制权分散的假设应用到其他地区。因为这种假设与全世界大部分地区,尤其是新兴经济国家的现实不相符(Jiang, 2006)。

讨论

贡献

本文做了如下工作:

(1) 指出国际商务战略的制度基础观已经出现;

(2) 认为制度基础观能与现存的产业基础观和资源基础观互补,共同支撑起"战略三脚架";

(3) 使用对新兴经济国家四个不同领域的研究作为例子来推动制度基础观的进一步发展。

三方面的贡献由此可见。第一,与其说制度基础观是思考国际商务战略的"一种根本不同的方式"(Ricart 等, 2004: 175),我们认为制度基础观更多地与现有研究有很强的延续性,制度基础观最好被看做产业基础观和资源基础观的互补,而不是替代。制度基础观的新颖之处在于能为"战略三脚架"补上缺失的一条腿。制度基础观将 Leung 等(2005)和 Redding (2005)对于更细致地描述情境(如文化和制度)的强调转化为一个清晰的战略聚焦:制度是如何影响企业战略和绩效的? 它与 Teegen 等(2004)呼吁更多地研究非政府组织的想法不谋而合,因为非政府组织是影响国际商务战略和绩效的非正式制度的一部分。本文也呼应了 London 和 Hart(2004)、Meyer(2004)和 Ramamurti(2004)等提出的聚焦新兴经济国家相关议题的愿望。随着新兴经济国家成为全球经济越来越重要的贡献者,关于新兴经济国家的国际商务战略研究应该致力于对核心(主流)文献作出贡献(Meyer, 2006, 2007; Meyer 和 Peng, 2005),而本文所做的工作是对"战略三脚架"中的政治、法律和社会等方面进行了阐述。

第二,在更广的理论范围,国际商务战略的制度基础观也与交易成本和内部化理论互补

(Buckley 和 Casson, 1976; Williamson, 2000)。主要有两方面:(1) North(1990)和 Williamson(2000)等理论家往往明确地将交易成本理论定位为新制度经济学的一部分,简单地看两者的"制度"标签就可以感觉到它们的观点可能有共通之处;(2) 国际商务中的大部分交易成本和内部化研究基于发达经济国家。这些研究自然地集中于探讨影响个人和公司行为的制度的微观方面(如机会主义)(Williamson, 2000)。尽管制度的宏观方面(如国家层面的法律和法规)被普遍认为是交易成本的来源之一(Buckley 和 Casson, 1976),但它们往往被认为是"背景"。North(1990)和 La Porta 等(1999)以及其他的制度经济学家已经提醒我们需要把这种"背景"推向前台。然而,由于他们的学科背景的缘故,North(1990)和 La Porta 等(1999)以及其他的研究者还没有从战略的角度探讨公司如何应对制度框架的约束。国际商务战略的制度基础观将这方面的思考向前推进了一步,直接将企业层面的战略决策过程与微观和宏观的交易成本研究联系在一起。

第三,国际商务的制度基础观也与新近出现的共同演化的相关文献一致(Teegen 等, 2004: 474)。共同演化的一个核心研究问题是:"企业是如何与它们的环境共同演化的?"(Lewin 和 Volberda, 1999: 520),我们的问题是:"当游戏规则是不完全可知和经常变化时,企业如何进行游戏?"这两个问题很相似。不同之处在于很多新兴经济国家的制度转型和环境变迁有更高程度的不确定性(Peng 和 Zhou, 2005)。尽管如此,这些转型和变迁可以更广泛地被概念化为环境的演化,这意味着这里倡导的制度基础的研究与更广泛的关于共同演化的研究(Lewin, Weigelt 和 Emery, 2004)有共通之处。毋庸置疑的是"关于组织与环境同时演化和共同演化的研究仍然很少"(Lewin 和 Volberda, 1999: 526)。几乎前面回顾的所有研究关注的都是本土企业和外资企业如何从战略上回应制度框架中的机会和约束。正如关于发达经济国家的企业政治战略的研究(Ring 等, 2005)所指出的,某些企业积极主动地影响"游戏规则"以便谋利。尽管可以非常自然地预期新兴经济国家的企业(包括某些进入的外资企业)将会采取类似的行动,但是探讨它们如何在一个通常并不透明的政治和制度环境中影响"游戏规则"将是推动类似研究面临的极大挑战和有趣机会(Lee 和 Oh, 2007; Lewin 和 Kim, 2004)。

未来的研究方向

虽然制度基础观肯定可以应用于发达经济国家,但是聚焦新兴经济国家更可能使国际商务战略研究在未来取得更重大的进展(Hoskisson 等, 2000; McMillan, 2007; Meyer 和 Peng,

2005; Peng, 2003; Wright 等, 2005)。发达经济国家跨国企业面临的一个根本性的挑战是它们采用的"全球战略"(产品和服务的标准化)是否能拓展或通过较小调整就能应用到新兴经济国家。传统的"全球战略"是基于从全球经济金字塔的顶层(10 亿人左右,包括一小部分新兴经济国家内的高收入消费者)获利的商业模式(Bartlett 和 Ghoshal, 1989; Yip, 1992)。聚焦新兴经济国家需要更多地关注全球经济金字塔底层的消费者,并建立新的商业模式,该层次的消费者包括年收入在 2000 美元以下的 40 亿人口(London 和 Hart, 2004; Prahalad 和 Hammond, 2002)。换言之,略微改变和拓展传统的"全球战略"是不够的(Schlie 和 Yip, 2000; Tallman 和 Yip, 2001)。总体上,新兴经济国家对这种传统的"全球战略"带来了强有力的挑战(Peng, 2006)。尽管发达经济国家和新兴经济国家在某些方面出现了趋同(如手机的使用),但如果西方跨国企业仅仅看到这些趋同的方面,它们可能会"被自己采取的策略困在镀金的笼子里,服务于少数富裕的消费者却忽略了数十亿计最初吸引它们的潜在消费者"(Dawar 和 Chattopadhyay, 2002: 457)。尽管有显著的地区和国家差异,但是新兴经济国家之间有足够的共同性支持跨国企业开发出一种新的、与发达经济国家相比有不同性价比的商业模式。如果不理解正式和非正式制度如何影响企业、管理者、消费者和政策制定者,在新兴经济国家建立这种商业模式几乎是不可能的(Burgess, 2003; Doh 等, 2004; Meyer, 2004; Teegen 等, 2004)。因此,关于国际商务战略的制度基础观有助于倡导和推进该方面的研究。

关注新兴经济国家本土企业战略选择的一个好处是这些企业中的一部分将在不久的将来开始国际化经营,它们将成为跨国企业队伍的新鲜血液(Mathews, 2006; Peng 和 Delios, 2006; Ramamurti, 2004)。它们的国际化不但受到产业基础和资源基础相关因素的影响,而且不可避免地受到约束企业行为的国内和国际制度框架的影响。由于传统国际商务研究关注的重点是发达经济国家的跨国企业,导致我们目前对于新兴经济国家企业国际化(如它们如何克服反倾销形成的进入壁垒)的了解极为有限(Khanna 和 Palepu, 2006; Wright 等, 2005)。如果国际商务领域致力于不与全球实践脱节,那么对于这些重要战略问题开展更多的研究是必要的(Brouthers 等, 2005; Dunning, 2006; Mathews, 2006; Narula, 2006)。

实践意义

在企业实践方面,制度基础观可以帮助新兴经济国家企业增强竞争力,尤其是在这些企业的国际化过程中。它们需要更多地了解那些与它们熟悉的母国制度规则可能有差异的国外制度规则。在中国,来自有竞争关系的企业的管理者目前仍可以合法地坐下来讨论价格和市场划分问题，这种行为已经在美国被反垄断法称为“共谋”，并早在一百多年前就被宣布为不合法。可以想象中国企业进入美国后，当中国的管理者试图接近竞争对手并与之讨论定价问题时，他们将会多么震惊。[①] 因为，如果他们这样做了，他们将被美国反垄断部门起诉。另外一个例子与反倾销相关。令很多中国企业惊讶的是，当它们开展源于产业基础观（如 Porter, 1980）和资源基础观写就的西方教科书中所倡导的低成本战略时，它们将在那些被学者鼓吹为崇尚“自由市场”竞争的国度贴上“非法”和“不公平”倾销的标签。事实上，即使是在发达经济国家，所谓的“自由市场”也只是一个神话，市场不一定是“自由”的。在新兴经济国家企业国际化的过程中，管理者如果忽略发达经济国家约束竞争的复杂制度规则，他们将不得不铤而走险。

外资企业进入新兴经济国家至少有两个好处。第一，由于大多数发达经济国家的经济增长停滞，聚焦高速增长的新兴经济国家将为它们在全球（不仅仅是在新兴经济国家）实现企业整体的增长提供巨大潜力。例如，大众汽车目前大约三分之一和通用汽车大约四分之一的全球利润来自中国（Tao, 2006）。[②] 第二，跨国企业为应对其在新兴经济国家中所面临的问题所进行的学习不仅将为其在新兴经济国家，而且将为其在发达经济国家实现强劲增长提供源源不断的动力。例如，许多汽车制造商（如通用和本田）正在相互竞争开发出适合中国的、价位在 5 000 美元左右的入门级车型。虽然它们在美国和日本生产这类车型无法获利，但这些在中国开发的车型返销母国（即美国和日本）却有潜在的获利可能，因为入门级车型目前在美国和日本的售价高达 1 万美元。

结论

总之，日益增多的研究者已经意识到制度的重要性。国际商务战略研究，尤其是关于新兴经济国家（也包括关于发达经济国家）的研究不能仅仅关注产业状况和企业能力（Maho-

① 当本文的第一作者在中国一个名列前茅的 EMBA 项目授课期间介绍美国的反垄断法时，基本上所有的中国 EMBA 学生对此很震惊，因为他们对美国这方面的法律闻所未闻。让第一作者同样震惊的是这些 EMBA 学生告诉他中国并没有此类法律（译注：本文初稿成文于 2004 年，中国从 2008 年开始执行反垄断法）。

② 这些来自大众和通用的经验并不一定能推广到全体来自发达经济国家的跨国企业。Rugman 和 Verbeke（2004）发现 380 个跨国企业中的 320 个平均 80% 的销售收入来自母国所在的地区（发达经济国家）。这意味着平均 20% 的利润来自包括中国在内的非母国地区。我们感谢第二位审稿人提出这个问题。然而，有数据表明跨国企业来自新兴经济国家的销售收入和利润的比重正在上升（Peng, 2006）。

ney, 2005：223)。与产业基础观和资源基础观相结合,制度基础观将使“战略三脚架”变得更加稳固。对于研究者而言,认真地对待制度仅仅是第一步,第二步是发展出分析框架,然后是详细阐述背后的机制(Williamson, 2000)。我们才刚走上这条路,更多关于制度如何发生作用的研究将会展开。总之,国际商务战略的制度基础观能与产业基础观和资源基础观相结合,不仅能支撑起“战略三脚架”,而且对回答国际商务最根本的问题有新的重要启示,例如:在国际商务中,是什么决定了企业战略?是什么决定了企业在全球范围的成功和失败?

最后,尽管 Dunning 不是一位“制度理论家”,我们还是希望引用这位国际商务领域的领军人物最近发表的一篇有影响力的论文中的一段话来结束本文(Dunning, 2004):

> 我认为最近发生的事情正迫使国际商务研究者更关注 Douglass North 的制度概念(p. 19)……与制度相关的资产无疑已经变得越来越重要(p. 19)……我希望国际商务全体同行在接下来的十多年中将这些问题作为他们研究计划的最重要部分。如果我们做不到这一点,我相信我们将难以更好地为我们的学生和国际社区服务(p. 24)。

致谢

本文基于第一作者在密歇根州立大学举行的“第二届 AIB/JIBS 研究前沿年会”(2004 年9月)的第一次全体会议上报告的论文“一个来自很有前途的国际商务学者的研究视角”。本文还在俄亥俄州立大学(2005 年 3 月)、中国管理研究国际学会在南京的会议(2006 年 6 月),以及蒙特利尔高等商学院(2006 年 10 月)报告过。我们感谢 Arie Lewin 和三位审稿人的修改建议。Jay Anand, Seung-Hyun Lee, Mingfang Li(李明方), Mona Makhija, Klaus Meyer, Sunny Li Sun(孙黎), Aimin Yan(阎爱民)和 George Yip 对本文的初稿提供了书面评论。我们还受到与 Mehdi Farashari 和 Taieb Hafsi 的极有助益的讨论的启发,以及 Steve Burgess, John McMillan, Alan Rugman 和 Doug Schuler 提供的相关论文。Ted Khoury, Kenny Oh, Muthu Subbiah, Sunny Li Sun(孙黎),和 Jessie Qi Zhou(周琪)提供了研究助理工作。该研究得到(美国)国家科学基金会 CAREER 项目(SES 0552089)以及香港研究资助局两个 CERG 项目(CUHK4148/03H 和 CUHK4650/06H)的部分资助。所有的观点及错误都由作者负责,与(美国)国家科学基金会和香港研究资助局无关。

参考文献

Ahlstrom, D. , Bruton, G. D. ,& Yeh, K. S. 2007. Venture capital in China: Past, present, and future. *Asia Pacific Journal of Management*, 24(3): 247—268.

Barney,J. B. 1991 . Firm resources and sustained competitive advantage. *Journal of Management*, 17(1): 99—121.

Bartlett, C. ,& Ghoshal, S. 1989. *Managing across borders: The transnational solution.* Boston, MA: Harvard Business School Press.

Blonigen, B. A. 2002. Tariff-jumping antidumping duties. *Journal of International Economics*, 57(1):31—49.

Boisot, M. , & Child, J. 1996. From fiefs to clans and network capitalism: Explaining China's emerging economic order. *Administrative Science Quarterly*, 41(4): 600—628.

Brouthers, L. E. , O'Donnell, E. ,& Hadjimarcou, J. 2005. Generic product strategies for emerging market exports into Triad nation markets: A mimetic isomorphism approach. *Journal of Management Studies*, 42(1):225—245.

Bruton, G. D. , Ahlstrom, D. ,& Wan, J. C. C. 2003. Turnaround in East Asian firms: Evidence from ethnic overseas Chinese communities. *Strategic Management Journal*, 24(6): 519—540.

Bruton, G. D. , Dess, G. ,& Janney, J. 2007. Knowledge management in technology-focused firms in emerging economies: Caveats on capabilities, networks, and real options. *Asia Pacific Journal of Management*, 24(2):115—130.

Buckley, P. ,& Casson, M. 1976. *The future of the multinational enterprise.* London: Palgrave Macmillan.

Burgess, S. M. 2003. Within-country diversity: Is it the key to South Africa's prosperity in a changing world? *International Journal of Advertising*, 22(2): 157—182.

Butler, K. C. ,& Joaquin, D. C. 1998. A note on political risk and the required return on foreign direct investment. *Journal of International Business Studies*, 29(3): 599—608.

Carney, M. 2005. Globalization and the renewal of Asian business networks. *Asia Pacific Journal of Management*, 22(4): 337—354.

Chacar, A. ,& Vissa, B. 2005. Are emerging economies less efficient? Performance persistence and the impact of business group affiliation. *Strategic Management Journal*, 26(10): 933—946.

Chang, S.-J. 2003. Ownership structure, expropriation, and performance of group-affiliated companies in

Korea. *Academy of Management Journal*, 46(2): 238—254.

Chang, S.-J. 2006. Business groups in East Asia: Post-crisis restructuring and new growth. *Asia Pacific Journal of Management*, 23(4): 407—417.

Chang, S.-J., & Hong, J. 2000. Economic performance of groupaffiliated companies in Korea: Intragroup resource sharing and internal business transactions. *Academy of Management Journal*, 43(3): 429—448.

Chelariu, C., Bello, D. C., & Gilliland, D. I. 2006. Institutional antecedents and performance consequences of influence strategies in export channels to Eastern European transition economies. *Journal of Business Research*, 59(5): 525—534.

Child, J., & Tsai, T. 2005. The dynamic between firms' environmental strategies and institutional constraints in emerging economies: Evidence from China and Taiwan. *Journal of Management Studies*, 42(1): 95—125.

Child, J., & Tse, D. 2001. China's transition and its implications for international business. *Journal of International Business Studies*, 32(1): 5—21.

China Business Review 2006. China data: Trade and investment since 2001. September-October: 62—65.

Chung, H.-M. 2006. Managerial ties, control, and deregulation: An investigation of business groups entering the deregulated banking industry in Taiwan. *Asia Pacific Journal of Management*, 23(4): 505—520.

Chung, C. C., & Beamish, P. W. 2005. The impact of institutional reforms on characteristics and survival of foreign subsidiaries in emerging economies. *Journal of Management Studies*, 42(1): 35—62.

Clougherty, J. 2005. Antitrust holdup, cross-national institutional variation, and corporate political strategy implications for domestic mergers in a global context. *Strategic Management Journal*, 26(8): 769—790.

Dacin, M. T., Goodstein, J., & Scott, W. R. 2002. Institutional theory and institutional change: Introduction to the special research forum. *Academy of Management Journal*, 45(1): 45—56.

Davis, M. S. 1971. That's interesting! Towards a phenomenology of sociology and a sociology of phenomenology. *Philosophy of the Social Sciences*, 1(4): 309—344.

Dawar, N., & Chattopadhyay, A. 2002. Rethinking marketing programs for emerging markets. *Long Range Planning*, 35(5): 457—474.

Delios, A., & Henisz, W. J. 2000. Japanese firms' investment strategies in emerging economies. *Academy of Management Journal*, 43(3): 305—323.

Dess, G. G., & Beard, D. 1984. Dimensions of organizational task environments. *Administrative Science Quarterly*, 29(1): 52—73.

Dieleman, M., & Sachs, W. 2006. Oscillating between a relationship-based and a market-based model: The Salim Group. *Asia Pacific Journal of Management*, 23(4): 521—536.

Djankov, S. , La Porta, R. , Lopez-de-Silanes, F. ,& Shleifer, A. 2002. The regulation of entry. *Quarterly Journal of Economics*, 117(1): 1—37.

Doh,J. , Teegen, H. ,& Mudambi, R. 2004. Balancing private and state ownership in emerging markets' telecommunications infrastructure: Country, industry, and firm influences. *Journal of International Business Studies*, 35(3): 233—250.

Dunning,J. H. 2004. An evolving paradigm of the economic determinants of international business activity. In J. Cheng & M. Hitt (Eds), *Managing multinationals in a knowledge economy*, Advances in International Management, Vol. 15: 3—27. Oxford: Elsevier.

Dunning,J. H. 2006. Comment on "Dragon multinationals: New players in 21st century globalization". *Asia Pacific Journal of Management*, 23(2): 139—141.

Ethiraj, S. K. , Kale, P. , Krishnan, M. S. ,& Singh,J. V. 2005. Where do capabilities come from and how do they matter? A study in the software services industry. *Strategic Management Journal*, 26(1):25—45.

Filatotchev, I, Buck, T. ,& Zhukov, V. 2000. Downsizing in privatized firms in Russia, Ukraine, and Belarus. *Academy of Management Journal*, 43(3): 286—304.

Filatotchev, I, Lien, Y. ,& Piesse,J. 2005. Corporate governance and performance in publicly listed, family controlled firms: Evidence from Taiwan. *Asia Pacific Journal of Management*, 22(3): 257—283.

Finger, M. , Ng, F. ,& Wangchuk, S. 2001 . *Antidumping as safeguard policy.* Working paper 2730, The World Bank, Washington, DC.

Flowers, E. B. 1976. Oligopolistic reactions in European and Canadian direct investment in the United States. *Journal of International Business Studies*, 7(2): 43—55.

Garud, R. , Kumaraswamy, A. ,& Sambamurthy, V. 2006. Emergent by design: Performance and transformation at Infosys Technologies. *Organization Science*, 17(2): 277—286.

Gopal, A. , Sivaramakrishnan, K. , Krishnan, M. S. ,& Mukhopadhyay, T. 2003. Contracts in offshore software development: An empirical analysis. *Management Science*, 49(12): 1671—1683.

Guillen, M. F. 2000. Business groups in emerging economies: A resource-based view. *Academy of Management Journal*, 43(3): 362—380.

Guriev, S. ,& Rachinsky, A. 2005. The role of oligarchs in Russian capitalism. *Journal of Economic Perspectives*, 19(1):131—150.

Guthrie, D. 1998. The declining significance of *guanxi* in China's economic transition. *China Quarterly*, 154 (June): 254—282.

Hafsi, T. ,& Farashahi, M. 2005. Applicability of management theories to developing countries: A synthesis. *Management International Review*, 45(4): 483—511.

Hall, P. ,& Soskice, D. 2001 . An introduction to varieties of capitalism. In P. Hall and D. Soskice (Eds), *Varieties of capitalism: The institutional foundations of comparative advantage*: 1—70. Oxford: Oxford University Press.

Hill, C. W. L. 2007. Digital piracy: Causes, consequences, and strategic responses. *Asia Pacific Journal of Management*, 24(1):9—25.

Hitt, M. A. , Ahlstrom, D. , Dacin, M. T. , Levitas, E. ,& Svobodina, L. 2004. The institutional effects on strategic alliance partner selection in transition economies: China vs Russia. *Organization Science*, 15(2): 173—185.

Hitt, M. A. , Dacin, M. T. , Levitas, E. , Arregle, J. -L. ,& Borza, A. 2000. Partner selection in emerging and developed market contexts: Resource-based and organizational learning perspectives. *Academy of Management Journal*, 43(3): 449—467.

Hofstede, G. 2007. Asian management in the 21st century. *Asia Pacific Journal of Management*, 24(4): 411—420.

Hofstede, G. , Van Deusen, C. , Mueller, C. , Charles, T. ,& Business Goals Network 2002. What goals do business leaders pursue? A study in fifteen countries. *Journal of International Business Studies*, 33(4): 785—803.

Hoskisson, R. E. , Eden, L. , Lau, C. M. ,& Wright, M. 2000. Strategy in emerging economies. *Academy of Management Journal*, 43(3): 249—267.

Ingram, P. , & Silverman, B. 2002. Introduction. In P. Ingram and B. Silverman (Eds), *The new institutionalism in strategic management*: 1—30. Amsterdam: Elsevier.

Isobe, T. , Makino, S. , & Montgomery, D. B. 2000. Resource commitment, entry timing, and market performance of foreign direct investments in emerging economies: The case of Japanese international joint ventures in China. *Academy of Management Journal*, 43(3): 468—484.

Jensen, M. ,& Meckling, W. 1976. Theory of the firm: Managerial behavior, agency costs, and ownership structure. *Journal of Financial Economics*, 3(4): 305—360.

Jiang, Y. 2006. *Governing corporations across institutional contexts*. PhD Dissertation, Ohio State University.

Kapur, D. , & Ramamurti, R. 2001 . India's emerging competitive advantage in services. *Academy of Management Executive*, 15(2): 20—33.

Kedia, B. L. , Mukherjee, D. ,& Lahiri, S. 2006. Indian business groups: Evolution and transformation. *Asia Pacific Journal of Management*, 23(4): 559—577.

Khandwalla, P. N. 2002. Effective organizational response by corporates to India's liberalization and globalization. *Asia Pacific Journal of Management*, 19(2—3): 423—448.

Khanna, T. ,& Palepu, K. 2000. The future of business groups in emerging markets: Long-run evidence from Chile. *Academy of Management Journal*, 43(3): 268—285.

Khanna, T. , & Palepu, K. 2004. Globalization and convergence in corporate governance: Evidence from Infosys and the Indian software industry. *Journal of International Business Studies*, 35(6): 484—507.

Khanna, T. ,& Palepu, K. 2006. Emerging giants: Building worldclass companies in developing countries. *Harvard Business Review*, 84(10): 60—69.

Kiggundu, M. N. , Jorgensen, J. J. , & Hafsi, T. 1983. Administrative theory and practice in developing countries: A synthesis. *Administrative Science Quarterly*, 28(1):66—84.

Kobrin, S. J . 1982. *Managing political risk assessment.* Berkeley: University of California Press.

Kogut, B. 2003. *Globalization and context.* Keynote Address at the First Annual Conference on Emerging Research Frontiers in International Business, Duke University.

La Porta, R. , Lopez-de-Silanes, F. ,& Shleifer, A. 1999. Corporate ownership around the world. *Journal of Finance*, 54(2): 471—517.

Lawrence, P. ,& Lorsch, J. 1969. *Organization and environment.* Homewood, IL: Invin.

Le, N. T. B. , Venkatesh, S. , & Nguyen, T. V. 2006. Getting bank financing: A study of Vietnamese private firms. *Asia Pacific Journal of Management*, 23(2): 209—227.

Lee, S. -H. ,& Oh, K. 2007. Corruption in Asia: Pervasiveness and arbitrariness. *Asia Pacific Journal of Management*, 24(1):97—114.

Lee, S. -H. , Peng, M. W. ,& Barney, J. B. 2007. Bankruptcy law and entrepreneurship development: A real options perspective. *Academy of Management Review*, 32(1):257—272.

Leung, K. , Bhagat, R. , Buchan, N. , Erez, M. ,& Gibson, C. 2005. Culture and international business: Recent advances and their implications for future research. *Journal of International Business Studies*, 36(4): 357—378.

Lewin, A. Y. , & Kim, J. 2004. The nation-state and culture as influences on organizational change and innovation. In M. S. Poole and A. H. van de Ven (Eds), *Handbook of organization change and innovation*: 324—353. Oxford: Oxford University Press.

Lewin, A. Y. ,& Peeters, C. 2006. The top-line allure of offshoring. *Harvard Business Review*, 84(3): 22—24.

Lewin, A. Y. ,& Volberda, H. W. 1999. Prolegomena on coevolution: A framework for research on strategy and new organizational forms. *Organization Science*, 10(5): 519—534.

Lewin, A. Y. , Weigelt, C. ,& Emery, 2004. Adaptation and selection in strategy and change: Perspectives on strategic change in organizations. In M. S. Poole and A. H. van de Ven (Eds), *Handbook of organization change and innovation*: 108—160. Oxford: Oxford University Press.

Li, J. J. 2005. The formation of managerial networks of foreign firms in China: The effects of strategic orientation. *Asia Pacific Journal of Management*, 22(4): 423—443.

Li, M., Ramaswamy, K., & Petitt, B. 2006a. Business groups and market failures: A focus on vertical and horizontal strategies. *Asia Pacific Journal of Management*, 23(4): 439—452.

Li, Y., Sun, Y., & Liu, Y. 2006b. An empirical study of SOEs' market orientation in transitional China. *Asia Pacific Journal of Management*, 23(1): 93—113.

Lipstein, R. 1997. Using antitrust principles to reform antidumping law. In E. Graham and D. Richardson (Eds), *Global competition policy*: 405—438. Washington, DC: Institute for International Economics.

London, T., & Hart, S. L. 2004. Reinventing strategies for emerging markets: Beyond the transnational model. *Journal of International Business Studies*, 35(5): 350—370.

Lu, Y., & Yao, J. 2006. Impact of state ownership and control mechanisms on the performance of group affiliated companies in China. *Asia Pacific Journal of Management*, 23(4): 485—503.

Luo, Y., & Peng, M. W. 1999. Learning to compete in a transition economy: Experience, environment, and performance. *Journal of International Business Studies*, 30(2): 269—296.

Lyles, M., & Salk, J. 1996. Knowledge acquisition from foreign parents in international joint ventures. *Journal of International Business Studies*, 27(5): 877—904.

Ma, X., Yao, X., & Xi, Y. 2006. Business group affiliation and firm performance in a transition economy: A focus on ownership voids. *Asia Pacific Journal of Management*, 23(4): 467—483.

Mahoney, J. T. 2005. *Economic foundations of strategy*. Thousand Oaks, CA: Sage.

Makino, S., Isobe, T., & Chan, C. 2004. Does country matter? *Strategic Management Journal*, 25(10): 1027—1043.

March, J. G., & Olsen, J. P. 1989. *Rediscovering institutions*. New York: Free Press.

Marsh, S. 1998. Creating barriers for foreign competitors. *Strategic Management Journal*, 19(1): 25—37.

Mathews, J. 2006. Dragon multinationals: New players in 21st century globalization. *Asia Pacific Journal of Management*, 23(1): 5—27.

McMillan, J. 2007. Market institutions. In L. Blume and S. Durlauf (Eds), *The New Palgrave Dictionary of Economics* (2nd ed.). London: Palgrave.

Meyer, K. E. 2004. Perspectives on multinational enterprises in emerging economies. *Journal of International Business Studies*, 35(4): 259—276.

Meyer, K. E. 2006. Asian management research needs more selfconfidence. *Asia Pacific Journal of Management*, 23(2): 119—137.

Meyer, K. E. 2007. Asian contexts and the search for general theory in management research: A rejoinder. *Asia Pacific Journal of Management*, 24(4): 527—534.

Meyer, K. E., & Nguyen, H. V. 2005. Foreign investment strategies and sub-national institutions in emerging markets: Evidence from Vietnam. *Journal of Management Studies*, 42(1):63—93.

Meyer, K. E.,& Peng, M. W. 2005. Probing theoretically into Central and Eastern Europe: Transactions, resources, and institutions. *Journal of International Business Studies*, 36(6): 600—621.

Morck, R. 2000. Introduction. In R. Morck (Ed.), *Concentrated corporate ownership*: 1—16. Chicago: University of Chicago Press.

Morck, R., Wolfenzon, D.,& Yeung, B. 2005. Corporate governance, economic entrenchment, and growth. *Journal of Economic Literature*, 43(3): 655—720.

Narayanan, V. K.,& Fahey, L. 2005. The relevance of the institutional underpinnings of Porter's five forces framework to emerging economies: An epistemological analysis. *Journal of Management Studies*, 42(1): 207—223.

Narula, R. 2006. Globalization, new ecologies, new zoologies, and the purported death of the eclectic paradigm. *Asia Pacific Journal of Management*, 23(2): 143—151.

Newman, K. 2000. Organizational transformation during institutional upheaval. *Academy of Management Review*, 25(3): 602—619.

Nigh, D. 1985. The effect of political events on United States direct foreign investment: A pooled time-series cross-sectional analysis. *Journal of International Business Studies*, 16(1):1—17.

North, D. C. 1990. *Institutions, institutional change, and economic performance*. Cambridge, MA: Harvard University Press.

OECD 1996. *Trade and competition: Frictions after the Uruguay round*. Paris: OECD.

Oliver, C. 1997. Sustainable competitive advantage: Combining institutional and resource-based views. *Strategic Management Journal*, 18(9): 679—713.

Peng, M. W. 2002. Towards an institution-based view of business strategy. *Asia Pacific Journal of Management*, 19(2): 251—267.

Peng, M. W. 2003. Institutional transitions and strategic choices. *Academy of Management Review*, 28(2): 275—296.

Peng, M. W. 2004a. Identifying the big question in international business research. *Journal of International Business Studies*, 35(2): 99—108.

Peng, M. W. 2004b. Outside directors and firm performance during institutional transitions. *Strategic Management Journal*, 25(5): 453—471.

Peng, M. W. 2006. *Global strategy.* Cincinnati: South-Western Thomson.

Peng, M. W., & Delios, A. 2006. What determines the scope of the firm over time and around the world? An Asia Pacific perspective. *Asia Pacific Journal of Management*, 23(4): 385—405.

Peng, M. W., & Heath, P. 1996. The growth of the firm in planned economies in transition: Institutions, organizations, and strategic choices. *Academy of Management Review*, 21(2): 492—528.

Peng, M. W., & Luo, Y. 2000. Managerial ties and firm performance in a transition economy: The nature of a micro-macro link. *Academy of Management Journal*, 43(3): 486—501.

Peng, M. W., & Zhou, J. Q. 2005. How network strategies and institutional transitions evolve in Asia. *Asia Pacific Journal of Management*, 22(4): 321—336.

Peng, M. W., Buck, T., & Filatotchev, I. 2003. Do outside directors and new managers help improve firm performance? An exploratory study in Russian privatization. *Journal of World Business*, 38(4): 348—360.

Peng, M. W., Lee, S.-H., & Wang, D. 2005. What determines the scope of the firm over time? A focus on institutional relatedness. *Academy of Management Review*, 30(3): 622—633.

Perotti, E., & Gelfer, S. 2001 . Red barons or robber barons? Governance and investment in Russian financial-industrial groups. *European Economic Review*, 45(9):1601—1617.

Porter, M. E. 1980. *Competitive strategy.* New York: Free Press.

Prahalad, C. K., & Hammond, A. 2002. Serving the world's poor, profitably. *Harvard Business Review*, 80(9): 48—57.

Puffer, S. M., & McCarthy, D. J. 2003. The emergence of corporate governance in Russia. *Journal of World Business*, 38(4): 284—298.

Ramamurti, R. 2004. Developing countries and MNEs: Extending and enriching the research agenda. *Journal of International Business Studies*, 35(4): 277—283.

Ramaswamy, K., Li, M., & Petit, B. S. 2004. Who drives unrelated diversification? A study of Indian manufacturing firms. *Asia Pacific Journal of Management*, 21(4): 403—423.

Redding, G. 1990. *The spirit of Chinese capitalism.* Berlin: De Guyter.

Redding, G. 2005. The thick description and comparison of societal systems of capitalism. *Journal of International Business Studies*, 36(2): 123—155.

Ricart, J. E., Enright, M. J., Ghemawat, P., Hart, S. L., & Khanna, T. 2004. New frontiers in international strategy. *Journal of International Business Studies*, 35(3): 175—200.

Ring, P. S., Bigley, G., D'Aunno, T., & Khanna, T. 2005. Perspectives on how governments matter. *Academy of Management Review*, 30(2): 308—320.

Robin, D., & Sawyer, W. C. 1998. The ethics of antidumping petitions. *Journal of World Business*, 33(3):

315—328.

Rodriguez, P., Uhlenbruck, K., & Eden, L. 2005. Government corruption and the entry strategies of multinationals. *Academy of Management Review*, 30(2): 383—396.

Rona-Tas, A. 1994. The first shall be last? Entrepreneurship and communist cadres in the transition from socialism. *American Journal of Sociology*, 100(1):40—69.

Roth, K., & Kostova, T. 2003. Organizational coping with institutional upheaval in transition economies. *Journal of World Business*, 38(4): 314—330.

Rugman, A., & Verbeke, A. 1990. American trade policy and corporate strategy. *World Competition: Law and Economics Review*, 13(4): 79—90.

Rugman, A., & Verbeke, A. 2004. A perspective on regional and global strategies of multinational enterprises. *Journal of International Business Studies*, 35(1):3—18.

Schlie, E., & Yip, G. 2000. Regional follows global: Strategy mixes in the world automotive industry. *European Management Journal*, 18(4): 343—354.

Schuler, D., Rehbein, K., & Cramer, R. 2002. Pursuing strategic advantage through political means: A multivariate approach. *Academy of Management Journal*, 45(4): 659—672.

Scott, W. R. 1995. *Institutions and organizations.* Thousand Oaks, CA: Sage.

Sedaitis, J. 1998. The alliances of spin-offs versus start-ups: Social ties in the genesis of post-Soviet alliances. *Organization Science*, 9(3): 368—387.

Simon, J. D. 1984. A theoretical perspective on political risk. *Journal of International Business Studies*, 15(3): 123—143.

Singh, K. 2007. The limited relevance of culture to strategy. *Asia Pacific Journal of Management*, 24(4): 421—428.

Smith, D. C. 2003. The importance and challenges of being interesting. *Journal of the Academy of Marketing Science*, 31(3): 319—322.

Spicer, A., McDermott, G., & Kogut, B. 2000. Entrepreneurship and privatization in Central Europe: The tenuous balance between destruction and creation. *Academy of Management Review*, 25(3): 630—649.

Stark, D. 1996. Recombinant property in East European capitalism. *American Journal of Sociology*, 101(4): 993—1027.

Tallman, S. B., & Yip, G. S. 2001. Strategy and the multinational enterprise. In A. M. Rugman and T. L. Brewer (Eds), *The Oxford handbook of international business*: 317—348. Oxford: Oxford University Press.

Tao, Q. T. 2006. The race to the Great Wall: Competing in the Chinese automobile industry. In M. W. Peng (Ed.), *Global strategy*: 165—170. Cincinnati: South-Western Thomson.

Teegen, H., Doh, J., & Vachani, S. 2004. The importance of nongovernmental organizations (NGOs) in global governance and value creation: An international business research agenda. *Journal of International Business Studies*, 35(6): 463—483.

Uhlenbruck, K., & De Castro, J. O. 2000. Foreign acquisitions in Central and Eastern Europe: Outcomes of privatization in transitional economies. *Academy of Management Journal*, 43(3): 381—402.

Wan, W. P. 2005. Country resource environments, firm capabilities, and corporate diversification strategies. *Journal of Management Studies*, 42(1): 161—182.

Wan, W. P., & Hoskisson, R. E. 2003. Home country environments, corporate diversification strategies, and firm performance. *Academy of Management Journal*, 46(1): 27—45.

White, S. 2000. Competition, capabilities, and the make, buy, or ally decisions of Chinese state-owned firms. *Academy of Management Journal*, 43(3): 324—341.

Whitley, R. 1994. Dominant forms of economic organization in market economies. *Organization Studies*, 15(2): 153—182.

Williamson, O. E. 2000. The new institutional economics: Taking stock, looking ahead. *Journal of Economic Literature*, 38(3): 595—613.

Wright, M., Filatotchev, I, Hoskisson, R. E., & Peng, M. W. 2005. Strategy research in emerging economies: Challenging the conventional wisdom. *Journal of Management Studies*, 42(1): 1—33.

WTO. 2006. *Trade policy review report by the Secretariat: People's Republic of China.* Geneva: World Trade Organization.

Wu, W., & Leung, A. 2005. Does a micro-macro link exist between managerial value of reciprocity, social capital, and firm performance? The case of SMEs in China. *Asia Pacific Journal of Management*, 22(4): 445—463.

Xu, D., Pan, Y., Wu, C., & Yim, B. 2006. Performance of domestic and foreign-invested enterprises in China. *Journal of World Business*, 41(3): 261—274.

Yeung, H. W. C. 2006. Change and continuity in Southeast Asian Chinese business. *Asia Pacific Journal of Management*, 23(3): 229—254.

Yip, G. 1992. *Total global strategy.* Englewood Cliffs, NJ: Prentice Hall.

Yiu, D., Bruton, G. D., & Lu, Y. 2005. Understanding business group performance in an emerging economy: Acquiring resources and capabilities in order to prosper. *Journal of Management Studies*, 42(1): 183—206.

Young, M., Ahlstrom, D., Bruton, G., & Chan, E. 2001. The resource dependence, service, and control functions of boards of directors in Hong Kong and Taiwanese firms. *Asia Pacific Journal of Management*, 18

(2): 233—243.

Young, M., Peng, M. W., Ahlstrom, D., Bruton, G., & Jiang, Y. 2008. Governing the corporation in emerging economies: A review of the principal-principal perspective. *Journal of Management Studies*, 45(1):196—220.

Zaheer, S. 1995. Overcoming the liability of foreignness. *Academy of Management Journal*, 38(2): 341—363.

Zhou, J. Q., & Peng, M. W. 2006. *From relational exchanges to arm's-length transactions during institutional transitions*. Working Paper, Ohio State University.

Zhou, K. Z., Tse, D. K., & Li, J. J. 2006. Organizational changes in emerging economies: Drivers and consequences. *Journal of International Business Studies*, 37(2): 248—263.

Zhou, X., Li, Q., Zhao, W., & Cai, H. 2003. Embeddedness and contractual relationships in China's transition economy. *American Sociological Review*, 68(1):75—102.

作者简介

Mike W. Peng(彭维刚)从华盛顿大学获得博士学位。他目前是达拉斯得克萨斯大学① 特聘教授,并担任《亚太管理期刊》(APJM)的主编。他的研究兴趣包括全球战略和新兴经济体。

Denis YL Wang (denis669@ netvigator. com)在约克大学获得 MBA 学位。他是香港中文大学的管理学副教授和英属哥伦比亚大学的国际商务访问教授。他的研究兴趣包括中国的并购。

Yi Jiang (yi. jiang@ csueastbay. edu)从俄亥俄州立大学获得博士学位。她是加利福尼亚州立大学管理学助理教授。她目前的研究兴趣聚焦于公司治理,尤其关注新兴经济体。

① 国内通常将 University of Texas at Dallas 译为"得克萨斯大学达拉斯分校",彭维刚(Mike W. Peng)在邮件中指出正确的译法是"达拉斯得克萨斯大学",因为达拉斯德克萨斯大学是得克萨斯大学系统(University of Texas System)中的一个独立学校,而不是一个分校。他还指出,国内在翻译其他美国学校的校名时也常犯类似的错误,例如将 University of California, Berkeley 翻译为"加州大学伯克利分校"(正确的译法是"伯克利加利福尼亚大学")。

新兴市场企业的国际扩张:跳板视角*

Yadong Luo
University of Miami

Rosalie L. Tung
Simon Fraser University

郑琴琴　译
(复旦大学管理学院)

梁　玮　校
(华东理工大学商学院)

本文从跳板视角对新兴市场的跨国企业的国际化进行了描述。新兴市场的跨国企业将国际扩张作为跳板,寻求战略资源,减轻国内体制和市场的束缚。它们通过采取一系列激进而冒险的措施,克服其在国际舞台上的后来者劣势,通过积极获取或购买成熟跨国企业的关键资源,弥补竞争劣势。本文首先讨论了新兴市场的跨国企业国际扩张的自身特点,以及促使其国际化发展的特有动机;然后描述了这些公司在追求国际扩张时所采取的战略和行动,促使或帮助其进入国际视野的内外因素;最后解释了国际"跳板"战略可能存在的风险和应对办法,提出了值得进一步研究的主要空间。

引言

过去二十年,新兴经济体迅速崛起,发生了令人瞩目的变化。《全球投资报告 2005》显示(UNCTAD, 2005: 34),全球六大最佳商务活动地点,有五个位于新兴经济体(中国、印度、俄罗斯、巴西和墨西哥)。与早期发达市场(如美国、欧洲和日本)和新型工业化经济体(如韩

* 原文刊于 *Journal of International Bussiness Studies*,38(4):481—498,2007。

International expansion of emerging market enterprises: A springboard perspective, Yadong Luo & Rosalie L. Tung, *Journal of International Business Studies*, 2007, volume 38, issue 4, 经 Palgrave Macmillan 授权出版。

国、新加坡、中国香港和中国台湾)跨国企业的国际化道路不同,新兴经济体的企业已从本国内部的国际化商务活动中获益良多,它们与跨国企业合作(特别是通过贴牌生产和合资企业的形式),学习跨国企业的技术和组织技能,并采取一些非传统方式进行后续的对外国际化。尽管发达国家的跨国企业仍旧是当今对外直接投资的主力,但发展中国家和新兴经济体的跨国企业的对外投资已显著增长,从20世纪80年代初期的微不足道到2004年的830亿美元(全球股市的11%),并已积极广泛参与到跨国并购中(UNCTAD, 2005: 8)。

本文为分析新兴市场的跨国企业的独特性提供了一个全面框架,包括其全球扩张的原理与动机、行为与战略、推力与助力以及风险与挑战。本框架的核心是,新兴市场的跨国企业以对外投资为跳板来获取战略资源,从而与其他跨国企业进行更为有效的竞争,同时规避国内体制和市场的局限。"跳板"行为通常的表现是为了克服后来者劣势而采取的一系列激进而冒险的策略,如积极获取或买入成熟跨国企业的关键资产以弥补竞争劣势;在选择进入模式和项目场所时,既不依赖路径也不循序渐进。相反,其对外投资可能是迫于多重压力,如后来者地位、全球竞争者在其本土市场形成的威胁、技术与产品开发发展迅速,以及国内体制的束缚。与此同时,其"跳板"方式的选取也受到多种积极因素的影响,如本国政府的支持、发达国家跨国企业销售或共享战略资源的意愿与国际经济和全球生产的日渐一体化。"跳板"行动在受益于许多机遇的同时,也要面临更多的风险和挑战,因为它要求新兴市场的跨国企业必须克服关键瓶颈,如治理能力和责任感的低下,国际经验、管理能力、专业知识的缺乏,以及技术创新能力的不足。

我们提出跳板视角,并不是说现有的跨国企业理论不能解释新兴市场的跨国企业的行为。例如,邓宁(1981, 1988, 2001)的折衷理论依然对新兴市场的跨国企业的国际扩张有一定解释力,尤其是其利用自身特点在其他发展中国家寻求特定的区位优势。同样地,新兴市场的跨国企业虽然不一定以渐进的方式进行国际化,但依旧非常重视组织理论学习和国际经验,这也是演化理论的中心论点(Johanson 和 Vahlne, 1977)。另外,后续发展(Dore, 1990)或者后来者优势(Buckley 和 Casson, 1981)的观点也能够提供一些与跳板视角相同的解释(如蛙跳效应),不过本文后续讨论将说明这两种观点并不相同。我们希望通过考察新兴市场的跨国企业所采取的措施,丰富当前理论,因为新兴市场的跨国企业在努力增强全球影响力的过程中似乎面临着独特的因素、原理和优势。本文试图以20世纪80年代中叶发展起来的"第三世界"跨国公司海外扩张的相关理论为出发点(如 Lecraw, 1977, 1983; Wells, 1983; Lall, 1984)。与20世纪80年代"第三世界"的跨国公司相比,现在的新兴市场的跨国企业虽然不太依赖路径(如族群关系不再是关键)、更喜欢冒险(如激进并购),但两者仍有一些共通的优势(如成本优势)和劣势(如对海外市场的了解不够)。然而,除了这些共同点外,当今新兴市场的跨国企业也有一些其他重要特质，需要一套全新框架来分析研究。

新兴市场的跨国企业:概念和类型

新兴市场跨国企业的定义

新兴市场跨国企业指来自新兴经济体进行对外直接投资，在一个或多个国家对跨国界经营活动进行有效控制并从事价值增值活动的跨国企业。这一定义排除了新兴市场的大型进出口公司，因为它们不进行对外直接投资；也排除了在海外进行少数股权合资的企业，因为它们并不能有效地控制这些合资公司；主要或只在如开曼和维尔京群岛这样的避税国投资的企业也被排除在外，因为其主要目的是避税或“迂回套利”投资（如为获得母国政府的优惠待遇，打着“海外”子公司的名号反向国内投资），而不是海外增值活动；最后一类被排除的公司是主要为完成母国政府赋予的政治任务的国有企业（也就是说，它们不会在国际市场上为利润最大化竞争）。例如，那些一心想从他国获取自然资源，完成政府任务的公司（如印度石油公司收购西非油气资源）或通过国际援助投资项目加强母国和东道国政治和外交关系的公司（如中国国有建筑公司，其在非援建桥梁、体育场、铁路和医院）。它们并没有真正地参与全球竞争，目的也并非获取利润。

本文重点关注来自近期经历过重要市场转型的主要新兴市场的跨国企业，如中国、印度、巴西、俄罗斯和墨西哥。新兴市场是指国民经济快速增长，产业结构已经并将继续进行重大转变，法律体系虽动荡不佳但市场前景良好的国家。对于其他一些新兴市场，如波兰、乌克兰、泰国、南非、智利、阿根廷、土耳其和马来西亚来说，它们也有这些特点，所以本文的讨论在很大程度上也适用于它们。我们注意到这些主要新兴市场也并非完全一致，但这些国家的企业大都面临着相似的障碍、有着相近的动机并具有同样的国际商务活动经验，所以本文试图构建一种能广泛应用到这些跨国企业的模式。较小的发展中国家或新兴市场虽未达到一定的国际化规模，但本文所提出的观点或许可以在未来对其适用。新型工业化经济体虽被联合国划分为发展中国家，但却不是本文的重点。然而，新兴市场的跨国企业可以通过分析学习，从新型工业化国家跨国企业已经和正在采取的战略中吸取经验。新工业化国家跨国企业的模式、动机和战略此前已有研究（如 Kumar 和 Kim，1984；Han 和 Brewer，1987；Levy，1988；

Tallman 和 Shen-kar, 1990; Li, 1994; Yeung, 1994, 1997, 1998),后续研究应该放在考察新型工业化国家跨国企业的哪些经验可以应用到新兴市场的跨国企业。

新兴市场的跨国企业各不相同。与发达国家或新型工业化国家相比,新兴市场因历史、政治和经济原因而出现了许多国有跨国企业,尽管这类所有制形式在不同经济体中也不尽相同(Andreff, 2002; Kalotay, 2004)。根据跨国企业的所有权性质和国际多样化水平(即企业对外投资的地理跨度)可以将新兴市场的跨国企业分为四类:如图 1 所示。利基市场创业者、全球抱负公司、跨国代理、受托专家。

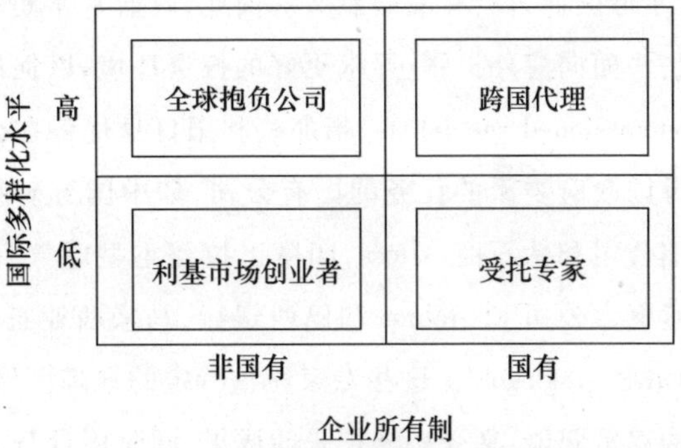

图 1　新兴市场的跨国企业分类

第一,利基市场创业者(niche entrepreneur)指通过专业化经营来占领特定市场的非国有跨国企业,如中国中兴公司(手机生产商和出口商,刚刚在达拉斯建立起生产设施以占领北美市场),印度 Patni 电脑系统有限公司(总部位于孟买的 IT 服务提供商,活跃于美国市场),俄罗斯的 Kamaz 公司(机械和卡车制造商,业务范围遍及独联体国家),墨西哥的 Mabe 公司(电器生产商,活跃于中美和拉丁美洲市场),以及土耳其的 Arcelik 公司(家电生产商,正在英国进行投资)。与国有企业不同,这些利基市场创业者一般不会得到政府拨款也没有丰富的产业经验。它们通过聚焦细化的生产线和市场,发挥自身优势。

第二,全球抱负公司(world-stage aspirant)指产品相对多样化、跨国经营地理范围相对广泛的非国有跨国企业,如俄罗斯的 Lukoil 公司(一家广泛参与全球上下游活动的大型私企)、中国的海尔集团(世界第四大家电生产商,业务范围遍及欧洲、北美洲、亚洲及大洋洲)、印度的 Tata 集团(印度最大的私企,业务范围跨越六大洲的 40 多个国家)、巴西的 Embraer 公司(全球第四大飞机制造商,1994 年私有化,在美国、法国、澳大利亚、中国和新加坡拥有子公司),墨西哥的 Cemex 公司(全球顶尖建材制造商,业务遍及 50 多个国家)、泰国的正大集团(大型跨国企业,子公司遍及 20 多个国家),以及南非的 Nando 公司(连锁餐饮公司,门店遍布 30 多个国家)。虽然它们还未达到发达市场大型跨国企业的国际化水平,但这些全球抱负公司已经成为一种强大力量,影响着以成本优势为主的国际竞争形势。它们所涉及的都是大规模生产且技术成熟的产品。

第三,跨国代理(transnational agent)指那些在全球范围内广泛投资但经营活动仍受到母国政府的指导或影响的国有企业,如中国国际信托投资公司(CITIC)、中国远洋运输集团公司(COSCO),俄罗斯天然气工业股份公司(Gazprom)和统一电力公司(UES),巴西石油公司(Petrobra)和淡水河谷公司(Companhia Vale do Rio Doce),印度斯坦石油公司(HPCL)和石油天然气公司(ONGC),以及墨西哥国家石油公司 Pemex 和外贸发展银行 Bancomext。这些代理公司所在的领域通常对于母国而言具有战略意义。因此,政府常常是它们最大的股东。它们一面支持国内经济发展,一面向海外扩张,寻求更好的投资环境,以促进整体发展。

第四,受托专家(commissioned specialists)指那些利用自身优势在少数有限国外市场进行投资的同时,还需执行母国政府委派的任务的国有公司,如中国五矿集团公司和中国石油化工集团公司,俄罗斯石油公司和钻石商 Alrosa,印度巴拉特重型电气有限公司 Bhrarat 和印度国家热电公司,巴西国营电力公司 Eletrobras 和巴西银行,马来西亚石油公司 Petronas 和南非黄金生产商英美黄金阿散蒂 Anglogold。这些专家注重特定的地理区域,并专注经营某一条生产线或产品,完成自己的双重职能:享受海外扩张的成果,同时用自身专业知识完成母国政府委托的任务。

这种分类方法加入了先前跨国企业分类所没有考虑的所有制性质,可以帮助解释新兴市场的跨国企业不同类型所具有的不同优点、缺点、行为和原理。例如,与全球抱负公司和利基市场创业者相比,跨国代理和受托专家可以获得更大的体制支持和政府承保,但同样也面临着更大的官僚体制阻碍和政治干预。因此,国有企业和非国有企业所采取的冒险行为、投资战略、子公司治理方式及母子公司关系可能会大相径庭。国有企业在某些国际扩张决策的自主权(如海外区位或海外合作伙伴的选取)不及非国有企业,跨国代理或受托专家所做的决策可能仅仅是次优的,因为实际决策过程受政府影响,使最终选择策略与可选的最佳策略存在偏差。同样,由于国际多样化水平的不同,全球抱负公司和跨国代理可能会比利基市场创业者和受托专家享有更多的机遇、更高的回报,但也面临更大的风险。这就会使得前两类公司比后两类公司更加致力于提高全球一体化水平(垂直或水平),扩张海外价值链(如建立海外研发中心),加强与各个海外子公司间的互动交流。

国际跳板:行为和动机

我们认为新兴市场的跨国企业系统而反复地进行国际扩张的目的是以此为跳板来获取

与国内外跨国企业有效竞争的关键资源，缓解减轻国内体制和市场的束缚。之所以说其是系统的是因为“跳板”步骤是为促进公司成长而精心设计的，是一项帮助公司在国际市场建立更稳固的竞争地位而制定的长期战略。同时，它也是反复的，因为此类“跳板行为”经常出现（如这次海外收购可能会提高新兴市场的跨国企业的品牌知名度和国际声誉，而下次对海外物流或分销企业的收购可能会改善其服务海外客户的方式或帮助其接触更多的海外客户），并且循环往复（意即企业海外市场活动其与在母国内部的活动紧密相关）。这种反复的特质正是跳板行为和蛙跳行为的区别之处。后进入者常常采用蛙跳方式追赶先进入者的竞争地位，它可以避免技术未经充分利用就过时、专利技术渗透至竞争对手的风险，避免培育开发新市场所带来的额外负担（Dore, 1990; Anderson 和 Engers, 1994）。蛙跳一般不具有循环往复性，只是复杂而反复的国际扩张过程的一部分。另外，蛙跳主要是追求后发优势（Luo, 1998），而跳板则不仅如此，它还要追求更广泛的战略成果（具体如下）。跳板行为将一个公司的国际扩张与其母国公司连接起来。例如，新兴市场的跨国企业（如中国的 TCL、联想、春兰、中兴和海尔）已经意识到母国供应或生产基地能够帮助满足全球市场对其高端产品的生产需求，或已吸收海外并购企业的技术和商标、重塑其国产商品品牌。这样看来，此类新兴市场的跨国企业的全球成功仍然高度依赖于其母国公司的表现（如销售、市场份额和声誉）和母国公司作为生产中心为其全球业务服务（零部件、半成品和成品）。换句话说，如果其母国公司业绩变差或衰亡，那么它们也会面临诸多困难，甚至濒临灭亡。另外，发达国家和新型工业化国家的跨国企业已经对新兴经济体存在的众多机遇和潜在暴利表现出强烈兴趣，而新兴市场的跨国企业如果不重视母国市场的话，将会非常愚蠢。因为这些跨国公司必须要克服外来者劣势，而新兴市场的跨国企业却有着本土优势，如果不在母国市场和母国公司投资，将是巨大损失。因此，我们认为国际扩张对大部分新兴市场的跨国企业的全球成功来说是一个跳板，而非最终目标。由于对外扩张会为企业带来国内市场没有或者不能替代的机遇，新兴市场的跨国企业的长期生存和成功在于其综合运用国内市场核心能力和寻找海外机遇的能力。这一观点与动态能力理论一致（Kogut 和 Zander, 1992; Teece 等, 1997）。

“跳板”体现为以下几种行为或活动：第一，新兴市场的跨国企业将国际扩张作为跳板，弥补竞争劣势。在发达国家投资时，它们收购具有专利技术的海外公司或子公司，获取复杂技术或先进生产技能。它们与发达市场的跨国企业大相径庭，后者一般在海外发挥利用其所有制特有的优势（Dunning, 1981; Lecraw, 1983）。尽管新型工业化国家的跨国企业在其国际化早期阶段也会寻求此类知识，但它们会更加缓慢（如通过少数股权合资而非收购）。总的来说，新兴市场的跨国企业急于通过国际化获取技术和品牌来填补资源上的不足。而有些海外公司由于财务危机或重组需要而愿意出售或共享其技术、知识或品牌，使得新兴市场的跨国企业能够如愿以偿(Child 和 Rodrigues, 2005)。

第二，新兴市场的跨国企业将国际扩张作为跳板，克服其后来者劣势。通过主动采取一些非路径依赖的步骤，如在发达市场进行并购和战略资产开发，新兴市场的跨国企业可以缓解其作为后来者或新来者在客户基础、品牌知名度和技术方面的不足。新型工业化国家的跨国企业在过去几十年所经历的国际化进程大都是渐进并依赖路径的，其对外直接投资主要受“推动”因素的影响，如货币升值、贸易顺差增加、劳务短缺更加严重、运营成本不断上升，以及国内需求不足(Wells, 1983; Kumar 和 Kim, 1984; Deng, 2004)，而新兴市场的跨国企业的对外投资则主要受“拉动”因素的影响，如确保关键资源、获取先进技术、掌握管理知识和进入海外关键市场，这些可以帮助其克服后来者劣势。

第三，新兴市场的跨国企业将国际扩张作为跳板，应对全球竞争者在国内市场对其造成的威胁。对于大多数新兴市场的跨国企业来说，母国市场依然是其业务主要区域。但越来越多的发达市场或新型工业化国家的跨国企业已经进入甚至占领了这些市场。一些新兴市场的大型跨国企业已经意识到，要想真正实现国际化或跨国经营，它们必须直接为欧美和日本等关键海外市场的客户提供服务并赢取他们的信任。因此，跨国代理和全球抱负公司大胆尝试，进入海外竞争者所在的国家或市场寻求市场份额和有力据点。这也是企业采取收购和绿地投资之类的冒险举动的部分原因。

第四，新兴市场的跨国企业将国际扩张作为跳板，规避严苛的贸易壁垒(如配额限制、反倾销措施和惩罚性关税)。虽然不是只有它们这样做，但许多新兴市场的跨国企业，尤其是那些生产标准化产品的企业，比其竞争者更加依赖于国际出口市场，更有可能通过出口代理和分销商到达海外客户。这也使得它们能够发挥规模生产的优势，避免其在与海外客户或终端用户接触和互动上的的劣势。为了规避出口壁垒，新兴市场的跨国企业可以通过直接向东道国投资(例如，中国海尔在美国建立了自己的生产设施和流水线，以规避美国的配额限制和可能的反倾销诉讼，保护零部件在美国的出口)或先在第三国投资(一般是被目标国政府优待的另一发展中国家)，然后以其为跳板，进入目标发达市场。例如，很多中国公司已经在中南美、加勒比海和墨西哥进行投资，将其作为战略平台，生产服装、鞋、自行车和家用电器，并在没有配额和其他限制的条件下出口到美国。

第五，新兴市场的跨国企业将国际扩张作为跳板，缓解国内体制限制。母国的体制欠缺(如保护产权的法律缺失、商业法律的执行不力、司法诉讼体系的不透明、要素市场的欠发达及市场中介的低效)和政治风险(如政治不稳定、监管变化的不可测、政府干预、官僚制度的繁冗、公共服务和政府部门的腐败以及法律法规解释或执行的极度随意化)损害了公司的竞争力,迫使其走向国际化。即使企业具备应对这些体制欠缺和政治风险的技能和关系,在资金和时间上还是要付出高昂的代价。新兴市场的跨国企业可以选择进入没有此类限制和风险、体制更有效透明、环境更宽松有利的市场,以避免上述阻碍因素,从而能够集中精力发展利用并加强其在全球市场的竞争优势。

第六,新兴市场的跨国企业将国际扩张作为跳板,争取新兴市场政府提供的优惠政策。它们主要通过反向投资来达到这一目的。当一个新兴市场的跨国企业为获取新兴市场政府所提供的财政优惠政策(如减免税收和土地费用)和非财政优惠政策(获取稀缺资源和政策支持),先在国外投资建立分公司,然后再以该分公司的"海外"身份反向国内投资,便形成了反向投资。尽管追求反向投资的好处不一定是这些公司进行国际扩张的首要目标,但对外投资却是利用这些优待的便捷之路。因为吸引外资一直是新兴市场政府的一项重要政策,这些财政和非财政的优惠政策很可能继续存在。只要这些优惠政策存在,它就有可能促使新兴市场的跨国企业采用国际扩张跳板,获取这些优待。另一个可能的诱因是寻求资产多样化以应对国内的不稳定。例如,俄罗斯在一段时间内曾经发生过资金流入和流出同时快速增加的情况,部分原因就是俄罗斯的跨国企业所进行的双向投资。当新兴市场的跨国企业使用母国政府提供的资金开展海外项目时,政府融资就发生了。许多政府,如中国、印度、墨西哥、泰国和波兰为其企业提供资金,鼓励其走向国际化(Cai, 1999; Andreff, 2002)。如果新兴市场的跨国企业能够将政府融资和反向投资有序结合起来(如用政府贷款进行海外投资,然后再拿出一部分贷款向国内回投),此类性质的"机遇"寻求就更为明显了。

第七,新兴市场的跨国企业将国际扩张作为跳板,在其他新兴或发展中国家发挥利用其竞争优势。许多新兴市场的跨国企业在其母国相应的领域都处于领先地位。它们通过贴牌生产熟悉了规模生产,通过在国内形成跨国联盟掌握了国际经验。尽管这些公司的原创技术少、创新能力差,但在成熟开放的市场上,应用技术、先进机器设备、最新工具仪器和复杂材料和部件应有尽有,新兴市场的跨国企业只需购买自己所需的技术知识即可。这种易得性,加上规模生产的能力和经验,已经促使它们在其他新兴发展中市场生产技术标准化产品,而这些市场对此类产品需求极为旺盛。低成本优势又使得这些后来者能够提供对当地客户极具吸引力的价格,对抗已长期存在的发达国家和新型工业化国家的跨国企业,增加其市场份额。

综上所述,新兴市场的跨国企业跳板行为背后的动机可以大致被概括为:(1) 寻求资产;(2) 寻求机遇。尽管这两个动机适用于所有跨国企业,但新兴市场的跨国企业在这两方面拥有一些独特性。新兴市场的跨国企业寻求的资产包括技术、知识、研发设施、人力资源、品牌、顾客基础、分销渠道、管理技能和自然资源。这些资产对于促进国内经济和社会发展以及弥补公司竞争劣势必不可少。由于政府的强烈干预,这两个目标有时是需要同时满足并且互相关联的,尤其是对跨国代理和委托专家而言。对于国有企业来说,收购原材料一方面满足了自身运营需要,一方面也满足了国内对同种材料日益增长的需求,这些常常是新兴市场的跨国企业(尤其是中国和印度)进行海外投资的重要原因。通过收购成熟公司等激进的方式,新兴市场的跨国企业可以接触被收购公司的整个产品和流程创新体系,然后用获取的先进技术升级国内生产过程,同时开发适合国际市场的新产品(Deng, 2004)。而新型工业化国家的跨国企业,即使不是全部,大多数都倾向于通过授权许可和合资企业的形式向发达国家的大型跨国企业学习复杂流程和产品技术,然后再根据目标市场进行修整和调适(Yeung, 1997)。

为达到寻求机遇的目标,新兴市场的跨国企业需要:

- 发掘发达市场上能发扬其长处的利基机遇[如印度四大软件公司,印孚瑟斯(Infosys)、威普罗(Wipro)、萨蒂扬(Satyam)和塔塔咨询服务公司都从北美的新客户和快速发展中受益];
- 获取母国和所在国政府提供的财政和非财政优待(如中国政府为联想提供的包括财政承销与进入国内市场和教育市场的特权等支持);
- 扩大公司规模,提高公司声誉[如几家巴西银行,包括布拉德斯科银行(Banco-Brades-co)、巴西银行(Banco do Brasil)、巴西联合银行(Unibanco),都已通过对欧洲和拉丁美洲进行投资达到这些目标];
- 逃离国内体制或市场束缚(一些南非跨国企业,如南非啤酒公司 SABMiller,通过向海外扩张避免政府对外汇使用的管制和本国市场的限制);
- 规避进入发达市场的贸易壁垒(如一些中国纺织服装公司通过在土耳其投资来增加对欧出口;通过斐济进入澳大利亚和新西兰;通过牙买加进入美国市场以增加销售额)。
- 有效利用其他发展中国家存在的机遇,发挥其生产成本效益(如许多中国公司在东南亚投资,以消化过剩生产力,一些在邻国进行投资的拉美公司也同样如此);
- 利用高收入国家虽不相关但前景可观的领域存在的机遇(例如,1980--1988 年,拉美国家在美国的投资,65%都在房地产,尤其是佛罗里达和纽约)。

与新型工业化国家的跨国企业将对外直接投资当做出口生产平台不同(Wells, 1983; Levy, 1988; Li, 1994),新兴市场的跨国企业不太可能寻找成本最小化机遇,因为其母国供应或生产基地已经可以帮助它们通过纵向一体化的国际生产体系享有低成本优势。

新兴市场的跨国企业对以上各种动机也有不同侧重。例如,在寻求资产方面,全球抱负公司可能会更看重技术、品牌、分销网络的获取,因为这些能弥补其能力上的欠缺,满足不同地域的市场需求,而跨国代理可能会为满足母国政府的要求而寻求自然资源,支持国民经济的发展。相反,利基市场创业者则不太会通过激进的并购方式来寻求国际品牌、研发设施和分销网络,而更可能会通过建立战略伙伴关系来寻求其他资产,如获取适合目标市场的专业管理经验或产品开发知识。另一方面,委托专家可能主要关注某国或地区特殊资源的获取(如中国五矿集团公司在澳大利亚恰那铁矿的投资)。在寻求机遇方面,利基市场创业者和委托专家所关注的海外市场可能比全球抱负公司和跨国代理狭小得多。例如,俄罗斯利基市场创业者试图在扩大化的欧盟占领一席之地,而来自中东欧国家的类似跨国企业则通过对中东欧邻国的集中投资寻求机遇。另外,在跨国代理和委托专家试图逃离母国政府干预的时候,全球抱负公司和利基市场创业者可能会寻求海外对产权和商业活动更好的法律保护。图2系统说明了本文提出的跳板框架所包含的动机及其他因素。

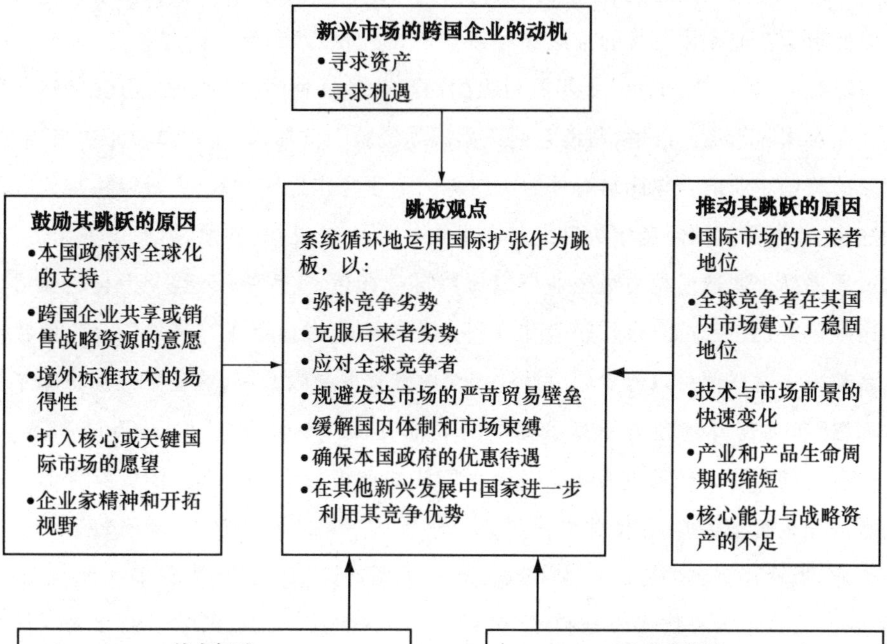

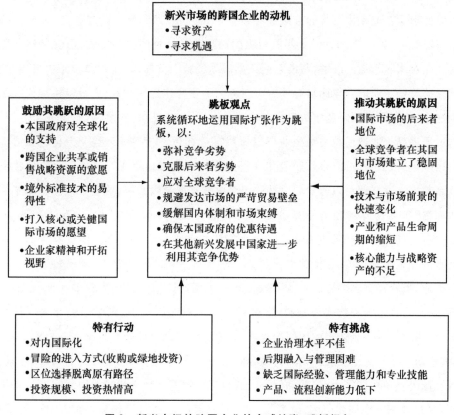

图2　新兴市场的跨国企业的全球扩张:跳板视角

国际跳板:战略和行为

虽然有一些例外广为人知,但新兴市场的跨国企业通常都会采取以下几个与国际跳板相关的战略和行为:

- 先通过外来投资积累优势,再进行对外直接投资;
- 蛙跳路径;
- 参与国际竞合。

从进出口、贴牌生产、原始设计制造、原始品牌制造到合作联盟和股权合资等形式的外来直接投资,可以让新兴市场的跨国企业积累优势,促进其国际化。新兴市场的跨国企业一般只注重从外部获得优势。它们可能会通过进入国际价值链和原始设备制造来解决市场信息和知识水平的不确定性问题,也会适时动用政府官员或外资合作伙伴的关系资源。对内的国际化可以使当地企业积累可观的金融和经营资产,提高技术和流程管理技巧,形成独特的能力和学习经验(Young 等, 1996)。尽管对内的国际化是一种间接的方式,但它仍然深化了新兴市场企业对国际市场的理解,帮助它们积累国际经验。例如,Guthrie(2005)曾指出,这种与发达国家的跨国企业的合作比与海外的中国跨国企业合作更加有效,它可以将现代方法带给中国大陆企业,增强其国际竞争力和对外扩张力。具体来说,一方面,原始设备制造、原始设计制造或原始品牌制造使得当地企业得以保留自身特色,实现规模经济,为自己赢得优秀制造商的国际美誉;另一方面,合作联盟和合资企业能够将当地企业与其外资合作伙伴更加紧密地联系起来。这样便可以建立起隐性知识对内转移的高效机制,这些隐性知识除了生产和分销方面,还包括需要达到国际竞争标准的其他方面(Simonin, 2004; Child 和 Rodrigues, 2005)。例如,墨西哥连锁超市 Grupo Gigante 和法国连锁超市 Carrefour 的合资企业使前者学到了后者的先进管理经验,并借此赢得了与墨西哥沃尔玛之间的竞争,最终将连锁超市打入美国。因此,发达经济体的跨国企业可以为新兴市场的跨国企业带来很多好处:它们可以成为学习榜样,为当地合作伙伴带来技术,提供很多学习国际技术、国际惯例和国际标准的机会。最终,当这些本土企业走向国际的时候,它们可以帮助企业减少外来者劣势的不利影响。另外,如果新兴市场企业能在国内与外资跨国企业竞争中获得成功,有助于其培养和同一跨国企业在国外竞争中的能力、经验和信心。这也可以解释为什么成功吸引外来直接投资的新兴经济体(如亚洲的中国和印度,拉丁美洲的巴西和智利)也可以快速增加其对外直接投资。尽管要得到最终结论还需要进一步调查,但外来投资明显能够促进或加速新兴经济体的跨国企业之后的对外直接投资。尽管跨国企业理论中几乎没有提及,但外来投资的确可以帮助本土企业积累国际经验,即使并非针对目标国的特有国际经验。组织学习理论认为这类经验或知识很难在开放市场中获得,并会涉及常规化和制度化(Levitt 和 March, 1988)。一旦企业获得这类知识,便会将自己的市场和资源推向全球(Pennings 等, 1994)。

新兴市场的跨国企业在对外投资方面的跳板行为通过以下几个蛙跳路径得以体现。首先,它们趋于迅速进行国际化,而并非按照传统国际化进程理论缓慢进行(Johanson 和 Vahlne, 1977)。该理论的一个要点就是,企业按照发展链循序渐进融入国际市场:从出口到销售分公司再到生产设备。这一系列过程表明投入市场的资源不断增加。新兴市场的跨国企业作为国际舞台上的后来者,要加快国际化进程才能赶上先到者。尽管它们所在地域不尽相同,但许多新兴市场的跨国企业都会采取相同战略,同时追求多个海外市场,而非一次一个。新兴市场的大型跨国企业大都采取收购和绿地投资等高风险、高控制的进入方式来快速完成国际扩张。例如,近年来中国企业的国际收购量大幅增加,2003 年为 28.5 亿美元,2004 年约达 70 亿美元(Child 和 Rodrigues, 2005)。收购的主要目的是快速建立品牌和技术,先发制人。因此收购可以在现有的成本优势上增加创新、差异化和品牌优势。这种"买进"策略树立了国际声誉,加快了进入目标市场的步伐和国际化进程。那些已经建立起产品声誉,但需要对海外生产进行控制的新兴市场的跨国企业也会选择绿地投资(如海尔在南卡罗来纳州的厂房和洛杉矶的设计中心)。仅在 2004 年的头九个月,巴西的跨国企业就已经在海外完成了 36 个绿地投资项目(UNCTAD, 2004b:5)。垂直一体化的国际生产体系,包括为体系内特定价值链活动而投入的绿地投资项目,帮助这些企业利用其业已形成的声誉和能力。

第二个蛙跳路径是许多新兴市场的跨国企业在选取目标(国)时比较激进。传统国际化进程的逻辑是企业逐步进入与本国市场心理距离大的新市场,其中心理距离是指语言、文化、政治体制等的差异。也就是说,企业的国际化道路首先起步于它们最了解的市场,在那里,企业可以很容易地发现机遇,企业感知到的外来者劣势也不明显(Johanson 和 Vahlne, 1977; Davidson, 1980)。这与 Rugman(2000)的发现一致,他指出,区域化而非国际化可以更加准确地解释全球投资和贸易模式。例如,美—加的贸易和投资,60% 甚至以上都可以用区域化进行解释。而这对于欧盟和日本也同样适用。但是许多新兴市场的跨国企业,尤其是渴望登上国际舞台的企业和跨国企业,似乎都不惧怕心理距离。它们常常会先进入诸如欧洲和北美这样的发达市场,而这些市场正是通常意义上与它们心理距离最大的市场。或许,上述外来直接投资过程在一定程度上降低了其心理距离或缓解了外来者劣势。在心理距离较大的地区开展业务与克服外来者劣势这两方面的能力不足可以通过以下方式得到一定程度的弥补:

- 技术、关键部件、产品开发和品牌可通过直接购买获得；
- 利用收购获得隐性知识和特有资源；
- 依靠目标国专家组织管理各种复杂活动。

除了这些特点之外，新兴市场的跨国企业（主要来自印度、中国、墨西哥和土耳其）比新加坡以及中国台湾、中国香港等地区的跨国企业的早期国际化阶段更少依赖族群关系，它们的地域选择更加多元化（Mathews, 2002; Yeung, 1994）。除了一些针对特定市场的企业家喜欢族群关系强的地方外，许多新兴市场的跨国企业并不太依赖这种路径。这并不是说族群关系对它们不再重要，而是说要成为国际市场的一员，它们必须“跳”得更快，必须更加努力地摆脱后来者的地位。如果国际族群关系与其总体跳板战略相左，它们便会放弃这种关系。而且，许多新兴市场的跨国企业不一定按照传统理念所提出的地域选择渐进式前进，也就是，先进入最熟悉的市场，再逐步进入不同的陌生市场；相反，它们会进入一些能为其产品提供更多机遇的市场（例如，中国TCL公司首笔的对外大型投资就是在德国收购施耐德电气，在法国收购汤普森电视和阿尔卡特手机业务；随后才在东南亚和俄罗斯进行投资）。

国际化进程理论认为，当企业向海外扩张时，知识通过制度化的组织实践传播，比如决策流程和公司政策，企业在这一过程中逐渐习得针对该区域的知识（Andersen, 1993）。Davidson（1980）的报告指出经验不足的企业常常高估风险，低估回报，因此，它们会避免投入大量资源，避免向目标市场作出投入更多资源的承诺。尽管对于新兴市场的跨国企业来说，知识的重要性和渐进性并未改变，但资源投入尤其是投资规模的大小，并不一定是时间、经验或者学习的函数。相反，它们的初始投入往往很大（因采用收购或绿地投资），而且不一定会小步前进（因其摆脱后来者位置的战略需要）。同样，新兴市场的跨国企业的管控理念也与常规管控理念不同，常规管控理念认为，随着资源投入（Hennart, 1989）和进入模式风险（Hill 等，1990）的增加，企业外派高管对企业的掌控也应增加；而新兴市场的跨国企业则更多地雇用当地高管团队来管理发达市场的复杂经营活动，而不是外派人员（如联想和海尔美国总部的首席执行官都是当地人）。或许还存在另一个问题，那就是外派人员在这些发达市场资历还不够，或不被接受。

新兴市场的跨国企业与其他全球化参与者的竞合（既竞争又合作）似乎普遍存在于母国和目标国（Luo, 2004）。许多新兴市场的跨国企业已经将自己的国际对手转化成联盟伙伴。虽然它们在某些产品或某些地区仍然存在竞争，但在另一些具体领域已经结成联盟关系。例如，印度的兰伯西（Ranbaxy）与葛兰素史克（GSK）合作进行药物研发和广泛的疗法临床研究，与默克（Merck）合作进行临床试验，与泰尔茂（Terumo，日本）合作生产和销售血袋和透析装置。与此同时，Ranbaxy 也会在自己独立经营的其他产品上与 GSK 在欧洲竞争、与 Merck 在美国竞争、与 Terumo 在日本竞争。墨西哥 Mabe 公司与 GE 公司在本国和巴西签订了好几个共享关键部件的合资企业协议，但它们在北美市场的竞争依然激烈，尤其是中端大型家电市场。这种与竞争对手、供应商或分销商的竞合关系非常符合阴阳哲学，在一些新兴经济体的文化中（特别是道教或印度教强盛的中国与印度），这种哲学根深蒂固。阴阳哲学认为，阴（如柔软与合作）阳（如强硬与竞争）是为一体，互为补充。竞合超越了结合双方优势的老套路，它是要创造一个市场更大、收获更多的双赢局面，通过将互补领域的蛋糕做大来让双方获利，而并不一定要与竞争者全方位地争夺市场份额（Brandenburger 和 Nalebuff, 1996）。新兴市场的跨国企业与一些国际竞争者、供应商或分销商一起合作共同提高，在一些共同利益领域共享互补资源，为同一个目标努力（如提高产业标准、基础研发、一般供给和消费者意识），而在另一些领域独立采取行动提高业绩（如产品质量、市场份额、销售增长和成本效益等）以互相竞争。

国际跳板：内外因素

新兴市场的跨国企业的跳板行为由以下几个关键因素推动：

- 本国政府对全球化的支持；
- 跨国企业共享或销售战略资源的愿望以及境外标准技术的易得性；
- 企业家精神和打入核心海外市场的强烈动机；
- 国际对手竞争压力的日益增加；
- 技术和市场的快速变化及世界经济一体化的加深。

新兴经济体对外直接投资的增加得益于政府政策的解放和海外投资管控的放松。例如，自 20 世纪 90 年代末起，大多数新兴经济体都取消了对对外直接投资和海外利润的外汇管控限制。以印度为例，监管机制的改善对印度海外投资的增加起到了重要作用。自 2000 年起，印度企业在外汇市场进行海外投资前不用再取得印度储备银行的同意；美国存托凭证可以为其提供高达 100% 的资金；股份交换可以用来投资合资企业或全资子公司；提供专业服务的注册合作公司可以进行海外投资（UNCTAD, 2004a, 2004c）。同样，中国政府在 1999 年也实施了“走出去”政策，鼓励表现不俗的中国企业进行海外投资，进一步增强竞争力。中国政府支持海外扩张，通过自己管控的机构如国有银行为购买海外公司提供低息贷款。因此，制度环境中存在两种因素促使新兴市场的跨国企业走上国际化道路，即推动因素和拉动因素：一种是体制化束缚，比如知识产权保护有限、司法系统薄弱、监管政策的突变，企业试图通过海外投资摆脱这些束缚；同时，政府还提供一些利好政策来鼓励当地企业扩张，在这种情况下，政府官员和企业高管将海外扩张看做一种战略选择，一种协同进化现象（Lewin 等，1999）。

此外，发达市场的跨国企业愿意出售或共享其战略业务单元、技术、品牌或其他资产，使得新兴市场的跨国企业国际收购的迅速增加成为可能。对于发达市场的跨国企业来说，出售一些战略业务单元（包括研发人员和设备）或者品牌可以帮助它们：

- 在最佳时机将增长缓慢的业务部门"兑现"；
- 改善竞争力——投资组合适应性；
- 更有效率地分配和利用资源；
- 改善财务状况和提高股票价格。

这就为新兴市场的跨国企业提供了达到最优资源投资组合的更快方式。由此所获取的诸如技术、品牌和进入国际市场的渠道等战略资源与批量生产的成本优势形成互补，为企业带来潜在协作效应。新兴市场与发达市场及新型工业化国家的跨国企业在吸引外资中形成的合资企业或战略联盟为后续的对外投资打下了合作基础。许多发达市场的跨国企业也愿意与新兴市场的跨国企业以联合研发、生产和营销等多种形式进行合作。例如，印度 Ranbaxy 能够通过位于美国的营销联盟 Eli Lilly 和 Dade 进入美国市场，主要是因为它们已经在印度成功合作数年。此外，全球关键部件和技术市场的开放也为新兴市场的跨国企业的国际跳板活动提供了帮助。新兴市场的跨国企业没有了大力研发的负担，能够用标准化技术进行批量生产，其技术劣势便得以消除。例如，总部位于奥斯丁的芯科实验室 Silicon Lab 向多个新兴市场的大型跨国企业（如中国的 TCL 和联想，巴西的 Embratel Participacoes）提供手机和电脑调制解调器的半导体芯片。个人电脑市场上，硅谷研发的最新技术不到几个月就能进入中国。这样一来，比如说东莞，这个全球零部件生产商最为集中的广东小城，就可以为中国个人电脑市场提供现成的世界级技术。在发达市场和新型工业化国家的跨国企业早期扩张的时候，尚未有完善的全球开放市场来提供应用技术、先进机械设备、最新工具和复杂材料部件，因此，它们会更多地处于路径依赖、资源受限的处境（Andersen，1993）。

企业家精神和开阔视野也是跳板活动背后的重要推动因素。不管是对于国有企业还是非国有企业而言，新兴经济体体制遗留与企业家动态能力之间的互相作用对这些企业的国际化战略都产生着重要影响（Child 和 Rodrigues，2005）。新兴市场的跨国企业的主管与发达市场或新型工业化国家的跨国企业的主管不同，他们必须在本国体制内巧妙地进行战略抉择。他们需要想办法获得政治支持，而这种政治支持已经帮助他们争取到了自主选择海外扩张战略的自由。在国际市场上表现积极的新兴市场的跨国企业通常都是由极具远见的企业家领导,他们已经采取了各种实用方法开发为之提供资源和市场的海外市场(Andreff, 2002; Tsang, 2002)。大致回顾一下某些领先的新兴市场的跨国企业,比如中国的联想和海尔,以及印度的塔塔(Tata)以及威普罗科技(Wipro),我们可以发现:这些企业的都非常了解国际竞争的核心——为全球客户提供更快、更好、更实惠的服务,包括发达市场。要达到这一目标,缓解其在国际市场的后来者或新手地位,跳板活动至关重要。与此相关,组织创新与企业家精神(包含冒险和战略革新两大关键因素)也会促进新兴市场的跨国企业的跳板活动。作为后来者,这些企业必须努力创新,才能在充斥着优秀企业的市场赢取自己的席位。它们必须寻求新方法,从以往的贴牌生产和联盟经验中学习,从这些经验中获取战略资产,并保持与跨国企业的竞合关系。一些新兴市场的跨国企业通过这些补偿性战略,或有效利用其他优势资源,获得了快速发展。这些补偿性战略的目的主要是加强企业的关键资源而非利用已有资产,它体现着重大的组织创新,超越了传统跨国企业理论。

对外直接投资跳板行为的另一个原因是,新兴市场的跨国企业在本国市场面临激烈竞争,尤其是来自发达市场和新型工业化国家的强大对手。换句话说,它们在某种程度上是被后者"推"出去的,而后者已经在新兴市场建立起稳固地位、市场份额、竞争优势和品牌认知度。许多发达国家和新型工业化国家的跨国企业将其在新兴市场的大规模行动视为获取企业总体成功和引领国际市场的关键,其技术能力(技术、技能和创新)和经营能力(品牌推广、财务、信息技术和价值链整合)具有明显优势。随着与客户距离的拉近、消费者消费经验和品牌意识的增加,许多外资跨国企业已在新兴市场建立起自己的竞争优势,获得了更多的市场份额。跨国企业的规模通常极其庞大,而其在新兴市场的经营活动在企业销售或投资中所占份额不可小觑。因此,为巩固和发展这一地位,它们通过投资新项目或者用留存收益对现有项目或新项目进行再投资来不断扩大自己的经营规模和范围。例如,摩托罗拉计划在未来的五年内将中国每个类目的投资、营业额和采购额增加100亿美元(Farrell 等, 2004)。这些大企业已经进化为战略企业或具备主导作用的企业,它们不再将战略目标局限于本土市场,而是不断研究新兴市场以确保领先的市场份额和持续的高回报。它们已在新兴市场建立起必要的新能力,开发出适合不同客户的产品线,参与衍生价值链的各种活动,并强调全面本地化和调适(Perez 等, 1995)。因此,许多曾主导某一产业的当地企业发现自己越来越没有竞争优势,难以在国内的高中端产品市场与跨国企业竞争,从而被迫考虑国际多元化道路。

最后,技术和市场前景的快速变化以及全球经济一体化的加深促使新兴市场的跨国企业登上国际舞台。与20世纪90年代之前发达市场和新型工业化国家的跨国企业所面临的技术和市场条件不同,新兴市场的跨国企业所面临的竞争具有技术革新快、产品周期短、技术传播迅速、知识日益重要、信息和通信技术剧变等特点。与此同时,全球经济也在变化,产品、服务、人员和理念在各个国家之间更加自由地流动,新机遇出现在多个国际市场,市场和行业更加一体化、国际化。在这道全球竞争的新题型面前,灵敏度、创新力和灵活性已成为成功的新关键。因此,国际跳板可以被认为是企业应对竞争和国际化新形势所做出的战略反应。

国际化跳板:挑战和措施

国际化跳板可以带来许多机遇,但也存在诸多风险。按上述讨论,所有跨国企业都要承担风险,但我们可以发现新兴市场的跨国企业面临着一些独特的问题和挑战。这些问题所提出的挑战和应对措施虽因研究范围所限无法进行详尽的分析,但几个重大不利因素仍值得一提。

首先,母国股市不发达、责任感不足、与政府关系问题导致的透明度不高等问题,使得新兴市场的跨国企业的治理普遍不善。反过来,这些缺陷又会损害组织声誉,影响股东信心,妨碍与国际利益相关者建立关系(包括与外国立法者和监管者)。尽管新兴经济体的公司治理模式不尽相同(如相对于印度、巴西及墨西哥的治理模式而言,俄罗斯和中国的治理模式与盎格鲁—撒克逊治理模式的差别就更大),但依靠关系的治理机制依然广泛使用。在这种环境下,外国利益相关者可能会觉得新兴市场的跨国企业的董事会成员和高管的行为不够负责、透明和可信。特别是一些国有跨国企业的治理和责任感,如跨国代理和委托专家,可能更让他们担心。一旦国际利益相关者对新兴市场公司治理不善的看法固化,那些治理有效的跨国企业也会遭此负面形象的影响。不管外资子公司有没有自己的董事会,母国总部治理状况不佳仍会对子公司的治理产生很大影响,挫败一线海外部门的士气和运营,阻碍内部控制和战略实施。对大多数新兴市场的跨国企业来说,其全球成功取决于一线部门的积极性、投入度和业绩表现。为了提高内部控制的透明度、决策的有效性和企业的整体形象,新兴市场的跨国企业可能会让核心一线单位的高级主管(如 CEO)加入母国企业的董事会或监管会。它们虽不能显著改善母国股票市场的扭曲形象,但必须提高自身企业运营的透明度,以此来向自己服务的国际利益相关者交代。其责任本质上就是将公司政策、投资决策和战略行动公开化、透明化,向利益相关者进行解释。对于新兴市场的跨国企业来说,改善责任感低下、治理能力不佳的负面形象仍旧是一项长期的巨大挑战,但它们或许可以将重要的一线部门从母国机构分离出来,然后单独在发达市场的证券交易所上市。选择有名的国际会计事务所而不是当地会计事务所作为外部审计机构也可以帮助新兴市场的跨国企业提高其财务责任感。高责任感可以帮助这些企业获得市场中介机构的好评,而这些中介机构会将好评传播到全球市场,从而提高其可信度、可靠度和声誉。资源基础理论认为信誉是竞争优势的一个重要来源,而对于政府干预较强的国家来说,企业的公私界线常常不明确,所以更是如此(Barney 和 Hansen, 1994)。

其次,跳板后和收购后要面临的困难,包括与所在国利益相关者建立有效的工作关系,协调国家文化和公司文化之间的差异,组织全球范围内的复杂活动,整合母国和所在国的运营。虽然有些困难在所有跨国企业都存在,但对于缺乏相关国际经验和组织技能的新兴市场的跨国企业来说,过快过猛地进入高度发达的市场会难上加难。尽管这些企业可以雇用当地人才进行日常管理,但很多跳板后活动仍然需要新兴市场的跨国企业总部及其他国家分公司的协助。要解决这些问题,必须具备丰富的全球规划和执行知识。20 世纪八九十年代,许多向海外扩张的日韩跨国企业为此付出了沉重代价。惨痛的教训促使它们改变了战略,走上了缓慢扩张和保守收购的道路(Li,1994; Chang,1995)。根据动态能力理论,一家企业对分处各地的重要资源进行部署、转移和管理的能力,尤其是在风险投资方面,对于其在全球竞争中不断取得成功必不可少(Teece 等, 1997)。要应对跳板后和收购后的挑战,新兴市场的跨国企业必须事先规划好资源产品全球流动体系,才能进行大规模的海外扩张。这样的体系包括创建跳板后整合协调特别办事处或办事小组,激励海外管理人员做出符合母公司全球利益的决策,以及建立有效的国际运作方式(如信息流和报告系统)以简化公司内部的共享与支持。这些建议在很多方面都与已有文献关于并购甚至国内并购研究的观点相一致。

再次,国际经验、管理技能和专业知识的缺乏也对许多新兴市场的跨国企业的发展制造了瓶颈。“客观”知识(如产品开发)可以在全球扩张中习得,但“经验”知识,如目标市场的特殊经验,通常是隐晦潜在的,只能通过亲身经历获得,也就是说在实践中学习(Davidson, 1980; Barkema 和 Vermeulen, 1998)。正如组织学习理论所言(Levitt 和 March, 1988),组织规章、流程和惯例建立在对以往成败的分析之上,经验所学正是通过它们逐步体制化。尽管外来投资有助于新兴市场的跨国企业熟悉国际产品和海外公司,但国际化蛙跳路径常会省略一些经验学习的关键步骤,比如,如何直接有效地应对海外客户、监管机构、司法机关、法庭、工会、雇员、金融机构等。因此,仅靠从外来投资学习的经验并不足以消除新兴市场的跨国企业的外来者劣势,特别是在发达市场。许多新兴市场的跨国企业在组织管理全球范围的大规模复杂经营活动方面的经验不足,很可能和海外利益相关者产生摩擦,也可能和海外分部的本地主管人员在管理理念、公司文化、奖励机制、领导风格和正式管理流程等方面产生分歧。此外，大多数新兴市场的跨国企业还缺乏国际会计、国际税收、国际品牌推广、国际审计、国际金融、国际移转定价、国际现金流、国际风险管理，以及所在国商业法律、司法系统、商业仲裁的专业知识。当然，它们可以雇用并依靠本土人才来处理这些事务，但许多活动需要海外分部和新兴市场的企业总部共同完成，因此母国总部也要做大量统筹协调和管控支持工作。为应对这些挑战，新兴市场的跨国企业可能继续雇用当地人才以弥补专业知识的缺失，与顶尖会计师和法律事务所或其他专业服务提供商开展联合培训项目，或去海外重点大学接受个性化管理定制课程培训。让高管们在不同区域、部门和职位轮岗也是一种帮助他们获取知识、积累经验的好方法。当企业考虑收购时，对海外目标市场的"人力资本"评估至关重要，特别是管理技能和专业知识。这类人力资本可以极大地弥补新兴市场的跨国企业的组织缺陷，但同时也给收购方带来了巨大挑战(Tung, 1988, 1994)。

最后，但同样重要的是，与发达市场和新型工业化国家的跨国企业相比，新兴市场的跨国企业的产品创新和流程创新能力薄弱，这将持续阻碍其在国际竞争中取得成功。海外收购可以帮助公司获取目标企业的知识和技能，但是，仅仅依靠外部收购来获取知识并不是长久之计。只有收购企业具备研发、设计能力，能够将外部所获能力与现有知识基础进行整合重组时，企业才能最终获得持续的国际竞争优势(Kogut 和 Zander, 1992)。三星等新型工业化跨国企业的成功便能说明内部成长的重要性。据报道，三星电子的研发人员占总员工人数的34%。其全球成功的主要原因是设计优势，而其设计优势主要源于设计能力和设计银行。期权理论认为，海外扩张可以被视为一种选择，能够使跨国企业获取隐形知识，寻找新的机遇。企业一旦有了基本经验，就会产生进一步投资和努力的需求。要做到这些，需要很强的能力，而公司的知识基础有助于这方面的推进(Kogut, 1994)。为提高其创新能力，新兴市场的跨国企业可能会雇用世界顶级设计公司或专家就创新技巧和价值指导其设计师和工程师。它们也可以将设计师和工程师送到海外设计工作室或研发中心工作。创新不仅仅在于产品本身，还包括流程创新(特别是顾客需求和产品属性间的相互关系)和管理创新(特别是鼓励研发人员交流想法挑战上级的心态)。

参考文献

Andersen, O. 1993. On the internationalization process of firms: a critical analysis, *Journal of International Business Studies*, 24(2): 209—231.

Anderson, S. P. and Engers, M. 1994. Strategic investment and timing of entry, *International Economic Review*, 35(4): 833—853.

Andreff, W. 2002. The new multinational corporations from transition countries, *Economic Systems*, 26(4): 371—379.

Barkema, H. G. and Vermeulen, F. 1998. International expansion through start-up or acquisition: a learning perspective, *Academy of Management Journal*, 41(1): 7—26.

Barney, J. B. and Hansen, M. H. 1994. Trustworthiness as a source of competitive advantage, *Strategic Management Journal*, 15: 175—190.

Brandenburger, A. M. and Nalebuff, B. J. 1996. *Competition*, Doubleday Currency: New York.

Buckley, P. J. and Casson, M. 1981. The optimal timing of a foreign direct investment, *The Economic Journal*, 91(36): 75—87.

Cai, K. G. 1999. Outward foreign direct investment: a novel dimension of China's integration into the regional and global economy, *China Quarterly*, 160(4): 856—880.

Chang, S. J. 1995. International expansion strategy of Japanese firms: capability building through sequential entry, *Academy of Management Journal*, 38(2): 383—407.

Child, J. and Rodrigues, S. B. 2005. The internationalization of Chinese firms: a case for theoretical extension? *Management and Organization Review*, 1(3): 381—410.

Davidson, W. 1980. The location of foreign direct investment activity: country characteristics and experience effects, *Journal of International Business Studies*, 11(2): 9—22.

Deng, P. 2004. Outward investment by Chinese MNCs: motivations and implications, *Business Horizons*, 47(3): 8—16.

Dore, R. P. 1990. *British Factory — Japanese Factory*, University of California Press: Berkeley (originally published in 1973).

Dunning, J. H. 1981. *International production and the multi-national enterprises*, Allen & Unwin: London.

Dunning, J. H. 1988. The eclectic paradigm of international production: a restatement and some possible extensions, *Journal of International Business Studies*, 19(1): 1—13.

Dunning, J. H. 2001. The eclectic paradigm on international production: past, present and future, *International Journal of the Economics of Business*, 8(2): 173—190.

Farrell, D., Gao, P. and Orr, G. R. 2004. Making foreign investment work for China, *The McKinsey Quarterly*, Special Edition: 24—33.

Guthrie, D. 2005. Organizational learning and productivity: state structure and foreign investment in the rise of the Chinese corporation, *Management and Organization Review*, 1(2): 165—195.

Han, C. M. and Brewer, T. L. 1987. Foreign direct investments by Korean firms: an analysis with FDI theories, *Asia Pacific Journal of Management*, 4(2): 90—102.

Hennart, J. 1989. Can the "New Forms of Investment" substitute for the "Old Forms"? A transaction cost perspective, *Journal of International Business Studies*, 20(2): 211—234.

Hill, C. W. L., Hwang, P. and Kim, W. C. 1990. An eclectic theory of the choice of international entry mode, *Strategic Management Journal*, 11(2): 117—128.

Johanson, J. and Vahlne, J. 1977. The internationalization process of the firm: a model of knowledge development and increasing foreign market commitments, *Journal of International Business Studies*, 8(1): 23—32.

Kalotay, K. 2004. Outward FDI from Central and Eastern European countries, *Economics of Planning*, 37(2): 141—172.

Kogut, B. 1994. Options thinking and platform investment, *California Management Review*, 37(2): 52—71.

Kogut, B. and Zander, U. 1992. Knowledge of the firm, combinative capabilities, and the replication of technology, *Organization Science*, 3(2): 383—397.

Kumar, K. and Kim, K. Y. 1984. The Korean manufacturing multinationals, *Journal of International Business Studies*, 15(1): 45—61.

Lall, S. 1984. *The new multinationals*, Wiley: New York.

Lecraw, D. J. 1977. Direct investment by firms from less developed countries, *Oxford Economic Papers*, 29(3): 442—457.

Lecraw, D. J. 1983. Performance of transnational corporations in less developed countries, *Journal of International Business Studies*, 14(1): 15—34.

Levitt, B. and March, J. G. 1988. Organizational learning, *Annual Review of Sociology*, 14(1): 319—340.

Levy, B. 1988. Korean and Taiwanese firms as international competitors: the challenges ahead, *Columbia Journal of World Business*, 23(1): 43—51.

Lewin, A. Y., Long, C. P. and Carroll, T. N. 1999. The co-evolution of new organizational forms, *Organization Science*, 10(5): 535—550.

Li, P. P. 1994. Strategy profiles of indigenous MNEs from the NIEs: the case of South Korea and Taiwan, *International Executives*, 36(2): 147—170.

Luo, Y. 1998. Timing of investment and international expansion performance in China, *Journal of International Business Studies*, 29(2): 391—408.

Luo, Y. 2004. *Competition in international business*, Copenhagen Business School Press: Copenhagen.

Mathews, J. A. 2002. *Dragon multinationals: Towards a new model for global growth*, Oxford University Press: New York.

Pennings, J. M., Barkema, H. G. and Douma, S. W. 1994. Organizational learning and diversification, *Academy of Management Journal*, 37(3): 608—640.

Perez, J., Meier, J. and Woetzel, J. 1995. MNEs in China, *The McKinsey Quarterly*, (2): 21—33.

Rugman, A. 2000. *The end of globalization*, Random House: London/Amacom-McGraw-Hill: New York.

Simonin, B. L. 2004. An empirical investigation of the process of knowledge transfer in international strategic alliances, *Journal of International Business Studies*, 35(5): 407—427.

Tallman, S. B. and Shenkar, O. 1990. International cooperative venture strategies: outward investment and small firms from NICs, *Management International Review*, 30(4): 299—315.

Teece, D., Pisano, G. and Shuen, A. 1997. Dynamic capabilities and strategic management, *Strategic Management Journal*, 18(7): 509—534.

Tsang, E. W. K. 2002. Learning from overseas venturing experience: the case of Chinese family business, *Journal of Business Venturing*, 17(1): 21—40.

Tung, R. L. 1988. *The new expatriates: Managing human resources abroad*, Ballinger: Cambridge, MA.

Tung, R. L. 1994. Human resource issues and technology transfer, *International Journal of Human Resource Management*, 5(4): 804—821.

UNCTAD 2004a. World Investment Report 2004, United Nations, Geneva.

UNCTAD 2004b. *Outward FDI from Brazil: Poised to take off?*, Geneva: United Nations, Geneva, (www.unctad.org/en/docs/ iteiia200416_en.pdf).

UNCTAD 2004c. *India's outward FDI: A giant awakening?*, United Nations, Geneva, (www.unctad.org/sections/dite_dir/ docs//diteiiab20041_en.pdf).

UNCTAD 2005. World Investment Report 2005, United Nations, Geneva.

Wells, L. T. 1983. *Third world multinationals: The rise of foreign direct investment from developing countries*, MIT Press: Cambridge, MA.

Yeung, H. W. C. 1994. Transnational corporations from Asian developing countries: their characteristics and competitive edge, *Journal of Asian Business*, 10(4): 17—58.

Yeung, H. W. C. 1997. Business networks and transnational corporations: a study of Hong Kong firms in the ASEAN region, *Economic Geography*, 73(1): 1—25.

Yeung, H. W. C. 1998. The political economy of transnational corporations: a study of the regionalization of

Singaporean firms, *Political Geography*, 17(4): 389—416.

Young, S., Huang, C. H. and McDermott, M. 1996. Inter-nationalization and competitive catch-up processes: case study evidence on Chinese multinational enterprises, *Management International Review*, 36 (4): 295—314.

作者简介

Yadong Luo(陆亚东)是迈阿密大学工商管理系管理学教授,Emery Means Findley 杰出讲席教授。他的研究兴趣包括全球企业战略、对外投资、国际合资企业、新兴市场中的跨国企业等。他已出版 15 本著作和发表了超过 120 篇论文。

Rosalie L. Tung 是西蒙弗雷泽大学 Ming and Stella Wang 国际商务教授。2003—2004年,她曾担任管理学会(AOM)主席。她曾获威斯康星大学系统威斯康星杰出教授殊荣并是加拿大皇家学会、管理学会、英国管理学会、国际商务学会和跨文化研究学会会员。她在国际人力资源管理、国际商务谈判和比较管理上出版了 11 本著作和发表了超过 80 篇论文。

中国对外直接投资的影响因素*

Peter J. Buckley　　L. Jeremy Clegg　　Adam R. Cross
Xin Liu　　Hinrich Voss　　Ping Zheng
University of Leeds

周　俊　译
（苏州大学东吴商学院）

曹毅然　校
（华东理工大学商学院）

本文探究了中国对外直接投资的影响因素，并探讨了需要在多大程度上将三个独特的解释（资本市场不完善、特殊的所有权优势和制度性因素）嵌套进跨国企业一般理论之中的问题。利用1984—2001年关于中国对外直接投资的官方数据，我们检验了提出的假设。我们发现，中国对外直接投资和东道国高等级的政治风险、中国与东道国的文化相似性、东道国的市场规模、东道国与中国的地理临近程度（1984—1991），以及东道国的自然资源禀赋（1992—2001）等因素相关联。我们发现的证据强烈支持以下观点，即我们的理论在许多方面有助于解释中国跨国企业的行为。

引言

本文探究了中国跨国公司于1984—2001年开展对外直接投资的影响因素。当代中国重新融入世界经济的进程始于20世纪70年代后期的改革开放，并随着中国2001年加入世界贸易组织而显著加快。① 关于这一进程的研究通常关注的问题包括：中国在全球贸易中的地位

---

* 原文刊于 *Journal of International Business Studies*，38（4）：499—518，2007。

The determinants of Chinese outward foreign direct investment，Peter J. Buckley，L. Jeremy Clegg，Adam R. Cross，Xin Lin，Hinrich Voss & Ping Zheng，*Journal of International Business Studies*，2007，volume 38，issue 4，经 Palgrave Macmillan 授权出版。

我们感谢 Mark Casson 对本文的重要评论，感谢 Tim Rose 的支持性工作，还要感谢审稿人和专刊编辑提供的深邃而有益的评论。

① 本文中，我们采用联合国贸发会议（UNCTAD）对对外直接投资（FDI）的标准定义，认为，FDI是一家企业和外国的居民企业之间涉及长期关系并反映长久利益和控制的投资（UNCTAD，2005a）。FDI通常包含三个要素，即权益资本（购买外国企业的股权）、再投资的收益（外国分支机构未以红利形式分配的利润或返还给投资者的利润）以及公司内部的借贷交易（母公司和国外分支机构间的借贷）（UNCTAD，2005a）。

(Lall 和 Albaladejo,2004);中国作为生产制造基地的比较优势(Chen 等,2002; Rowen, 2003);迂回对外直接投资的数量、分布和影响(Buckley 等,2002; Buckley,2004b)。[①] 相反,对这一进程的更深层面的议题(即中国对外直接投资的兴起)的理解还是很不充分。导致该状况的原因之一是,缺乏足够细致的数据,这使得我们无法对中国对外直接投资的动因进行正式分析。结果是,相关研究多是关于中国对外直接投资趋势的描述性分析(Taylor, 2002; Deng,2003, 2004; Wong 和 Chan,2003; Buckley 等,2006),还有少量针对几家中国知名跨国公司的深度案例研究(Liu 和 Li,2002;Warner 等,2004)。

据我们所知,本探索性研究是运用来自中国对外投资审批环节中的一个权威机构——国家外汇管理局的官方数据对中国对外直接投资的驱动因素进行正式模型化的最早尝试之一。我们聚焦于对外直接投资的影响因素,以及现有跨国公司理论(其中大多侧重于发达国家,特别是美国的投资者)可以在多大程度上解释来自像中国这样的新兴经济体的对外直接投资。中国是检验 FDI 一般理论的一个特别好的案例,因为在中国能碰到在其他任何一个国家所难以遇见的许多特殊情况。

若干指标显示,中国近年来作为对外投资国的地位得到增强。截至 2004 年,中国已成为发展中经济体中第八大 FDI 来源地,位居经济上更发达的中国香港特别行政区、韩国、中国台湾地区和新加坡之后(UNCTAD,2005a)。由国家投资促进事务局开展的一项调查预测,2005—2008 年,中国将跻身于对外直接投资前四名的行列(UNCTAD,2005b)。非洲和亚太国家的机构更是强调了中国的重要地位,认为中国在所在区域的地位将仅次于南非和美国在各自区域的地位。种种迹象表明,中国在未来会对全球 FDI 流量作出越来越大的贡献。这些都证明了开展本项研究的迫切性。

在本研究中,中国对外直接投资者可以被认为是国有企业,这是因为中国在 2003 年之前是禁止私企对外投资的。自 1979 年中国在对外开放政策下正式允许对外直接投资以来,中央政府和省级政府要么直接通过行政命令,要么间接地通过经济政策和其他推动经济发展的措施来对中国企业的国际化进行牢牢的控制(Buckley 等,2006)。在最初阶段,政府对对外直接投资的审批非常严格。然而,近年来,政府放松了行政控制并简化了对外直接投资的审批流程和步骤,同时可用于个人投资项目的外汇数额上限也在提高(Sauvant,2005)。对外投资自由化的加速发展可以追溯到 1992 年邓小平的南方谈话,以及政府 1999 年发起的“走出去”

① 本研究中,我们不严格区分“中国”和“中国大陆”,两者都指中华人民共和国(PRC)。根据研究需要,除了特别指出的地方,本文所考察的中华人民共和国不包括香港和澳门特别行政区,中国台湾地区被视为独立的经济体。

战略。政府主动通过降低或消除外汇、财政和行政管理等领域不利于国际投资的障碍来提高中国企业的国际竞争力(Sauvant,2005)。为了正确理解中国的对外直接投资,正式的实证分析下必须充分考虑到制度情境的变化以及由此可能引发的中国企业的特殊反应。也就是说,我们很有必要去理解现有理论与中国跨国公司的投资区位决策之间的吻合度,以及母国的情境和制度环境是否发挥了独特的效应。这种独特效应可能是国家持续追求经济目标(如以国有企业作为政策工具)的结果。

本文首先回顾了对外直接投资的一般理论,并讨论了它在多大程度上适用于像中国这样中央计划对部门发展有重大影响的新兴经济体。为此,我们考察了着力于三个潜在因素(即不完善的资本市场、特殊所有权优势和制度性因素)的专门理论融入到一般性理论的问题。然后,我们描述了一系列对(工业化国家)FDI 流动有重大影响的经济和政策变量,并就它们对中国对外直接投资模式的解释能力提出理论假设。紧接着,我们运用官方数据来检验关于中国对外直接投资的特殊理论。我们发现,中国对外直接投资确实在一些方面,尤其是政治风险方面,有其独特性,但是关于 FDI 的常用解释也同样适用。最后,我们就未来的研究方向提出了意见和建议。

对外直接投资的一般理论

FDI 理论的一般原则包括两个方面(Buckley 和 Casson,1976):(1) 在进一步内部化的成本超过其收益之前,企业会一直将缺失的或不完善的外部市场加以内部化;(2) 企业会选择合适的区位来从事各项相关活动,以最大限度地降低运作总成本。通过市场内部化进行扩张,意味着企业运用 FDI 来替代在中间品和知识领域的不完善的外部市场(如通过出口和许可经营)以攫取利润。就新兴市场经济体的跨国企业而言,它们所在的母国资本市场可能有特定的不完善的方面,这就需要我们应用专门理论,正如我们将要探讨的,中国的情况正是如此。

主流或一般理论中的区位因素囊括在邓宁生产折衷范式之中,认为区位的选择基于三大动机(Dunning,1977,1993):外国市场寻求型 FDI、效率(降低成本)寻求型 FDI 和资源寻求型 FDI(包含战略性资产寻求型 FDI)。

FDI 的一般理论大多构筑在工业化国家投资者的经验之上。这些理论虽然在某些方面比较适用于新兴经济体的投资者,但仍不可避免地存在不足。这里,我们要批判性地看待 FDI

一般理论的适用性。新兴经济体的企业开展市场寻求型FDI是基于传统的贸易支持理由——接近分销网络、促进国内生产者的出口、增加从东道国向其他快速发展的市场的出口。当对外投资者寻求低成本(特别是低劳动力成本)的运营区位时,效率寻求型FDI就发生了。考虑到中国较低的劳动力成本,这一动机不太可能有,这里也就不具体探讨。资源寻求型FDI通常在新兴经济体寻求或确保国内缺乏的原材料和能源供应时发生。这就使得中国对外直接投资发生在具有丰富原材料和能源储备的收入较高的国家(如澳大利亚和加拿大)。这也包含寻求诸如研发能力和成果、设计设施、品牌等特定资产的活动,这些资产为发达国家的企业所拥有,通常只有通过收购这些企业或其子公司才能获得(Dunning,2001)。

多个研究也识别出企业国际化的渐进或分阶段过程,该过程与地理距离和心理距离(如Johanson和Vahlne,1977)相联系。根据相关研究,企业国际化通常始于与母国市场地理距离近的地点和已经通过之前的贸易业务和其他互动而积累了知识、关系和经验从而心理距离较近的国家。我们可以从来自中国香港地区(Lau,1992,2003)、韩国(Erramilli等,1999)、20世纪80年代的印度和阿根廷(Ferrantino,1992;Pradhan,2003)、巴西(Villela,1983)及马来西亚(Zin,1999)的跨国公司中找到很多这样的例子。

中国对外直接投资的专门理论?

一个问题被提了出来,即来自新兴经济体特别是中国的对外直接投资是否需要一个嵌套在上述一般理论中的专门理论?这里有三个可能的论据:不完善的资本市场、中国跨国企业的特殊所有权优势和制度性因素。

不完善的资本市场

在像中国这样的新兴经济体中,其资本市场不完善,这也许需要对一般理论进行专门的运用。不完善的资本市场可能意味着在相当长的一段时间内,人们可以低于市场利率的利率水平获取资本,在资本市场产生准永久的不均衡状态,(潜在的)对外投资者可以加以利用。从这个意义上讲,不完善的资本市场可被转化成新兴经济体企业的所有权优势(Buckley,2004a)。这种转化能力来自几个特定的并且互相关联的不完善因素:

(1)国有(以及和政府关系密切的)企业可以低于市场的利率获得资本(如以软预算约束的形式)(如,Lardy,1998;Scott,2002;Warner等,2004);

(2) 低效的银行体系因为政策或者缺乏能力而向潜在的对外投资者提供"软贷款"(Warner 等,2004;Child 和 Rodrigues,2005;Antkiewicz 和 Whalley,2006);

(3) 企业集团公司运作的内部资本市场缺乏效率,这就有可能对 FDI 形成补贴[如 Liu(2005)关于多元化的中国企业集团海尔公司的描述];

(4) 家族企业可从家庭成员处获得廉价资本(如,Tsai,2002;Child 和 Pleister,2003;Erdener 和 Shapiro, 2005)。

我们有充分的理由相信,这四种不完善因素在中国都存在。中国企业借助国家支持的软预算约束来开展并购已成为它们进入并渗透到东道国经济中的"通用"模式(Warner 等,2004)。中国跨国企业在海外的疯狂出价行为可以归因于:私人股东的缺乏,对相关的技术、商业和政治风险的乐观估计,对失败的有限恐惧,紧密的政府支持及低成本的资本(Ma 和 Andrews-Speed,2006)。① 确实,总体上效率低下的中国企业之所以能生存下来是因为地方政府和党的领导官员推行软预算约束,这使得银行和其他金融机构无力对企业进行重组和破产程序(Lardy,1998)。国有企业获得规模巨大的风险资本,中国国际信托投资公司(CITIC)就是一个例证:当该公司受指示在优先考虑的资源部门寻求海外投资机会时,它得到了国务院的支持(Zhang, 2003)。国务院还指示服务于中国对外经济贸易信托有限公司(原中国对外贸易经济合作部的金融机构)的中国信托投资公司作为中化公司的"内部银行"向其输送资金(Zhang,2003)。首钢集团也被授权建立自己的银行以便应对严格的预算约束(Steinfeld,1998)。联想收购 IBM 个人电脑业务(完成于 2005 年)一般被认为是在中国政府担保之下完成的,政府当时在该公司持有 57% 的股份(*Business Week*,2004)。根据以上讨论,不完善的资本市场似乎可以使得中国跨国公司有可能开展自然资源寻求型(特别是在能源和原材料部门)和战略资源寻求型对外直接投资。①

如果中国跨国企业的对外直接投资选址策略比较独特,是关于工业化国家企业对外投资动机的研究所不能预测的,其对风险和收益的反应有悖常理,那么就可以断定资本市场的不完善。在本研究中,我们在控制风险溢价(以市场规模和市场增长为代理变量)之后,将政治风险纳入中国对外直接投资的影响因素之中,以此来检验上述观点。

中国跨国企业的所有权优势

有观点认为,新兴经济体的跨国公司形成了特别的所有权优势,这使得它们在国外能够

① 虽然它发生在本研究所考察的时间范围之后,供符合条件的中国企业收购国外品牌和公司的专项国家基金(大约 150 亿美元)的成立支持了我们的观点(Swystun 等,2005)。

比当地企业和发达国家跨国公司更有效地开展某些经营活动。这些所有权优势可能包括灵活性(Wells,1983)、资本或资源的节约、从母国经营中所获得的利益(即在新兴市场情境下的运作更为熟悉),以及为了接触利用他方资源而与其他企业结成互惠关系的能力。最后一种优势,一些人将之命名为关系资产(Dunning,2002;Erdener 和 Shapiro,2005),可能表现为关系技能并且就中国企业而言与华人社区相关联。① 如果这些条件是相对持久的,它们就为新兴经济体的跨国企业提供了准永久的"所有权优势",这是邓宁生产折衷理论中继内部化和区位因素之后的第三个因素(Dunning,1993)。但是,这种观点是很难使用对外直接投资的总体数据加以检验的。

现有理论认为,企业在海外拓展的早期阶段,投资通常会发生在与母国文化背景相似的国家(Johanson 和 Vahlne, 1977),或者发生在某个东道国,企业与该国的一个特定的少数群体之间拥有以家族或民族纽带形式存在的、可以加以利用的关系资产(Lecraw,1977;Wells,1983;Lau,2003)。在这种关系网络中,企业可以轻易获得最合适、最有利可图的投资机会方面的信息,并可构建富有建设性的商业关系以促进市场的准入和开发。最终降低投资和商业风险(Lecraw,1977;Zhan,1995)。如果中国的对外直接投资在那些拥有相关区位特定关系优势(如有相当数量的华人)的东道国相对更多的话,作为中国企业特殊所有权优势的"结网"技能的重要性就显得很突出了。

影响中国对外直接投资的制度性因素

一个新兴经济体的制度结构可以影响国内企业到海外投资的能力和意愿。简便、一致和自由的对外直接投资政策会促进对外直接投资,而随意和经常调整的政策所起的作用恰恰相反。近年来,战略的制度基础观(简称"制度理论")方面的成果在增加(North,1990;Peng,2002;Meyer 和 Nguyen,2005; Wright 等,2005)。这一理论可能有助于解释中国对外直接投资的独特性。这一理论的最基本贡献在于其认为企业的战略是由母国的制度环境(俗称"游戏规则")所塑造的,这些制度环境由政府及其代理机构推行(Scott,2002),并且与影响投资(包括对外投资)行为的规范和认知相联系。政府的大力支持通常以获取原材料和其他投入的优先权、低成本的资本(如前所述)、补贴和其他福利形式存在,这些支持可以帮助新兴国家的企业应对所有权和区位劣势所带来的不利影响(Aggarwal 和 Agmon,1990)。另外,因为各级政

① 我们的这一观点得益于其中一位审稿人的意见,在此表示感谢。

府试图影响资本流出的数额、方向和范围,公司也会受到高度官僚化和繁重的对外投资行政审批程序的困扰。如果再加上政府对某些产业和所有权形式的歧视性政策,对外直接投资可能会被扭曲。在这种情况下,通过非正式甚至非法渠道开展的对外直接投资就会发生(或者实际上受到默许)。

考虑到中国经济的国家干预程度较高(Scott,2002),制度环境可能对中国企业的国际化决策产生深远的影响。表1列出了中国对外直接投资审批流程演进的几个关键阶段。

表1 中国对外直接投资政策发展的几个关键阶段

1979—1985	第一阶段:谨慎的国际化 在对外开放政策的引导下,政府将对外直接投资视为中国加快开放进程并融入世界经济的一种手段。中国国有企业开始了它们的早期国际化运营。只有在对外经济贸易部(后来的商务部)管辖下的国有贸易公司和国家经济贸易委员会(现在是国家发展和改革委员会的一部分)管辖下的省市级经济技术合作企业才被允许到海外投资。这个阶段,中国大约批准了189个项目,总金额约1.97亿美元。
1986—1991	第二阶段:政府鼓励 政府放松了管制政策,允许更多的企业设立国外分支机构,前提是这些企业拥有充足的资本、技术和运营技能,以及合适的合资伙伴。这个阶段,政府批准了891个项目,总金额约12亿美元。
1992—1998	第三阶段:扩张和管制并存 受到国内自由化的鼓舞,在邓小平南方谈话和将企业国际化纳入国家经济发展政策的推动下,省级政府积极推进企业在监督之下开展国际商务活动,特别是到香港地区从事房地产和股票市场投机。1997年亚洲金融危机和随后一些企业的倒闭现象使得对外直接投资进程放缓。对国有资产控制权流失、资本外逃和外汇流失等问题的担心导致审批程序收紧,特别是100万美元及以上的项目更是如此。虽然对外直接投资项目的总金额增加了12亿美元,但项目数有所减少。
1999—2001	第四阶段:执行"走出去"政策 这一阶段存在不少相互矛盾的政策。政府采取了进一步的措施以控制资本转移,并出台管理办法确保对外直接投资真正用于生产性目的。相反,在某些特定产业,特别是在能够促进中国原材料、零部件和机械出口的与贸易相关的活动中以及在诸如纺织业的轻工业部门、机械和电器设备部门,政府采用出口退税、外汇援助和直接财政支持等手段积极推动对外直接投资。2001年,"走出去"战略正式写入国家的"十五"规划中。这个阶段,经批准的对外直接投资总额增长了18亿美元,项目平均金额为260万美元。
2001年以来	第五阶段:后WTO时期 国内曾经受保护的行业和市场开始向外国和国内竞争者开放,国内竞争压力增强,这迫使一些中国企业到海外寻找新的市场。在"十一五"规划中,中国政府再一次强调了"走出去"对中国企业和中国经济的重要性。尽管审批权力有所下放,审批体系也更精简,但相互矛盾的规章仍然存在。对对外直接投资的直接的、主动的支持仍然有限,政府仍主要致力于防止资本的非法流出和国有资产控制权的流失。

资料来源:Yu等(2005),Zhang(2003),Wong和Chan(2003),Wu和Chen(2001),Guo(1984),Ye(1992),Ding(2000)。

因为中国对外直接投资的每个项目都需要由中国多个行政管理机构进行审批(主要通过外汇管制),审批流程的变革可能对中国跨国企业的发展、壮大和定位产生重大影响。具体来说,现有研究认为,中国在20世纪80年代和90年代早期的对外直接投资是由政府主导,旨在推动国有制造企业的出口、保证国内稀缺自然资源的稳定供应、获得信息,以及学习如何在国际舞台开展经营(Ye,1992;Zhan,1995;Liu 和 Li,2002)。在能源和矿产领域的投资,用来满足国内日益增长的需求的特征尤其明显(Lawrence, 2002)。从这个意义上来讲,和新加坡、韩国和马来西亚一样,中国扶持组建了一些自己的跨国企业(Heenan 和 Keegan,1979;Yeung,1998; Wang,2002;Dicken,2003)。FDI,特别是自然资源导向的 FDI,主要集中在发达国家(Buckley 等,2006)(见表2)。有证据表明中国跨国企业近来开展国际化经营是为了实现以下目的:获得国外专有技术、战略性资产和能力(品牌、销售渠道、外国资本市场等)(通常采用收购方式)、开拓新市场、开展多元化经营以提高国际竞争力(Taylor,2002; Deng,2003;Zhang,2003;Buckley 等,2006)。在本研究所考察的时期内,与中国日益开放自由的政策相协调,中国的对外直接投资在全球特别是发展中国家的分布更加广泛(见表2),中国越来越多地采取防御(进口替代和配额)和进攻(开拓新市场)相结合的市场寻求型对外直接投资(Buckley 等,2006)。此外,中国自然资源导向的 FDI 在持续发展,并向越来越多的发展中国家蔓延。同时,出口和出口导向的 FDI 也在持续进行。例如,1999 年,为了推动与贸易相关的对外直接投资并促进中国出口尤其是纺织品、机械和电气设备部门的出口,中国实施了直接的政府扶持,具体形式包括出口退税、外汇援助和财政支持(Wong 和 Chan, 2003)。重大政策的变化和中国对外直接投资数量变化间的相互联系证明了本国制度因素的变化对中国跨国企业投资行为的影响。我们可以根据关键政策的变动和中国对外投资的数量或分布之间的关联来验证母国制度对于中国跨国企业投资行为的效应。

表2 1990—2003 年间中国经批准的 FDI 流出量(按接受区域和经济划分)

	年均对外直接投资存量				
	1990—1992	1993—1995	1996—1998	1999—2001	2002—2003
中国对外直接投资总额(万美元)	133 847.53	176 010.77	235 466.77	377 761.70	1 038 208.76
比例分布(按区域)(%)					
发达国家	69.44	64.12	49.95	36.11	22.60
西欧	2.62	2.63	2.21	1.72	4.15
欧盟(15 国)	2.29	2.38	2.01	1.58	4.08
其他西欧国家(3 国)	0.33	0.25	0.20	0.14	0.07
北美	41.59	39.86	31.25	23.67	12.82
其他发达国家	25.22	21.63	16.49	10.71	5.62

（续表）

	年均对外直接投资存量				
	1990—1992	1993—1995	1996—1998	1999—2001	2002—2003
发展中国家和地区	30.56	35.88	50.05	63.89	77.40
非洲	4.03	5.18	11.02	16.07	8.40
北非(6 国)	0.20	0.19	0.76	1.13	0.85
非洲其他国家(46 国)	3.83	4.99	10.27	14.93	7.55
拉丁美洲和加勒比地区	4.87	4.96	10.04	13.83	7.13
南美(12 国)	3.64	3.19	8.40	8.89	4.18
其他拉美国家和加勒比地区(18 国)	1.23	1.78	1.64	4.94	2.95
中东欧(18 国)	4.17	5.76	4.85	4.44	4.62
亚洲	16.61	18.71	22.22	27.87	56.60
西亚(中东)(12 国)	1.09	1.17	0.98	1.61	1.46
中亚(8 国)	0.09	0.26	0.49	1.50	0.91
南亚、东亚和东南亚(20 个国家或地区)	15.42	17.28	20.74	24.75	54.22
环太平洋地区(9 国)	0.88	1.27	1.92	1.69	0.67

注：每个区域的接受国总数显示在该区域的名称旁，按 UNCTAD(2003)的标准划分区域。

资料来源：根据商务部历年《中国对外经济贸易年鉴》和《中国商务年鉴(2004)》提供的数据计算而得。

中国对外直接投资的影响因素：理论假设

我们现在基于理论来审视 FDI 的影响因素，并就这些因素对中国对外直接投资的影响能力提出相关假设。

市场寻求型 FDI

东道国的市场特征，例如市场规模，一般被认为是对外直接投资的一个重要影响因素。随着市场规模的扩大，通过 FDI 来有效利用资源、发挥规模经济和范围经济效应的机会也在增加（UNCTAD,1998）。多项研究（根据 Chakrabarti 2001 年的调查）表明，FDI 流量和市场规模是正相关的。最近的研究揭示了中国跨国企业进攻性的市场寻求动机日益明显（Taylor, 2002；Zhang,2003；Deng,2004；Buckley 等,2006），这将驱使它们瞄准更大的市场。理论认为，市场导向的、横向 FDI 与需求的增长正相关。市场增长假设认为，相比增长缓慢或基本停滞的经济，快速增长的经济能带来更多创造利润的机会（Lim,1983）。我们因此得出以下三大假设：

假设1a：中国对外直接投资和东道国市场的绝对规模正相关。

假设1b：中国对外直接投资和东道国的人均市场规模正相关。

假设1c：中国对外直接投资和东道国市场成长性正相关。

自然资源禀赋

随着中国经济的增长，中国政府已运用对外直接投资手段来确保国内稀缺要素投入的供应（Ye，1992；Zhan，1995）。关键部门包括矿产、石油、木材、渔业和农产品（Cai，1999；Wu和Sia，2002）。CITIC购买澳大利亚矿产和食品公司的股权、中石油收购总部位于加拿大的PetroKaz石油公司，都是佐证（Wu和Sia，2002）。内部化理论认为，在稀缺自然资源的开发过程中，股权控制是非常重要的。因此我们预期，中国对外直接投资和东道国自然资源禀赋是正相关的（Buckley和Casson，1976）。因此：

假设2：中国对外直接投资和东道国自然资源禀赋正相关。

资产寻求型FDI

特别是在20世纪80年代，中国对外直接投资被引导去获取国际化经营方面的信息和知识（Ye，1992；Zhan，1995；Buckley等，2006）。近年来，中国政府公开引导企业在对外直接投资时综合使用绿地投资和跨国并购方式去取得国外的先进专利技术、固定战略资产（如品牌和当地的销售渠道）及其他能力（Taylor，2002；Deng，2003；Zhang，2003；Warner等，2004）。我们预期，为增强它们在其他地方的竞争力，中国的跨国企业将资产寻求型的对外投资投向拥有高层次人力和智力资本的国家，特别是工业化国家（Dunning等，1998；Dunning，2006）。值得注意的是，中国企业的许多此类收购，尤其是在欧洲和美国的收购，涉及的目标公司处于破产边缘或陷入严重困境。专利所有权优势禀赋的测量可以东道国的专利申请率作为代理变量。因此：

假设3：中国对外直接投资和东道国的所有权优势禀赋正相关。

政治风险

内部化理论预测，在政治风险较高的国家，市场导向的企业将会以单纯的市场服务模式

（出口或许可经营）代替直接拥有生产设施的方式；资源导向的企业将避免直接投资的方式以降低沉没成本（Buckley 和 Casson，1981，1999）。因此，其他条件相同，较高的政治风险一般与较低的 FDI 流入额相伴随（Chakrabarti，2001）。运用风险指数的时候，我们不能不考虑投资回报的问题。如果风险更高的东道国同时产生较高的投资回报，FDI 还是会流向这些国家，这时我们就可以观察到风险和 FDI 之间的紧密关系了。在本研究中，回报的角色可以通过市场相关变量来推测，因此，我们认为，回报的影响被与市场关联的特征控制住了。类似地，中国在自然资源上的投资（中国在风险大的中亚和非洲的投资更有可能具有上述动机）回报范围所产生的影响也被自然资源变量控制了。因为在测量政治风险时，政治稳定性越大，赋值也越高。所以，我们根据对外直接投资的一般理论推测出自变量和因变量之间的正相关关系。

假设 4：中国的对外直接投资和东道国政治风险水平负相关。

文化相似度

自 1979 年以来，移居到新加坡、中国台湾地区和香港特别行政区的华人回内地的重大投资，对中国融入世界经济作出了巨大贡献（Henley 等，1999；Yeung，1999；Sikorski 和 Menkhoff，2000；Ng 和 Tuan，2002）①。海外华人间的紧密经济联系以及中国商务交易中“关系”（一种建立在共同利益基础上的有关人际关系和社会联系的古老体系）的重要性也影响着中国对外直接投资的模式（Luo，1997；Standifird 和 Marshall，2000；Tong，2003）。一些学者认为，种族和家庭“关系”网构成了中国跨国企业的企业特定优势，这是因为它们有助于降低与国外市场商业机会识别相关（Zhan，1995）的商业风险和交易成本（Sung，1996；Braeutigam，2003；Erdener 和 Shapiro，2005）。这些人际网络也有助于弥补中国跨国企业因较晚进入国际市场所面临的劣势（Li，2003）。

根据上述观点，中国企业会在有大量华人居住的国家或地区投资。这些国家或地区主要分布在亚洲，大约 88% 的海外华人居住在亚洲。1990 年，世界上共有约 3700 万海外华人。其中，多数（占 66%）海外华人大致均匀地分布在印度尼西亚、泰国、中国香港地区和马来西亚。还有 8% 的海外华人居住在南北美洲，2% 在欧洲，各有 1% 居住在大洋洲和非洲大陆（Poston 等，1994）。因此：

---

① Poston 等（1994：633）将海外华人定义为“所有在中国大陆和中国台湾地区之外生活的华人，包括华侨（有中国国籍但长期生活在国外的）、华人（有华人血统的加入外国国籍的）和华裔（华人父母的后代）”。

假设5:中国对外直接投资和东道国(地区)的华人比例正相关。

政策自由化

以上讨论清楚表明,国际资本转移政策有可能极大地影响了中国对外直接投资的模式和趋势。虽然中国对外直接投资的任何正式模式都需要基于相应的政策模式,但规则和激励政策实施的不透明性使得投资者很难把握(Wong和Chan,2003)。邓小平1992年南方谈话和国内市场自由化密切相关。多个省级政府纷纷响应,它们允许企业在其监督下开展国际化经营,特别是向香港特别行政区投资,以便参与房地产和股票市场的投机活动(Wong和Chan,2003)。所以,为研究制度自由化对对外直接投资的作用,我们以1992年为标准引入一个时间虚拟变量。因此:

假设6:1992年中国对外直接投资政策的自由化变革增加了中国对外直接投资。

基于标准理论,我们控制了一些传统变量来精确地界定估计方程,这样可以揭示包括那些用来检验关于中国对外直接投资专门理论的变量在内的主要变量的效应。

汇率

汇率较低或被低估可以促进出口但不利于对外直接投资(Kohlhagen,1977;Logue和Willet,1977;Stevens,1993)。当母国汇率上升时,因为以外币计价的资产变得更便宜,所以,对外直接投资会有更大的利润空间。当汇率从较低或被低估的状态快速回升时,对外直接投资也会以更快的速度增长。由于上述原因,我们将汇率纳入模型中作为控制变量。母国货币相对于他国货币的升值意味着东道国货币的贬值,这应该会增加它对这些国家的直接投资(Scott-Green和Clegg,1999)。就中国而言,在本研究所考察的期间内,人民币钉住美元,保持名义汇率不变(Roberts和Tyers,2003;Hall,2004)。但是,人民币钉住美元允许人民币可以对其他货币保持灵活的比价关系,这使得人民币的实际有效汇率在1995—2002年提高了20%以上(Hall,2004)。因此:

假设7:东道国货币的相对贬值会导致中国对外直接投资的增加。

东道国通货膨胀率

东道国多变、难以预测的通货膨胀率会阻碍市场寻求型对外直接投资,因为物价频繁变动增加了不确定性并且使得公司的长期规划特别是在价格设定和利润预期方面的计划遭遇重重阻碍。高通货膨胀率也会导致国内货币贬值,进而降低市场寻求型外来投资企业以当地货币计价的收益的实际价值。高通货膨胀率提高了当地原料的价格,这使得公司很难在第三方市场保持成本优势,从而使得国内外投资者在出口绩效方面面临挑战,最终阻碍出口导向型的 FDI。我们因此预期,中国对外直接投资和东道国的通货膨胀之间存在负相关关系。因此:

假设 8:中国对外直接投资和东道国的通货膨胀负相关。

出口和进口

中国对东道国的出口充分体现了中国企业的市场寻求动机,因此可以作为中国和东道国之间贸易关系强度的代理变量。在 20 世纪 80 年代和 90 年代早期,大量的中国对外直接投资的目的是为国内出口商提供本地化的支持并帮助它们增加以硬通货计量的收入(Wu 和 Sia,2002)。一般情况下,这类投资一般规模较小,并利用当地的分支机构为它们的中国委托人和其他中国企业提供信息、国际贸易、运输和金融方面的服务(Ye,1992;Zhan,1995)。在有些情况下,这些投资属于为后续更重要的投资而开展的探路式经营。因此:

假设 9:中国对外直接投资和中国对东道国的出口正相关。

母国从东道国的进口也能体现双方的贸易关系强度。因为进口额表明了所转移资源的重要性,我们预期母国企业将以对外直接投资作为重要机制来使得这些战略性流程内部化。因此:

假设 10:中国对外直接投资和中国从东道国的进口正相关。

和中国的地理距离

内部化理论认为,市场寻求型企业更可能向较近的国家出口,而到较远的国家进行对外直接投资(Buckley 和 Casson,1981)。这就是说,随着距离的增加,对外直接投资将逐步替代其他进入模式。但是,我们只把中国每年对外直接投资流量(而不是对外直接投资流量和出口额的比率)作为因变量。因为我们认为对外直接投资的最大部分会流向邻近国家,所以我们预期可以发现地理距离对 FDI 流量的负向效应(Loungani 等,2002)。因此,距离变量需要被用来补充文化相似性变量,以便分离出文化相似性的效应。我们这里将距离作为控制变量。因此:

假设 11:中国对外直接投资和中国与其他国家的地理距离负相关。

对 FDI 的开放度

一个国家对国际投资越开放,它作为直接投资目的地的吸引力就越大(Chakrabarti, 2001)。我们把对东道国对 FDI 的开放度作为本研究的一个控制变量。

假设 12:中国对外直接投资和东道国经济对国际投资的开放度正相关。

表 3 列示了研究假设及其理论依据、所使用的代理变量、预期的符号和我们的数据来源。我们期望能够通过表中列出的主要变量的显著性来把握中国对外直接投资影响因素的独特之处。

表 3　中国对外直接投资的影响因素

假设和编号	代理变量	预期符号	理论依据	主变量或控制变量	数据来源
FDI(因变量)	中国每年的对外直接投资流量(说明见正文)				国家外汇管理局
东道国市场特征(Ⅰ):绝对市场规模(假设 1a)	LGDP:东道国 GDP	+	市场寻求	主变量	世界银行发展指数(2005)
东道国市场特征(Ⅱ):相对市场规模(假设 1b)	LGDPP:东道国人均 GDP	+	市场寻求	替代变量(Ⅰ)	世界银行发展指数(2005)
东道国市场特征(Ⅲ):市场增长(假设 1c)	LGGDP:GDP 年均增长率	+	市场寻求	替代变量(Ⅱ)	世界银行发展指数(2005)
自然资源禀赋(假设 2)	LORE:东道国金属矿物出口额占商品出口额的比例	+	资源寻求	主变量	世界银行发展指数(2005)
资产寻求型 FDI(假设 3)	LPATENT:东道国年度专利登记总数(包括居民和非居民)	+	战略性资产寻求	主变量	世界知识产权组织(2006)
政治风险(假设 4)	LPOLI:东道国的政治风险等级(较高的分数代表更稳定)	+	交易成本	主变量	国际国家风险指南(2006)
与中国的文化相似性(假设 5)	CP:当华人占总人口比例大于 1% 时,CP = 1	+	区域特定的交易成本	主变量	俄亥俄州立大学(2006);Ma(2003);Kent(2003)
政策自由化(假设 6)	TD92:邓小平南方谈话的影响(1992)	+	制度性因素	主变量	联合国统计机构(2006)
汇率(假设 7)	LERATE:东道国货币对人民币的官方年均汇率(钉住美元)	+	外国资产的国内货币价格	控制变量	世界银行发展指数(2005)
东道国通胀率(假设 8)	LINF:东道国年均通胀率	-	宏观经济条件	控制变量	IMF:世界经济瞭望数据库(2005)

（续表）

假设和编号	代理变量	预期符号	理论依据	主变量或控制变量	数据来源
出口(假设9)	LEXP:中国对东道国的出口	+	市场寻求	控制变量	中国统计年鉴(2005)
进口(假设10)	LIMP:中国来自东道国的进口	+	贸易强度	控制变量	中国统计年鉴(2005)
与中国的地理距离(假设11)	LDIS:东道国和母国首都之间的距离	–	空间成本	控制变量	运用 www.geobytes.com 计算
对FDI的开放度(假设12)	LINFDI:东道国内向FDI存量占GDP的比例	+	投资政策	控制变量	UNCTAD FDI数据库(2006)

注:所有的货币价值均以2000年不变美元价格计算。

模型

根据讨论,我们可得下列对数线性模型:

$$\begin{aligned} \text{LFDI} = \alpha &+ \beta_1 \text{LGDP} + \beta_2 \text{LGDPP} + \beta_3 \text{LGGDP} + \beta_4 \text{LORE} + \beta_5 \text{LPATENT} \\ &+ \beta_6 \text{LPOLI} + \beta_7 \text{CP} + \beta_8 \text{TD92} + \beta_9 \text{LERATE} + \beta_{10} \text{LINF} \\ &+ \beta_{11} \text{LEXP} + \beta_{12} \text{LIMP} + \beta_{13} \text{LDIS} + \beta_{14} \text{LINFDI} + \varepsilon_{it} \qquad (1) \end{aligned}$$

基于理论和之前的实证研究,我们预期变量间呈非线性关系,因此我们将数据转换为对数形式。

数据和方法

本文所采用的因变量是国家外汇管理局在项目投资过程中所批准的外汇总金额。这包括预先核准的再投资收益和公司内部贷款,加上实物资本投资(累计达一个特定项目的总批准价值)和权益资本。[①] 在我们的数据集合中,共有49个吸收中国对外直接投资的东道国,其中22个是经合组织成员,27个不是(见附录)。

我们运用两种统计模型来估计方程(1):混合最小二乘法和随机效应广义二乘法。这里不能使用固定效应模型,因为方程(1)包含一个时间虚拟变量。我们运用LM检验来判断混

① 这也反映了在本研究所考察的大部分时间内中国FDI的制度环境。直到最近,中国企业仍被迫将海外收益汇回国内的金融管理机构,同时企业间相互放贷的能力受到中国外汇管制的高度制约。

合最小二乘法和随机效应广义二乘法哪个更合适。如果 LM 检验值显著不等于 0,则随机效应广义二乘法比混合最小二乘法更优。

为探究数据间的异质性,我们运用结构化断点框架。首先,我们探讨 1992 年以来政策体制的变化所产生的影响。这些变化可能影响投资者在所有变量上的决策。因此,我们将所考察的时期分为两个阶段:1984—1991 年和 1992—2001 年。然后,正如上面讨论所揭示的,中国偏好于对发展中国家进行投资可能表明了因国家政策而产生的不同的投资行为模式。为探讨这种可能性,我们以是否是经合组织成员来区分发达国家和发展中国家。

结果和讨论

在初步回归分析中,三个衡量东道国市场规模的替代性测量中有两个(GDP 年均增长率和人均 GDP)测量指标的回归系数始终不具有显著性,因而被排除在最终的方程(见表 6)之外。东道国的绝对市场规模变量被保留,以检验市场寻求型动机(假设 1a),并在评估中国对外直接投资和东道国风险之间的关系时用作控制变量(代表市场回报)。运用混合最小二乘法和随机效应广义二乘法所获得的实证结果相似。但是,LM 值比较大且显著,这显示随机效应广义二乘法更合适,因此,我们只报告随机效应模型的结果。表 4 和表 5 分别呈现了相关系数矩阵和方差膨胀因子检验结果,这显示数据总体上不存在问题。

表 4　相关矩阵

	LFDI	LGDP	LORE	LPATENT	LPOLI	LERATE	LINF	LEXP	LIMP	LDIS	LINFDI
LFDI	1.0000										
LGDP	0.2188	1.0000									
LORE	0.0044	0.0274	1.0000								
LPATENT	0.0691	0.6684	0.1918	1.0000							
LPOLI	−0.0432	0.4851	0.1789	0.4618	1.0000						
LERATE	0.0745	−0.2606	−0.1282	−0.2237	−0.2760	1.0000					
LINF	−0.0019	−0.2879	0.1739	−0.1421	−0.4528	−0.0978	1.0000				
LEXP	0.4428	0.6565	−0.1286	0.3747	0.3516	0.0414	−0.3952	1.0000			
LIMP	0.3580	0.7282	0.0881	0.4587	0.4022	−0.1296	−0.3211	0.8545	1.0000		
LDIS	−0.1767	−0.0368	0.2335	−0.0844	−0.0098	−0.3316	0.1982	−0.4947	−0.4217	1.0000	
LINFDI	0.1826	−0.2559	−0.1238	−0.2632	0.1313	−0.0067	−0.1856	0.1248	−0.0073	0.0868	1.0000

表 5 方差膨胀因子检验

变量	方差膨胀因子(VIF)	1/VIF
LGDP	7.12	0.140 471
LORE	1.58	0.632 445
LPATENT	2.18	0.458 703
LPOLI	2.02	0.494 854
CP	2.17	0.459 989
TD92	1.05	0.948 919
LERATE	1.47	0.682 196
LINF	1.64	0.611 576
LEXP	6.61	0.151 327
LIMP	7.59	0.131 727
LDIS	2.89	0.345 584
LINFDI	2.43	0.410 728

我们首先讨论衡量主变量效应的随机效应模型(表 6 第 2 列)的结果。我们发现,东道国市场特征(以绝对市场规模衡量,LGDP)、文化相似性(CP)和政策自由化(TD92)都与因变量显著相关,且符号与假设一致。这些发现支持假设 1a、假设 5 和假设 6。相反,政治风险(LPOLI)与因变量显著相关,但与假设 4 预测的符号相反。我们发现,自然资源禀赋(LORE)和资产寻求型 FDI(LPATENT)的系数均不显著。因此,假设 2 和假设 3 均不被支持。我们现在更加详细地讨论每一个主要发现。

表 6 中国对外直接投资影响因素的统计分析结果

	POLS (1)	REs (2)	REs 1984—1991 (3)	REs 1992—2001 (4)	REs 经合组织国家 (5)	REs 非经合组织国家 (6)
LGDP(假设 1a)	0.346 3	0.344 8	0.508 5	0.244 8	0.667 4	0.347 2
	(0.124 9)***	(0.164 0)**	(0.278 7)*	(0.200 9)	(0.365 0)*	(0.223 8)
LORE(假设 2)	0.171 3	0.144 7	0.103 9	0.225 3	-0.013 8	0.182 0
	(0.074 2)**	(0.105 7)	(0.165 4)	(0.120 6)	(0.390 6)	(0.114 4)
LPATENT(假设 3)	0.022 3	0.036 3	0.079 4	0.051 6	0.075 2	0.026 2
	(0.030 9)	(0.035 9)	(0.060 5)	(0.043 9)	(0.077 3)	(0.044 7)
LPOLI(假设 4)	2.476 2	1.799 7	0.734 7	2.630 8	1.897 3	1.456 0
	(0.582 2)***	(0.697 4)**	(1.084 6)	(0.975 0)***	(1.880 7)	(0.890 3)
CP(假设 5)	1.477 9	1.492 9	1.452 0	1.533 8	2.046 4	0.841 4
	(0.258 8)***	(0.427 6)***	(0.605 9)**	(0.463 4)***	(0.841 5)**	(0.656 3)

（续表）

	POLS (1)	REs (2)	REs 1984—1991 (3)	REs 1992—2001 (4)	REs 经合组织国家 (5)	REs 非经合组织国家 (6)
TD92（假设 6）	0.6595	0.6961		0.8033	0.9489	0.4104
	(0.2698)**	(0.2534)***		(0.3002)***	(0.3178)***	(0.4021)
LERATE（假设 7）	0.0471	0.0688	0.1032	0.0246	0.2319	0.0142
	(0.0337)	(0.0463)	(0.0638)	(0.0618)	(0.1866)	(0.0540)
LINF（假设 8）	0.2406	0.1891	0.4664	0.1323	0.3487	0.1320
	(0.0628)***	(0.0734)**	(0.1167)***	(0.0896)	(0.1579)**	(0.0914)
LEXP（假设 9）	0.6934	0.6153	0.2731	0.8275	0.4062	0.8375
	(0.1084)***	(0.1291)***	(0.2094)	(0.1803)***	(0.2053)**	(0.1964)***
LIMP（假设 10）	0.2601	0.2544	0.3087	0.3098	0.1914	0.3677
	(0.0931)***	(0.1027)**	(0.2061)	(0.1204)**	(0.1898)	(0.1374)***
LDIS（假设 11）	0.1905	0.1554	0.9266	0.2885	0.7452	0.0171
	(0.2035)	(0.2972)	(0.4794)*	(0.3400)	(0.7360)	(0.4259)
LINFDI（假设 12）	0.0927	0.0510	0.3294	0.0589	0.1181	0.1218
	(0.0886)	(0.1244)	(0.1562)**	(0.0439)	(0.2480)	(0.1546)
N	402	402	116	286	198	204
LM 检验	$X^2(1)=15.43^{***}$					
R^2	0.3642	0.6019	0.6142	0.6024	0.5763	0.6737

注：标准误写在括号中；***、**和*分别表示系数在 0.01、0.05 和 0.1 的水平上显著。

东道国绝对市场规模（LGDP）正向影响中国的对外直接投资流量，前者每增加 1%，后者将增加 0.35%。这表明，在本研究所考察的期间，市场寻求是中国对外直接投资的一个主要动机。我们发现，文化相似性（CP）对中国对外直接投资具有高度显著的正向效应（假设 5）。这表明，在东道国（地区）的华人促进了中国企业对该国的投资。政策自由化变量（TD92）的系数也显著为正。这支持以下观点：中国在 1992 年（邓小平南方谈话发生的年份）发生的重大政策变化是在一些与对外直接投资相关的领域迈向自由化的重要一步，增加了中国在当年获批的对外直接投资额（假设 6）。我们的解释是，政策变革使得国有企业能够更加自由地向海外投资，它们投资的理由不再局限于促进出口，也就是说，它们能够直接服务于外国市场。

一个重大发现是，政治风险指数（LPOLI）的系数显示东道国的政治风险水平与中国对外直接投资正相关。我们发现，东道国风险指数（即风险下降）每增加 1%，中国对外直接投资将下降 1.8%。因此，没有发现支持假设 4 的证据。这与针对该变量的多数研究不一致，需要对之加以讨论。与本文提出来的理论一致，中国资本市场的不完善和特殊的制度性因素可能导致投资者对风险的异常态度，与工业化国家的企业所表现出来的风险态度截然不同。换句话说，中国对外投资者感知风险的方式好像与工业化国家企业有所不同。中国企业独特的行为方式主要有以下原因:第一,中国国有企业可能并不追求利润最大化,它们可能更为关注政府所倡导的主题。第二,中国大部分对外直接投资发生在发展中国家(见表2),从整体上看这些国家恰恰是政治风险更高的。中国向发展中国家的投资很多是受政府间的政治依附性和紧密联系所驱使。在那些只吸引到工业化国家少许外来投资的发展中国家,中国政府和中国企业相对于这些国家政府的谈判地位会得到强化。第三,中国在当代的政治和思想意识传统可能导致中国更偏好于向共产主义或思想意识形态相似的国家开展对外直接投资,这类国家中有许多是政治风险更高的。第四,母国根植性(即在目前情境中,在具有严密的、集权经济计划特征的新兴国家环境中开展经营的知识)可能给中国企业提供了所有权优势,这使得它们能够控制在国外类似环境中的风险。第五,中国企业可能愿意到那些工业化国家企业因为道德(如人权)原因而回避的国家(苏丹就是一例)开展投资。第六,我们最后应该指出的是,一些中国企业在国外建立和管理大规模业务方面缺乏经验,这使得它们可能在没有经过充分的实地调查和没有关注相关风险的情况下就开展FDI项目(Wong和Chan,2003;Ma和Andrews-Speed,2006)。政治风险的常用测量是从工业化国家企业的视角出发进行的(世界银行,2006),本文关于风险的研究发现提醒我们关注这种测量方式的潜在缺陷。这些指数也许需要被重新计算,以便更好地反映来自新兴经济体(如中国)的企业感知风险的方式。考虑到我们的回归模型已经控制了市场回报的影响,中国企业对按通常方式测量的政治风险的处理方式似乎确实与发达国家的投资者有所不同。与之前提出的理论类似,资本市场不完善确实在其中发挥了作用。

在所检验的主变量中,假设3未获支持。在随机效应模型中,资产寻求型变量(LPATENT)不显著,这表明中国企业在本研究所考察的时期内并没有获取战略性知识资产的目标。

我们现在讨论关于六个控制变量的结果。出口(LEXP)的回归系数显著,并且符号与假设一致,这支持假设9。相反,我们发现,通胀率(LINF)和进口(LIMP)的系数显著,但符号与假设8和假设10预期的不一致。汇率(LERATE)、地理距离(LDIS)和市场开放度(LINFDI)的系数均不显著。综上,我们没有发现支持假设7、假设11和假设12的证据。

如果我们把两个与贸易相关的变量——出口额和进口额放在一起观察,可以发现,中国对外直接投资既有符合传统也有特异性的特征。与预期一致,出口正向影响对外直接投资,这符合“对外直接投资紧跟出口”的传统认识。这一发现也证实了市场寻求型动机(假设9),与“中国对外直接投资的主要动机之一是推动国内出口”的观点一致。我们发现,进口也是显著影响中国对外直接投资的因素,但与假设10的预期相反,其影响效应是负的。中国从东道国的进口每增加1%,对外直接投资就要减少0.25%。这一结果的产生可能与中国投资者将生产活动从中国转移至其他发展中国家相关。当中国企业通过对外直接投资重新配置生产资源时，为加工和复出口目的而进口中间品的活动就减少了。从价值来看，大多数中国对外直接投资发生在发展中国家（见表2），到这些国家进行对外直接投资以规避贸易壁垒也可能是动机之一。事实上，中国的一些对外直接投资可以替代中国对中间品的进口。

通货膨胀（LINF）系数显著为正，该变量每增加1%，中国对外直接投资增加0.19%。这与假设8的预测相反。这样的关系可能表明，通胀率适度的国家对中国投资者更有吸引力，这同样支持"中国企业在投资决策时对当地经济条件较不稳定的国家非常包容"。这与工业化国家的企业追求利润最大化相反，这也表明中国资本市场失灵和制度性因素强烈地影响着中国企业的行为。

在不同时期的变化

为了探究在所考察的时期内中国对外直接投资的特征是否发生了变化，我们以1992年为界将数据分为两个时间段。表6的第三列和第四列分别列示了这两个时间段的回归结果，两者呈显著差异。这表明，随着时间的推移，区位选择的影响因素和动机发生了变化。在主要变量中，我们发现，在1991年之前，市场规模（LGDP）和文化相似性（CP）是中国对外直接投资的重要影响因素；在1992年后，自然资源禀赋（LORE）、政治风险（LPOLI）、文化相似性（CP）和政策自由化（TD92）是重要的影响因素。我们同样检测了随着时间推移控制变量的影响的变化。在1991年前，通胀率（LINF）、地理距离（LDIS）和市场开放度（LINFDI）是影响中国对外直接投资的重要因素，但1992年以后，只有两个和贸易相关的变量——出口（LEXP）和进口（LIMP）的系数是显著的。这些研究发现与之前关于中国对外直接投资随着时间推移而显著变化的讨论一致。这种变化至少部分是因为政策体制变化的影响，正如政策自由化变量（TD92）所揭示的，在1992年中国对外直接投资明显增加。这进一步证实制度性因素影响了中国对外直接投资的方式。我们发现，在我们所研究的时期，中国企业已经从主要在临近国外市场实行市场寻求型战略转向在风险更大的市场获取原材料。这表明，为了满足中国经济增长的需要，近年来获取自然资源成为中国迫切的目标，这些方面的投资主要投向政治风险更高（按照西方标准）的国家。地理距离（LDIS）的回归系数在早期阶段显著为负而在后一阶段不显著，这一事实显示，东道国与中国的地理接近程度只在早期阶段对中国对外直接投资产生正向影响。这一变化可能是中国市场寻求型投资者日益成熟和中国企业到地理距离更远的市场寻求自然资源的愿望更加迫切的结果。

文化相似性(CP)在两个阶段(第三列和第四列)都具有高度显著的正向系数,这支持我们所提出的“人口间的熟悉程度对中国对外直接投资的流动非常重要”假设。正如我们所预料的,中国移民在本研究所考察的时期内均对中国对外直接投资发挥了促进作用,这意味着,当中国企业在华人数量众多的东道国投资时,关系资产确实构成了它们的所有权优势。中国对外直接投资和出口仅在后一阶段正相关,这显示,对外直接投资的较大部分紧随出口贸易之后。该结果与中国对外直接投资时所采用的渐进国际化方法一致,是否确实如此,还需要开展进一步的研究。

东道国的发展水平

现有理论表明,母国市场不完善对该国对外投资者的决策会产生重要影响。因此可以断定,中国政府的政策可能导致中国对外直接投资在不同的国家表现出不同的模式。这里,我们通过比较依据经合组织和非经合组织成员国的子样本结果(在表6的第五列和第六列)来检验上述观点。通过观察主要变量,我们发现,在经合组织成员国中,市场规模(LGDP)是一个重要的决定因素,即中国投资者更倾向于在经合组织成员国中找到更大的市场。这是一个传统的结果,揭示了中国市场寻求型的对外直接投资。文化相似性(CP)的系数也很显著。这个变量揭示出中国企业倾向于到华人数量较多的经合组织成员国投资的倾向。政策自由化变量系数仅在经合组织成员国的样本中(表6的第五列)高度显著为正,这显示中国投资者的对外投资决策流程仍处于受限状态。1992年政策发生变化后,中国对发达国家的直接投资有了明显增加。这暗示,中国对外投资决策之前被政府牢牢掌控,这可能是我们未能观察到完整的传统模式的原因。然而,向发达国家的投资流动模式符合政府在政策自由化阶段的优先目标。

很显然,中国在非经合组织国家的投资不受东道国市场规模的驱动,因此一定有其他动机在发挥作用。通过观察控制变量,在经合组织成员国和非经合组织成员国,出口(LEXP)变量的系数均显著为正。这显示,在两种类型的成员国中,中国对外直接投资都紧跟出口。关于出口的有力证据揭示了中国紧随出口之后的那一部分对外直接投资,也是显示东道国市场需求作用的一个指示器。我们可以根据上面关于中国进口(LIMP)和对外直接投资之间关系机制的描述来推测出以下观点:非经合组织成员国(而不是经合组织成员国)所在的那一组东道国呈现出中国进口的负向效应。通货膨胀率(LINF)仅在经合组织成员国样本中显著。这表明,适度的通货膨胀率是吸引中国企业的市场特征之一。

最引人关注的发现之一是，主变量政治风险（LPOLI）的回归系数在全样本模型中显著为正，但在第五和第六个估计模型（见表6）中均失去显著性。据此，我们推断，尽管中国的对外直接投资与东道国更高水平的政治风险相关联，但是，数据中风险水平的差异主要来自发达国家和发展中国家之间的差异，而不是这两组国家内部的差异。中国投资者明显偏好于较不发达、风险更大的东道国而不是发达的东道国，这与我们关于中国国有企业享受低成本获取资本的特权以及中国投资者相对简单的国家风险评估流程的描述一致。该结果支持我们的理论观点：在所考察的期间，中国资本市场不完善对中国对外直接投资至关重要。

结论

本论文是对中国对外直接投资进行正式模式化研究的最早尝试之一。我们的动机是想验证可以解释发达国家对外直接投资的主流理论在多大程度上适用于新兴市场国家，以及是否需要在对外直接投资的一般理论中嵌入专门的理论。基于一般性理论，我们构建了一个理论框架，提出了需要被检验的传统的和崭新的理论假设。为检验上述假设，本文运用了一个精确设定的模型，在该模型中，我们利用了中国对外直接投资领域之前未被使用的官方数据，并使用了一系列的主要变量和控制变量。我们发现中国对外直接投资既有其传统性也有其特殊性。

就主要变量而言，我们在市场规模的作用方面得出了支持传统理论的研究结论。我们从东道国自然资源所扮演的重要角色推断出制度因素强烈地影响了中国的对外直接投资，它导致中国出现相当多的自然资源寻求型对外直接投资。我们也发现，政策自由化对中国对外直接投资具有促进作用。这是对独特投资行为解释的进一步证据，证明本国制度在决定中国对外直接投资的流量和流向（对比经合组织与非经合组织成员国）时的重要作用。总体来看，这些研究结果与近年来中国跨国企业为解决国内经济的当务之急而开展资源寻求型投资特别是对发达国家进行投资的现象是一致的（Taylor，2002；Deng，2003，2004）。虽然有迹象表明近年来中国企业的投资胃口变得越来越大，但在2001年（我们数据的截止日）前，中国对外直接投资并非由战略资产寻求型动机所驱使。但可论证的是，近年来的数据更有可能支持资产寻求型假设。例如，中国的“走出去”战略已经全面执行并在企业层面实施。

我们发现，文化相似性是一个重要因素，这表明，较低的交易成本和关系网络对中国投资者有很大吸引力。即使对国有企业而言,关系资产也是一种特别的所有权优势。这证实,心理距离的降低对解释中国对外直接投资有积极作用。当我们观察因时间推移而产生的变化时,我们发现,在1984—1991年这个时间段内,市场规模、地理邻近、通货膨胀和市场开放度是重要的区位因素。距离变量表明中国移民和市场熟悉程度正向影响了中国在早期阶段的对外投资目的地的选择。但是,文化相似度变量的影响随着时间推移并未发生变化,这表明中国对外直接投资还处于发展的初级阶段,东道国具有的中国人更加熟悉的文化氛围还能继续促进中国的对外直接投资。这些研究结果表明,我们需要利用更长时间段内的数据来开展进一步研究。

更富有挑战性的是,我们史无前例地发现政治风险(采用传统的测量方式,并用“市场规模”控制“市场回报”的影响)会吸引而不是阻碍中国对外直接投资。这表明中国企业对风险的理解和采取的行动与发达国家企业是不一样的。与我们的理论相吻合,我们把这归因于母国资本市场不完善而使中国企业(其中的大部分是国有企业)能够低成本地获取资本。的确,在此背景下,国家所有权可被视为是许多中国跨国企业的特定优势(Ding,2000)。但是,在高度管制和控制的国内环境中的经营知识(即母国根植性)也很有价值。这种经验可能使得中国跨国企业拥有在其他新兴经济体中保持竞争力所需要的特殊所有权优势。而且,从我们对制度基础理论的探讨中可以推测,由于中国企业国际化经验越来越丰富(Deng,2004),以及中国政府和下属机构持续地提供政治、经济和其他支持,这种所有权优势会得到进一步提升。

我们对中国对外直接投资的研究为我们提供了检验战略制度基础观方面的理论成果对一个拥有独特母国制度的国家的适用性问题的机会。与世界任何其他开展对外投资的国家的企业相比,中国对外投资的企业必须应对更多的异质的环境、制度和规则。在本文中,我们预期中国对外直接投资与传统模型存在不同之处,并发现了支持证据。在对企业特别是那些来自发展中国家的企业的战略进行理论研究时,我们需要更多地关注母国制度所产生的影响。我们有理由相信,中国企业会在与母国类似环境中寻找对外投资机会。而且,认为中国跨国企业不受西方跨国企业被期望遵守的道德和政府义务的束缚,这也是完全站得住脚的。如果是这样的话,现阶段的中国跨国企业就像在较早的时期来自西方的对外投资者。随着国内制度和游戏规则的进化,中国企业的行为和区位决策在未来也会发生变化。目前,中国对外投资者在关键方面呈现出与传统模型明显的区别。

本研究对于我们理解来自其他新兴经济体,如“金砖四国”的另外三个国家(如巴西、俄罗斯和印度)的企业的对外直接投资战略也有启示意义。第一个启示是,国家对企业的干预

(不管是正式的还是非正式的)都会产生不同于FDI一般理论(这些理论假设企业追求利润最大化)所预测的投资区位选择模式。第二个启示是,对于新兴经济体而言,自由化是非常有力的手段。这里所说的自由化并不单纯指贸易自由化,也包括拥有重要的国有部门或和主导性(公共或私有)企业的国家所进行的所有可能的内部自由化。本国企业一旦遇到竞争或预期到要有竞争,其行为就会发生巨大变化。承担了社会角色的企业(如国有企业),一旦摆脱了负担,它们就能追求快速成长。但是,中国与其他新兴经济体还是有很大不同:虽然为了专注于商业目标而实行了公司化,中国的跨国企业中仍有很多被控制在政府手中。国家干预意味着这些企业的国内外经营必须与国家五年规划和重点目标保持一致。这一模式对其他任何主要的新兴经济体来说是不可复制的。

就未来研究工作的开展而言,一个值得探究的议题是中国投资者是否以及如何受到在东道国的实地调查、风险评估和道德顾虑的影响(发达国家的企业就受到这样的影响),这类研究很可能需要采用定性研究法。类似地,中国对外直接投资的模式如何受中国和其他国家之间正式和非正式政治联系(即超国家的制度框架)的影响也值得进一步考虑。

附录

数据集所包含的中国对外直接投资东道国(地区)

经合组织成员

澳大利亚、奥地利、加拿大、捷克、丹麦、芬兰、法国、德国、希腊、匈牙利、意大利、日本、墨西哥、荷兰、新西兰、波兰、葡萄牙、韩国、西班牙、瑞典、英国、美国

非经合组织成员

阿尔及利亚、阿根廷、亚美尼亚、巴西、保加利亚、智利、哥伦比亚、克罗地亚、塞浦路斯、厄瓜多尔、埃及、加纳、中国香港特别行政区、印度、印度尼西亚、以色列、马来西亚、摩洛哥、尼日利亚、菲律宾、俄罗斯、新加坡、南非、苏丹、泰国、乌克兰、委内瑞拉

参考文献

Aggarwal, R. and Agmon, T. 1990. The international success of developing country firms: role of government-directed comparative advantage, *Management International Review*, 30(2): 163—180.

Antkiewicz, A. and Whalley, J. 2006. Recent Chinese buyout activities and the implications for global architecture, National Bureau of Economic Research (NBER) Working Paper 12072, NBER, Cambridge, MA.

Braeutigam, D. 2003. Close encounters: Chinese business networks as industrial catalysts in Sub-Saharan Africa, *African Affairs*, 102(408): 447—467.

Buckley, P. J. 2004a. Asian network firms: an analytical framework, *Asia Pacific Business Review*, 10(3/4): 254—271.

Buckley, P. J. 2004b. The role of China in the global strategy of multinational enterprises, *Journal of Chinese Economic and Business Studies*, 2(1): 1—25.

Buckley, P. J. and Casson, M. 1976. *The Future of the Multinational Enterprise*, Macmillan: London.

Buckley, P. J. and Casson, M. 1981. The optimal timing of a foreign direct investment, *Economic Journal*, 91 (361): 75—87.

Buckley, P. J. and Casson, M. 1999. A Theory of International Operations, in P. J. Buckley and P. N. Ghauri (eds.) *The Internationalization Process of the Firm: a Reader*, 2nd edn, International Business Thomson: London, pp: 55—60.

Buckley, P. J., Clegg, L. J. and Wang, C. 2002. The impact of inward FDI on the performance of Chinese manufacturing firms, *Journal of International Business Studies*, 33(4): 637—655.

Buckley, P. J., Cross, A. R., Tan, H., Voss, H. and Liu, X. 2006. An investigation of recent trends in Chinese outward direct investment and some implications for theory, Centre for International Business University of Leeds Working Paper.

Business Week 2004. Big Blue's Bold Step into China, 20 (December): 33—34.

Cai, K. G. 1999. Outward foreign direct investment: a novel dimension of China's integration into the regional and global economy, *China Quarterly*, 160 (December): 856—880.

Chakrabarti, A. 2001. The determinants of foreign direct investments: sensitivity analyses of cross-country regressions, *Kyklos*, 54(1): 89—114.

Chen, X., Yung, R. L. and Zhang, B. 2002. *China Manufacturing*, BNP Paribas Peregrine Economics/

Sector Update April 2002.

Child, J. and Pleister, H. 2003. Governance and management in China's private sector, *Management International*, 7(3): 13—24.

Child, J. and Rodrigues, S. B. 2005. The internationalization of Chinese firms: a case for theoretical extension? *Management and Organization Review*, 1(3): 381—410.

Deng, P. 2003. Foreign direct investment by transnationals from emerging countries: the case of China, *Journal of Leadership and Organizational Studies*, 10(2): 113—124.

Deng, P. 2004. Outward investment by Chinese MNCs: motivations and implications, *Business Horizons*, 47(3): 8—16.

Dicken, P. 2003. *Global Shift: Reshaping the Global Economic Map in the 21st Century*, 4th edn, Sage: London.

Ding, X. L. 2000. Informal privatization through internationalization: the rise of nomenklatura capitalism in China's offshore business, *British Journal of Political Science*, 30(1): 121—146.

Dunning, J. H. 1977. Trade, Location of Economic Activity and the MNE: A Search for an Eclectic Approach, in B. Ohlin, P. O. Hesselborn and P. M. Wijkmon (eds.) *The International Location of Economic Activity*, Macmillan: London, pp: 395—418.

Dunning, J. H. 1993. *Multinational Enterprises and the Global Economy*, Addison-Wesley: Wokingham.

Dunning, J. H. 2001. The eclectic (OLI) paradigm of international production: past, present and future, *International Journal of the Economics of Business*, 8(2): 173—190.

Dunning, J. H. 2002. Relational Assets, Networks, and International Business Activities, in F. J. Contractor and P. Lorange (eds.) *Cooperative Strategies and Alliances*, Pergamon: Amsterdam, pp: 569—593.

Dunning, J. H. 2006. Comment on dragon multinationals: new players in 21st century globalization, *Asia Pacific Journal of Management*, 23(2): 139—141.

Dunning, J. H., van Hoesel, R. and Narula, R. 1998. Third World Multinationals Revisited: New Developments and Theoretical Implications, in J. H. Dunning (ed.) *Globalization, Trade and Foreign Direct Investment*, Elsevier: Amsterdam and Oxford, pp: 255—285.

Erdener, C. and Shapiro, D. M. 2005. The internationalization of Chinese family enterprises and Dunning's eclectic MNE paradigm, *Management and Organization Review*, 1(3): 411—436.

Erramilli, M. K., Srivastava, R. and Kim, S.-S. 1999. Internationalization theory and Korean multinationals, *Asia Pacific Journal of Management*, 16(1): 29—45.

Ferrantino, M. J. 1992. Transaction costs and the expansion of third-world multinationals, *Economic Letters*, 38(4): 451—456.

Guo, H. 1984. On Establishment of Joint Ventures Abroad, *Almanac of China's Foreign Economic Relations and Trade*, Ministry of Commerce: Beijing, pp: 652—654.

Hall, T. 2004. Controlling for risk: an analysis of China's system of foreign exchange and exchange rate management, *Columbia Journal of Asian Law*, 17(2): 433—481.

Heenan, D. A. and Keegan, W. J. 1979. The rise of third world multinationals, *Harvard Business Review*, 57 (1): 101—109.

Henley, J., Kirkpatrick, C. and Wilde, G. 1999. Foreign direct investment in China: recent trends and current policy issues, *The World Economy*, 22(2): 223—243.

International Monetary Fund (IMF) 2005. *World Economic Outlook Database*, [www document] http://www.imf.org/external/pubs/ft/weo/2005/01/data/dbcsubm.cfm. (accessed 26 September 2006).

Johanson, J. and Vahlne, J.-E. 1977. The internationalization process of the firm: a model of knowledge development and increasing foreign market commitments, *Journal of International Business Studies*, 8(1): 23—32.

Kent, R. B. 2003. A Diaspora of Chinese Settlement in Latin America and the Caribbean, in L. J. C. Ma and C. Cartier (eds.) *The Chinese Diaspora: Space, Place, Mobility, and Identity*, Rowman & Littlefield: Lanham, pp: 117—138.

Kohlhagen, S. W. 1977. The Effects of Exchange-Rate Adjustments on International Investment: Comment, in P. B. Clark, D. E. Logue and R. Sweeney (eds.) *The Effects of Exchange Rate Adjustments*, US Government Printing Office: Washington, DC, pp: 194—197.

Lall, S. and Albaladejo, M. 2004. China's competitive performance: a threat to East Asian manufactured exports? *World Development*, 32(9): 1441—1466.

Lardy, N. R. 1998. *China's Unfinished Economic Revolution*, Brookings Institution: Washington, DC.

Lau, H.-F. 1992. Internationalization, internalization, or a new theory for small, low-technology multinational enterprise? *European Journal of Marketing*, 26(10): 17—31.

Lau, H.-F. 2003. Industry evolution and internationalization processes of firms from a newly industrialized economy, *Journal of Business Research*, 56(10): 847—852.

Lawrence, S. V. 2002. Going global, *Far Eastern Economic Review*, 165(12): 32.

Lecraw, D. J. 1977. Direct investment by firms from less developed countries, *Oxford Economic Papers*, 29 (3): 442—457.

Li, P. P. 2003. Toward a geocentric theory of multinational evolution: the implications from the Asian MNEs as latecomers, *Asia Pacific Journal of Management*, 20(2): 217—242.

Lim, D. 1983. Fiscal incentives and direct investment in less developed countries, *Journal of Development*

Studies, 19(2): 207—212.

Liu, H. and Li, K. 2002. Strategic implications of emerging Chinese multinationals: the Haier case study, *European Management Journal*, 20(6): 699—706.

Liu, L. 2005. *China's Industrial Policies and the Global Business Revolution: The Case of the Domestic Appliance Industry*, Routledge Curzon: London.

Logue, D. E. and Willet, T. D. 1977. The Effects of Exchange-Rate Adjustments on International Investment, in P. B. Clark, D. E. Logue and R. Sweeney (eds.) *The Effects of Exchange Rate Adjustments*, US Government Printing Office: Washington, DC, pp: 137—150.

Loungani, P., Mody, A. and Razin, A. 2002. The global disconnect: the role of transactional distance and scale economies in gravity equations, *Scottish Journal of Political Economy*, 49(5): 526—543.

Luo, Y. 1997. Guanxi: principles, philosophies, and implications, *Human Systems Management*, 16(1): 43—51.

Ma, L. J. C. 2003. Space, Place, and Transnationalism in the Chinese Diaspora, in L. J. C. Ma and C. Cartier (eds.) *The Chinese Diaspora: Space, Place, Mobility, and Identity*, Rowman & Littlefield: Lanham, pp: 1—4.

Ma, X. and Andrews-Speed, P. 2006. The overseas activities of China's national oil companies: rationale and outlook, *Minerals and Energy*, 21(1): 17—30.

Meyer, K. E. and Nguyen, H. V. 2005. Foreign investment strategies and sub-national institutions in emerging markets: evidence from Vietnam, *Journal of Management Studies*, 42(1): 63—93.

MOFCOM (various years) *Almanac of China's Foreign Relations and Trade*, Ministry of Commerce (MOFCOM): Beijing.

MOFCOM 2004. *China Commerce Yearbook* [Zhongguo shangwu nianjian] Ministry of Commerce (MOFCOM): Beijing.

National Bureau of Statistics 2005. *China Statistical Yearbook* 2005, China Statistics Press: Beijing.

Ng, L. F. Y. and Tuan, C. 2002. Building a favourable investment environment: evidence for the facilitation of FDI in China, *The World Economy*, 25(8): 1 095—1 114.

North, D. C. 1990. *Institutions, Institutional Change and Economic Performance*, Cambridge University Press: Cambridge.

Ohio University 2006. *Distribution of the Ethnic Chinese Population Around the World*, University Libraries, Ohio University [www document] http://cicdatabank. library. ohiou. edu/opac/population. php. (accessed 17 May 2006).

Peng, M. W. 2002. Towards an institution-based view of business strategy, *Asia Pacific Journal of*

Management, 19(2/3): 251—267.

Political Risk Services (PRS) 2005. *International Country Risk Guide* (ICRG), [www document] www.prsgroup.com/ICRG.aspx. (accessed April 2005).

Poston Jr, D. L., Mao, M. X. and Yi, M.-Y. 1994. The global distribution of overseas Chinese around 1990, *Population and Development Review*, 20(3): 631—645.

Pradhan, J. P. 2003. Outward foreign direct investment from India: recent trends and patterns, Jawaharlal Nehru University Working Paper Series, Jawaharlal Nehru University, New Delhi.

Roberts, I. and Tyers, R. 2003. China's exchange rate policy: the case for greater flexibility, *Asian Economic Journal*, 17(2): 155—184.

Rowen, H. S. 2003. Will China take over world manufacturing? *The International Economy*, 17(1): 72.

Sauvant, K. 2005. New sources of FDI: The BRICs. Outward FDI from Brazil, Russia, India and China, *Journal of World Investment and Trade*, 6(October): 639—709.

Scott, W. R. 2002. The Changing World of Chinese Enterprises: An Institutional Perspective, in A. S. Tsui and C.-M. Lau (eds.) *Management of Enterprises in the People's Republic of China*, Kluwer Academic Press: Boston, pp: 59—78.

Scott-Green, S. and Clegg, L. J. 1999. The determinants of new FDI capital flows into the EC: a statistical comparison of the USA and Japan, *Journal of Common Market Studies*, 37(4): 597—616.

Sikorski, D. and Menkhoff, T. 2000. Internationalisation of Asian business, *Singapore Management Review*, 22(1): 1—17.

Standifird, S. S. and Marshall, R. S. 2000. The transaction cost advantage of guanxi-based business practices, *Journal of World Business*, 35(1): 21—42.

Stevens, G. V. G. 1993. Exchange rates and foreign direct investment: a note, International Finance Discussion Papers, April, No. 444, Board of Governors of the Federal Reserve System, Washington, DC.

Steinfeld, E. S. 1998. *Forging Reform in China: The Fate of State-Owned Industry*, Cambridge University Press: Cambridge.

Sung, Y.-W. 1996. Chinese outward investment in Hong Kong: trends, prospects and policy implications, OECD Development Centre Technical Papers, No. 113, Organisation for Economic Cooperation and Development, Paris.

Swystun, J., Burt, F. and Ly, A. 2005. *The Strategy for Chinese Brands: Part 1—The Perception Challenge*, [www document] http://www.interbrand.com. (accessed 11 January 2006., Interbrand White Paper, Interbrand, New York.

Taylor, R. 2002. Globalization strategies of Chinese companies: current developments and future prospects,

Asian Business and Management, 1(2): 209—225.

Tong, S. Y. 2003. Ethnic Chinese networking in cross-border investment: the impact of economic and institutional development, Hong Kong Institute of Economics and Business Strategy (HIEBS) Working Paper, University of Hong Kong, Hong Kong.

Tsai, K. S. 2002. *Back-Alley Banking: Private Entrepreneurs in China*, Cornell University Press: Ithaca.

UNCTAD 1998. *World Investment Report 1998: Trends and Determinants*, United Nations: New York and Geneva.

UNCTAD 2003. *World Investment Report 2003: FDI Policies for Development: National and International Perspectives*, United Nations: New York and Geneva.

UNCTAD 2005a. *World Investment Report 2005: Transnational Corporations and the Internationalization of R&D*, United Nations: New York and Geneva.

UNCTAD 2005b. *Prospects for Foreign Direct Investment and the Strategies of Transnational Corporations, 2005—2008*, United Nations: New York and Geneva.

UNCTAD 2006. FDI/TNC database, [www document] http://stats. unctad. org/fdi. (accessed 09 May 2006).

UN Statistics Division 2006. *UN Demographic Yearbook Special Census Topics*, [preliminary release 27 March 2006] [www document] http://unstats. un. org/unsd/demographic/products/dyb/dybcens. htm. (accessed 17 May 2006).

Villela, A. V. 1983. Transnationals from Brazil, in S. Lall (ed.) *The New Transnationals: The Spread of Third World Transnationals*, John Wiley: Chichester, pp: 220—249.

Wang, M. Y. 2002. The motivations behind Chinese government-initiated industrial investments overseas, *Pacific Affairs*, 75(2): 187—206.

Warner, M., Hong, N. S. and Xu, X. 2004. Late development experience and the evolution of transnational firms in the People's Republic of China, *Asia Pacific Business Review*, 10(3/4): 324—345.

Wells, L. T. 1983. *Third World Multinationals: The Rise of Foreign Investments from Developing Countries*, MIT Press: Cambridge, MA.

WIPO (World Intellectual Property Organisation) 2006. *Patents and PCT statistics*, [www document] http://www. wipo. int/ipstats/en/statistics/patents/. (accessed 26 September 2006).

Wong, J. and Chan, S. 2003. China's outward direct investment expanding worldwide, *China: An International Journal*, 1(2): 273—301.

World Bank 2005. *World Development Indicators* (WDI) April 2005, ESDS International, (MIMAS)

University of Manchester.

World Bank 2006. *Indicators of Governance and Institutional Quality*, [www document] http://siteresources.worldbank.org/INTLAWJUSTINST/Resources/Indicators Governance and Institutional Quality. pdf. (accessed 16 January 2006).

Wu, F. and Sia, Y. H. 2002. China's rising investment in Southeast Asia: trends and outlook, *Journal of Asian Business*, 18(2): 41—61.

Wu, H.-L. and Chen, C.-H. 2001. An assessment of outward foreign direct investment from China's transitional economy, *Europe-Asia Studies*, 53(8): 1235—1254.

Wright, M., Filatotchev, I., Hoskisson, R. E. and Peng, M. W. 2005. Strategy research in emerging economies: challenging the conventional wisdom, *Journal of Management Studies*, 42(1): 1—33.

Ye, G. 1992. Chinese transnational corporations, *Transnational Corporations*, 1(2): 125—133.

Yeung, H. W.-C. 1998. The political economy of transnational corporations: a study of the regionalization of Singaporean firms, *Political Geography*, 17(4): 389—416.

Yeung, H. W.-C. 1999. The internationalisation of ethnics Chinese business firms from southeast asia: strategies, processes and competitive advantages, *International Journal of Urban and Regional Research*, 23(1): 88—102.

Yu, A., Chao, H. and Dorf, M. 2005. Outbound investments by Chinese companies: the Chinese government approval regime, Topics in Chinese Law, O'Melveny & Myers Research Report, November 2005.

Zhan, J. X. 1995. Transnationalization and outward investment: the case of Chinese firms, *Transnational Corporations*, 4(3): 67—100.

Zhang, Y. 2003. *China's Emerging Global Businesses: Political Economy and Institutional Investigations*, Palgrave Macmillan: Basingstoke.

Zin, R. H. M. 1999. Malaysian reverse investments: trends and strategies, *Asia Pacific Journal of Management*, 16(3): 469—496.

作者简介

Peter J. Buckley 是英国利兹大学国际商务教授和国际商务中心主任。他已经出版了 22 本著作,并在欧洲、美国和日本的期刊发表了 120 多篇学术论文。目前的研究方向包括跨国企业的知识管理、合作战略、对外直接投资与中国。

L. Jeremy Clegg 是英国利兹大学国际商务中心，欧洲一体化和国际商务管理专业的Jean Monnet 教授。他的研究项目包括发展中国家和发达国家的对外直接投资、生产率的影响因素和零售行业生产率的国际差异。

Adam R. Cross 是英国利兹大学国际商务中心国际商务专业的高级讲师，利兹大学中国商务和发展中心的主任。他的研究领域包括跨境许可经营、知识产权管理和新兴市场(特别是中国)的对外直接投资。

Xin Liu 是英国利兹大学国际商务中心的博士研究生。曾任中国国家外汇管理局投资部门的主任，现为中国人民银行的高级经济学家，研究兴趣包括中国经济改革、政府与企业的互动和中国对外直接投资。

Hinrich Voss 是英国利兹大学国际商务中心的博士研究生。他毕业于德国杜伊斯堡埃森大学，曾在德国和华德资企业中工作。目前的研究方向为新兴国家对外直接投资和中国的跨国公司。

Ping Zheng 是英国利兹大学国际商务中心商务、管理和中印发展比较方向的研究人员，她的研究领域包括中印发展比较，中国经济发展、地区竞争力和企业竞争力。